河南省"十四五"普通高等教育规划教材

航空金融

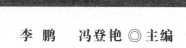

Aviation Finance

李 鹏　　冯登艳 ◎主编

经济管理出版社
ECONOMY & MANAGEMENT PUBLISHING HOUSE

图书在版编目（CIP）数据

航空金融/李鹏，冯登艳主编．—北京：经济管理出版社，2021.4
ISBN 978 - 7 - 5096 - 7955 - 5

Ⅰ.①航…　Ⅱ.①李…②冯…　Ⅲ.①航空工业—金融管理—研究—中国　Ⅳ.①F426.5

中国版本图书馆 CIP 数据核字（2021）第 079969 号

组稿编辑：申桂萍
责任编辑：李玉敏
责任印制：黄章平
责任校对：王淑卿

出版发行：经济管理出版社
　　　　　（北京市海淀区北蜂窝 8 号中雅大厦 A 座 11 层　100038）
网　　址：www. E - mp. com. cn
电　　话：(010) 51915602
印　　刷：唐山昊达印刷有限公司
经　　销：新华书店
开　　本：787mm×1092mm/16
印　　张：19.5
字　　数：438 千字
版　　次：2021 年 7 月第 1 版　2021 年 7 月第 1 次印刷
书　　号：ISBN 978 - 7 - 5096 - 7955 - 5
定　　价：68.00 元

前　言

当前，全球经济已迈入"速度经济"和"效率经济"时代。早在 2012 年 7 月，国务院发布的《关于促进民航业发展的若干意见》中就首次明确提出要大力推动航空经济，通过民航业科学发展促进我国产业结构调整升级，带动区域经济发展。2013 年 4 月，郑州航空港经济综合实验区成为我国第一个国家级航空经济实验区，标志着我国航空经济发展进入新的阶段。航空经济发展离不开金融的支持，金融对航空业及相关产业发展能够起到加速资本积累和提供风险管理等支撑作用。近年来，我国飞机租赁、航空公司投融资、航空产业投资基金等各类航空金融活动日益活跃，航空业与金融业的结合越发紧密。这些围绕航空产业发展而产生的各类投融资活动就成为航空金融的主要研究对象，推动航空金融研究日益走向深入。

在此背景下，本书以我国航空经济发展演进的实践为依托，结合不同阶段航空经济发展的金融需求，将航空金融与航空经济发展置于金融发展与经济增长的大理论框架下，从微观的机场融资、航空公司融资风险、飞机租赁、航空公司外汇风险管理、航空保险和航空燃料油期货套期保值交易，到中观的航空产业投资基金、航空供应链金融，再到宏观的航空大都市投融资和航空跨境交易，全面系统地总结和论述了我国航空金融的发展，力图构建一套适合中国国情的航空金融理论框架。本书对航空金融的研究视角新、内容全、实践性强，可以作为航空经济研究工作者的参考书目和经济金融类专业学生学习的教材。

本书由郑州航空工业管理学院的李鹏副教授和冯登艳教授担任主编，由郑州航空工业管理学院的米文通副教授、赵俊英副教授担任副主编，与高中良副教授和陈晓燕博士共同完成。全书共十一章，写作分工如下：第一章、第三章、第四章，李鹏；第二章、第五章，米文通；第六章、第九章，赵俊英；第七章、第八章，冯登艳；第十章，高中良；第十一章，陈晓燕。

在编写过程中，我们得到众多专家、朋友的热心帮助和指导：中原航空融资租赁股份有限公司郭愈强、王相南等业内人士为本书提供了及时的指导和翔实的资料；经济管理出版社的编辑为本书的出版付出了大量的劳动；郑州航空工业管理学院研究生王秀娟进行了大量的资料收集和文字核对等工作。在写作过程中我们也参考了国内外同行的研究成果，在此一并向大家表示衷心的感谢！

本教材有关案例、习题、课件等配套资源，请读者打开超星学习通 APP 后，在右上角输入邀请码 86747168 或使用学习通 APP 扫描下面的二维码进入课程平台自行查阅。

由于我们水平所限，加上时间仓促，书中疏漏和错误之处，真诚欢迎读者不吝赐教。

编者
2021 年 6 月

目　录

第一章 导　　论

当前，航空经济已成为我国区域经济发展的重要推动力，而航空经济发展离不开金融的支持。航空金融是航空业和金融业的交集，是围绕航空产业而产生的各类投融资活动的总称。航空金融在航空经济发展的不同阶段有着不同的研究内容和重点，体现的是金融支持航空经济发展的本质，具有与航空产业相关性高、资本密集型、跨境、高技术性和复杂性等特征。不同的航空经济发展阶段对航空金融的需求不同，航空金融对航空经济发展的支持模式也不相同。

第一节　航空金融范畴的形成

一、航空金融形成的背景

（一）航空经济已成为区域经济发展的重要推动力

当前，全球经济已迈入"速度经济"和"效率经济"时代，我国航空经济发展也进入快车道，在国民经济中占据的地位越来越重要。航空经济在逻辑上并列于陆地经济和海洋经济，由民用航空业为核心的航空活动引起的各类联系构成，包括直接或间接依赖航空运输和通用航空而进行的生产制造业和服务性产业活动，这些经济联系和产业活动形成的经济集合便构成了航空经济的内容，成为国民经济的重要组成部分（夏兴华，2011）。理论上，航空经济是继轮船与水路运输、火车与铁路运输、汽车与公路运输等为代表的技术发展阶段和相应的经济组织形态之后出现的，以信息处理技术和飞机制造技术为代表的新的技术发展阶段及与之相适应的新的经济组织形态（耿明斋和张大卫，2017）。航空经济的发展依托航空业，通过航空运输带动人流、物流、信息流等要素流动，充分发挥要素流动的流入效应、流出效应和乘数效应，形成了以航空指向性产业为主导、多种产业有机关联的产业集聚，对区域经济产生强有力的拉动力和推动力，是提升区域经济的综合竞争力、辐射力和国际化水平的重要途径，正在成为带动区域经济发展的重要引擎（河南省社会科学院课题组，2016）。

2012年7月，在国务院发布的《关于促进民航业发展的若干意见》中，首次明确提出要大力推动航空经济，指出要通过民航业科学发展促进产业结构调整升级，带动区域经济发展。时任中国民航局局长李家祥在 2012 年两会期间接受采访时也明确表示我国应大力发展航空经济，并将其作为推动国家经济从整体上转型升级的重要抓手。2013 年 4 月，《国家发展改革委关于印发郑州航空港经济综合实验区发展规划（2013—2025 年）的通知》的发布标志着我国第一个国家级航空经济实验区正式诞生，拉开了我国航空经济大发展的序幕。根据《中国临空经济发展指数报告（2019）》发布的数据，截至 2018 年底，我国已经有包括 14 个国家级临空示范区在内计划建设的 36 个（2018 年旅客吞吐量超过 1000 万人次的机场）临空经济区。这些临空经济区对所在地区的经济增长产生了巨大的带动作用。正如《航空大都市》一书的作者美国北卡罗来纳大学约翰·卡萨达教授所言，航空运输已经成为继海运、内河航运、铁路、公路之后推动经济发展的"第五冲击波"。据统计测算，航空运输对所在城市经济的产出贡献率约为 4.5%，机场每创造 100 美元的产出，会带动其他附加产出 325 美元，机场每创造 100 个工作岗位，会间接创造 610 个其他行业工作岗位。大型枢纽机场的拉动作用更大，客运量每增加 100 万人，将拉动地方经济增长 0.5 个百分点，增加就业岗位 1 万人；每增加 10 万吨航空货物，将创造 800 个工作岗位；每新增一条异国国际直达航班航线，可为当地增加 1500 多个就业机会。

（二）航空经济发展离不开金融的支持

在航空经济的整个产业链条中，民用航空业是主导产业。而民用航空业是典型的资金密集型行业。这主要体现在飞机制造和运行维护成本高昂、机场投资规模巨大和航空发动机等核心装备的研发支出庞大等方面。在飞机制造方面，以波音公司开发 747 机型为例，早在 1969 年，波音公司在 747 上的开发与生产成本就已经超过 10 亿美元，该项支出甚至超过公司本身净值，已经超过了波音公司本身的承受能力。而当时一架 747 飞机的售价为 2500 万美元。现在一架 747 - 400 的售价已经超过 1.5 亿美元。面对如此天价的飞机价格，航空公司采用金融租赁方式购买飞机已经成为常态。在机场建设方面，按照我国民用机场分类，一个二类机场的建设投资通常需要 100 亿元人民币以上，一些枢纽二类机场的投资更高达 200 亿元人民币以上，一类机场更是达到了天文数字。据公开报道的数据，北京大兴国际机场的投资就已经达到了 800 亿元人民币的水平。在航空发动机研发方面，由于发动机成本占据飞机总成本的 30% 左右，发动机的研发成为飞机制造的关键环节。据公开报道显示，中国未来 20 年将花费 3000 亿美元研发航空发动机。

金融支持航空经济的发展，即金融对航空业及相关产业发展起到加速资本积累和提供风险管理等支撑作用。本质上，这属于经济增长与金融发展之间关系的理论范畴。美国耶鲁大学经济学家帕特里克（Hugh T. Patrick）提出经济增长与金融发展之间存在"供给推动"和"需求跟随"的关系，前者指金融发展是经济增长的源泉，并引领经济增长，金融机构的产生、金融资产的提供以及相应的金融服务在经济活动中发挥主导作用，而后者则相反，认为经济增长是金融发展的动因，金融发展只是完全被动地适应经济增长的要求。陈萍（2015）认为，航空经济与其他经济形态一样，会经历形成期、发展期和成熟期等不同阶段。在达到成熟期之前，航空产业的金融需求被激发，并通过金融市场表现出来，由金融机构参与完成，提供不同发展阶段所需要的金融产品，以满足航空产业发展的金融需求，这就是帕特里克所说的"需求跟随"，其实质是金融市场对航空经济发展过程中金融需求的被动反应，是由航空经济发展的内生性决定的。金融机构及相关金融服务往往更加敏感，能在航空产业提出金融需求之前，提供并引导航空产业相应的金融需求，产生帕特里克所说的"供给推动"。在这样的情况下，金融机构则会按照市场原则，以航空经济发展为导向，将金融资源最大限度地配置到航空经济发展的方方面面。"供给推动"则是由金融发展的外生性决定的，金融机构的健全程度、金融市场的完善程度、金融工具的发达程度都决定了金融体系的供给模式，直接影响着航空经济的发展。

（三）航空金融组织体系日益健全

金融组织体系是指在一定的社会经济及金融制度下，由国家法律形式确定的银行体系和非银行金融机构以及各类金融市场组成的系统，反映了金融机构和金融市场在整个金融体系中的不同地位、职能和相互关系。近年来，随着我国航空业不断发展，越来越多的金融机构开始介入航空业，成立专营机构或者设立单独子公司，开始在航空业进行投融资活动。除了常规地为航空制造企业和运输企业及机场建设提供贷款支持外，金融机构进入航空业最典型的是银行业进入飞机租赁行业，成立银行控股的金融租赁公司，这大大提升了我国飞机租赁业的实力。国内飞机租赁市场慢慢改变了十年前受制于人的被动局面，目前中资控股的租赁公司已发展成为国内航空公司的重要合作伙伴，90%以上的国内新飞机租赁市场由中资租赁公司占据。截至 2018 年底，中国民航在役客机数超过 3500 架，全国机场年旅客吞吐量超过 12 亿人次。中资租赁公司持有全球近 1/4 的飞机资产，实现了自身资产规模的快速积累。而金融市场也为航空公司和航空制造企业融资提供了巨大便利。截至 2019 年底，我国主要的 12 家航空公司中已经有 8 家上市，获得了资本市场的青睐。在航空制造领域，上市公司逐渐成为航空制造的主力。在中国商飞制造的 C919 客机的产业链中就有 28 家上市公司参与其中，极大地促进了飞机的研发和制造进程。除此之外，一些产业投资机构也开始涉足航空业。2009 年，西安国家航空产业投资基金成立，标志着航空产业投资基金成为我国航空金融中主要的组织形态。截至 2020 年 1 月，我国共有各类航空产业投资基金 17 只，极大地激活了航空金融市场。这也使得为航空金融投融资服务的中介机构，如专业的航空资产评估机构、会计师事务所、律师事务所、咨询机构、评级机构等中介型航空金融组织应运而生，从而形成了我国相对完整的航空金融组织体系。

（四）航空金融交易日益活跃

近年来，我国以航空制造、航空运输、航空物流等为代表的航空产业快速发展，加速了航空业与金融业的融合，促进了航空金融发展。飞机租赁、航空企业上市、航空保险、航空产业投资基金、机场资产证券化、航空供应链金融等各类航空金融交易活动日益活跃。尤其是随着我国航空市场的快速增长，飞机租赁市场迅速膨胀，催生了各类航空金融创新活动。在我国东疆保税港区已经形成了全球第二大飞机租赁聚集地。截至 2019 年 7 月，天津东疆保税港区飞机租赁机队突破 1500 架，其中民航运输飞机超过 1200 架，约占我国民航运输飞机总量的 1/3，通航各类飞机 260 余架。在飞机租赁政策创新方面，东疆保税港区走在了全国的前列，已落地经营性租赁收取外币租金、进口租赁飞机跨关区联动监管、母子公司共享外债等政策，并且获得了国家全新的租赁配套外汇制度创新试点。在商业模式上，东疆保税港区开展了进口租赁、出口租赁、离岸租赁等 30 余种租赁业务模式，完成了跨境转租赁、联合租赁、退租再租赁等众多飞机租赁跨境交易的第一单，引领着飞机租赁创新的风向。

二、航空金融范畴的界定

（一）相关研究界定综述

航空金融是航空业与金融业的有机结合，属于中观层次的产业金融范畴。当前国内对航空金融并无统一定义。丁勇和荀大舜（2013）较早对航空金融进行界定，认为航空金融从广义上来说就是和航空产业相关的所有金融活动的集合，包括和航空产品直接和间接相关的货币兑换、结算和资金融通等各种有关的经济活动；从狭义上来讲就是具有明显的航空产业特性的金融活动，主要是关于飞机的融资活动。同时，认为广义航空金融范畴里很多金融活动具有普遍性的相关论述已经很多，所以航空金融的研究重点应放在狭义的范畴。贾品荣（2013）从技术经济的角度，将航空金融定义为与航空产业链相关主体资金的融通、货币流通和信用活动以及与之联系的经营活动的总称。陈萍（2015）从金融发展理论入手，运用帕特里克的"需求跟随"和"供给推动"理论，分析了航空经济发展不同阶段中的金融需求，指出金融支持发生作用的过程，实质上就是金融在市场经济中充分发挥资源配置作用的过程，通过金融总量的扩张、金融结构的安排、金融效率的提高等金融功能的发挥，金融部门与航空经济部门之间相互作用，产生多重、稳定状态的平衡，来推动航空经济的发展。河南省金融学会课题组（2016）认为，航空金融是指与机场枢纽、航空产业、航空都市建设等航空经济新形态相关的货币流通、信用活动、资本运营、价值交换等经济行为的总称。李鹏（2017）认为，航空金融在广义上指围绕航空产业而产生的所有金融活动的总称，而狭义上主要指飞机及其相关运营设备的各类融资活动，并进一步指出航空金融的不同业务形态，包括航空产业信贷、航空公司证券、航空保险、航空租赁、航空燃料油期货、航空产业投资基金、航空风险投资等不同种类。在航空金融实务中，对航空金融的理解往往等同于飞机租赁。飞机的单体价值高，资产残值稳定，是非常优良的租赁标的物，同时飞机租赁业务具有创税能力强、关联产业拉动明显、对经济带动作用巨大等特点，也使其成为航空金融研究中的热点。冯登艳（2018）从航空经济发展的角度研究航空金融对其的支持作用，认为航空金融是航空企业经营运作过程中伴随着的一切资金往来与运动，通常指航空企业生产经营运作过程中发生的金融融资、保险、货币保管、兑换、结算和融通等国内国际经济活动以及一系列与此相关的业务的总称。航空金融产业已经成为一种新的社会经济增长模式。

（二）本书对航空金融的界定

从上文对航空金融的界定研究中，可以看到绝大多数学者从航空产业发展的角度对航空金融的概念进行界定，而缺乏从航空经济演进的角度在历时层次上对航空金融进行深入梳理。理论上，航空金融的界定应该根植于金融发展与经济增长的理论范畴。换言之，航空金融在航空经济发展的不同阶段有着不同的研究内容和重点，体现的是金融支持航空经济发展的本质。本书认为，在航空经济发展的不同阶段，航空金融的范畴是不同的。

整体上，航空金融是航空业和金融业的交集，是围绕航空产业而产生的各类投融资活动的总称。但随着航空经济发展从航空港经济、临空经济向航空经济逐渐深化，航空金融的研究内容和重点也在发生变化。如图 1－1 所示，在航空港经济阶段，航空金融的重心在机场建设、航空公司引入、航线开辟、飞机租赁、航空产业园区建设等方面，而在临空经济阶段，航空金融的重心在航空制造业产业链的融资、航空产业投资基金的运作以及航空保险等相关金融服务的提供，最后到航空经济阶段，航空业全球化垂直分工体系和网络化产业组织形式相对成熟，航空金融的重心在航空供应链金融、航空产业基金、跨境金融等，同时随着大量客流、货流、信息流和资金流等资源汇集形成航空大都市，航空大都市的建设融资也成为航空金融的重要内容。

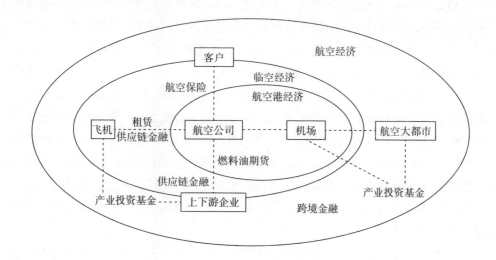

图 1－1　航空经济发展演进背景下的航空金融范畴界定

注：虚线表示资金运动关系。

（三）航空金融的特征

第一，与航空产业的高度相关性。这是航空金融最本质的特征，也是航空金融最直观的特征。航空金融是产业金融理论在航空业运用的产物。第二，资本密集型特征。航空制造和航空运输企业的资金需求金额大、期限长，社会资本高度集中。第三，跨境特征。这是由航空经济的国际性和开放性特征所决定的。在航空金融中，航空器进出口、出口信贷、航空国际融资中的国际债券、离岸结算和航空跨国并购等均成为常态。第四，高技术性和复杂性特征。这是由航空金融交易的复杂性决定的。尤其在跨国跨境的航空金融交易中，除需要了解和掌握高难度的航空技术本身外，交易涉及的主体多，环节复杂，法律事务处理难度大，交易的复杂性高。

三、航空金融支持航空经济发展的机理

金融是现代市场经济的核心。航空金融支持航空经济发展作用的分析应基于金融功能的理论框架。金融发展理论的鼻祖罗纳德·I. 麦金农（Ronald I. McKinnon）和爱德华·S. 肖（Edward S. Shaw）在 20 世纪 70 年代提出，金融功能整体表现为资源配置的媒介作用以及通过金融深化对经济增长的促进作用。莫顿（R. Merton）和博迪（Z. Bodie）在 20 世纪 90 年代将金融功能细化为六个核心功能，分别是商品服务交易的支付、企业融资的资金池构建、跨期限跨区域和跨行业的经济资源转移、不确定性管理和风险控制、不同部门经济决策的价格信号提供、信息不对称和逆向选择的应对。郑联盛（2019）认为，金融功能是金融体系在不确定环境下对经济资源跨时空调度与配置的便利化媒介，进一步可以分为交易促进、资源配置、风险管理和经济调节四个相对独立又有机联系的基本功能。交易促进功能主要指金融体系的交易、支付、结算、兑换、计价等基础功能，目标是交易实现和价值交换。资源配置功能主要是指金融体系在储蓄者与投资者资金融通中的期限转换、信用转换和流动性转换等媒介功能，亦是金融体系的核心功能，其目标是引导价值交换、要素流动和资源配置有序进行。风险管理功能是金融体系通过储蓄投资风险转换、金融机构风险管控、金融市场纪律约束以及金融监管标准强化等来实现金融风险缓释与转移。随着政府调控宏观经济功能强化，经济调节功能成为金融体系显著的扩展性功能，这种功能与宏观政策的实施紧密相关。针对金融支持航空经济发展的机理分析，贾品荣（2015）认为其运作机制主要包括资金形成机制、要素配置机制和风险管理机制。陈萍（2015）认为航空经济在自身动态的系统演进过程中，通过现代金融体系功能的发挥，使航空经济发展所需要的经济要素逐步达到合理配置，产业结构实现优化升级。金融支持航空经济的作用机制具体体现在资金形成机制、投资导向机制、资金集中机制、风险防范机制和技术传导机制。

综上，本书认为航空金融支持航空经济发展的机理体现在：第一，促进资本的形成和转化。资本的形成过程即储蓄转变为投资的过程。航空金融机构通过吸收储蓄并将资金贷放给企业，或者在金融市场上服务航空企业发行证券，均可以实现储蓄资金向企业实际投资的转化，也实现了资金资源的最优化配置。第二，风险管理机制。金融的本质就在于对风险的有效管理，而航空业是高风险的行业，在航空企业的研发、投资、销售和管理过程中面临种种风险。金融机构可以帮助航空企业进行风险分散、风险对冲、风险转移、风险规避和风险补偿，做到对风险的有效管控。第三，技术创新引导机制。航空金融的逐利特征使得资金会流向有市场前景、高技术含量和创新能力强的航空企业，以获取超额收益。反过来，这会诱导航空企业转向这些高新技术的研发，从而提高航空业整体的技术创新水平。第四，缓解信息不对称。金融机构自身拥有强大的信息收集和甄别能力，能够为航空企业在投融资过程中提供项目咨询、评估和交易撮合等服务，帮助企业缓解投融资过程中的信息不对称问题。在金融市场上，航空企业通过发布投融资信息，能够更快地被各类投资者获取，并通过大规模的交易，以市场定价来反映交易背后的真实信息，引导投融资的

投向，提升投融资效率。

第二节　航空经济阶段性演进下的航空金融发展

一、航空经济发展的阶段演进

航空经济是从产业角度对经济发展特征的把握，指的是以民用航空业为战略依托形成的经济发展形态。在航空经济发展演变中，先后经历了航空港经济、临空经济和航空经济等阶段。

（一）航空港经济

所谓航空港经济，就是依托大型枢纽机场的综合优势，发展具有航空指向性的产业集群，从而对机场周边地区的产业产生直接、间接的经济影响，促使资本、技术、人力等生产要素在机场周边集聚的一种新型经济形态。早在 1959 年，爱尔兰的香农机场便开始航空港经济的实践。香农机场利用作为飞机横跨大西洋的中转站的优势，依托机场的便利运输条件和巨大的人流、物流，成立了香农国际航空港自由贸易区，吸引了大量国内外资金和原料，发展起了加工出口工业，直接带动了当地经济与社会的巨大发展。随着经济的发展和航空业的进步，类似的空港经济区和航空城便在各主要国际机场周围蓬勃发展起来，如日本关西国际机场、荷兰阿姆斯特丹史希斯浦尔机场、中国香港新机场等。

在我国内地，航空港经济最早在四川省开始出现。1992 年 5 月，西南航空港经济开发区成立，属于省级重点开发。1994 年 1 月，北京成立天竺空港经济开发区，航空港经济开始起步发展。2008 年 10 月，武汉临空经济区发展总体规划出台。2010 年 6 月，国家级陕西航天经济技术开发区成立，与陕西航空经济技术开发区一起成为全国仅有的两个以航空航天为特色的国家级经济技术开发区。在我国所有省份中陕西省是最早提出和发展航空经济的省份，也是同时拥有航空、航天两个国家级经济技术开发区的省份。但是在国家层面明确提出发展航空港经济的是 2013 年 4 月国家发改委确定的郑州航空港经济综合实验区。在国家发改委印发的《郑州航空港经济综合实验区发展规划（2013—2025 年）》中，将航空港经济界定为以航空枢纽为依托，以现代综合交通运输体系为支撑，以提供高时效、高质量、高附加值产品和服务并参与国际市场分工为特征，吸引航空运输业、高端制造业和现代服务业集聚发展而形成的一种新的经济形态。

航空港经济是航空经济形成和发展的初期阶段，兼具临空经济和航空经济的特征。航空港经济的形成源于航空运输方式的发展和良好的区位优势，更强调综合交通运输设施的配套，经济发展的命脉在于构建综合性、全球化的综合交通运输网络。在航空港经济阶段，航空产业的活动主要集中在航空港区的地理范围内，相对比较集中，主要发展的是以航空运输为核心而衍生出来的航空运营业、航空服务保障业、航空物流业和航空制造业。

（二）临空经济

1965 年，美国著名航空专家麦金利·康维（Mckinley Conway）在"The Fly‑in Concept"一文中首次提出临空经济概念，认为未来临空经济的发展将在工商产业区的设计以及城市和大都市的规划等方面产生令人兴奋的变化。2009 年，中国民航大学曹允春教授在其出版的著作《临空经济——速度经济时代的经济增长空间》中指出，依托机场设施资源，通过航空运输行为或航空制造活动，利用机场的产业聚集效应，促使相关资本、信息、技术、人力等生产要素向机场周边地区集中，以机场为中心的经济空间形成了与航空关联度不同的产业集群，这种新兴的区域经济形态被称为临空经济。临空经济发展战略研究课题组（2006）认为，临空经济发展依赖的是其自身的自我增强机制的聚集效应，这种效应的不断扩大最终会在机场周边形成经济发展走廊、临空型制造业产业集群，进而形成以临空指向产业为主导、多种产业有机关联的独特经济发展模式。这种以航空货流和商务人流为支撑的经济就被称为临空经济。李宏斌（2014）对相关的概念做出了区分，认为临空经济具有新形态、新组合等特点，是航空经济的重要组成部分。

本书认为临空经济的这些新形态和新组合主要体现在航空产业的空间聚集特征和产业链高度关联特征。从国内外实践看，临空经济区的产业大多集中在航空港周围 6—20 公里范围内，或在空港交通走廊沿线 15 分钟车程范围内，以空港为核心，与空港的航空运输业形成相互关联、相关依存、相互促进的互动关系。此时，航空核心产业中的航空运输业已经形成较大规模，并有力地带动航空制造业发展，一批航空指向型产业如电子信息、生物医药等高附加值产业开始聚集，航空产业链不断向上下游延伸。

（三）航空经济

在我国，"航空经济"一词最早由时任我国民用航空局副局长夏兴华（2011）提出，认为航空经济的核心层包括客货航空运输、通用航空、机场建设与管理、空中交通管理、飞机维修、航空油料供应、航空销售代理等，其上下游主要包括飞机和高端设备制造、新材料新技术研发和应用、航空金融租赁、空港产业园、航空物流、航空旅游，等等。而航空经济的辐射范围，可以深入到国民经济的各个领域。2012 年 3 月"两会"期间，时任国家民用航空局局长李家祥在接受记者采访时说："航空经济是以民用航空业为核心和依托形成的经济发展形态，大致可分三类：第一类是航空核心类产业，指直接利用机场资源，主要聚集的是航空运输和航空制造产业链上的企业；第二类是航空关联类产业，指对航空运输方式高度依赖，主要聚集的是高时效、高附加值型产业以及知识、信息、技术、资金密集型现代服务等新兴产业；第三类是航空引致类产业，指由航空核心类产业、航空关联类产业所引发的客流、货流、信息流和资金流等资源，聚集形成各类辅助、配套和支持型服务产业。"李宏斌（2014）认为，航空经济应该是民航运输业（公共航空运输企业、航空物流）、民航保障业（机场、油料等）、航空制造业、航空服务业（培训、教育、销售、维修以及航空金融等）、航空旅游业、通用航空业、航天产业等行业和产业集合与集成后并产生了新衍生收益效应的经济业态和状态。从经济具体形态来说，航空经济包括了航空运输经济、航空工业经济、航空服务经济、航空知识经济和航空信息经济等。从空间场域上来说，航空经济不应"画地为牢"，即在空间范围上局限于某一个机场，应适当扩大到一个省域或相邻地域，亦可突破行政区划和地界边界所限。具体到一些企业活动或经济活动，还应以国际化为导向。集态是航空经济的核心特征，是指各经济要素在时间、空间、功能上经过汇集、集中、集聚而形成的集群、集成的新式状态和整体功能（或功效）最优化的形态。

人们经常将临空经济与航空经济相混淆。实际上，从概念上看，航空经济属于产业的概念，归属产业经济学，临空经济属于区域的概念，归属区域经济学，在外延上航空经济的范围更大，临空经济相对较小（丁勇和苟大舜，2013）。也就是说，航空经济是一个行业概念，没有明显的地域范围限制。航空经济的形成最根本的原因在于交通方式的变革和速度经济时代的到来。机场的空间收敛性所带来的时间和成本的节约，使得人流、物流、企业开始围绕机场布局。现代经济正在创造一个航空、数字化、全球化和以时间价值为基础的全新竞争体系，而航空经济是最适合该体系的经济形态（文瑞，2015）。航空经济反映的是经济发展的特定阶段和该阶段经济组织形式与经济内在结构的特征，这是内涵和外延都相对简单的"空港经济""临空经济""航空大都市"等概念所无法概括的（耿明斋和张大卫，2017）。航空经济的定义可以表述为以航空枢纽为依托，以现代综合交通运输体系为支撑，以提供高时效、高质量、高附加值产品和服务参与国际市场分工为特征，吸引航空运输业、高端制造业和现代服务业集聚发展而形成的一种新的经济形态。航空经济的本质是由效率引领、技术进步推动且伴随着深刻的结构演化，高度依赖航空运输，具有区域特点且代表着未来发展方向的新型经济形态。

在航空经济阶段，航空核心产业、航空关联性产业和航空引致性产业规模和质量达到高水平阶段。航空产业链大范围深度参与国际市场分工，一大批高时效、高技术、高附加值的产业在空间集聚，并且依托航空枢纽、高铁、高速公路等现代化交通方式构建的现代综合交通运输体系，吸引大量人流、客流、信息流、资金流和物流的集聚，带动总部经济、会展经济、金融机构、高端商务等航空服务业发展。当这种集聚效应积累到一定程度，将引发极化效应，促进空地一体、港城一体、港域一体的发展格局形成。机场所在的航空港区与所在城市呈现出逐步融合的态势，航空大都市开始形成。总体来说，交通枢纽、高新产业、核心增长极、大都市区是航空经济的主要特征。

二、航空经济发展对航空金融的需求分析

（一）基于航空经济不同阶段的需求分析

航空经济发展不可能一蹴而就，有其发展的生命周期和演进过程。通常航空经济分为起步形成期、发展期和成熟期三个不同的阶段。各个阶段依据机场运营能力、产业特征、航空经济空间范围等发展程度的不同，对航空金融的需求也是不同的，存在显著差异性（河南省金融学会课题组等，2016）。

1. 起步形成期

在该时期，机场基础设施逐步完善，客流吞吐量一般在 1000 万至 3000 万人次之间，

国内外航线网络不断完善，基地航空公司数量达到一定规模。航空产业中的核心产业以航空运输和服务保障业为主，同时航空关联产业快速发展，并向上下游产业链延伸，尤其是高端制造业等依赖航空运输、偏好临空区位带来的高时效性和高附加值的产业开始出现聚集特征。航空产业在空间上呈现点状分布特征。在这一时期，航空金融需求来自于航空运输业机队扩充的资金需求和飞机租赁业务需求，以及航空服务保障业、航空制造业等航空核心产业的投资需求，还有机场设施完善建设的资金需求。由于这些投资的风险较大、期限较长，这一时期往往依赖政府投资和银行贷款，以证券市场为主的直接融资方式相对较少。

2. 发展期

此阶段机场基础设施已经较为完备，客运吞吐量已经达到3000万人次以上，航线已经遍布国内外主要城市，基地航空公司进驻数量基本能够满足客户的出行需求，达到全国航空枢纽型机场的要求，且已经形成了涵盖高速铁路、高速公路、地铁和轻轨等现代交通运输工具的立体化客货快速联运系统。航空产业在空间上呈现块状分布特征。在航空产业方面，航空高端制造业产业链基本形成，并且与航空运输业已经形成了密切的上下游产业链，开始带动总部经济、会展经济等航空引致性产业形态发展。相应地，这一阶段的航空金融需求主要来自于航空高端制造业、高技术产业和现代服务业，离岸金融和跨境金融的需求也大幅上升，对资金的需求规模更大，金融产品也更为复杂化。金融市场对航空金融需求的重要性在上升，债券融资和资产证券化等金融产品不断涌现。

3. 成熟期

此时期机场及周边的配套基础设施非常完备，客运吞吐量已经超过5000万人次，国际航线已经超过国内航线，且遍布全球，有大量的外国基地航空公司入驻，货运运输量和客运运输量位列全国前十，成为国家级门户型大型枢纽机场。航空产业在空间上呈现圈层状分布特征，形成明显的外溢性和扩散性发展态势，并吸引大量人流和客流停驻，航空大都市逐渐成形。在航空产业方面，航空核心产业、关联产业和引致产业已经形成了完整的产业链条，并且深度参与国际产业分工，成为国际产业链不可分割的部分。航空产业的辐射性增强，开始带动非航空产业发展，产业的范围不再局限于机场及周边，开始形成功能完善、分区合理和布局得当的航空大都市。此时期，航空经济发展已经到了高级阶段，航空港已经成为区域经济的增长极和发动机，航空金融已经成为主要产业，并逐渐成为区域金融中心，主要满足风险管理和信息传递等高层次金融功能的需求。

(二) 基于机构和产品视角的需求分析

1. 基础设施建设多元化融资方式的需求

这些基础设施建设主要包括三大类：①机场枢纽建设，包括客货运跑道、航站楼、航空货运仓储中心、快件集中监管中心、海关监管仓库等设施。大致上，机场枢纽建设的融资可以通过内源融资、政府投资、政府补助、银行贷款、发行股票和债券、引入战略投资者、利用民营资本和政府与社会资本合作（PPP）等途径解决。②高效便捷的交通集疏系统，主要包括高铁、地铁、城际轨道以及周边区域的高速公路建设，还有机场枢纽内部干道路网系统。③航空产业园区及市政公用和公共服务配套设施建设。后两类往往是政府主导的建设项目，可以通过设立航空产业投资基金、建立投融资平台、发行地方政府专项债券等途径融资，还可以运用非常适合航空大都市建设的特许经营模式，例如 BOT（Build – Operate – Transfer）、BLT（Build – Lease – Transfer）、IOT（Investment – Operate – Transfer）等。

2. 航空核心产业发展的航空金融需求

航空核心产业直接利用机场枢纽资源，主要聚集的是航空运输和航空制造产业链上的企业。这些产业对航空金融的需求主要包括：①航空企业的融资风险管理。一般而言，航空企业多是高负债企业，因此容易出现融资风险，表现为融资不足、稀释控制权、偿债危机、降低盈利能力和委托代理问题等。因而，需要对融资风险进行识别、评估、预警和控制。②飞机租赁的需求。飞机价值高，交易金额大，航空公司在扩大机队规模时若采用自购方式会存在巨大的融资压力，于是航空公司往往采用飞机租赁的方式来实现购机目的。当前，大致有50%以上的飞机是通过租赁方式获得的。这带来了巨大的飞机租赁需求。③航空公司航油套期保值交易需求。在航空公司的成本结构中，航空燃油成本是重要的组成部分。航油费用占运营总成本的比重高达30%，航油价格的大幅波动给航空企业带来巨大的经营风险。航空公司使用燃料油期货套期保值交易以规避航油价格波动风险的需求日益增加。④航空公司外汇风险管理。航空公司是典型的外向型企业，在经营过程中不可避免地面临较大外汇风险。如何有效进行外汇风险管理是航空公司面临的一大挑战。一方面，航空公司在经营时往往需要用到外币，形成大量外币负债。另一方面，航空公司在经营中外币收入不断增加，形成外币资产。在人民币汇率双向波动的背景下，巨额外币资产和外币负债使得航空公司面临较大的外汇风险。⑤航空保险需求。航空保险是针对航空这一特殊行业的风险而产生的保险需求，是航空风险管理的重要手段。航空风险是指航空活动中发生航空事故或事件导致财产损失、人身伤亡或责任损失的可能性。与其他运输工具相比，尽管航空运输发生意外事故的概率非常低，可是一旦发生事故，对旅客、飞机以及货物造成的伤害或损坏大多是毁灭性的。航空承运人都面临可能发生的航空事故带来的灾难性损失与巨额赔偿的巨大风险。⑥航空产业投资基金。航空产业投资基金是产融结合的一种资本运作形式，主要投向航空发动机、智能制造等高端精密制造、区域性通用机场建设、航空服务业等方面，实现航空产业和金融资本的融合，促进航空产业发展。

3. 航空关联性产业发展的金融需求

航空关联性产业对航空运输方式高度依赖，主要指航空物流、电子信息、生物医药等高时效、高附加值型产业。这些产业的金融需求主要包括：①航空物流业的金融需求，包括航空物流结算需求、航空物流仓单金融需求、航空物流授信需求和进出口金融需求等。②航空供应链金融需求。航空供应链金融是金融服务提供者依托航空产业供应链参与企业之间的协同合作关系，为供应链上的企业提供全面的金融服务。航空供应链金融将航空产业供应链的物流、商流、信息流与金融结合为一体，将航空产业链中的买方、卖方、第三方物流及金融机构紧密联系起来，以实现用航空产业供应链物流盘活资金，同时用资金拉动航空供应链物流，提高航空供应链物流的协同性，降低其运作成本。③航空产业投资基金需求。随着航空产业链的上下延伸，航空产业投资基金也开始关注航空产业上下游和外围的产业投资需求。

4. 航空引致性产业发展的金融需求

随着航空核心类产业、航空关联类产业所引发的客流、货流、信息流和资金流等资源不断聚集，逐渐形成各类辅助、配套和支持型服务产业。这些产业对金融的需要主要体现在：①专营性的航空金融服务机构。随着航空金融服务规模的扩大和专业性的不断增强，尤其是随着航空器跨境交易、航空相关的出口信贷和政府贷款、国际航空贷款和离岸结算等跨境航空金融需求的扩大，要求成立专营性的航空金融服务机构的需求会越来越强。②现代服务业发展的高端金融业态需求。主要包括航空专业会展、电子商务、总部经济、服务外包、航空咨询等服务业的融资和结算等金融需求。③相关中介服务机构的需求。金融业与航空产业的融合发展离不开专业中介机构发展，如会计师事务所、律师事务所、征信机构、资产评估机构、金融信息服务公司等。

三、航空金融在不同航空经济阶段的支持模式

金融支持航空经济发展不是静止的，金融发展水平也会随着航空经济系统的演进而变化。同时，金融发展水平的不断提升，又会对航空经济的发展产生影响作用，二者在发展的过程中相互影响，相互作用，共同促进（陈萍，2015）。理论上，这两者之间的关系可以由金融发展理论中的"需求跟随"和"供给推动"理论阐释。帕特里克在《欠发达国家的金融发展和经济增长》一文中指出，在金融发展和经济增长的关系上有两种模式：一种是需求跟随，强调的是金融服务需求方。随着经济的不断增长，各类经济主体会产生金融需求，并导致金融机构及相关金融服务的产生。另一种是供给推动，强调的是金融服务的供给方。金融机构及相关金融服务的供给领先于需求，推动经济增长。帕特里克认为，应该把这两种模式结合起来，并且指出在经济增长的初级阶段，供给推动型金融处于主导地位，而随着经济的发展，需求追随型金融会逐渐居于主导地位。

航空金融发展是指航空金融资产相对规模的扩大，同时伴随着航空金融机构及金融市场效率的提升和航空金融体系功能完善的过程，是一个动态的概念。航空金融发展一方面体现在"量"的扩大上，另一方面体现在"质"的提升上（丁勇，苟大舜，2013）。在航空经济的起步形成期，以机场枢纽为重心的基础设施建设融资为主，且主要以政府主导来进行，通过设立金融机构、提供政策性贷款、鼓励银行配套性商业贷款或者引导产业投资基金投资等方式完成融资过程，往往先于航空经济主体的需求，属于典型的政府主导型的供给推动金融支持模式。在航空经济的发展期，航空经济主体的经济活动日益活跃，各类如上所述的金融需求被激发出来，此时的金融支持模式为需求跟随型。而到了航空经济的成熟期，包括航空金融服务在内的高端服务业非常发达，各类金融产品和金融市场空前活跃，能够超越航空经济主体的需求提供各种超前性的金融服务。金融机构主要按照市场

性原则，以航空经济的发展为导向，引导金融资源最大限度地配置到航空经济各个环节。此时金融支持模式又转变为市场型的供给推动模式。

第三节 本书的内容安排与创新之处

一、内容安排

本书共十一章，涵盖了航空金融领域的主要研究内容，各章的内容安排如下：

第一章为导论。主要论述航空金融范畴的形成，界定本书研究的航空金融的内容，总结航空金融支持航空经济发展的机理。同时，研究在航空经济阶段性发展背景下航空金融的不同需求表现和支持模式。

第二章为机场融资。在分析机场经济属性基础上，分析不同类型的机场融资模式，并分析国外主要机场的融资经验，为我国机场融资提供借鉴。另外，还探讨了机场的投资资金回收问题，并对我国浦东国际机场融资实践进行了案例分析。

第三章为航空公司融资风险管理。在对融资风险进行界定的基础上，分析了航空公司的融资途径，剖析了航空公司融资风险的表现及成因，总结了航空公司融资风险管理的一般流程，进一步分析了航空公司融资对投资的影响，最后以海航控股为例分析了其存在的融资风险。

第四章为飞机租赁。在分析飞机租赁内涵的基础上，总结了飞机租赁的主要模式、流程及风险，并回顾了国内外飞机租赁发展历程，对我国飞机租赁业的现状进行分析，剖析了国内飞机租赁业务发展面临的主要问题，对国外相关地区发展飞机租赁业务的经验进行总结借鉴，最后分析了郑州飞机租赁业的发展案例。

第五章为航空公司航油套期保值交易。在分析燃料油在航空公司运营成本占比基础上，分析燃料油套期保值的内涵及具体操作方法，并对国内航空公司航油套期保值问题进行分析，最后以中航油事件为例分析了期货市场的风险。

第六章为航空公司外汇风险管理。首先分析了外汇风险的含义及相关研究现状，其次分析了我国航空公司面临的外汇风险及成因，接着构建了航空公司外汇风险管理的一般框架，最后详细分析了南方航空的外汇风险管理。

第七章为航空保险。本章首先梳理了航空保险的起源与发展，界定了航空保险的概念、分类及特点，回顾了国内外航空保险发展的历程，接着介绍了航空保险的主要险种，研究了航空保险的定价与理赔，最后分析了全国首例航空意外伤害保险金索赔案等案例。

第八章为航空供应链金融。本章首先界定了航空供应链金融的内涵与特点，总结了航空供应链金融的特征，接着分析了航空供应链金融的不同模式和分类，探讨了航空供应链金融风险控制过程，最后分析了航空供应链融资模式典型案例陕西航空产业链应收账款

融资。

第九章为航空产业投资基金。在阐述产业投资基金概念的基础上，界定了航空产业投资基金的定义及特点，总结了我国航空产业投资基金的发展背景与发展现状，接着重点探讨了航空产业投资基金的资金来源与募集方式，最后研究了航空产业投资基金的组织与运作模式，分析了国家航空产业投资基金的运作案例。

第十章为航空大都市建设的投融资。本章首先分析了航空大都市出现的背景及特点，提出了发展航空大都市的要件，接着总结了航空大都市建设的融资渠道与方式，重点分析了投融资平台的建设与改革趋向，指出了航空大都市建设的投融资体制机制改革情况，最后以河南民航发展投资有限公司为例分析了郑州建设航空大都市的做法。

第十一章为跨境航空金融。主要分析了航空器跨境交易、官方国际航空投资、航空国际融资、航空离岸结算和航空跨国并购，并分析了中国飞机租赁有限公司的跨境飞机日税融资模式 JOLCO。

二、创新点

第一，研究视角新。本书以航空经济发展演进为背景研究航空金融，将航空金融与航空经济发展置于金融发展与经济增长的大理论框架下，拓展了航空金融的研究背景，深化了航空金融的研究对象，阐释了航空金融发展的规律。

第二，研究内容全。本书涵盖了航空金融研究的方方面面，从微观的机场融资、航空公司融资风险、飞机租赁、航空公司外汇风险管理、航空保险和航空燃料油期货套期保值交易，到中观的航空产业投资基金、航空供应链金融，再到宏观的航空跨境交易和航空大都市投融资，全面系统地总结和论述了我国航空金融的发展。

第三，研究实践性强。本书的各章内容在理论分析的同时注重与当前我国航空金融的实践相联系，强调理论与实践的融合，在每章最后都分析了典型的案例，更好地反映我国快速发展的航空金融业的各类实践。

思考题

1. 航空金融产生的背景有哪些？
2. 如何理解航空金融与航空经济发展之间的关系？
3. 航空金融在不同航空经济发展阶段呈现的模式有何不同？
4. 航空金融未来发展的趋势是什么？

参考文献

［1］夏兴华．发展航空经济　促进产业结构调整和经济发展方式转变［J］．中国党政干部论坛，2011（6）：4－8．

［2］丁勇，等．航空金融发展辨析［J］．商业时代，2013（35）：80－82．

［3］耿明斋，等．论航空经济［J］．河南大学学报（社会科学版），2017（3）：

31－39.

　　［4］河南省社会科学院课题组．航空经济引领地区发展研究——以郑州航空港为例［J］．区域经济评论，2016（1）：52－65.

　　［5］河南省金融学会课题组等．航空经济：基于不同发展阶段金融需求及其演进规律——以郑州航空港经济综合实验区为例［J］．金融理论与实践，2016（8）：18－25.

　　［6］贾品荣．航空金融论［M］．北京：中国经济出版社，2015.

　　［7］李宏斌．试论航空经济的概念与发展［J］．北京航空航天大学学报（社会科学版），2014（2）：85－88.

　　［8］文瑞．试论航空港经济概念的新发展［J］．河南科技大学学报（社会科学版），2015（2）：81－85.

　　［9］陈萍．航空经济发展的金融需求分析——基于"供给领先"和"需求跟随"的金融发展理论［J］．金融理论与实践，2015（1）：63－67.

　　［10］李鹏．"一带一路"背景下郑州建设中西部航空金融中心的对策研究［J］．郑州航空工业管理学院学报，2017（4）：1－8.

　　［11］冯登艳．航空经济发展的金融支持与创新研究［M］．北京：社会科学文献出版社，2018.

　　［12］曹允春．临空经济——速度经济时代的经济增长空间［M］．北京：经济科学出版社，2009.

　　［13］临空经济发展战略研究课题组．临空经济理论与实践探索［M］．北京：中国经济出版社，2006.

　　［14］郑联盛．深化金融供给侧结构性改革：金融功能视角的分析框架［J］．财贸经济，2019（11）：66－80.

　　［15］陈萍．金融支持航空经济发展的作用机制及路径研究［J］．企业经济，2015（7）：174－178.

第二章 机场融资

综观全世界，机场已成为区域经济增长的"发动机"。但机场投资巨大，动辄上亿元甚至百亿元，一般运用包括政府投资和民间投资等在内的多元化融资模式进行融资；同时，机场设施具有可经营性和可拆分性，使得不同机场设施可以实行差异化融资方案。不管哪种融资模式，各个投资主体在进行机场投资决策时均会考虑到投资回收问题。在当前机场收入和支出基本确定情况下，机场的经营特点决定了大部分机场盈利较低。但机场的社会经济效益巨大，国际上许多国家和地区都会对机场业的社会经济效益进行定期评估，为投资者进行决策提供依据，使决策更为全面。

第一节 机场经济的属性

机场一般分为军用和民用两大类。民用机场分为公共运输机场和通用航空机场。公共运输机场是为从事旅客和货物运输等公共航空运输活动的各种民用航空器，提供起飞和降落任务的机场；通用航空机场是指为承担工业、林业、渔业和建筑业，以及抢险救灾、科学实验、气象探测、医疗卫生、海洋监测以及教育训练等飞行活动的各种民用航空器，提供起飞和降落任务的机场。两种机场的主要区别在于：公共运输机场是为公共运输服务的，而通用航空机场则不提供公共运输服务。

日常所说的机场通常是指公共运输机场，这些机场一般都比较大型，有着各种完善的设施，比如停机坪、跑道、航站楼、地勤专用服务场所、塔台、大型油库、专用维修区域、大型停车场等，可以起降大型民航客机。通用航空机场是专门为民航的"通用航空"飞行提供起降任务的机场，包括可供飞机和直升机起飞、降落、滑行、停放的场地和有关的地面保障设施。本书主要以民用公共运输机场为分析对象。

另外，根据航线性质，机场也分为支线机场、干线机场和枢纽机场。我国 2017 年出台的《民用航空支线机场建设标准》，明确了支线机场是指符合下列条件的机场：设计目标年旅客吞吐量小于 300 万人次（含），主要起降短程飞机，规划的直达航班一般在 1000—1500 公里范围内。干线机场是指年吞吐量千万级的主干线路机场，可起降空客、波音干线客机，通常跑道长度在 1—1.5 公里，此类机场一般设置在省会或计划单列市级别的城市中。枢纽机场是指国际、国内航线密集的机场，是中枢航线网络的节点，是航空客货运的集散中心，最主要的特征是：高比例的中转业务和高效的航班衔接能力。

1922年，第一个供民航业使用的永久机场和航站楼在德国柯尼斯堡出现，从此，民用机场逐步发展壮大。

一、准公共产品属性

按照经典的经济学理论，一般产品按其经济属性可以划分为私人产品、公共产品和准公共产品。萨缪尔森给出了纯公共产品应该具有的两个物品特性，这两个物品特性构成了区分公共产品和私人产品的两个重要维度，即消费的非竞争性和非排他性，并认为，纯公共产品应该同时具备这两种特性。但是，现实生活中的许多物品既不属于纯公共产品，也不属于私人产品，而是介于两者之间。介于纯公共产品和纯私人产品之间的各色产品，被称为"准公共产品"。

机场作为航空运输和城市的重要基础设施，是综合交通运输体系的重要组成部分，它对改善交通条件、促进资源开发、带动当地经济和社会发展具有十分重要的作用。据国内研究分析，我国机场每百万航空旅客吞吐量，可以产生的经济效益总和达18.1亿元，创造相关就业岗位5300多个。机场对区域经济的拉动作用明显，为当地经济和社会发展服务产生的社会效益和间接经济效益远大于直接经济效益。所以，民用机场虽然存在收费机制，具有一定的竞争性和排他性，但也具有公益性、正外部性等特点，属于准公共产品。

二、自然垄断属性

自然垄断有别于行政垄断，自然垄断来自产业自身的性质。在自然垄断行业中，单一企业生产所有产品的成本小于多个企业分别生产这些产品的成本。所以，最有利的状态是某些企业垄断地提供产品和服务。但这些行业往往初始投资量较大，资产具有较强专用性和不可逆性，沉没成本大，投资回收周期长，具有明显的规模经济特征，在市场发展水平低、私营企业力量有限的情况下，大都由政府投资经营。

而机场行业就具有这些特征，它是资金密集型行业，建设资金投入巨大，干线机场的改扩建动辄上百亿，如武汉机场三期扩建需要153亿元，重庆机场扩建需要270亿元，而且机场在投入运营后，一般5—8年还要进行再次扩建，形成一种被动性滚动式投资的状况；机场资产具有专用性和不可流动性，投资一旦实施，会形成大量沉没成本，短期内无法迅速收回；机场建设周期也长，比如上海的第三机场——南通新机场，建设周期为8—10年；具有明显的规模经济特征，运营成本超稳定、边际成本几乎为零，即机场一旦建成，其运营成本就稳定在一个数值上下，与机场所承担的运输量关联性不大；其旅客量和货运量的增加几乎不增加运营成本，例如在航站楼的设计能力之内，一天进出旅客量的增加并不会给运营成本带来多大变化。

由于存在这些技术经济方面的门槛，降低了中小投资者进入机场行业的可能性和速度，即存在"进入壁垒"，使得机场行业存在不完全竞争，无法引入竞争或不适宜竞争，形成该市场的自然垄断结构。当然，由于机场涉及国家和地区安全以及其他因素，也使得

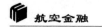

机场必须存在垄断。

三、基础设施属性

机场是航空运输的基础设施，航空运输又是运输业的重要组成部分，运输业则是整个国民经济的基础。因此，机场在整个社会经济中发挥着基础设施的作用，具有明显的基础产业特征。根据相关的国际航空运营经验，一个航空项目发展 10 年后，给当地带来的效益产出比为 1:80，技术转移比为 1:16，就业带动比为 1:12。一个大型枢纽机场的功能可以辐射到与航空相关的旅游业、服务业、金融业、物流业、房地产业等领域，从而形成一个庞大的产业链。

四、机场设施可经营性和可拆分性

（一）机场设施可经营性

上海市城市发展信息研究中心在《上海市政、公用基础设施投融资发展战略研究报告》中提出了指导城市基础设施建设的项目区分理论，理论主要内容就是根据一定的标准，把城市基础设施项目划分为性质不同的若干种类。城市基础设施项目可从能否让市场发挥作用这一角度分类，按投资项目有无收费机制（即资金流入）分成两类，即经营性项目与非经营性项目，但会受到政府政策的影响而有所变异。

第一类为非经营性项目，即无收费机制、无资金流入，这是市场失效的部分，其目的是为了获取社会效益和环境效益，而非经济效益，市场调节难以对此起作用，这类投资只能由代表公共利益的政府财政来承担。

第二类为经营性项目，此类项目有收费机制（有资金流入），但这类项目又以其有无收益（利润）分为两类，即纯经营性项目和准经营性项目。

纯经营性项目（营利性项目），可通过市场进行有效配置，其动机与目的是利润最大化，其投资形成是价值增值过程，可通过社会投资加以实现。

准经营性项目有收费机制和资金流入，具有潜在的利润，但因其政策及收费价格没有到位等客观因素，无法收回成本，附带部分公益性，是市场失效或低效的部分。由于经济效益不够明显，市场运行的结果将不可避免地形成资金供给的缺口，要通过政府适当补贴或政策优惠，以维持项目的运营，待其价格逐步到位及条件成熟时，即可转变成纯经营性项目。

民航运输机场一般可分为六个功能区和设施群，即飞行区、航站区、货运区、机务区、工作区和陆侧的集疏运系统。若从工程角度出发，机场由场道、航站和货运等设施组成，如表 2-1 所示。

从能否让市场发挥作用这一角度看，机场内部不同功能区域设施的可经营性差异比较大。机场跑道、滑行道、围界和安全监控等设施的收益性远没有航站区的高。机场飞行区具有明显的公益性特点，起降服务收入往往不能弥补初始投资的折旧、运行、维护费用等成本，但飞行区设施是机场不可或缺的核心设施。航站楼等则是经营性很强的优质资产，通过开展商业、餐饮和广告等服务，可取得良好的经济收益。因此，机场虽属于基础设施，但内部不同设施具有多重经营性特点。

表 2-1 机场设施系统构成

类别	项目
场道设施	场道设施、附属设施、站坪机位、助航灯光
航站设施	航站楼、特种设备、停车场、道路、站坪调度中心、地铁设施、其他设施
货运设施	货运站、货运业务楼、其他设施
航空公司基地	机务维修、行政办公、仓储设施、其他设施
供油工程	油库、站坪加油系统、航空加油站、其他设施
航管设施	航管楼、塔台、雷达工程、雷达终端系统、其他设施
航空配餐	航空配餐设施
宾馆设施	宾馆设施
机务维修	机务维修设施
其他配套设施	信息通信系统、供电系统、绿化工程、供冷供热工程、供气系统、邮电通信系统、消防站、急救中心、污水处理系统、排水系统、供水系统、场务设施、道路桥梁、行政生活设施、废物处理设施、其他设施

（二）机场设施可拆分性

可拆分性是指根据设施的物理、功能和运行特点，对设施进行区分。对于物理上存在边界、具备独立功能、能够独立运行的设施，称为可拆分的设施；其他的则称为不可拆分的设施。根据这个物理标准，机场设施的分类如表 2-2 所示。

表 2-2 根据可拆分性对机场设施的分类

类别		设施
不可拆分设施	配套设施	信息通信系统、供电系统、绿化工程、供冷供热系统、供气系统、邮电通信系统、消防系统、污水处理系统、排水系统、供水系统、道路桥梁等
可拆分设施	场道设施	场道设施、附属设施、站坪机位、助航灯光等
	航站设施	航站楼、特种设备、停车场、站坪调度中心、地铁设施等
	货运设施	货运站、货运业务楼等
	航空公司基地	机务维修、行政办公、仓储设施等
	供油工程	油库、站坪加油系统、航空加油站等
	航管设施	航管楼、塔台、雷达工程、雷达终端系统等
	航空配餐	航空配餐设施
	宾馆设施	宾馆设施
	机务维修	机务维修设施
	其他配套设施	急救中心、场务设施、行政生活设施、废物处理设施等

对于机场设施而言，仅仅根据经济性质——经营性对设施进行区分，不能保证设施运行功能的完整性，还应结合可拆分性，只有这样，才能实现设施经济性和物理性的统一。而根据可经营性和可拆分性，机场设施可分为四类，即不可经营、不可拆分设施；不可经营、可拆分设施；可经营、不可拆分设施；可经营、可拆分设施。机场内部不同设施的不同经营性和这种分类，使得机场在进行融资时，可根据不同设施实施不同的融资方案，为机场融资手段和渠道更加丰富提供了理论基础。

第二节　国内外机场融资的模式

一、不同机场融资模式的理论分析

（一）多元化的融资模式

根据机场经济属性分析，可明显看出机场属于准公共产品。一般来讲，私人产品的供给主体是私人部门，公共产品的供给主体是公共部门，准公共产品的供给主体一般是公共部门，也可以是私人部门。但传统经济学理论认为，由于准公共产品具有纯公共产品的某些属性，所以，准公共产品若由市场机制提供，必将出现市场机制的失灵。所以在机场建设实践中，各航空大国一般均将机场定位为不以营利为目的的公共产品，比如美国和日本，结合机场规模安排其资金供给，其机场的运行管理一般建立在政府主导基础之上，政府投资规划和建设、政府所有并监管、政府给予优惠政策和经营补贴、政府引导资源开发，等等，同时引进一定社会资金进行合理补充，以满足机场建设资金需求。

另外，从机场效益角度看，机场作为重要的交通基础设施，具有明显的正外部性，所带来的效益远不只是直接的运营收入。总体来看，机场效益分为经济效益和社会效益，经济效益又可分为直接效益和间接效益。

机场的社会效益，简单讲就是因为有了机场这样的基础设施，引起整个区域经济的运行效率提高、税收和就业增加等，它的受益人是不特定的，机场设施的开发者无法通过特定的市场手段获得这些利益。从这个角度看，政府作为不特定受益人的代表应该在机场建设中进行投资。

机场的直接效益是指通过使用者付费可以回收的一部分效益，比如，客运、货运增加带来的机场收益等。这部分收益对应的机场设施主要是航站楼和飞行区的所有设施，这些设施资产大体上就是行业内所说的"航空主业"。这些设施具有较好的可经营性，机场运行规模达到一定程度后，会有比较好的成长性和预期收益，对社会资本具备较大的吸引力。所以，这部分设施建设所需资金可通过出售部分资产的所有权或者发行债券等获得，或者把这些可经营性设施资产做大做强，通过上市或引进战略投资者的方式获得。

另外，机场的建设投运带来了土地增值、产业链拓展、商业服务设施开发和物业增值等正外部性，这些是机场的间接效益。机场可以利用自身产业龙头地位、区位优势和"先入"优势建立一系列融资平台，通过一系列合资合作的方法组建各种各样的双赢或多赢的机制（有限责任公司），融入市场上的资金，建设相关设施，来分享这些间接效益。

所以，从机场经济属性和产生的效益种类来看，在机场融资时，应该实行多元化融资，对不同设施项目、项目不同阶段的不同权益进行合理的筹资安排。融资多元化包括主体的多元化、渠道的多元化、对象（部分设施、部分阶段、部分权益）的多元化，以及模式（方法）的多元化；从融资主体看，包括政府、金融机构、企业、外国投资者等；从融资渠道看，包括产权市场、股权市场、债券市场、商业信贷、政策性信贷、土地市场等。通过引入多个项目参与者，分散经营风险，用有限的财力投资更多的项目，创造投资的最佳效益，降低机场整体的融资压力。

（二）差异化的融资模式

机场包含设施众多，应该针对不同设施，实行差异化融资。《上海市政、公用基础设施投融资发展战略研究报告》中提出了指导城市基础设施建设的项目区分理论，根据这个理论可从投资项目有无收费机制（即资金流入）这一标准把机场建设中的不同设施分成两类，即经营性项目与非经营性项目。假设定义项目的可经营系数为 K，把它作为一个设施属性的分类指标。

$K = V/C$

其中，C——项目建造成本；

V——项目的市场价值。

$V = H/I$

其中，H——项目的收益；

I——市场上可以接受的投资收益率。

将 V 替换后，$K = (H/I)/C$。

根据 K 这一指标作如下分析：

（1）$K = 0$，为非经营性项目；

（2）$K = 1$，为纯经营性项目；

（3）$K < 1$，为准经营性项目；

（4）$K > 1$，为高回报的纯经营性项目。

根据机场不同设施对应的 K 值，可对机场设施属性进行分类，如表 2-3 所示。

结合机场设施的可否拆分性质，可把机场设施分为四类，如表 2-4 所示，不同的设施有不同的融资模式。

Ⅰ类设施（不可经营、不可拆分设施）主要是一些配套设施，包括信息通信系统、供电系统、绿化工程、供冷供热系统、供气系统、邮电通信系统、消防系统、污水处理系统、排水系统、供水系统、道路桥梁等，主要提供公共功能，这些设施只有规模化操作才有效率和效益，一般机场这类设施全部由机场当局投资建设。部分Ⅰ类设施也可以通过详细的拆分，将其中一部分进行社会化运作，由其他单位投资，或建设，或运营维护，比如邮电通信系统。

表 2 – 3　机场设施可经营性分类

类别		设施
经营性项目	K = 1 和 K > 1 的纯经营性项目	货运设施：货运站、货运业务楼等
		宾馆设施：宾馆设施
		航空配餐：航空配餐设施
		供油工程：油库、站坪加油系统、航空加油站等
		机务维修：机务维修设施
		航站设施：旅客候机楼、特种设备、停车场、站坪调度中心、地铁设施等
		航空公司基地：机务维修、行政办公、仓储设施等
	K < 1 的准经营性项目	场道设施：场道设施、附属设施、站坪机位、助航灯光等
非经营性项目	K = 0 的非经营性项目	航管设施：航管楼、塔台、雷达工程、雷达终端系统等
		配套设施：信息通信系统、供电系统、绿化工程、供冷供热系统、供气系统、邮电通信系统、消防站、急救中心、污水处理系统、排水系统、供水系统、场务设施、道路桥梁、行政生活设施、废物处理设施等

表 2 – 4　机场设施的分类

Ⅰ类设施（不可经营、不可拆分设施）	配套设施
Ⅱ类设施（不可经营、可拆分设施）	航管设施、其他配套设施
Ⅲ类设施（可经营、不可拆分设施）	航站楼内商业服务设施、地勤服务设施
Ⅳ类设施（可经营、可拆分设施）	场道设施、航站设施、货运设施、航空公司基地、供油设施、航空配餐设施、宾馆设施、机务维修设施

　　Ⅱ类设施（不可经营、可拆分设施）主要是航管设施和其他配套设施，包括航管楼、塔台、雷达工程、雷达终端系统，以及急救中心、场务设施、行政生活设施、废物处理设施等。Ⅱ类设施主要承担专业功能，强调服务第一，原则上全部由机场当局投资，也可以由专业部门投资，可通过补贴方式等对投资者进行资助。

　　Ⅲ类设施（可经营、不可拆分设施）主要是航站楼内商业服务设施、地勤服务设施。这类设施主要承担商业功能，可以由公共投资，强调效益第一。以航站楼为例，航站楼是机场范围内人流最为集中的场所，是产生效益最高的机场设施之一。航站楼内可以提供多种商品及服务，包括各种传统机场零售商品（如日用百货、香水、化妆品、银行和钱币找换、便利品等），各种专门店和专卖店，各种风格饮食服务、钟点宾馆服务和商务服务，以及航空营业设施、用房、场地出租服务项目等。这些服务项目均可以出租方式等经营和管理，也可以通过引入社会资金建设和管理。

Ⅳ类设施（可经营、可拆分设施）包括场道设施、航站设施、货运设施、航空公司基地、供油设施、航空配餐设施、宾馆设施、机务维修设施等。这类设施一般是机场经营开发的重点，有航空主业功能的设施，更多是非航空主业方面的设施，也是机场收益的重要来源，可通过市场完成投资。

以货运设施为例，航空货运服务是指机场方面为所有在机场开办业务的航空公司，提供货物处理、储存、资料及文件处理等方面的服务。对机场方面来说，货运设施可以有以下几种融资模式：①由机场投资建造货运处理系统、相关仓储设施、营业办公设施，然后转让、出租经营；②成立合资公司，共同经营；③采用专营权转让方式建设、经营。

二、国内机场融资的主要方式

在我国机场投资建设中，建设主体有的"以省为主"，有的"以市州为主"，有的"以机场集团为主"，但不管哪种主体，总的来说，国内民用机场融资方式按照资金来源方向可分为内源融资与外源融资两大类。内源融资也可称为再投资，即机场将其自身积累转化为资本投资的过程，我国民用机场的内源融资主要包括三种形式：资本金、折旧基金转化为重置投资和留存收益转化为新增投资。而外源融资是机场将外部其他经济主体的资金转化为自身资本投资的过程，外源融资是当前我国民用机场的主要融资方式，其主要形式可分为财政投资、债务融资和股权融资等。我国机场融资主要渠道如下：

（一）内源融资

与其他融资方式相比，内源融资的融资成本与融资风险最小，但其在所有机场融资方式中所占比例不足5%，这主要有两个原因：一方面是整体机场盈利能力较差。机场属于劳动密集型、重资产的行业，各地机场存在"以干养支"的客观现实，还承担许多公益性职能，拖累了机场集团的盈利能力，所以，我国大部分机场盈利能力差，处于多年亏损状态，仅有京沪粤等少部分大型机场能够盈利。另一方面，由于机场建设的超前性，机场建设普遍面临资金缺口较大的问题，除了政府财政融资外，机场在建设时大量使用银行贷款，增加了机场的债务负担，消耗了本来就不高的利润水平。这都导致内源融资能力不足，无法为大规模的机场建设输入更多的资金。

（二）政府投资

政府投资是我国机场行业基础建设的重要资金来源之一，政府投资包括地方政府财政配套资金、民航专用资金、国债投资一次性补助以及中央预算内的投资等，通常而言约占总投资的1/3至1/2。根据国家发改委《中央预算内投资补助和贴息项目管理办法》和民航局《民航专项基金投资补助机场建设项目实施办法》，机场建设项目可以按照总投资的一定比例申请国家发改委安排的中央预算内投资和民航局安排的民航发展基金。

政府投资没有资金成本，其缺陷在于投资程序复杂、审核严格、获取资金需要符合国家产业投向政策，很难获取，且政府投资资金不能满足全部机场基础设施建设的资金需求，投资的财政资金使用受到严格的监管和限制，灵活性较差。

伴随民航体制变革，机场融资模式也在不断演变，已从单一的政府融资模式发展到政府、信贷、自筹资金等并举的多元化融资模式。数据显示，机场建设政府出资的比例呈稳中有降的趋势，一般占比在20%—50%，已经不再占据主导地位。比如"十一五"期间，1900亿元机场基本建设项目中，地方政府投资340亿元，占比17.89%，中央投资330亿元，占比17.37%。

（三）政府补助

机场作为重要的交通基础设施，具有较强的经济外部性，属于准公益性项目，对地方经济社会发展具有较强的拉动效应。为了争取机场建设项目落户，地方政府一般给予机场建设项目财政补贴、土地优惠、贷款贴息、税费减免等政策。比如，无锡市政府划拨2000亩土地给机场开发公司，以滚动开发的方式筹集机场巨额开发建设资金；安庆机场以当地温泉资源和市内优质地块与机场捆绑作业，谋求满足未来机场扩建改造的资金需求。

（四）银行贷款

在我国机场建设资金来源中，银行贷款始终是机场建设的重要资金来源，占比往往超过50%，高的甚至达到70%，具体实行方式一般是若干金融机构提供的银团贷款。

银行贷款具有来源稳定、期限长、资金成本较低、享受行业基建项目贷款贴息政策、存在税盾效应的优势。其缺陷则在于银行贷款属于表内资金，导致机场企业资产负债率较高，银行贷款资格的审查限制条件严格，银行贷款的程序较为复杂；且近年来银行贷款的成本渐渐上升，有可能加大机场建设的成本，从而加大机场企业的还款压力，当机场盈利能力不足导致资金紧张时，易于发生违约风险从而对机场企业的长期发展造成影响。因此，银行贷款适用于大型枢纽机场新建、改扩建项目，以及企业信用评级好、具有稳定且充足的现金流、盈利前景较为稳定持续的机场。

（五）股票市场和债券市场融资

我国资本市场发展迅猛，为资本运作提供了广阔平台，资本运作已经成为我国经济资源配置的重要途径。但我国大部分机场并没有很好地利用股票市场和债券市场，导致直接融资比例极低。一方面，债券融资整体不活跃。除首都机场、深圳机场、成都双流、云南机场、杭州萧山、河南机场、凤凰机场和温州机场等几家外，其他机场大都未曾"尝鲜"。另一方面，股票市场融资后续乏力。1996年厦门机场率先上市，浦东机场、深圳机场、首都机场、美兰机场和白云机场紧跟其后，形成四家A股机场上市公司、两家H股机场上市公司的格局，其后大连、沈阳、成都、西安和青岛等地机场都曾积极筹划上市，但从2003年至今一直处于"屡闻楼梯响，不见真人来"的境地，后续乏力。

（六）引入战略投资者

我国民航业的投资开放，实行的是先对外开放，然后再对内开放的政策。1994年，民航总局、对外贸易经济合作部联合下发了《关于外商投资民用航空业有关政策的通知》，2005年，民航总局颁布《国内投资民用航空业规定》，对机场引入外资和内资全部放开。

外资引入方面，2002年，丹麦哥本哈根机场管理公司斥资约3.5亿港元，购入美兰机场20%的股权，成为第一家参股国内机场业的外资公司；2007年，新加坡樟宜机场出资 10.8 亿元，收购南京禄口机场 29% 的股权；2008 年，德国法兰克福机场出资 4.9 亿元，持有西安咸阳机场 24.5% 的股权。国内机场重组方面，首都机场集团、西部机场集团和海航机场利用属地化改革的契机，进行了快速跨省扩张，集团规模和综合实力迅速增强。近几年，民航局已多次推进机场多元化投融资体制改革，赋予机场更多的投融资自主权。但值得注意的是，2008 年成了一个拐点，自此之后，机场引入内外资以及重组扩张行为鲜有发生，各机场引入战略投资者低于预期，而且还出现了几起解除重组的案例。

（七）政府与社会资本合作（PPP）模式

1. PPP 模式概述

PPP（Public – Private Partnership）模式是指公共部门和私人部门之间就提供公共产品而建立的各种合作关系，最早起源于英国，之后迅速在全球公共产品领域得到了大范围的应用和推广。PPP 模式通过有效发挥公共部门和社会资本的各自优势，合理安排和解决公共产品与服务供给中所存在的问题，包括资金、技术、管理等方面，使项目建设既摆脱了政府行政的诸多干预和限制，又充分发挥民营资本在资源整合与经营上的优势，达到比预期单独行动更有利的结果。

PPP 模式自产生以来，已经被广泛应用于诸多行业，如城镇综合开发、教育、交通运输、市政工程、生态建设和环境保护、养老等，极大地提高了公共产品的供给速度和效率。

机场建设中也可采取 PPP 模式，比如对于机场供油、供电、供暖、加油站、餐饮、停车场、货运中心等商业项目，可与供应商进行合作，以一定期限的经营权为对价，获取供应商对部分建设项目的投资，解决机场建设中经营性项目的建设资金来源问题。这种方式当前运用较广，截至 2017 年 1 月，进入财政部 PPP 库的通用机场项目 39 项；陕西省"十三五"期间，首个采取 PPP 模式运作的通用机场——丹凤县通用机场基本完工，此外，《陕西省推进政府和社会资本合作（PPP）三年行动计划（2017—2019 年）》还列出了通用机场建设方面 12 个重点项目清单，估算总投资共 57.22 亿元。

2. PPP 模式具体合作形式

PPP 模式具体的合作形式有 O&M（Operations & Maintenance）、MC（Managing Contractor）、BOT（Build – Operate – Transfer）、BOO（Build – Own – Operate）、BOOT（Build – Own – Operate – Transfer）、TOT（Transfer – Operate – Transfer）、ROT（Retrofit – Operate – Transfer）等。O&M、MC 方式一般对银行融资需求较少，BOT、BOO、BOOT 属于新建项目，TOT、ROT 是存量已建成项目。

以 BOT 为例，BOT 是"建设、经营、移交"的简称，是主要用于政府基础设施项目的开发和经营权暂时交给民营企业或私营机构，利用私人资本发展诸如电力、交通等基础设施建设项目，经营期满后无偿交给政府，从而不改变所有权性质的一种融资方式。BOT 的运用自 20 世纪 80 年代诞生以来方兴未艾，并日益受到各国的关注。在机场建设中，BOT 建设模式就是项目承包商拥有项目建设权和一定期限内的运营权，负责对相关设施进行融资、设计、建设和启用，当承包商的运营日期截止，将设施无偿地移交给机场管理者。在机场的建设中，候机楼、停车场、商业资源和机场货站等资源都可以引进 BOT 模式。在国际上，机场建设项目中采用 BOT 模式进行融资已经比较成熟，有很多值得借鉴的经验，例如纽约肯尼迪机场的重建、日本关西机场建设和雅典 Sparta 机场建设等。其中，肯尼迪机场的建设需求资金量为 10 亿美元，荷兰的史基浦机场和纽约的 LCOR 公司通过债券融资的方式发行 9.34 亿美元，获得了该项目的特许经营权 99 年。

（八）其他融资方法

1. 融资租赁

融资租赁是指出租人根据承租人对租赁物的特定要求和对供货人的选择，出资向供货人购买租赁物件，并租给承租人使用，承租人则分期向出租人支付租金的一种融资模式，在租赁期内租赁物件的所有权属于出租人所有，承租人拥有租赁物件的使用权。针对机场项目，融资租赁方式主要有存量资产售后回租和新增资产直接租赁两种，对于机场公司的存量资产可以采取售后回租的方式，对于廊桥、特种车辆等合适的租赁标的资产可以委托专业机构按照项目要求进行采购再直接租赁使用的方式。

2. ABS 模式

ABS（Asset Backed Securitization）指"资产证券化"，是一种以项目所属的资产为支撑的证券化融资方式，它以目标项目所拥有的资产为基础，以该项目资产的未来收益为保证，通过发行债券等有价证券来筹集资金。资产证券化提供了将相对缺乏流动性、个别的资产转变成流动性高、可在资本市场上交易的金融商品的手段。通过资产证券化，发起者能够盘活资金、补充资金，用来进行另外的投资。ABS 是新兴的但已被证明十分有效的融资方式，1996 年珠海市的建设高速公路案例是资产证券化在我国较为成功的尝试。国内机场进行资产证券化的较少，2019 年，兰州中川国际机场以未来 5 年可预测的机场起降费等航空性收入作为基础资产，发行资产证券化产品，拟募集资金约 12 亿元。

3. 航空产业基金

产业投资基金一般是指向具有高增长潜力的未上市企业进行股权或准股权投资，并参与被投资企业的经营管理，以期所投资企业发育成熟后通过股权转让实现资本增值的一种投资资金。产业投资基金投资与贷款等传统的债权投资方式相比，着眼点不在于投资对象当前的盈亏，而在于它们的发展前景和资产增值，以便能通过上市或出售获得高额的资本利得回报。

近几年，国内成立的航空产业基金较多，投资对象包括机场设施、航空产业等。2017 年 3 月，河南省机场集团与中国民生投资股份有限公司、国新国际投资有限公司签订战略合作协议，设立 500 亿元规模的航空产业发展基金，以加快建设航空物流集疏网络；2018 年 11 月，由天津市海河产业基金管理有限公司、中航信托股份有限公司和一飞智控（天津）科技有限公司共同发起设立的首只智能航空产业发展基金成立，此基金专注于智能通航产业，重点投资领域包括飞行器系统的客货舱、航空港系统等的智能化。

三、国外机场融资的主流模式

国外航空业起步早，发展时间长，目前国外民用机场的主流融资模式有三种：以机场债券融资为主的"美国模式"，以中央政府财政融资为主、民营化为辅的"日本模式"和以民营化融资为主的"英国模式"。

（一）美国模式

美国负责民航事务的部门是运输部下的联邦航空局，美国机场的定位为"不以营利为目的、为社会提供公益服务的公共产品，是城市基础设施"，美国民用机场的定位使其融资模式具有以下特点：

（1）机场债券融资为主，政府财政融资为辅。机场债券是美国机场最重要的融资方式，50%以上的融资来源于机场债券，其次为国家财政拨款和地方财政资助。机场债券分为普通责任债券、收益债券和自偿性普通责任债券三种。除债券外，政府财政融资也是机场重要的融资来源，每年联邦政府和地方政府向机场资助20亿美元左右。另外政府允许机场向乘客收取一定的乘客设施费帮助机场融资。

（2）对机场分类融资，不同类型的机场融资模式不同。美国大中型枢纽机场通常能够盈利，通过债券融资就能够满足自身需求，联邦政府一般不会对其资助。而非枢纽型的小型机场则常常亏损，政府资助甚至是其唯一的资金来源。介于二者之间的干线型机场，由于自身融资能力有限，仍然需要政府资助。

（3）机场融资呈多元化发展，但监管严格，民营化程度低。美国政府经常通过管理合同和长期租赁引入民间融资，但是美国完全利用私人资本的机场不足3%，民营化程度仍然处于低水平。

（二）日本模式

日本负责民航事务的部门是国土交通省下的民航局，和美国一样，日本政府也将机场定位于不以营利为目的的公共产品。日本机场融资模式具有以下特点：

（1）以中央政府财政融资为主体。日本机场本身并没有内源融资进行建设，而是由财政预算，向大藏省借款，机场使用费、飞机燃料税、机场内商业租金等共同组成"空港准备特别账户"，该账户的作用为向民用机场的建设和运营提供规范和稳定的资金来源。

（2）对机场进行分类融资，明确机场的属地化。日本政府将机场分类，明确各类机场的出资和管理机构。一类机场为拥有国际运输业务，对民航运输业有全局性影响的机场，出资和管理机构为国土交通省；二类机场为国内干线机场，出资和管理机构部分为国土交通省，部分为地方政府。军用机场则由国防机构和美军出资与管理。

（3）机场融资部分民营化。随着机场融资的急剧增长，日本中央财政融资已不能满足机场建设的需求，日本政府逐渐引入民间融资，对机场实施公司化管理，并出售部分机场的运营权，从而拓宽了机场建设的融资渠道。

（三）英国模式

英国机场和美国以及日本机场最大的区别在于，英国政府明确机场的定位为以营利为目的的企业，而非不以营利为目的、公益性质的基础设施。民营化成为英国模式最突出的特点。英国机场融资的具体特点有：

（1）出售大中型机场，实行较彻底的民营化。英国机场民营化分为两步：第一步，出售英国机场管理局的全部股份，不仅在法律上实现了民营化，而且使机场管理者完全商业自由化。第二步，规定超过100万英镑收入的大型机场必须建立公众有限公司，明确机场管理机构。目前为止，除少数小型机场外，英国机场依靠自身的融资就能满足资金需求，完全不需要政府财政融资。

（2）机场完全民营化，但政府仍然拥有必要的决策权。民营化机场拥有所有权和经营自主权，但政府仍然拥有两项权利；第一，政府在特定情况下拥有一票否决权；第二，对机场实施严格的价格审查制度，机场具有垄断性质，通过对机场收费价格进行审查，避免消费者权益受到损害。

（3）对偏远地区的机场进行补贴。英国机场虽然实行较为彻底的民营化，但是对某些位置偏远、业务量小的机场，英国政府仍然会进行补贴。

（四）外国机场融资模式启示

1. 各国融资模式的形成与其航空运输业发展水平、国家政治经济体制和历史背景乃至传统文化有着密切的联系

美国由于市场经济发达，发行债券的历史悠久，所以债券融资是美国机场融资的主要模式。日本属于政府主导的市场经济，所以中央政府财政融资占主导地位。而英国是资本主义发源地，私有制经济发展时间最长，因此英国机场民营化最彻底。我国地域广阔，市场经济发达，情况与美国最为类似，因此美国模式最具有借鉴意义。但是我国航空运输业水平较低，政府是机场融资的主体，日本模式也有相当的借鉴意义。英国虽然将机场定义为营利性企业，但民营化作为未来机场建设融资的大趋势，对我国来说也有相当的借鉴意义。

2. 政府应发挥主导作用

根据我国现实情况和美日两国机场融资实践，可以看出，无论是机场自身的经济特性，还是各国发展实践，无论是机场管理体制特征，还是机场建设的现实需求，都显示出政府主导在机场建设融资中的重要性和必要性，不论采用何种融资模式，政府都不能缺少。

第三节　机场的经营及投资回收问题

一、机场经营特点与盈利现状

不管是静态投资回收期还是动态投资回收期，在其计算时都暗含一个意思，即只有项目盈利能力越强，项目投资回收期才会越短。机场融资也一样，只有机场盈利越好，投资回收期才会越短。

（一）机场经营特点

第一，机场经营状况与经济环境的相关性较强。机场经营状况与区域经济或者宏观经济走势呈正相关关系，一般情况下，航空客货运的增长速度高于国民经济的增长速度。

第二，机场与航空公司关系紧密。机场和航空公司是民航运输市场体系的两大组成部分，二者相互依存、相互促进。①航空公司对机场的选择决定了机场业务量的多少，大型航空公司对基地机场的选择也决定了机场在业务竞争中的长期地位，航空公司是机场的主要服务对象和收入来源。②在中转旅客运输中，航空公司通过机场开辟航线，机场利用地理垄断优势吸引航空公司选择其作为中转枢纽。③国际主要航空公司联盟均与基地大型机场有着密切的业务关系，而机场运营效率的高低也直接影响航空公司在客货竞争中的实力。

第三，机场不同程度地受到政府的管制。由于机场具有垄断性，各国政府对机场的收费价格等进行不同程度的管制，以避免其赚取过高的垄断利润，损害公众利益。此外，一些国家还对机场的业务范畴、财务规划等进行直接管制。例如，美国联邦航空局（Federal Aviation Administration，FAA）明确规定，机场的利润收入只能用于机场的建设投入；机场不得直接进行客货运输的经营活动（以便机场能公正地对待航空运输经营竞争）；等等。

第四，机场发展具有显著的不均衡特征。世界各国的机场发展表明，地区经济发展水平及航空资源的特点往往决定了该区域航空运输服务的市场容量，从而决定了机场的客货吞吐量和运营业绩。一些效益好的大型机场往往位于重要的政治文化中心、经济金融中心、制造贸易中心、旅游名胜地区及交通网络中枢城市，而经济落后的偏僻地区的小型机场则经营惨淡，需政府给予补贴。很明显，这些运营特点从理论上决定了枢纽机场和干线机场一般有一定的盈利能力，而对于航线少、吞吐量上不去的中小型支线机场，则会亏损。

（二）国内机场盈利情况

2018 年，我国境内民用航空（颁证）机场共有 235 个（不含香港、澳门和台湾地区），吞吐量在 50 万级以上机场 2018 年达到 130 个，500 万级以上机场达到 46 个。但就盈利方面而言，我国绝大部分小型机场都处于亏损状态，全国机场的亏损率达 75% 左右，年旅客吞吐量 100 万人次以下的机场亏损率高达 91%，年旅客吞吐量 50 万人次以下的机场几乎没有盈利的可能。甚至一些大型枢纽机场也在亏损。以郑州机场为例，2018 年吞吐量超过 2000 万人次，但 2018 财年财务报表显示亏损 1.03 亿元，还有江苏的 9 个大型国际机场，2018 年除了南京禄口国际机场和苏南硕放国际机场是盈利状态，其余的机场多少都有些亏损。所以，国内许多机场依靠国家和当地政府的补贴支撑，才没有被荒废。

二、机场主要收入和支出分析

机场融资时，首先要清楚机场设施有哪些收入，有哪些成本（包括固定成本和可变成本，或者称为建设成本和运营成本），才能基本确定投资资金的回收问题。要确定机场有哪些收入和支出，需要先了解机场提供的服务种类。

（一）机场服务种类

机场的服务分为两大块：航空性服务（直接为飞机运行服务）、非航空性服务（间接的、航空性服务以外的项目）。按服务性质分类，则分为核心服务、相关性服务和非相关性服务三大类，如表 2-5 所示。

表 2-5　机场相关服务项目

经营类别	经营项目	经营类别	经营项目
机场禁区辅助服务项目	航空配餐服务	航站楼经营服务项目	邮政电信服务
	飞机维修服务		值机柜台出租服务
	航油供应服务		航空公司办公用房出租服务
	地勤服务（停机坪服务）		头等舱及贵宾接待室出租服务
	禁区车辆加油服务	宾馆服务项目	宾馆服务
	禁区工作人员接驳车服务	集疏散交通服务项目	停车场服务
航站楼经营服务项目	禁区免税烟酒销售服务		公交服务
	非禁区零售和饮食服务	其他服务项目	行李寄存服务
	银行服务		广告服务
	书刊杂志销售服务		

核心服务即航空性服务，包括为飞机安全正常运行所提供的空中交通管制、通信、导航、气象、保安、消防，以及为旅客、货主提供运输服务等。

相关性服务是为了保障和改善核心服务而提供的，与核心服务密切相关的附加服务项目。例如，在机场范围内经营的免税店、一般商店、宾馆、餐饮、航空配餐、停车场库、租车服务、公交、广告等经营项目，均是由航空业务延伸而来的。

非相关性服务与核心服务关系不大，开展这类服务项目只是为了充分利用现有资源，或为了扩展机场服务范围，从而创造更多的价值。即便没有它们，核心服务仍然可以发挥作用，如开展旅游、贸易、金融、科技、房地产、仓储、物业管理、工程建设等项目。

（二）机场收入种类

根据机场提供的服务种类情况，从机场的运营角度看，机场收入可分为航空主业收入和非航空业务收入。航空主业收入即是通过向航空公司提供服务而向航空公司收取的起降费、旅客过港服务费和地面服务费等。非航空业务收入则是通过挖掘旅客消费资源、机场的土地资源等而取得的收入。

当旅客吞吐量相对较小时，其非航空业务的收入比例不大，且由于非航空业务的规模小，其竞争及发展能力必然受到限制，所以这类机场对主业的收入有较大的依赖性；而当旅客吞吐量增大到一定量时，非主业的潜在消费能力足以支撑其达到经济规模，反过来又会刺激旅客需求，促进商贸、房地产等第三产业的发展，从而使非主业收入远远高于主业的收入。所以，国外客流量大的机场愿意采用较低的收费标准争取更多的航空公司。

经营成功的机场，其非航空地面服务收入水平可占到机场总收入的 50% 左右，国外有的机场占到了总收入的 70% 左右。因此，机场的非航空地面服务收入水平可以反映机场管理的市场化程度。新加坡樟宜机场每年的非航空地面服务收入可达机场总收入的 60% 以上。

具体来讲，机场的经营性收入可以分为五个主要部分，如表 2-6 所示。

表 2-6　机场经营性收入

类别	收入内容
飞行区	直接与飞机运行相关的收入，包括起降费、飞机停场费、燃油附加费、夜间照明使用费等
航站区	食品和饮料经营（包括餐馆、快餐店和休息厅）
	旅行服务和设施（包括行李寄存处和橱柜、飞机保险、休息室、租车处和电话）
	专业商店和店铺（包括时装商店、报摊、银行、礼品店、服装店、免税店等）
	个人服务（包括美容美发店、擦鞋店等）
	娱乐（包括有电视的长廊、电影和电视间及观景台）
	广告
	航站楼外经营项目（包括停车场、地面运输、酒店和汽车旅馆）
航空公司租赁区	包括来自承运人的地面设备租赁，货运楼、办公室租赁，售票柜台、机库、运行和维护设施的收入
其他租赁区	机场产业区的货物代理、固定基地经营者、政府单位和商业企业等
其他经营性收入	包括来自公用事业分配系统运营的收入，以及为承租人提供的临时工作和合同约定的工作等

（三）机场主要经营性支出

机场主要经营性支出大体分为四类，如表 2-7 所示。

表 2-7　机场主要经营性支出

类别	支出内容
飞行区	跑道、滑行道、站坪区、飞机停机坪区和飞行区灯光系统维护
	机场设备，如小汽车和卡车服务
	飞行区内的其他勤务，如在消防设备和机场服务道路维护方面的其他支出
	飞行区的公用事业（水、电等）
航站区	建筑物和地面设施的维护和保管服务
	完善场地和绿化
	廊道和闸口的维护和保管服务
	经营设施的改进
	观测设施的维护和保管服务
	旅客、雇员和承租人停车设施
	公用事业（电、空调、供热、水等）
	污水处理的维护
	设备（空调、热力、行李系统）的维护

续表

类别	支出内容
其他设施 （包括机库、货运设施、 其他建筑物和地面设施）	建筑物和地面设施的维护和管理服务
	完善场地和绿化
	雇员停车场的维护
	道路的维护
	公用事业（电、空调、供热、水等）
	污水处理的维护
一般费用和管理费用	所有用于维护、运营和管理员工的工资支出，以及材料和供应物资的其他经营支出等

三、机场投资回收的核算及社会效益分析

（一）机场投资回收期的核算

机场在进行融资建设时，不管投资主体是政府、国有企业还是民营企业等，都会考虑所投资资金回收问题，并根据回收估算结果确定是否投资。一般来讲，回收越快越好，常用计算指标是投资回收期。投资回收期是项目的累计收益等于最初的投资费用所需的时间，有多种计算方法，按照是否考虑资金时间价值，可分为静态投资回收期和动态投资回收期；按回收投资的主体不同，可分为社会投资回收期和企业投资回收期。

静态投资回收期是在不考虑资金时间价值的条件下，项目的累计净收益等于其全部投资所需要的时间。投资回收期可以自项目建设开始年算起，也可以自项目投产年开始算起。动态投资回收期是在考虑资金时间价值的条件下，把投资项目各年的净现金流量按基准收益率折成现值，当净现金流量累计现值等于零时所需的时间。动态投资回收期是一个常用的经济评价指标，它弥补了静态投资回收期没有考虑资金时间价值这一缺点，更符合实际情况。但不足的是，这两种投资回收期计算方法只考虑回收之前的效果，不能反映投资回收之后的情况，即无法准确衡量方案在整个计算期内的经济效果。

（二）机场投资回收中的社会效益问题

从经营特点和盈利现实来看，大部分机场是亏损的，这些机场的投资回收期也无从谈起。但是，这些亏损仅仅指直接经济效益。机场是民航运输体系不可或缺的一部分，不仅有经济性，更有社会性和公益性。单从纸面来看，部分机场作为企业个体是亏损的，但机场背后带动的当地经济提升很难用数字展现。有数字研究表明，每新增100万名航空旅客，就会直接创造800—1100个工作岗位；每新增10万吨航空货运，将直接创造出800个工作岗位。而在为机场提供产品、服务的供应链中产生的就业机会，是直接就业机会的2—3倍。也就是说，在考虑机场建设和融资资金回收时，要考虑到机场的社会经济效益问题。

根据机场业对上下游产业链的影响深度和广度，可以将机场业的社会经济效益分为直接效益、间接效益、诱发效益和催化效益（见表2-8）。

表2-8 机场业社会经济效益分类

分类	定义
直接效益	指由驻场的机场商业系统所创造的增加值和就业。其中机场商业系统包括机场、航空运输企业、航空服务和保障单位及候机楼内的商业企业等
间接效益	指由机场业带动的下游产业所创造的增加值和就业,下游产业包括为机场业提供产品和服务的企业
诱发效益	指机场业直接效益和间接效益带动的家庭消费所引致的相关行业产生的增加值和就业。相关行业中对诱发效益贡献较大的主要是农业、食品加工、餐饮以及娱乐等服务行业
催化效益	指机场业对地区投资环境、居民出行、旅游、外贸等的影响。催化效益所包含的范围较为广泛,且难以完全量化

刘雪妮和钟山(2009)根据投入产出法对北京首都国际机场、成都双流机场和南昌昌北机场等11个机场进行了社会经济效益分析。投入产出法能够较全面地反映机场业及其带动的上下游产业链对国民经济的影响,以及机场业对地区产业结构的影响,因而成为国际机场协会以及国际民航组织普遍采用的评估方法。2007年,国际民航组织颁布了292号文件,推荐各国采用投入产出法对当地机场的社会经济效益进行评估。

第一,机场业对产出和就业的影响巨大。机场对地区乃至全国的社会经济影响随其吞吐规模的扩大而增大,大型机场给地区带来的直接效益远大于中小型机场。2006年,北京、上海和广州三地的机场通过产生营业利润、上缴税金、发放职工劳动报酬等形式为当地产生的增加值都超过20亿元,而由于机场的存在而吸引的相关驻场企业也为当地分别带来上百亿元的增加值和数万个就业岗位。此外,地区产业结构不同,机场带动的就业增加也不同。经济发达地区往往是物流、商务服务等现代服务业以及电子元器件、精密仪器制造等先进制造业集中的地区,这些产业与航空运输密切相关且具有较强的吸纳劳动力的能力,机场带动了这些相关产业的发展,提高了当地就业水平。而在经济欠发达但自然资源丰富的地区,产业结构中与航空运输业密切相关的主要是旅游业和自然资源开采业,机场通过促进当地旅游产品的升级和自然资源的开发利用,提高了当地旅游相关产业及资源产业吸纳劳动力的能力。如四川九寨黄龙机场,在2003年9月建成通航后,极大地缩短了九寨沟、黄龙景区与成都市区间的交通时间,从原来8小时的山路缩短为1小时,使得旅客进入景区更为方便快捷,到2005年旅客吞吐量就达到了110万人次,超过了80万人次的设计规模,到2007年9月,机场的日旅客吞吐量已经超过1万人次。机场的运营极大地促进了当地旅游业的发展,为景区带来大量高层次旅客,带动机场周边酒店、会展等产业的发展,显著地改善了当地藏民的生活水平。再比如腾冲机场,建成通航后带动当地旅游人数、旅游总收入比通航前分别增长了14%、29.6%。

第二,机场对地区经济的贡献不仅体现在通过直接、间接、诱发和催化影响等为地区创造增加值和就业,机场的存在还对地区的产业结构产生重要影响。机场业是一个庞大的产业链条,一方面,机场业为旅游、商务服务、批发以及零售等现代服务产业提供便利的航空运输产品;另一方面,机场业的发展需要石油、电力、燃气等能源产业以及现代制造业的支撑，作为资金和技术密集型的产业，机场业也为金融、租赁业等的发展提供了有利契机。以新疆地区为例，2007年煤炭、石油等自然资源开采业占新疆地区工业增加值总额的68%以上，占当年GDP的30%左右，而对机场业有较强前向关联的旅游业收入占GDP的6%，复杂的地形条件使得公路和铁路在新疆地区发展较为缓慢，航空运输成为地区加强疆内外交流，促进经济发展的重要条件。那拉提、喀纳斯等支线机场的建成通航显著促进了当地旅游资源和矿产资源开发，成为地区经济的发动机，库尔勒等机场还为当地石油和天然气资源开发输送了大批技术人员，为他们进出新疆提供了便利条件，成为地方政府进行招商引资的关键条件。所以，机场对地区的贡献不仅在于为地区增加了直接的税收和就业，而且通过其庞大的产业链带动地区相关产业的发展，带来间接、诱发以及催化效益，使机场业的社会贡献得到放大，远超出其直接贡献。

在国际上，许多国家和地区都对机场业的社会经济效益进行定期评估，为投资者进行决策提供依据。国际机场协会先后对40多个机场进行了经济影响评价，航空行动组织则每两年通过权威媒体发布全球及各主要地区民航运输业的社会经济效益评估结果。

因而，在对机场进行投资决策时，除了考虑其自身经济盈利，还要关注其公益性和社会经济效益，只有这样，才能更加全面地估算出机场投资项目的投资回收期，为机场融资提供科学依据。

第四节　案例分析：浦东国际机场融资实践

浦东国际机场是我国三大枢纽机场之一，从1996年开工建设起至2008年二期工程竣工投入运行，整整经历了十几年的建设发展。

一、浦东国际机场一期工程多元化融资

（一）一期工程投资规模

浦东国际机场一期工程建设总投资约为130.56亿元。1995年5月，上海市按《公司法》规定和项目法人责任制的要求组建了"浦东国际机场公司"，由公司法人对项目的策划、资金筹措、建设实施、生产经营、债务偿还和资产的保值增值等全过程负责。建设资金筹措途径主要有以下几个方面（见表2-9）：

（1）上海市安排投入一期工程50亿元的资本金，其中包括市财政30亿元和虹桥机场股份有限公司上市募集资金20亿元。

（2）上海市政府向国家计委申请将浦东国际机场项目列入第四批日元贷款计划，用于购置设备和建筑材料，经中日双方同意，日本海外经济协力基金（OECF）贷款400亿日元（按项目批准日折合人民币为34亿元）。

（3）国家开发银行贷款30亿元。

（4）法国政府贷款 4275 万法郎。

（5）浦东发展银行及其他银行贷款其余 16.56 亿元（包括法国政府贷款）。

（6）通过可经营性项目运作融资。

表 2-9 浦东国际机场一期工程多元化的融资结构

浦东国际机场一期工程			
主要资金来源			次要资金来源
资本金	贷款		投资
上海市政府投入	法国政府贷款		中航油公司
	日本海外经济协力基金贷款		中石化公司
	国家开发银行贷款		上海市电力局
	浦东发展银行贷款		锦江集团
	其他贷款		东航、上航、民航总局等

（二）虹桥机场上市融资

1997 年 3 月，上海市批准组建上海机场（集团）有限公司；5 月，上海机场（集团）有限公司独家发起设立上海虹桥机场股份公司。1997 年 8 月 10 日，浦东国际机场项目正式开工。1998 年 2 月，虹桥机场公司（股票代码：600009）正式在上海证券交易所挂牌上市交易。公司发行 30000 万 A 股，募集 19.23 亿元资金，用于浦东国际机场一期主体工程建设。

（三）项目运作融资

主要包括机场货站项目、通信系统、航管工程、供油工程、旅馆、配餐和供电等项目，各个项目结合自身特点，引进各方资金。比如，航管工程投资，由民航总局安排；旅馆由锦江集团按照 BOT 模式投资兴建；一期工程建成两个陆侧加油站，1999 年 4 月由浦东新区燃料总公司中标经营，2001 年 7 月转让给其下属公司久华加油站公司经营，目前已被中石化统一收购经营。这两个加油站采取 BTO 运作模式，即由中标方投资建设，一次性支付给机场项目转让费 480.76 万元和 399.50 万元，并每年向机场按营业额的 3.5%、3.0% 交纳特许经营费。

二、浦东国际机场二期扩建工程多元化融资

（一）二期工程投资规模

浦东国际机场二期扩建工程总投资为 207.75 亿元，其中机场工程投资 197.17 亿元，供油工程投资 9.44 亿元，航管配套工程投资 1.14 亿元。民航总局安排民航基金 8.7 亿元，上海市政府安排专项资金 40 亿元，其余 148.47 亿元由上海机场（集团）有限公司负责筹措，其中银行贷款 110 亿元（占机场工程投资的 55.8%）。另外，供油工程由上海机场（集团）有限公司和中国航空油料集团公司共同投资，其中自有资金 4.72 亿元（占总

投资的 50%），商业贷款为 4.72 亿元（占总投资的 50%）。航管工程由民航总局安排民航基金 1.14 亿元（占总投资的 100%）（见表 2 - 10）。

表 2 - 10   浦东国际机场二期工程多元化的融资结构

浦东国际机场二期工程			
贷款	资本金	债券	其他资金来源
国际开发银行	上海市政府	公司债券	中航油
中国银行、工商银行			锦江集团、大众美林阁
	民航总局		上航、东航
浦发银行、上海银行、兴业银行			波音、UPS 等

（二）股份公司债券融资

2007 年，上海国际机场股份有限公司债券发行申请获得国家发改委的最终核准。债券规模为 25 亿元，期限 10 年，采用固定利率方式，票面年利率为 5.20%，采用单利按年计息，不计复利，逾期不另计利息。债券于 2007 年 9 月 19 日在全国银行间债券市场交易流通，募集资金用于浦东国际机场扩建工程中的机场工程建设。

（三）项目运作融资

运作项目主要包括宾馆项目、西货运区货站项目、加油站等。同样，各项目结合自身特点，通过各种途径引进各种资金。以加油站项目为例，浦东机场远期规划有 8 个加油站，其中 8 个位于陆侧，3 个位于空侧，一期已建成陆侧加油站 8 个。本次 GK1、GK2 空侧加油站占地面积 4000 平方米和 3000 平方米，服务规模 800 辆/昼夜、500 辆/昼夜，能满足工作车辆在机坪禁区内加油服务，兼有维修、清洗功能。该项目采取整体租赁合作模式，租赁期限 20 年。项目经营权转让费为 3600 万元/20 年（包括租金及特许经营费），由中石化预先一次性支付给机场（见表 2 - 11）。

表 2 - 11   加油站项目合作内容

设施租赁	租赁期限为 20 年。项目 20 年设施租金总额为 2445 万元，其中 700 万元租金用于项目建设
建设管理	机场负责立项审批，由中石化进行加油站设计及施工建设。若最终决算资金超支，则不足部分由中石化负责以补充协议追加租金方式予以补足。经营期内及经营期满后该项目建筑物产权均归机场所有
特许经营	经营期限为 20 年。项目 20 年特许经营费折现值 1155 万元，以贴现方式预先一次性支付给机场。为便于机场今后对机坪统一管理，GK1、GK2 建成启用后将纳入机场保障部门统一管理

思考题

1. 机场经济属性有哪些？这些经济属性如何影响其融资资金来源？

2. 如何理解机场设施的可经营性和可拆分性？它们如何影响机场融资方式？

3. 国外机场融资方式对我国的启示有哪些?

4. 通过学习上海机场融资实践,谈谈你对上海机场融资方式的理解。

5. 如何看待机场盈利能力较低背景下国内许多地方还大力建设机场的行为?

参考文献

[1] 刘雪妮,钟山. 我国大中型机场的社会经济效益评价 [J]. 综合运输,2009 (10):35–39.

[2] 刘武君. 中国式机场集团融资模式与公司治理 [M]. 上海:上海科学技术出版社,2014.

[3] 顾承东,刘武君. 机场融资 [M]. 上海:上海科学技术出版社,2018.

[4] 符平宏. 分析当前我国机场行业基础建设融资模式的利弊与选择 [J]. 纳税,2018 (26):114–115.

[5] 朱荣生. 我国民用机场投融资管理优化策略研究 [J]. 民航管理,2019 (5):13–15.

[6] 李红宝. 民用机场建设融资模式研究 [J]. 科技经济市场,2017 (4):79–81.

[7] 朱荣生. 我国机场投融资现状分析及对策建议 [J]. 空运商务,2016 (6):35–37.

[8] 王振清. 我国中小民用机场的经济特性及融资对策 [J]. 齐鲁珠坛,2008 (1):20–24.

[9] 张建忠. 机场建设项目融资研究——以兰州中川机场三期扩建项目为例 [J]. 财会研究,2018 (9):49–52.

[10] 顾承东,刘武君. 浦东国际机场多元化融资的实践与探索 [J]. 综合运输,2008 (6):44–48.

[11] 中小机场,亏也得建? [N/OL]. 国际金融报,2015–12–14,http://finance. sina. com. cn/roll/20151214/035924007882. shtml.

第三章 航空公司融资风险管理

航空公司是高负债型的企业，面临较大的融资风险，因而，对航空公司融资风险进行有效管理非常必要。航空公司融资的途径主要包括债权融资、权益融资和结构化融资，其融资风险表现在融资不足、稀释控制权、债务危机、盈利能力降低和出现委托代理问题等。这些风险可能来自于航空公司内部和外部。对航空公司融资风险管理一般包括风险识别、评估、预警和控制等不同环节。

第一节 融资风险相关理论及研究综述

一、融资风险的界定及分类

（一）定义

1. 资本结构论的观点

资本结构论定义下的融资风险，是指企业权益资本与债务资本之间的比例给企业带来的融资风险，具体表现为企业的债务融资比例较高时，造成企业资本结构不协调，从而导致企业无法偿还债务融资的本金和相关利息的可能。企业债务资本在企业资本结构中占有的比重越大，企业的偿付能力越弱，相应的融资风险也就越大。

2. 筹资论的观点

筹资是指企业采用恰当的方式和合适的渠道筹集日常经营、对外投资以及调整资金结构中所需要的资金。按照资金来源的方式不同可以分为权益性筹资和负债性筹资。而筹资论就是关于企业筹融资方面的相关理论，其中包含资本结构理论。筹资论认为融资风险是指，企业在未来收益不明的情况下，利用筹资手段进行融资从而导致不能按期偿还企业借入资金以及利息的可能性。企业由于未来收益不明，可能导致资不抵债，从而形成融资风险。

（二）分类

根据企业融资来源和方式的不同，可以将融资风险分为两大类，即债务融资风险和股权融资风险。对于航空公司来说，租赁融资也是航空公司的重要融资方式，而且租赁融资风险也有别于前两种，所以本章也将对租赁融资风险进行讨论。

1. 债务融资风险

债务融资风险是企业通过债务融资筹集资金时给企业带来的风险。银行贷款和债券融资都具有还本付息的特点，企业应承担偿还债务的义务。无论是因为经营风险、利率风险、汇率风险还是资金结构不合理等原因，一旦企业无法到期偿还债务，就可能导致企业破产清算，从而形成破产风险。

银行贷款是企业融资的一种主要方式，当企业利用银行贷款进行融资时，主要面临着利率变动风险、外汇变动风险和信用风险等风险，这些风险的存在使企业面临着财务成本增加和盈利能力下降的问题。其中利率变动风险和汇率变动风险等不受企业自身所控制，具有一定的客观性。当利率或汇率发生大变动，走势与企业预期不符时会对企业现金流和融资效果带来负面影响，比如导致债务融资成本增加、现金流短缺等，影响企业日常经营和债务偿还，以及下一步资金筹集等行为。而利率的变动受到市场上资金的供求关系、货币政策、财政政策等多方面因素影响。汇率的变动取决于外汇供求关系以及一个国家的经济发展、国际收支变化、中央银行对外汇的干预，甚至利率的变化都会对汇率产生影响。因此对于利率和汇率变动对企业的影响，可以通过观测国家的宏观经济形势以及货币政策和财政政策等，对利率和汇率变动进行预测，并科学地选择贷款的时机和金额，以此应对利率和汇率变动风险对企业贷款成本及盈利能力造成的冲击。

债券融资带来的风险大多是由于企业对债券的发行时机、发行价格、票面利率和还款方式等的选择决策不当等因素造成的，主要包括发行风险、经济环境风险、通货膨胀风险、可转换债券转换等风险。其中，发行风险是指发行债券企业因为自身的声誉问题或者发行总量及时机等问题导致发行债券失败的风险。经济环境风险是指外部的宏观环境，包括金融政策、税收政策、利率波动等通过债券融资给企业造成损失的风险。当股市低迷或者企业股价走势差，可转换债券持有者要求还本付息时对企业的资金流动产生影响，影响企业经营，即产生可转换债券风险等。

2. 股权融资风险

股权融资风险是指企业通过股权融资给企业带来的风险，一般是由企业股票发行的数量、发行的时机选择不当以及融资成本过高等造成的。股权融资又可分为私募股权融资和公开市场融资。采用私募股权融资的企业大多是非上市公司，相比于上市公司，其会计制度并不十分健全，因此造成信息不对称的程度较高。在信息不对称的情况下，投资方与被投资方由于追求目标的不一致就产生委托代理问题。所以采用私募股权融资一般会面临较多的委托代理问题。此外，企业采用私募股权融资时，企业对被投资项目进行的价值评估影响着投资企业的持股比例，如果企业对项目融资价值评估过高将导致企业融资成本增加，进而导致企业收益下降。

当企业采取公开市场发行股票的方式进行融资时，股票的发行数量和发行时机等对企业是否可以成功融资起到决定作用，同时也影响着企业的融资成本进而影响企业的盈利能力。通过股票进行融资后，一旦企业因为自身原因或者外界原因等无法满足投资者的预期时可能引发股票持有者抛售股票，造成股价的下跌。而股票价格的下跌会导致企业价值下降并且不利于企业进一步融资。

相比于债务融资，企业支付股息非固定性和非义务性避免了企业的财务风险，股权融资风险由更多的股东承担，但同时权益也由更多的股票持有者享有，持有股票的人理论上也可以参与公司经营和决策，由此股权融资可能带来企业控制权的稀释，并对企业的经营管理产生影响。如果企业采用发行股票的方式进行融资，当经营不善等原因导致企业发生巨额亏损时，企业可能面临着退市的风险。

3. 租赁融资风险

租赁融资风险是企业采用经营租赁和融资租赁的方式进行融资给企业带来的风险。融资租赁现在已经是航空公司重要的融资方式，因此融资租赁风险对于航空公司来说不容忽视。航空公司经营租赁期限相对较短，一般为 3—5 年，而融资租赁的时间普遍较长，一般为 10 年以上。由于融资租赁的时间较长，租期内市场发生变化的概率很大，同时租赁融资的费用高，负担大，利率变化的风险和技术的变化都会对企业造成一定的影响，从而造成租赁融资风险。

二、主要理论

（一）融资相关理论

1. MM 理论

MM 理论是由美国经济学家莫迪利亚尼（France Modigliani）和米勒（Mertor Miller）提出来的，主要研究债务和股权结构对企业价值的影响，开创了现代资本结构理论的先河。MM 理论认为，企业的目的是追求价值最大化，而企业的价值主要体现在企业资产所产生的现金流量。当企业的资金全部来源于普通股时，企业资产所产生的现金都属于企业股票价值。当企业的资金由普通股和债券两种来源组成时，企业资产所产生的现金流就属于企业股票价值和企业债券价值两种价值之和。此时，企业的价值可以由下式表示：

$$V = E + D \tag{3-1}$$

其中，V 表示企业价值，E 表示股东权益，D 表示负债。

根据假设条件不同，MM 理论可以分为无企业所得税和有企业所得税两种情况下的MM 理论。

（1）无企业所得税的 MM 理论。

无企业所得税的 MM 理论的假设条件有：第一，股票市场和债券市场交易都没有成本，且企业不存在破产成本；第二，投资者对企业未来收益和收益风险的预期是相同的；第三，资金可以充分自由流动，投资者个人和企业可以以相同的市场利率借款；第四，所有投资者可以获得企业充分的市场信息；第五，所有现金流量都是年金，即企业的增长率为零；第六，无企业所得税。该理论认为，在不考虑公司所得税的情况下，经营风险相同但资本结构不同的企业，其市场价值并不会因为资本结构的不同而发生变化。或者说，当企业的债务比率变动时，企业的资本总成本及资本总价值不会发生任何变动。无企业所得税的 MM 理论具有两个定理。

定理1：在不考虑公司所得税时，企业价值即为用一个适用于企业风险等级的比率把息税前利润折现的现值。用公式表示如下：

$$VL = Vu = EBIT/K = EBIT/Ku \qquad (3-2)$$

其中，VL是指有负债的企业价值，Vu是指无负债的企业价值，EBIT是息税前利润，K、Ku分别指适合于有负债企业和无负债企业的风险等级的资本化比率，即贴现率，这里的 K = Ku。该公式表明，公司的总价值取决于息税前利润和既定的综合资本成本，而与企业的资本结构无关。

定理2：股东所要求的收益率与企业负债和股东权益之比（D/E）成正比。

这里涉及企业的加权平均资本成本 K_{WACC}。

$$K_{WACC} = \left(\frac{D}{D+E}\right) \times K_d + \left(\frac{E}{D+E}\right) \times K_e \qquad (3-3)$$

加权平均资本成本也可以理解为企业总资产所要求的收益率，记作 r_a，同样，用债权人和股东所要求的收益率 r_d 和 r_e，代替式（3-3）中的 K_d 和 K_e。

$$r_a = \left(\frac{D}{D+E}\right) \times r_d + \left(\frac{E}{D+E}\right) \times r_e \qquad (3-4)$$

经过整理，股东要求的收益率可用下式表达：

$$r_e = r_a + \left(\frac{D}{E}\right) \times (r_a - r_d) \qquad (3-5)$$

从式（3-5）可以看出，只要总资产收益率 r_a 超过了负债利息率 r_d，股东权益资本成本 r_e 将随企业负债与股东权益之比的增加而增加。随着负债与股东权益之比增加，股东所承受的风险也相应增大，由此提高了股东所要求的收益率及股本成本。

（2）考虑企业所得税的 MM 理论。

虽然无企业所得税的 MM 理论在逻辑上没有问题，但在现实中缴纳企业所得税是普遍现象，无企业所得税的 MM 理论显然不符合实际情况。为了解决这一问题，莫迪利亚尼和米勒于1963年6月在《美国经济评论》上发表了一篇名为《企业所得税与资本成本：一项修正》的论文，对无企业所得税的 MM 理论进行了修正，把企业所得税作为资本结构影响企业价值的一个因素。在有企业所得税的影响下，他们得出的结论是负债会因为利息的减税作用而使企业价值增加。

有企业所得税的 MM 定理1：负债企业的价值等于相同风险等级的无负债企业价值加上负债利息的节税价值，因此具有负债的企业价值相对较高。用公式表示如下：

$$VL = Vu + TD \qquad (3-6)$$

其中，VL 为负债企业价值，Vu 为无负债企业价值，T 为企业所得税税率，D 为负债。

有企业所得税的 MM 定理2：在考虑企业所得税的情况下，负债企业的股东权益资本成本等于同一风险等级的某一无负债企业的股本成本加上由负债引起的财务风险的税后补偿。用公式表示如下：

$$r_e = r_u + (r_u - r_d) \times \frac{D}{E} \times (1 - T)$$ (3－7)

其中，r_e 表示股东所要求的收益率，r_d 表示债权人所要求的收益率，r_u 表示无负债企业股东的资本成本。从式（3－7）可以看出，企业的股本成本随着财务杠杆的提高而增加，但由于（1－T）总是小于1，所得税的存在使股本成本上升的幅度低于无税时上升的幅度，所以负债的增加提高了企业的价值。

2. 权衡理论

MM 理论对企业融资理论具有重大贡献，但结合现实情况，MM 理论的假设条件存在不合理之处，而且理论建议也与现实不相匹配。根据 MM 理论，公司负债率为100%时企业达到最大价值，但是现实中几乎没人提倡公司负债率达到最大，也很少有企业采用 MM 理论的建议把企业的负债率尽可能地加大。因此后来的研究者放宽了 MM 理论的假设，对 MM 理论做出进一步修正，考虑到企业的破产成本，于是就产生了权衡理论。

权衡理论认为，企业负债一方面具有减税的作用，使企业获得税收利益；另一方面，企业的负债比例越高，债务成本越高，企业的财务风险、破产风险也就随之越大。一旦企业因为无法偿还债务进入破产清算程序，就会产生大量的破产成本。因此，权衡理论认为企业存在一个最优的资本结构即最优负债比率，使企业的边际税收利益与边际财务危机及破产成本相等。因为超过这一最优负债比率，负债带来的债务成本、财务风险和破产成本的增加导致的企业价值下降的幅度将高于债务带来的杠杆收益和税收优惠所带来的企业价值增加的幅度，总体上企业的价值下降；当企业负债比率低于最优负债比率时，意味着企业面临着较低的债务成本和财务风险却放弃了更大的税收优惠和杠杆收益。所以，只有当两者带来的边际成本相等时，企业才能达到价值最大化。

3. 优序融资理论

优序融资理论又称"啄食次序理论"。该理论由美国金融学家迈尔斯（Myers）与智利学者迈勒夫（Majluf）于 1984 年提出。该理论认为，公司进行融资时优先考虑内部留存收益，其次才是外部融资。而外部融资中优先采取债务融资，最后才是股权融资。

MM 理论的假设条件是投融资者可以获得充分的信息和企业不存在破产成本，但是现实很难符合这个假设条件，而优序融资理论便是以信息不对称理论为基础，并考虑交易成本的存在。该理论认为，当市场存在信息不对称时，投资者并不了解公司的实际经营情况，他认为企业管理者一般会在最有利于股票发行的时候发行股票，因此企业发行股票的时候也是股票价格被高估的时候，于是股民会选择在企业发行股票的时候抛售股票，从而造成股票价格的下跌。而债务融资和内部留存收益融资并不会带来因信息不对称造成的股票价格的下跌。因此企业管理者往往为避免股票价格的下跌而优先采用其他方式，最后才考虑股权融资。

相比于债务融资，留存收益筹集资金的方式并不需要高额的财务成本费用和面临企业破产的风险，而且内源融资只需要通过董事会或企业内部股东的同意，并不需要繁琐的审批流程和长时间等待。因此，企业内源融资具有风险低、成本低、时效快的融资优势。所以，有序融资理论认为，如果公司具有内部盈余，公司应当首先选择内部融资的方式。当公司必须依靠外部资金时，为避免传递出对股价不利的信号，企业优先选择债务融资，最后才是发行股票筹集资金。

（二）风险管理相关理论

风险管理理论根据研究领域不同可以分为三类：第一类是传统风险管理理论，包括风险管理的传统方法、纯粹风险管理方法等内容，发展时期是 1963—1976 年；第二类是金融风险管理理论，侧重于投机风险研究，发展时期为 1952—2003 年；第三类是企业风险管理理论，发展时期是 1994 年至今。与本研究关联较深的是企业风险管理理论。企业风险管理理论的学者大多认为运用全面的分析方法来处理风险是该理论的主要特征，他们从全面风险管理的角度展开研究，通过风险识别、风险评估、风险预警、风险控制的流程进行企业风险管理。

企业风险管理理论具有典型代表的是 COSO 颁布的《企业风险管理——整合框架》。COSO 认为企业风险管理框架追求以下四种目标，即战略目标、经营目标、报告目标和合规目标。企业风险管理包括八个相互关联的构成要素：内部环境、目标制定、事项识别、风险评估、风险应对、控制活动、信息和沟通、监督。其中，内部环境是其他所有风险管理要素的基础，为其他要素提供规则和结构；目标制定是指，根据企业确定的任务或预期，管理者制定企业的战略目标，选择战略并确定其他与之相关的目标并在企业层层分解和落实；事项识别是指，不确定性的存在使得企业的管理者需要对潜在事项进行识别，潜在事项对企业可能有正面影响、负面影响或者两者都存在，有负面影响的事项是企业的风险，要求企业的管理者进行评估和反应；风险评估可以使管理者了解潜在事项如何影响企业目标的实现，管理者应从风险发生的可能性和影响进行评估；风险应对可以分为规避风险、减少风险、共担风险和接受风险四类；控制活动是帮助保证风险反应方案得到正确执行的相关政策和程序，它存在于企业的各部分、各个层面和各个部门，主要包括两个要素，即应该做什么的政策和影响该政策的一系列程序；信息和沟通是指，来自企业内部和外部的相关信息必须以一定的格式和时间间隔进行确认、捕捉和传递，以保证企业的员工能够执行各自的职责；对企业风险管理的监督是指，评估风险管理要素的内容和运行以及一段时期的执行质量的一个过程，企业可以通过持续监督和个别评估两种方式对风险管理进行监督。企业内部的不同层次单元可分为四大层级，包括子公司、业务单位、分部和主体层次。

三、研究综述

有效预防融资风险和降低风险损失，一套系统的风险识别和预警系统不可或缺。预防融资风险的有效措施需要结合企业的融资活动，采用科学系统的方法，对企业活动中可能出现的财务风险进行全面动态监测，找出隐藏在风险背后的风险因子，并分析各风险因子对风险的影响以及影响程度，即风险识别（李金昌和黄劲松，2006）。国内学者王育宪

（1985）对风险识别方法进行了总结分析，他认为风险识别分为两步：第一步是找出存在的风险类别，具体采用的方法有组织图分析、审查财会账面、审查合同和其他记录、流程图分析、投入产出分析、实地调查等方法；第二步是找出引发风险的主要原因，具体方法有制作风险清单、威胁分析、风险逻辑树分析、风险和可用性分析、失误树分析等。陈会英（2009）根据风险识别所依据的内容不同将风险识别的方法分为四种：财务报表识别法、指标识别法、德尔菲法（专家意见法）和幕景识别法。杨淑娥（2003）采用统计学主成分分析法，采用速动比率、权益比率、债务保障比率等八项财务指标作为代表变量，以 Z – Score 模型为基础，构建 Y 分数模型进行风险分析。运用风险识别方法对风险进行准确及时的识别能够加强风险识别的监控，同时风险预警的存在也能够从制度方面为风险防范提供依据。通过设定相应的融资风险预警戒值范围进行风险预警，从而有利于企业可持续发展。

在风险预警方面，现代学者运用的风险预警模型较多样化。模型由最初的单变量预警模型发展为多元线性判别变量模型以及后来的 Logistic 回归模型和神经网络模型。Fitzpatrick（1931）最早使用了单变量预警模型，他对 19 组破产企业和未破产企业两类样本进行预测，发现陷入财务困境的公司和没有陷入财务困境的公司之间的财务指标数据存在显著差别。Beaver（1966）同样以单变量预警模型对 79 组破产公司和非破产公司进行研究，发现最能预测企业财务危机的四个指标分别为债务现金保障率、资产收益率、资产安全率和资产负债率。Altman（1968）采用了多元线性判别模型，以研究 33 组产业类别和规模大小相似的破产企业与非破产企业为对象，从 22 个财务指标中选取 5 个为变量，并赋予权重，建立 Z – Score 评价模型对企业融资风险进行分析。随后，Martin（1977）把多元逻辑回归模型应用于财务困境研究领域。1980 年，Olhson 把 Logistic 回归模型引入财务预警领域，分析样本公司在破产概率上的分布，并选取适当的分割点，预测企业不能还本付息的概率。Odom 和 Sharda（1990）是最早将 BP 神经网络模型应用到财务风险预测中的学者，由于人工神经网络模型考虑了财务变量的权重，因此人工神经网络预测准确率高且更加可靠。从单变量模型逐渐发展过渡到多变量模型后，学者多倾向于用多变量模型，因为多变量模型提高了准确性。我国学者于维洋（2014）利用层次分析法计算出指标权重，用改进的模糊灰色聚类法建立财务风险预警模型进行实证分析。卞艳艳等（2015）利用模糊评价法建立财务风险预警模型。

在建立风险预警模型之后，需要对风险进行评估。王育宪（1985）认为，在分析融资风险的成因以后需要对风险作数量分析，以揭示未来可能发生损失的规模和发生概率。在以往的集中趋势和离散程度的分析基础上，画出融资风险损失的集中趋势和离散程度，大体预测未来可能损失的规模和概率。现在学者使用的风险评估方法大致有指标评价法、功效系数法、模糊层次分析法、VaR 模型等。风险管理的最后一步就是风险控制了。王育宪（1985）认为风险控制包括避免和消除致损事件、限制和缩小损失为目的的一切措施，这些措施大体可以分为避免风险措施和减少风险措施两类。其中，避免风险是最强有力的处理风险的手段，但是企业会因此放弃从事该活动可能带来的利益。如果某些活动存在的风险是不可避免的，那么就有必要采用降低企业风险的措施。我国学者对融资风险控制的建议除了建立系统的融资风险识别和预警机制外，还提议采取提高企业风险管理意识、规范公司治理结构和加强监督等措施。

第二节　航空公司融资的主要途径

一、债权融资

（一）信贷类

1. 政策性银行信贷

政策性银行信贷是指国家出于经济政策意图由政策性银行向特定企业拨放贷款的方式。政策性银行拨放贷款不以营利为目的，主要以低利率甚至无息贷款为主，所以政策性银行信贷的融资成本低、风险低。政策性银行拨放贷款的对象具有针对性，一般为具有行业或产业优势、技术含量高、符合国家产业政策的项目，所以受众面窄，而且取得政策性银行贷款手续繁琐、环节众多，具有一定的规模限制。

我国有三家政策性银行：国家开发银行、中国进出口银行和中国农业发展银行。国家开发银行直属国务院领导，拨放的贷款主要被用于支持国家批准的基础设施项目、基础产业项目、支柱产业项目以及重大技术改造项目和高新技术产业化项目建设。民航业作为基础设施建设的重要一环也会受到国家开发银行的贷款支持。中国进出口银行作为我国外经贸支持体系的重要力量和金融体系重要组成部分，通过办理出口信贷、出口信用保险及担保、对外担保、外国政府贷款转贷、对外援助优惠贷款及国务院交办的其他业务，为一些机电产品、成套设备和高新技术产品出口企业提供政策性金融支持，其办理的业务主要有出口买方信贷、出口卖方信贷、福费廷等。中国农业发展银行直属国务院领导，其以国家信用为基础，筹集农业政策性信贷资金，承担国家规定的农业政策性金融业务，为农业和农村的经济发展服务。

2. 商业银行信贷

商业银行是企业进行间接债务融资的重要中介机构，也是企业进行债务融资的重要来源。商业银行机构大、人才多、专业性强，能解决其他直接债务融资中债权人与债务人之间的信息不对称问题。另外，通过商业银行信贷，企业还可以避免向公众披露企业信息，保护企业的商业信息。商业银行借款可获得性强，由于中小企业很难从其他渠道获得资金，因此商业银行信贷是中小企业融资的重要渠道。商业银行筹资无需发行费用和审批费用，同时企业支付的利息可以在税前进行抵扣，降低企业筹资成本。银行一般会根据企业的信誉和经营状况决定企业是否需要提供担保。无需提供担保的银行贷款是信用贷款，需要提供担保的是担保贷款，担保贷款根据方式的不同可分为保证贷款、抵押贷款和质押贷款。

（1）信用贷款。信用贷款是指无需抵押、质押、保证贷款，只需依靠企业自身的信用就能取得银行贷款。一般只有经营稳定、信誉良好、经营效益显著、和银行长期保持信贷关系的公司，才能获得信用贷款。筹集信用贷款的公司需要承诺在贷款期间不向他人抵押、质押或者对外提供保证，或者抵押、质押或者对外提供保证的时候征得银行的同意。信用贷款的优点在于手续简单、放款迅速，能使企业快速筹得资金，且借款期限灵活等。

（2）担保贷款。担保贷款是指企业在筹集资金时由借款人自身或者第三方提供相应的担保而发放的贷款。根据担保方式的不同，担保贷款可以分为保证贷款、抵押贷款和质押贷款。保证贷款是指企业在筹集资金时借助第三方自有资金或合法资产为自己提供担保的一种贷款方式。第三方即担保人可以为具有代为清偿债务能力的法人、其他组织或者公民。担保人具有偿还贷款的连带责任，如果企业即借款人无法偿还债务时由担保人履行保证义务，偿还借款人的本金与利息。保证贷款的期限最长不得超过 7 年，其中贷款宽限期不得超过 3 年。抵押贷款是指由贷款方或者第三方提供的抵押品作为担保取得的贷款。贷款方如果在到期日无法还本付息，银行有权拍卖抵押品，用拍卖所得的款项收回本息，如果拍卖所得款项无法全部偿还本息，则由债务人继续偿还。抵押贷款的标的物可以为动产，也可以为不动产，按照标的物的不同具体可以分为：存货抵押、应收账款抵押、证券抵押、设备抵押、不动产抵押等。质押贷款是指贷款人以借款人或第三人的动产或权利为质押物发放的贷款。质押贷款与抵押贷款的区别在于，抵押贷款的抵押物可以为动产，也可以为不动产，而质押物必须为动产或权利。根据质押物标的的不同，质押贷款可以分为存货质押贷款、购物质押贷款、存单质押贷款、仓单质押贷款、知识产权质押贷款、国债质押贷款、股票质押贷款等。而出具这些质押物的出质人必须具有对质物的所有权与处分权，并向银行书面承诺为借款人提供质押担保，并在质押期间不得出售或擅自处理质物。

（二）债券类

债券是指具有一定规模的企业为筹集资金发行的到期还本付息的有价证券。国家对发行债券的企业要求较高，尤其是公开市场发行的债券，一般只有少数信誉好、规模大的企业才有资格发行。国家对在公开市场发行债券的企业信息透明度要求较高，企业需要及时公开披露企业的信息，其次对企业的经营状况要求也比较严格。

1. 公司债券

公司债券是指股份有限公司和有限责任公司为筹集资金发行的定期还本付息的有价证券。公司债券是一种长期融资债券，期限超过一年。企业发行公司债券的目的一般为筹集大型项目建设而需要的长期资金，期限一般为 10 年以上。

我国对发行公司债券企业的条件要求较高，根据《证券法》规定，一般股份有限公司的净资产不低于 3000 万元人民币，有限责任公司的净资产不低于 6000 万元人民币；累计债券总额不超过公司净资产额的 40%；最近 3 年平均可分配利润足以支付公司债券 1 年的利息；所筹集资金的投向符合国家产业政策；债券利率不得超过国务院限定的利率水平；以及国务院规定的其他条件。

公司债券根据自身特点可以从不同的角度进行分类。根据债券上是否记持有人名字或名称，可以分为记名债券和不记名债券；根据债券有无特定的财产担保，可以分为抵押债券和信用债券，其中有特定财产担保的为抵押债券，无特定财产担保的为信用债券；按照是否可以转换为股票，可以分为可转换债券和不可转换债券，可以转换为股票的为可转换债券，不能转换为股票的为不可转换债券；根据发行的地点不同，可以分为国内债券和国外债券，我国航空公司发行的国外债券一般有美元债券和狮城债券，美元债券即在美国债券市场发行的公司债券，狮城债券是在新加坡市场发行的公司债券。公司债券的发行可以分为私募发行和公募发行两种方式。私募发行是指公司只向特定的非公开的少数几个购买者发行，只需要在证券管理机构进行备案即可，无需披露企业信息。私募发行可以免去公开发行的手续费以及信用评级的程序。公募发行是指公司公开地向社会发行债券，需要委托证券发行机构发行公司债券，所以公司需要支付手续费，同时为保护购买者的权益，公司需要达到一定的信用等级并进行信息披露。

2. 短期融资券

短期融资券又称商业票据，是指具有法人资格的企业在银行间债券市场发行的不超过1年，一般为2—9个月的无需担保的有价证券。发行短期融资券的企业需要由信用评级机构确定信用等级并向中国银行间市场交易商协会进行注册，注册的有效期为两年，有效期到期前可以续发。一般只有信用资质较高，资信评级为 A－1 及以上的优质企业才有资格在银行间债券市场向合格机构投资者发行短期债券。发行短期融资券的利率随期限和发行公司的资信程度而定，但一般都低于银行贷款利率，发行规模一般不超过企业净资产的40%，筹集来的资金一般用来偿还银行贷款与补充流动资金。

短期融资券根据发行方式的不同可以分为经纪人代销的融资券和直接销售的融资券。经纪人代销是指将融资券卖给经纪人，再由经纪人卖给最终投资者的方式，直接销售是指由企业直接销售给投资者。短期融资券的优点为：相对于银行贷款，短期融资券的利率低于银行贷款利率，融资成本低，融资效率高。因为一般只有资信良好的企业才能发行，所以企业为了获得发行短期融资券的资格，会约束企业自身行为。超短期融资券发行企业信用资质较高，在公开市场有持续债务融资行为，信息披露充分，投资者认可度高，发行公告时间更短，一般为1天，使发行人可根据市场情况和资金使用需求，灵活安排资金到账时间。短期融资券的缺点为：短期融资券的门槛高，只有资信良好、规模大的企业才能发行短期融资券，融资难度大、急需资金的小规模企业无法发行。

3. 中期票据

中期票据期限介于商业票据和公司债券之间，最短9个月，最长30年。中期票据通过发行者的代理可以向投资者连续发行，投资者可以从若干个到期期限中选择：9个月至1年、1年至18个月、18个月至2年，依此类推直到30年。和公司债券相比，中期票据常以较小的持续性或周期性销售。公司债券一般是在市场利率比较低的时候发售，那样企业融资成本低，在市场利率比较高的时候，企业一般发行商业票据和中期票据进行融资。发行企业的主体评级原则上不受限制，只要债项评级被市场认可，交易商协会对企业性质、发行规模均不设门槛限制，但进行中期票据融资的企业在债务融资工具存续期内必须按要求持续披露年度报告、审计报告以及季度报告，并按交易商协会的要求进行其他信息的披露。

（三）商业信用

商业信用主要是企业在商品交易中通过预收账款或延期支付账款的方式形成的企业间短期信贷关系，是企业间的一种直接信用行为。商业信用期限较短，一般为1—6个月。其中，商业汇票的最长付款期限为6个月，银行承兑汇票最长为1个月。目前商业信用是我国企业融资的重要组成部分，在我国占有重要的比例。商业信用根据形式的不同主要分为三种：应付账款、应付票据、预收账款。

应付账款是指卖方将货物出售给买方后允许企业在一定期限内支付货款的一种形式。应付账款在企业中非常普遍，它有利于供应商将货物出售给暂时缺乏资金的企业，提高商品销量，同时有利于买方缓解因资金不足无法进行正常生产或营业的困境。应付票据指在商品交易中买方因延期支付款项而向卖方出具的一种票据，是反映债务关系的凭证。应付票据不同于应付账款的是，卖方可以把此票据经背书转让给第三方，买方有义务在到期日之前见票履行支付义务。根据付款人不同，应付票据可以分为银行承兑汇票和商业承兑汇票；根据是否带息可以分为带息票据和不带息票据。预收账款是买方和卖方根据合同约定，在买方未收到货物之前先把全部货款或部分货款交于卖方。预收账款相当于买方在收到货物之前将款项借给卖方，用于周转资金，同时卖方形成一项到期交付货物的义务。预收账款一般应用于生产周期长、资金需求量大的供应商。

商业信用融资具有以下优点：①商业信用容易获取。无论企业的规模多大、采用何种经营方式，都可通过商业信用的方式获得融资。②商业信用限制条件少。相对银行贷款，商业信用无需签订借贷合同以及支付手续费等繁琐的流程，获取方便快捷。③商业信用筹资的成本低。除带息票据外，其他信用借款一般没有利息费用，如果存在现金折扣还可以减少企业的应付账款，降低筹集资金的成本。④商业信用的债权人相对分散，且每一位债权人持有的债权金额较低，很难对企业产生实质性的影响，不能对借款企业的日常经营直接干预，对企业行为限制约束小。

商业信用融资的缺点：①相比于其他融资方式，商业信用的期限一般低于6个月，企业偿还债款的期限短，企业如果为了获得现金折扣，期限会更短。②商业信用筹集的金额较小，而且筹集的资金用途受限，一般为专项用途，难以长期占用资金。③可能给双方带来一定风险，如果付款方公司到期不支付货款或长期拖欠货款，将损害自身信誉，同时也对收款方公司的资金周转有所影响。

二、权益融资

权益融资指企业通过出售公司所有权获取资金的方式。投资者并不以定期获得现金回报为目的，而以通过红利方式获得公司利润、参与企业管理或者出售企业所有权获取差价等为目的。公司通过权益融资筹集的资金不需要还本付息，具有永久性特点。通过权益融资，公司所有者权益增加，提高负债融资的保障，提高了企业借款能力。

（一）私募股权融资

私募股权融资是指公司向特定的非公众的几家投资者募集资金的方式，是一种中长期权益融资。采取私募股权融资的企业一般为早期的新企业、中等规模未上市的企业、处于财务困境的上市公司等。国内的私募股权融资有狭义和广义之分。狭义的私募股权融资是指对非公开市场上具有一定规模且成熟的企业进行股权投资。广义的私募股权融资是指对公开市场上的不同阶段企业的权益性投资，包括种子期、初创期、发展期、扩展期、成熟期及IPO之前各个阶段的企业融资，种类包括狭义私募股权、风险资本和天使投资等。私募股权资金的主要来源有政府引导基金、社保基金、金融机构、境外投资者、富有的家庭和个人。

1. 风险投资

风险投资是指风险投资机构向具有发展潜力的初创企业提供股权融资的方式。在被投资企业发展到成熟期或上市期间风险投资机构通过出卖或转让被投资股权的方式获得高投资回报。由于初创期的企业一般规模较小、风险较大，风险投资机构为保证高投资回报率，在为企业提供资金的同时还会提供专业的管理知识和经验，为企业的经营、融资等出谋划策，因此通过风险投资融资的企业不仅可以获得资金，还可以获得专业团队指导。

风险资本的优点在于：①风险投资机构对企业没有控股要求，且在提供专业知识的同时不会过度参与企业日常经营管理。②如果企业发生资金短缺，风险投资机构一般会进行再次注资，帮助企业解决资金短缺问题，解决企业后顾之忧。③风险投资机构作为一个专业的投资机构还会帮助企业规划再融资时机和渠道，有利于企业再融资。风险投资的缺点在于：风险投资是以通过转让股权的方式获得高投资回报率为目的，追求企业短期的增值，与企业长期发展可能有所冲突。

2. 天使投资

天使投资是指富有的个人、家族或非正式风险投资机构对原创项目或小型初创企业进行一次性的前期投资。与风险投资相比，天使投资更愿意进行小额投资，对小企业的作用更大。与狭义的私募股权融资相比，天使投资更倾向于通过企业家保护自己免受市场风险，而狭义的私募股权融资更倾向于避免市场风险。

（二）公开发行股票

公开发行股票是指企业通过中介机构向非特定的、公开的投资者发行或者增发股票。企业在公开市场进行第一次股权融资被称为首次公开发行，即IPO，企业进行的第二次及以上的股票融资被称为增资发行。根据股票发行对象和发行地点的不同，还可以分为A股、B股、H股、N股和S股。其中A股是指在境内发行上市，以人民币为基础进行交易。B股是指在境内发行上市但以外币进行交易和认购。H股是指在香港上市发行的股票。N股和S股分别指在纽约和新加坡上市发行的股票。

发行股票可以通过发行普通股、优先股和认股权证三种类型的证券进行融资。普通股是最常见的一种股票形式。普通股股东享有公司剩余资产的所有权，同时承担与投资额相对应的企业风险。如果企业破产清算后资产留有剩余则普通股民有权获得相应份额，若企业破产清算后有欠款，则普通股民只亏损投资额，无需继续偿债。对发行企业来说，企业无须担负固定的股利负担，企业在盈利且认为适合的时机才会发放股利。而且发行普通股公司的股民增加会增强企业的社会影响力，提高企业的声誉。但是发行普通股的手续复杂，筹资费用较高，筹资效率低于债务融资，不易快速形成生产力。普通股的发行，会导致企业的控制权更加分散，容易造成股东与管理者之间的委托代理问题。

优先股股东在股利分配和公司破产清算时受偿顺序都优于普通股东，但是优先股股东无法参与公司的管理，没有股东大会的表决权。优先股没有固定的到期日，不必偿还本金，降低了企业筹资的财务风险，企业可在需要的时候按一定的价格赎回优先股，增加了企业的财务弹性。虽然优先股股利的支付优于普通股，但是支付股利并非是固定的，不构成法定义务。

认股权证是一种期权买卖，是指持有人在某一时间以特定的价格购买普通股的一种有价证券。认股权证对持有人来说是一种权利但非义务，属于期权买卖。认股权证的有限期一般比较短，为2—4周。通常只有当普通股的市场价高于认股权的价格时，认股权证才会被执行，否则持有人会选择直接去市场上买低价的普通股。对于公司来说，认股权证具有成本低、改善公司未来资本结构、增加公司的权益资本的优点，但当股价大幅上涨时认股权证成本就会上涨。

三、结构化融资

（一）信托融资

信托是指委托人基于对受托人的信任，将其财产权委托给受托人，由受托人按委托人的意愿用自己的名义为受益人的利益或者特定目的，进行管理或者处分的行为。信托融资主体除了信托公司外还涉及担保机构、投资顾问机构以及与信托公司进行交易的企业。信托融资是一种间接融资的形式，指企业通过信托公司这个中介机构向最后贷款人进行融资的活动。因为企业进行信托融资时无需会计师费、律师费、项目评估费等高额的中介费用，所以融资成本低于证券。且信托融资的规模较小，与中小企业的融资需求相匹配，所以信托融资更适合中小企业融资的选择。

信托融资包括信托贷款和股权信托两种方式。信托贷款融资是指信托投资公司（受托人）接受市场中不特定的投资者（委托人）的委托，以信托合同形式将其资金集合起来，然后贷给需要资金的企业（受益人）。借款企业定期偿还利息，并在规定的时间内向信托公司支付本金。信托公司再在期限届满时支付信托收益和本金给投资者。

股权信托融资是指公司在资金不足的情况下，将公司的股权抵押给信托公司，然后信托公司将企业的股权打包作为抵押物，并发行一个信托产品到市场上去募集资金。公司在到期日回购自己的股权，将本金和利息一次性支付给信托公司，信托公司再支付给投资者承诺的收益，或者信托公司把股权转让给愿意购买股权的第三方实现退出计划，并向投资者支付收益。

(二) 资产证券化

资产证券化是指对不能在短时间内变现但在未来具有可预期的稳定现金流的资产进行机构性重组和信用增级，并以此为基础在资本市场上发行可以流动的有价证券。可证券化资产的种类有：金融机构的信贷资产、企业的债券、企业的收益权和不动产资产。根据资产证券化种类的不同，我国将资产证券化产品主要划分为以信贷资产为基础的信贷资产支持证券和以企业资产为基础的企业资产支持证券。信贷资产证券化是指将一组流动性较差的信贷资产，比如银行贷款、企业应收账款经过重组形成资产池，使这组资产收益比较稳定并且预计以后仍将稳定、并对该资产进行担保，在此基础上把这组资产的未来现金流的收益权转变为市场上流动的、信用等级较高的债券型证券进行发行。企业资产支持证券与信贷资产支持证券的流程完全相同，不同的是两者的发起人不同，前者为信贷资产或银行，后者为企业。

资产证券化可以让企业加速回笼资金，盘活企业流动性较差的资产，提高资产周转率和收益率。另外，资产证券化可以提高企业现金流，优化企业的资产负债结构，增加企业借款能力，为企业尤其是中小企业和高负债企业增加融资渠道，降低融资成本。

(三) 融资租赁

融资租赁又称为财务租赁、资本租赁或金融租赁，是指企业（承租人）为获取某项设备的使用权，与融资租赁公司（出租人）签订合同，融资租赁公司向供应商付款，企业定期向融资租赁公司支付租金的租赁融资模式。融资租赁即企业通过融物的方式融通资金，实现企业融资的目的。融资租赁适用于购买飞机、船等需要大额资金的设备，目前也是全世界各大航空公司进行飞机购买与金融融资的重要途径之一，同样也是我国航空公司取得飞机和发动机等大型资产的重要方式，是进行机队的构建与更新的主要融资方式。融资租赁在很大程度上推动与促进了我国民航运输业的高速增长。

融资租赁的形式有直接租赁、杠杆租赁和售后租赁三种形式。直接租赁是目前融资租赁较为普遍的模式。直接租赁指承租人与出租人签订租赁合同后，双方再与承租人选取的供应商三方签订购买合同，出租人向供应商付款，承租人按期向出租人支付租金的租赁模式。杠杆租赁比直接租赁多了借款人一方。杠杆租赁是指承租人、出租人、供应商三方签订购买合同后，出租人向借款人即银行提出贷款申请，由银行向供应商付款，而出租人一般向银行支付租赁资产的20%—40%的资金，剩余未支付的资金以购置的资产做抵押物，并向银行转让收取部分租金的权利。售后租赁又称回租租赁或返回租赁，是指承租方将自己的设备卖给出租人再将设备租回使用。一般企业在面临财务风险急需资金的时候会采取这种方式进行融资。

融资租赁的优点在于：①融资租赁提供快速而灵活的资金融通渠道，增加了企业融资方式，缓解了企业资金不足的压力，尤其适合很多中小企业。②航空公司在通过融资租赁购买飞机的时候还可以获得飞机的优惠让款。③融资租赁筹资灵活快捷，手续相对简单，免去了向银行借款的复杂程序，让企业在短时间内获得设备的使用。④融资租赁享受税收优惠。对于企业由于技术改造融资租赁租入的机器设备，可以采取加速折旧的方法折旧，从而获得折旧节税收益。⑤增加企业资金流动性。回购租赁的方式可以使企业在不影响设备使用的前提下，通过转让设备的所有权筹集资金。

融资租赁的缺点在于：①融资租赁的成本较高。融资租赁的利率一般高于借款的利率，通常融资租赁所支付的租金总额要高于租赁物价款 30% 左右。②虽然企业通过融资租赁的方式容易获得设备以及通过售后租赁的方式筹集资金，但是利息费用的支出也造成了企业巨大的财务负担。

（四）项目融资

项目融资是指为一个特定的项目而融资。项目融资是以项目的资产、预期收益或权益做抵押，以该项目的现金流量和收益作为偿还贷款的资金来源，取得的一种无追索权或有限追索权的融资或贷款活动。项目融资主要运用于三类项目，即资源项目、基础设施建设项目、制造业项目。资源项目包括石油、天然气等开采项目；基础设施建设项目包括铁路、公路、港口、电信等建设；制造业项目多用于在工程上比较单纯或使用特定技术的项目。项目融资的参与主体有直接主办方（项目公司）、实际投资者、贷款银行（一般为多家银行组成的银团）、产品购买者或设施使用者、工程承包商、有关政府机构、融资顾问、法律税务顾问等。

根据有无追索权，项目融资可以分为无追索权的项目融资和有限追索权的项目融资。无追索权的项目融资是指贷款的还本付息完全依靠项目的经营收益，贷款银行可以获得该项目的物权担保，如果该项目经营失败，资产不足以清偿全部贷款，贷款银行无权向该项目的主办人追索。有限追索权的项目是指除了贷款项目的经营收益作为贷款来源和取得物权担保，贷款银行还要第三方提供担保，一旦项目失败银行无法收回款项可以向第三方担保人追偿，但是担保人偿还的款项以自己提供的担保额为上限。

项目融资主要适用于资金需求量比较大的基础设施项目，一般为十几亿到上百亿元，通过项目融资可以获得大额的资金贷款，而且项目融资是表外项目，不会造成不利的资产负债结构，不会影响债务与权益比率，造成财务比率指标变化。此外，项目融资可以分散融资风险，不会将风险全部集中于项目主办方和银行，也不受主办方资产规模的限制。如果项目收益好，即使项目主办方现有资产少，收益情况不理想，项目融资也可以成功。但是，项目融资的成本高，由于贷款银行承担了高风险，所以其贷款利率也比较高，高于普通贷款利率。项目融资的担保和抵押的手续费也比较高。同时融资时间长，容易受到外界的影响，融资风险大。

（五）平台融资

平台融资是企业通过联合互保的形式从政府构建的融资平台进行融资的一种模式。申请融资的企业需要加入联合互保小组，为组内的企业提供贷款额度相应比例的资金作为联合互保基金，若贷款企业不能按期还款，小组内企业将对其贷款承担连带责任。

平台融资为中小企业融资提供了便利的渠道，相对其他融资模式，其主要提供小额贷款，银行通过小额度贷款降低贷款风险，而且平台融资可以在一定程度上改善隐形环境，以"统售统还"的模式零售批发，能够降低银行的放贷成本，提高融资成功的概率。

第三节 我国航空公司融资风险的表现及成因

一、融资风险的表现

（一）融资不足

融资不足是指由于企业对未来现金流预测不当、融资时机和融资方式的选择不当或者是宏观环境的影响等因素，导致企业无法筹集到可以满足企业周转需要和投资项目需要的资金。融资不足作为航空公司融资风险的表现形式之一，尤其在中小型企业表现明显。中小型航空公司由于企业规模不大，难以通过债券融资或者股票发行的方式进行融资，导致融资渠道少，而且由于银行贷款偏向于向大企业和国有企业贷款，所以中小型航空公司也很难从银行获得贷款。当航空公司存在融资难以及融资决策失误时，无法获得可以满足企业发展的资金需求，会带来一系列的连锁反应，比如导致企业被迫放弃投资收益为正的项目从而不利于企业的价值最大化以及资金周转不动无法正常营业等。

（二）稀释控制权

当企业通过私募发行或者公开发行的方式进行融资时，投资者将持有一定的股份。当投资者持有的股份达到一定的比例时，将会拥有公司管理的参与权与决策权。而投资者持有的股份越多，拥有的参与权或者决策权也就越大，原有股东的控制权也就被稀释。而且企业如果采用公开发行股票的方式进行权益融资，有可能存在企业的竞争对手或者其他人或机构通过购买其他股东或者小股民的股份达到瓜分原有股东的控制权甚至掌握企业控制权的目的，企业可能面临被恶意收购或者兼并的风险。

（三）债务危机

债务融资作为航空公司重要的融资方式，为企业带来杠杆收益的同时也带来一定的财务风险。企业自身因素和外部环境的影响等会对企业的偿债能力产生较大的影响。比如汇率和利率的波动、财务杠杆过大等，使企业面临着较大的债务融资风险和担负较重的财务成本。在外部市场因素和企业自身因素的影响下，一旦企业的偿债能力下降，企业的税后利润不足以支付债务和利息的时候，企业就面临着无法还本付息的危机。在发生债务危机后，如果企业资产的变现能力差，又得不到政府和其他机构的支持，企业将面临破产清算。我国航空公司债务危机的典型案例就是海航集团债务危机，由于多元化投资、外部环境以及资本结构等原因，导致 2018 年海航发生流动性风险，陷入债务危机。

（四）盈利能力降低

航空公司融资结构、融资时机、融资方式以及利率、汇率的变动等都会对企业的融资成本和盈利能力产生影响。融资结构的选择决定着企业债务的融资比例，由于债务融资需要企业向投资者支付一定比例的利息，从而形成企业的财务费用。债务融资比例越高、规模越大，企业财务费用支出就越大，进而导致企业税前净利润减少，企业盈利能力下降。而债务融资成本由利率决定，并且受汇率的影响。汇率和利率由市场货币的供求量以及政策等决定，并非是一成不变的。当企业在汇率和利率较低时进行债务融资，企业的融资成本也就较低，反之融资成本较高。航空公司融资决策合理，包括融资时机和方式的选择合理，有利于企业降低融资成本、提高盈利能力。

（五）委托代理问题

债务融资可能引发债务人与债权人之间的委托代理问题。企业追求的是价值最大化，所以它倾向于获得更多的现金流，而债务人追求的是稳定的收益，目标是在到期日收回本金和利息。由于债权人和债务人的目标不一致，而且债权人又很难监督到位，所以，当企业采用债务融资时，很容易将资金用于有利于自身而不利于债权人的项目，或者将资金挪用，投资于风险大、收益高的项目，发生"资产替代"。之所以发生"资产替代"，是因为当企业债务融资投资的项目获得巨大收益时，企业股东将获得其中的收益，而如果投资项目失败，将由债权人承担后果。而股权融资会带来大股东与小股东之间的委托代理问题。大股东实际掌握企业的控制权，所以大股东可以通过自身的便利掏空上市公司或者通过自身的日常消费行为等将企业的资产占为己有，从而损害小股东的利益。

二、融资风险成因

（一）内因

1. 融资决策不当

融资决策不当是导致融资风险的重要内因，包括融资规模选择不当、融资结构不合理、融资时机不合适等。

融资规模不当包括企业的债务融资规模和权益融资规模与实际资金需求不符以及和自身承受成本的能力不匹配。企业债务融资规模过大会导致企业承担的融资成本高、利息支出大，同时带来的财务风险也很大。如果企业发行股票或者通过权益大规模融资，会使得企业原有股东或者所有者的控股权及控制权遭到稀释。如果采取公开发行股票的方式融资，融资规模设置不合理可能降低企业融资的成功率。无论企业债务融资还是股权融资，如果规模小于企业自身的资金需求，将难以满足企业日常经营、资金流动和周转的资金需求，对企业产生负面影响。

企业的融资结构包括企业自有资本和外源资本比例、债务融资和股权融资比例，以及长期债务融资和短期债务融资比例。资本结构不合理将对企业收益产生负面影响，甚至给企业带来财务风险。企业外源融资比例越高，对企业造成的威胁越大；企业负债比例越高，企业的杠杆收益越高，税盾作用越大，但是企业的财务风险和破产成本也越大；相对于长期债务来说，短期债务成本低，但是带来的流动性风险较大，过大的短期债务融资比例将给企业带来较大的流动性风险。合理配置融资结构有利于降低企业的风险和成本，提高企业的收益能力。

融资时机选择不合理包括权益融资时机和债务融资时机的不合理。如果在外部信息对企业不利时，即在股市状态不好或者企业股票价格低的时候发行股票，将增加企业权益融资成本，降低融资的成功率。企业进行债务融资时需要考虑市场利率的变化、市场环境变化等多方面因素。如果在利率较高的时候或者市场波动较大的时候进行债务融资，将增加企业的债务融资成本和潜在的风险。

融资方式选择不当也就是企业融资来源的选择不合理。常见的融资方式有银行贷款、债券融资、私募股权融资、公开发行股票、融资租赁以及从国外机构进行融资等。不同的融资方式给企业带来的风险和收益不同，对企业的约束程度也不同，如果融资方式选择不合理，可能带来融资成本的增加、收益的减少和风险的加大。

2. 企业经营不善

企业经营不善不是融资风险，但又会影响企业的融资风险。企业经营不善将导致企业的收益不佳、利润减少，从而影响企业现金流。如果企业采用内源融资或者权益融资，经营不善的风险将由股东均摊。如果企业采用债券融资，企业将面临定期还本付息的义务，若企业经营不善会影响偿债能力，严重时企业的息税前利润可能无法偿还企业的利息费用和成本，从而导致破产。

3. 预期现金流估计不准和资产流动性不佳

债务的定期还本付息要求企业对未来的现金流进行预测和规划，以保证企业资金充足性，避免企业发生偿债危机。企业对未来现金流的估计不仅要考虑企业的盈利能力，还要考虑自身资产的周转率，包括存货、总资产的周转率，以及企业资产的流动性。企业现金流量反映的是企业的偿债能力，资产流动性反映的是企业的潜在偿债能力。如果企业对预期现金流估计不准确，由于企业经营不善或者外部环境等原因导致收益不佳，可能使得企业发生偿债危机，这时企业会通过变卖资产对债务进行偿还。如果资产的流动性不佳，将使企业的偿债雪上加霜，严重时可能导致破产。

（二）外因

1. 宏观经济形势

宏观经济形势可能直接或间接影响企业的融资风险。如果企业所处的经济环境，包括世界经济、国家经济及地区经济形势良好，企业的经营绩效也相对良好，从而有助于企业拥有足够的税前利润偿还债务；如果宏观经济形势低迷，企业盈利能力可能因受外部环境影响而下降，并进一步导致其偿债能力下降。除了经济环境，其他外部环境的变化也可能引发企业融资风险，比如与企业产品相关的替代品价格或者互补品价格的变动和汇率波动等都会影响企业的盈利状况并影响其偿债能力。对航空公司而言，燃油价格的波动对其经营绩效会产生较大影响，因为航空公司对燃油需求量大、依赖性程度高，同时燃油价格波动频率高、幅度较大。若燃油价格大幅度上升，企业的经营成本将显著提高，进一步导致企业盈利能力下降以及偿还债务能力下降。

2. 政策变动

政府通常会通过税务政策、利率干预和财政补贴等手段对市场进行干预。税务的变化直接影响企业的留存收益，而企业缴纳的税款越少，企业留存收益越大，所需要的外源融资越少，由此企业外源融资带来的风险也就越低。而如果企业缴纳的所得税高，企业的税后利润就少，那么同样的资金需求量，企业需要更多的外源融资。同时债务偿还压力也大，从而增加了偿债风险。同时政府对利率政策的制定也将直接影响企业的债务融资成本，并间接影响股票市场进而影响股票融资等。航空公司作为一个具有外部性的行业，国家对其的财政补贴较多，财政补贴已成为其收入的一大来源。财政补贴越多，企业的财务风险也就越少，企业价值越高，进而股票价格越高，更有利于企业进一步融资。

第四节　航空公司融资风险管理的一般流程

一、风险识别

风险识别是指在各种风险事故发生之前通过使用多种方法对风险的类型及发生风险的原因进行识别、确认、判断和分析，以便对企业风险进行防控和处理。风险识别是风险管理的第一步，也是风险管理的基础。风险识别的过程主要包括感知风险和风险分析两个环节。首先，企业应该具有感知风险的能力，即对客观存在的风险了解感知的能力，只有感知风险的存在，才能进一步进行分析。分析风险包括分析可能引发风险事故的潜在原因以及可能引发融资风险的各种因素。对融资风险的识别一般从环境风险、市场风险、技术风险、生产风险、财务风险、人事风险等方面进行识别。风险识别的方法可以从宏观领域和微观领域两个角度进行分析。具体方法有生产流程分析法、风险调查列举法、资产状况分析法、分解分析法、失误树分析法等，识别风险的模型可以采用单一变量模型、多元变量模型和人工网络模型等。

二、风险评估

风险评估是通过风险识别确认存在的风险后对有关风险进行度量，评估风险发生的概率以及发生之后可能带来的后果以及严重程度。财务指标分析法作为风险评估的重要方法之一对融资风险评估的影响较大。通过对财务指标的分析不仅可以揭示企业原来的经营成果，还可以揭示企业的盈利能力、偿债能力和营运能力。企业通过偿债能力、营运能力和盈利能力财务指标分析可以评估企业融资风险。

（一）偿债能力分析

分析企业偿债能力主要从企业长期偿债能力和短期偿债能力两方面进行衡量，其中衡量企业短期偿债能力的财务指标有流动比率、速动比率、现金比率、净营运资本与总资产比率等。实际中较常使用的有流动比率和速动比率。衡量长期偿债能力的财务指标有负债比率、现金保障比率、利息保障倍数、资产负债率、产权比率、权益乘数等，本章主要介绍比较常见的资产负债率。

流动比率是指企业的流动资产与流动负债之比，是衡量短期偿债能力的重要财务指标。其计算公式为：

流动比率＝流动资产/流动负债

流动比率的警戒线为1，因为当流动比率小于1时，企业的流动资产小于流动负债，具有短期偿还债务的风险。一般来说企业流动比率为2比较合适。

速动比率又称酸性测试，是指流动资产减去存货后的余额与流动负债之比。由于存货相对来说比较难以变现，所以速动比率可以更好地反映企业的短期偿债能力。用公式表示如下：

速动比率＝（流动资产－存货）/流动负债

通常，速动比率为1比较合适。

资产负债率是指负债总额与资产总额的比率，用公式表示如下：

资产负债率＝负债总额/资产总额

资产负债率越高，企业担负的债务负担越重，企业债务风险也就越大。

（二）营运能力分析

衡量营运能力的指标主要是资产周转率，也就是衡量企业利用资产获得销售收入的能力，包括流动资产、固定资产的周转能力。其中，流动资产周转能力指标包括存货周转率和存货周转期、应收账款周转率和应收账款周转期、流动资产周转率和流动资产周转期、固定资产周转率和固定资产周转期、总资产周转率和总资产周转期。一般来说企业资产周转率越高、周转期越短，企业的营运能力越强。

由于资产周转率和周转期计算方法相似，所以本章以总资产周转率和总资产周转期为例。总资产周转率是指销售收入净额与资产平均总额的比例，用公式表示如下：

总资产周转率＝销售收入净额/资产平均总额

总资产周转期指资产平均总额与销售收入净额之比再乘上一年的天数，用公式表示如下：

总资产周转期＝（资产平均总额×365）/销售收入净额

（三）盈利能力分析

衡量企业盈利能力的财务指标包括销售毛利率、销售净利率、总资产收益率（ROA）、净资产收益率（ROE）、股票支付率和再投资比率等。其中，使用较多的为总资产收益率和净资产收益率。总资产收益率指企业税后净利润与资产平均总额的比率。这个指标衡量的是企业总资产的盈利能力，用公式表示如下：

总资产收益率＝（税后净利润/资产平均总额）×100%

其中，资产平均总额为期初资产总额与期末资产总额的平均数。

净资产收益率指企业税后净利润与净资产平均余额的比率。它表示的是股东投入资金的盈利能力，用公式表示如下：

净资产收益率＝（税后净利润/净资产平均余额）×100%

其中，净资产平均余额为期初净资产与期末净资产的平均数。

三、风险预警

企业通过寻找合适的指标或者信息，采用风险预警模型，根据企业所处的行业、行业标准以及自身情况等对指标设立一个合理区间并设立风险警戒线。企业通过设立专业的风险管理小组，由小组内专业风险管理人员设立企业的风险警戒线，对企业的融资进行计划和分析。并分析财务报表、资金来源和结构、企业资金流变动和企业经营绩效的走势，对风险进行预测和管理。同时健全企业信息传递机制，保证企业内部信息和外部信息传递的顺畅性，以确保信息传递的及时性、可靠性和准确性，及时对企业的融资风险进行预测和防范。并且企业还要对可能发生的融资风险提前进行规避或者进行一些预案处理，即拟采取的措施，包括风险发生时对人员组织和安排、财务的应对处理方案以及外部机构和专家的援助。

四、风险控制

风险控制是指识别风险和评估风险以后，针对风险发生的概率和严重程度，采取应对和处理风险的措施和方法。融资风险控制的方法主要可以分为三种：风险规避、损失控制和风险嫁接。

（一）风险规避

融资活动中风险规避是指在企业对融资风险进行识别和分析后，放弃一些融资行为风险大、后果严重的行动或方案，而选择风险较小的融资方案。这种方法一般只有在对风险事件的存在和产生损失的严重性有一个准确的把握时才会采用，但由于现实很难对一些事件完全把握，所以企业一般很少采用风险规避的方法。同时，采用风险规避的方法也就意味着放弃了风险行为带来的收益。

（二）损失控制

损失控制是企业在融资中采用一些合理的方法或预防手段将融资风险的损失降到最小。根据融资方式的不同，损失控制可以分为债务融资风险管理控制和权益融资风险管理控制两种。

1. 债务融资风险管理控制

债务融资风险管理控制指将债务融资带来的损失降到最小。企业可以通过提高企业资金使用效率、提高盈利能力和偿债能力来实现。企业采用最恰当的融资方式和融资时机，拥有足够的盈利能力和偿债能力，从而在到期日还本付息，避免企业破产风险。

债务融资规模越大，企业发生流动性危机的风险越大，破产成本也越高，因此债务融资规模要保持在适当的区间，在充分发挥财务杠杆的同时考虑债务融资的风险问题。同时，将债务融资的期限结构保持在合理区间。短期债务给企业带来的流动性风险大，但是成本低，长期债务成本高但发生流动性风险的概率低，因此企业应合理分配债务期限结构，在降低企业融资成本的同时降低流动性风险。

企业在经营过程中，可以根据实际经营状况和外界的客观环境，对企业的融资结构进行及时的调整，以保证可以实现企业融资的目的，实现企业设定的价值及资本成本最小化。

2. 权益融资风险管理控制

在权益融资方面，企业可以通过制定合理的发行规模，选择合适的发行方式、发行时机、发行价格和发行机构提高股权融资的成功率和降低融资成本。针对权益融资带来的委托代理问题，被投资单位和投资者通过签订保证条款、做出承诺等以保证双方提供的信息的真实性和可靠性。同时，为防止权益融资中控制权被大量稀释，企业采用分段融资的策略。一般股权分配出去越多，企业原有投资者的控制权也就稀释越多。一般来说，企业经营良好的话，后期投资的股票价格相对较低。为避免控制权被大量稀释，采用分段融资可以降低企业的股权被大量出售。

（三）风险嫁接

融资风险嫁接是指企业将自身不能承担、不愿意承担或者承担不了的风险损失进行转移，通过一些合理的手段或方法由其他机构或者个人来承担。比如，企业在借款时寻找担保人进行融资、保险等。融资风险嫁接并没有降低风险的大小或者风险后果损失的严重性，而是通过将可能的损失转移给其他人，间接降低自身的损失。

第五节　案例分析：海南航空投融资危机

一、海南航空简介

海南航空控股股份有限公司（以下简称"海南航空"）于1993年成立，经过26年的发展，由一个地方性航空运输企业发展为涵盖航空客运、货运、通用航空及航空辅业等航空业务的国内第四大民航公司，是中国发展最快、最具有活力的航空公司之一。海南航空历史最早始于1989年，当时海南省政府拨款1000万元准备成立地方性航空运输企业，并命名为"海南省航空公司"，注册资本为1300万元。经过四年的建设和筹备，1993年5月海南省航空公司开始正式营运，并在中国民航史上创下了当年营运当年盈利的历史纪录。同时海南航空还是第一家同时在A股和B股进行融资的航空运输企业。公司名称经过两次变更，最终在2017年更名为"海南航空控股股份有限公司"。

海南航空作为航空运输企业与跨国集团——海航集团有限公司（以下简称"海航集团"）有着密不可分的关系。海航集团在海南航空成立发展的基础上于2000年1月成立。目前，海南航空第一大股东海南省发展控股有限公司由海南省国资委全额出资建立，第二大股东大新华航空有限公司被海航集团控股（见图3-1）。由于海南省发展控股有限公司为国有企业，国有企业委托代理问题较民营企业严重，海南航空实际由海航集团实际控制。海航集团投资广泛，涉足酒店、地产、金融、旅游、零售、物流和信息技术等多个领域。2015年海航集团开始跻身世界500强，之后连续三年的排名分别为464位、353位、170位，每年跳跃式上升100多位。然而2017年底海航集团被传出发生流动性风险，2018年6月在央行专题会议上正式定性为流动性危机，"世界500强"企业称号也在2018年戛然而止。为应对集团面临的财务危机，2018年之后海航集团由"买买买"模式切换为"卖卖卖"模式，并聚焦于航空运输主业。

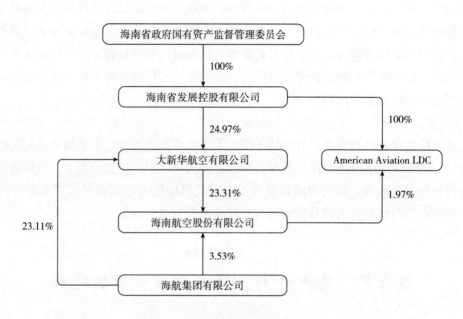

图3-1　海南航空控股股东关系图

二、海南航空投融资发展历程与现状

(一)海南航空融资发展历程

海南航空建立之初仅由政府资助了1000万元人民币，而1000万元连一架飞机都买不起，但是之后却发展为世界知名企业，并且延伸出海航集团。这离不开海南航空和海航集团资本的运作。在股权融资方面，1992年为解决资金匮乏的困境，海南航空进行股份制改革，以定向募集方式募集了2.5亿元人民币，随后以这次募集来的资金做担保，从银行获得6.48亿元贷款，并于1992年11月租购两架737-300飞机。1994年海南航空又以这两架客机做抵押融资租赁两架波音737。之后，海南航空就这样以买一架飞机抵押出去再购买一架的方式慢慢发展起机队规模。1995年11月海南航空为打入海外市场，向美国航空有限公司出让1亿外资股股份，筹集资金2.079亿元。这次海外融资不仅解决了海南航空对外汇的需求，也帮助海南航空提高了在国际资本市场上的知名度和信用度。1997年海航B股在上海证券交易所挂牌上市，1999年又在A股上市融资，成为国内第一家同时在A股和B股上市的航空公司。至今海南航空已在B股融资1次，在A股融资5次，股市融资为偿还借款和补充流动性资金提供了保障（见表3-1）。在缓解资金需求方面，海南航空还经常通过出售子公司股权方式为企业筹集资金。例如，2011年，海南航空将海岛建设33.33%的股权，海南航鹏、海南国旭和海南国善100%股权以及琼海男爵100%股权出售，获取资金448.29亿元。

表3-1　海南航空股权融资变动表

年份	事件	股权变动数（万股）	募集资金总额（万元）
1992	定向募集	—	25000
1995	出让1亿外资股股份	10000	20790
1997	发行B股股票	7100	25623
1999	发行A股股票	20500	92157.3
2000	分发股票股利	5409	—
2006	发行A股股票	280000	560000
2010	发行A股股票	59524	300000
2012	发行A股股票	196560	778699.22
2013	转股	609109	—
2016	发行A股股票	462394	164036

在债务融资方面，从海南航空建立发展至今，债务融资一直是海南航空融资的主要方式。1992年的首次股权融资让海南航空拥有了向银行抵押贷款的资本，且随着企业的不断发展，债务融资方式也越来越多样化。

银行贷款一直是助力海南航空发展、腾飞的主要推手。在海南航空成立前期就已经与中国银行、农业银行、建设银行、工商银行、交通银行等各大商业银行建立亲密的合作关系，与建设银行、中国银行等银行签订银企合作协议。银行为海南航空提供的授信额度及贷款额度都十分庞大，比如，中国银行在1998年给海南航空提供65亿元的授信额度，1998年工商银行向海南航空贷款4.9亿元，2000年农业银行向海南航空提供11亿元贷款，等等。海南航空发展壮大之后，银行信贷提供的额度也在不断上涨。2010年之后，海南航空获得的银行贷款动辄上百亿元，巨额的银行贷款缓解了海南航空对外投资与并购的资金需求的压力。

除了银行贷款，公司债券、短期融资券、票据融资等在海南航空逐渐变得频繁。2008年之后的每年都进行了债券融资，一般额度在25亿—50亿元之间，融资额度最少的也为4亿元。发行的债券一般为长期债券，短期的以短期信贷借款为主，偶有短期融资券（见表3-2）。

表 3 – 2   2008—2018 年海南航空融资情况

融资日期	融资方式	融资规模（万元）	具体说明
2008 年	公司债券	270000	期限：5 年；分期付息一次还本
	短期融资券	270000	期限：1 年
	短期信贷借款	902032	抵押、质押、保证、信用借款，利率：6.45%
2009 年	短期信贷借款	1616553	抵押、质押、保证、信用借款，利率：5.22%
2010 年	短期信贷借款	1770405	抵押、质押、保证、信用借款，利率：5.42%
2011 年	公司债券	500000	期限：5 年、10 年；利率：5.60%、6.20%；分期付息一次还本
	公司债券	100000	期限：3 年；利率：6.0%；分期付息一次还本
	银行借款	3112904	抵押、质押、保证、信用借款
	短期信贷借款	1753330	抵押、质押、保证、信用借款，利率：6.69%
2012 年	公司债券	50000	期限：3 年；利率：5.25%
	短期信贷借款	1579234	抵押、质押、保证、信用借款，利率：6.89%
	银行借款	2586482	抵押、质押、保证、信用借款
2013 年	美元债券	304845	期限：7 年；利率：3.625%
2014 年	短期融资券	40000	期限：1 年；利率：6.88%；每月付息一次
	中期票据	40000	期限：5 年；利率：8.0%；每年付息一次
	狮城债券	300000	期限：3 年；利率：6.25%；每半年付息一次
	非公开定向债务融资	320000	期限：3 年；利率：7.2%、7.4%；每年付息一次
	银行借款	4057199	抵押、质押、保证、信用借款
2015 年	资产支持票据	200000	期限：1—5 年；利率：6.8%—8.2%；每年付息，到期还本
	债券资产证券	400000	期限：2—5 年；利率：5.55%—7.55%；每年付息，到期还本
	银行借款	2367169	抵押、质押、保证、信用借款
2016 年	债券资产证券	200000	期限：2—4 年；利率：4.30%—5.80%；每年付息，到期还本
2017 年	公司债券	60000	期限：5 年；利率：7.98%；每年付息，到期一次还本
	美元债券	413917	期限：5 年；利率：5.50%、6.35%；每半年付息，到期一次还本
	非公开定向债务融资工具	170000	期限：3 年；利率：7.11%、7.82%；按年付息，到期一次还本
2018 年	可续期公司债券	500000	期限：3 年；利率：7.3%—7.6%；每年付息，到期一次还本

（二）海南航空投资并购发展历程与现状

海南航空和海航集团的不断发展及扩张离不开企业的投资并购路程，同时海航集团发生流动性危机也与企业投资并购决策息息相关。从海南航空角度出发，海南航空实现了横向、纵向并购投资。横向并购投资包括收购、控股、参股、出资建立多个航空公司。2000年 8 月到 2001 年 7 月，海南航空重组了长安航空、新华航空、山西航空公司。2004 年海航集团、山西航空、云南石林航空旅游公司共同出资筹建云南祥鹏航空。海南航空还控股天津航空、乌鲁木齐航空，同时持有金鹏航空、西部航空公司股份，与其他企业共同出资建立了首都航空、福州航空、北部湾航空等多个航空公司。纵向并购投资包括控股机场、科技公司，投资电子科技、飞行培训、房地产等行业。

从海航集团角度出发，2001 年海航集团有限公司成立，进行了一系列多元化投资。2018 年初海航集团直接投资企业几百家，间接控制参股企业不胜枚举。发生流动性危机之后海航集团一直在调整集团内部组织架构。调整前，海航集团主要分为三大支柱产业链，即现代物流、航空旅游、现代金融，并延伸发展出海航现代、海航科技、海航新媒、海航旅业、海航实业、海航资本、海航创新七大产业集团，如图 3 - 2 所示。同时海航集团以收购著称，经常运用杠杆工具上演"蛇吞象"大戏。例如，2015 年 6 月，海航集团旗下西安民生以 268 亿元收购供销体量远超自身的大集控股 100% 股权。2017 年 4 月，海航集团旗下子公司海航创新金融收购世界最大的大宗商品贸易商嘉能可公司的石油仓储和物流业务 51% 的股权，接着海航实业又以 68 亿元人民币收购一家世界级物流巨头 CWT 集团。这几次收购实现了超额并购，同时也为海航集团发生流动性危机埋下伏笔。2018 年流动性危机的发生让海航集团停止收购扩张之路，一年内清理了 300 多家公司，处置了约 3000 亿元资产来缓解流动性危机。海航集团由之前的七大产业集团缩减为海航航空和海航物流两个集团，开始聚焦于航空运输主业。

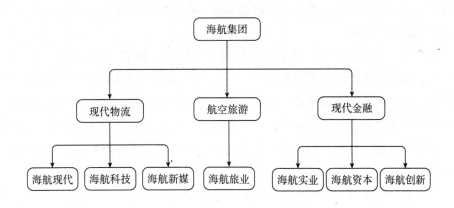

图 3 - 2　2017 年海航集团产业结构图

三、海南航空投融资风险的表现

（一）偿债危机

航空运输业属于资本密集型行业，企业的一架客机往往就需要上亿元，并且随着海南航空的不断投资与扩张，资本的需求量与日俱增。企业自有资金并不能满足资金需求，作为主要融资方式的债务融资担负着缓解资金需求的巨大压力，这也使得海南航空的资产负债率长期居高不下。在巨大债务的影响下，外界一个小小因素的变化都会让海南航空的经营与现金流受到巨大冲击。例如宏观经济、利率、汇率以及资产变现能力等通过影响企业的盈利能力、融资成本以及筹集资金能力进一步影响企业现金流。任何一个外界因素的变动都会给海南航空的财务状况带来不确定性。海南航空的高负债率及外界环境的变化也确实经常让海南航空陷于不利境地，为债务偿还带来危机与隐患。2012 年海南航空公司不断被传出资不抵债的消息，财务危机问题时常发生。2017 年，海南航空又再次被传出发生了流动性风险，并且在 2018 年 6 月的央行专题会议上正式定性海航发生了流动性危机。

（二）稀释控制权

股权融资影响股权的变动，带来的最大风险便是稀释原有股东的控制权，海南航空也不例外。1992 年海南省航空公司通过定向募集的方式增发股票后，海航国家股占比 5.33%，法人股占比 74.67%，内部职工股占比 20%。第一次的股权融资使得海南航空的股权性质发生了实质变化，原本由政府出资建立的地方性航空公司变为了一家民营企业，政府的控制权丧失。1995 年海南航空向美国航空有限公司出让 1 亿外资股股份后，法人股占比下降为 56.01%，个人股占比 14.99%，国家股占 4%，外资股占 25%。外资股的增加使得外国投资者对海南航空的经营决策产生了重大影响，稀释了法人股及其他原有股东的控制权。在 A 股市场和 B 股市场公开发行股票后，境内法人股、外资股、内部职工股等股权都遭到进一步的稀释。社会公众股股东虽然不会直接参与公司的治理，但是其用脚投票的方式影响企业的股票价格及价值，股票价格波动影响着企业实际控制人的决策和行为，所以社会公众股的存在也稀释了实际控制人及股东的控制权。

（三）财务费用飙升

在海南航空的发展过程中，其财务费用在不断增加，如表 3-3 所示，由 2009 年的 13.13 亿元逐步增加到 2018 年的 63.69 亿元，同时，从财务费用率指标可以看出财务费用占营业收入的比例也在不断上涨，已由 2009 年的 8.44% 增加到 2018 年的 9.4%。财务费用率越高即财务费用占企业营业收入的比率越高，财务费用降低企业盈利能力的影响越大，应对经营风险以及外部风险的能力也就越低。在外部因素的影响下，汇兑损失和利息费用成为影响海南航空财务费用不断攀升的两个主要原因。一方面，海南航空作为大型运输企业，不可避免涉及许多外汇交易，而汇率的浮动可能会给企业带来汇兑损失，造成财务费用不断上升。另一方面，海南航空融资决策很大程度上决定着利息费用的支出。融资时机和融资方式决定着利率，进而影响利息费用。海南航空每年债务融资动辄上百亿，利息费用自然也十分庞大，进而影响企业经营成本和盈利能力。

表 3-3　2009—2018 年海南航空财务费用

年度	2009	2010	2011	2012	2013	2014	2015	2016	2017	2018
财务费用率（%）	8.44	7.32	7.63	9.02	6.21	9.44	13.19	11.12	3.51	9.40
财务费用（亿元）	13.13	15.88	20.04	26.04	18.78	34.01	46.45	45.22	21.01	63.69

资料来源：巨潮资讯网。

（四）委托代理问题

从海南航空的角度出发，不同的融资方式可能带来不同的委托代理问题。首先，股权融资会带来大股东与小股东之间的委托代理问题。大股东与小股东存在潜在利益上的冲突，所以大股东有很大动机掏空上市公司，海南航空同样存在被掏空的现象。海南航空与海航集团的关联交易为海航集团掏空海南航空提供了契机。比如，2007年海南航空以科航投资的账面价出售给海航集团，1年后海航集团溢价3.15倍将科航投资转回给海南航空；2010年海南航空以24.65亿元受让航鹏、国旭、国善3家房地产公司的股权，2011年又以27.27亿元回售给海航集团。这种交易将海南航空资产转移给海航集团，降低其企业价值，损害了其他股东的利益。其次，企业间存在股东与管理者委托代理问题。企业向管理者出售股票以及发行债券可以直接或间接提高管理者持股比例，进而缓解管理者与股东之间的利益冲突，降低管理者与股东之间的委托代理问题。企业向员工发行股票可以提高员工工作的积极性，进一步提高工作效率。从海南航空发行的几次股票中可以看出，企业只在第一次进行股权融资时发行了员工股，之后都没有针对员工发行股票。最后，债务融资会引发股东与债权人之间的委托代理问题。股东认为一项投资项目一旦成功将会获得巨大的收益，而如果失败则债权人承担大部分损失，所以股东有动机将借款转移到风险大的投资项目上，从而引发"资产替代"的发生。

四、海南航空投融资风险成因

（一）内因

1. 融资规模不合理

权衡理论认为，合理的债务融资与权益融资比例可以给企业带来税收节省，提升企业的价值。当企业的债务融资比例较低时，债务的税盾作用可以提升企业价值。而随着债务融资比例的增加，且高于某一合理比例，企业的财务困境成本将大于税盾利益。如图3-3所示，海南航空资产负债率最高时为88%，虽然在"去杠杆"政策的影响下，2018年的资产负债率已经降到66%，但是这个比率仍然不可小觑。海南航空的债务融资比例总体上

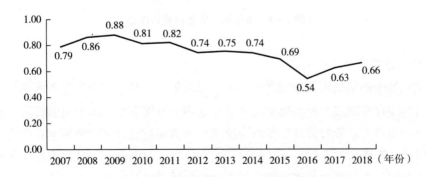

图3-3 海南航空资产负债率折线图

资料来源：巨潮资讯网。

高于前人研究的我国航空运输企业合理的资产负债比率，即50%—60%。高债务融资比例导致每年的财务费用居高不下，由此引发债务融资成本支出远远大于债务的税盾作用，将债务的税盾作用抵消。债务融资规模越大，由此引发的流动性风险越高，企业破产的可能性就越大。

2. 融资结构设置不合理

根据权衡理论，为实现企业价值最大化，必须找到债务融资与股权融资最优比例。目前海南航空最主要的融资方式为债务融资，其中银行贷款占有绝对比例。此外，通过观察股权融资用途发现，2000年之后的股权融资一半以上被用来偿还债务，剩余的资金被用于补充流动性资金。可见海南航空后来的股权融资决策完全附属于债务融资，当偿还债务危机发生时被动采取股权融资。从债务结构来看，2018年之前海南航空长短期债务融资相差不大，但是2018年海南航空短期债务比例急剧上升。而短期债务越多企业的流动性压力越大，不利于企业的稳定性发展。从融资渠道来看，海南航空的融资渠道主要依靠银行借款、联合投资及股份公司自有资金等几种方式。银行借款一直是海南航空的主要融资方式，过度依赖某一种融资渠道会给企业的融资带来潜在风险。从图3-4可以看出，2009年银行贷款达到顶峰，之后逐渐下降，但依然为融资主力，2016年之后下降较为明显，然而银行贷款下降之后外源融资乏力，由此海南航空发生了流动性风险。

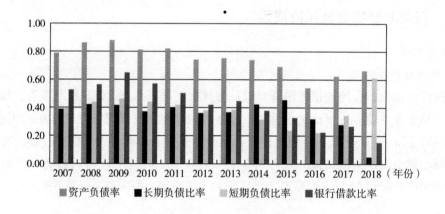

图3-4 海南航空债务融资结构图

3. 关联交易损害企业价值

海南航空处于海航集团的控制之下，由于海航集团与其他中小股东和海南航空的利益冲突，海航集团存在通过与海南航空的关联交易掏空海南航空上市公司的行为。海航集团通过高评估增值资产、股权并转让给海南航空，或者通过低评估海南航空资产或股权转移给自己，以此从海南航空套取资金或转移利益。比如，海南航空以低价出售企业股权两年后又以高价购回的方式将自身现金流转让于海航集团，以及从海航集团购入股权后两年内又将其回售给海航集团，从而让海航集团无偿占用海南航空的资金。这种售出又回购或者置入又置出的方式虽然整体上有利于海航集团的利益，却不利于海南航空的企业价值。关联交易的掏空行为使海南航空为了大量持有货币资金而必须大量负债、支付高额利息，降低了企业的盈利能力，损害了企业的价值，对企业的资金流动性及经营稳定性存在威胁，并损害了海南航空小股东的利益。

（二）外因

1. 宏观经济形势

宏观经济形势一般决定着航空公司的经营业绩与融资效率。乐观的宏观经济形势往往伴随着客运量和货运量的上涨和营业收入的增加，良好的经营绩效是企业获得内源融资的保障。同时企业的良好业绩还影响着银行和金融机构的放贷意愿，使企业更容易筹集外源资金。近两年中国的经济正处于由高速增长转为中高速增长的变革时期，同时美国挑起中美贸易战也让中国经济受到诸多挑战，中国经济形势没有以往那么乐观。海南航空的航空运输业务因此受到严重影响，融资环境也不容乐观。银行的自保倾向也使得海南航空近年的贷款出现断崖式下跌，使企业面临着流动性危机。海航集团同样也遭受着流动性风险的剧痛，并采取变卖资产出售股权的方式缓解流动性危机。然而，不乐观的宏观环境也为资产的变卖增加了难度。

2. 汇率的浮动

汇率的浮动影响企业的财务费用，进一步影响企业的盈利能力。首先，由于飞机制造属于垄断行业，海南航空的飞机主要为美国的波音和欧洲的空客，不可避免地需要用美元、英镑和欧元来交易。而购买飞机需要巨额资金，使得海南航空大多通过融资租赁的方式购买飞机。在浮动汇率制度的影响下，每年定期偿还租赁费很可能会发生汇兑损失。其次，海南航空拥有很多开往国外的航线，每年必须交与国外机场起降费和停场费，这些费用并非在发生时立即支付，而往往根据协议定期支付。在费用发生到支付期间汇率在不断变化，影响着企业的财务费用。最后，海南航空作为一个资本密集型企业，还有许多美元债券，以及英国或其他国家的银行借款及企业债券等。而在浮动汇率制度下，人民币对美元、英镑、欧元的汇率在不断浮动，因此不可避免地将发生汇兑损失。

3. 利率的浮动

债务融资是海南航空的主要融资方式，由此引发的财务费用也在水涨船高，不断上涨。近年来，海南航空的财务费用占到企业营业利润的10%左右。其中利率的不断变动也是财务费用不断上涨的主要原因。自2008年起，海南航空发生的银行借款及债权融资中，借款利率最低的为2013年美元债利率3.625%。但整体上借款的利率一般都大于5%，最高的为2015年的资产支持证券8.2%。海南航空大量的债务融资使得利率的变动对融资费用支出产生很大的影响，选择一个适当的融资方式、较低的贷款利率有利于提高企业的利润和经营的稳定性。

五、海南航空改进风险管理的建议

（一）制订合理的财务计划

合理规划企业的融资渠道、融资规模、融资时机等，防止企业发生融资风险。由于海南航空主要以债务融资为主，所以海南航空常常需要面临巨大的还本付息压力。庞大的本金与利息的支出使海南航空常常需要借新债还旧债。一旦外部市场发生变化，无法筹集资金，海南航空很容易陷入流动性不足的局面。因此海南航空有必要制订合理的现金流计划，合理估算现金流的趋势，制订有弹性的财务计划。同时严格把控财务指标在合理范围之内，监督财务支出，了解资金的来龙去脉，以保持稳定的现金流。在严格把控现金流入与支出的同时规划债务偿还计划，同时做好情景分析，制定备选方式，以防意外发生，保证企业在有限的期限内偿还债务。此外，合理利用、科学运用筹集的资金，提高企业的盈利能力，从而为企业提供更多的内源融资。

（二）优化融资结构、拓宽融资渠道

海南航空的融资方式偏向于债务融资，严重依赖债务融资容易引发流动性风险和破产危机。根据优序融资理论，企业的最优融资顺序是内源融资、债务融资、股权融资。因此海南航空首先需要优化融资结构，提高内源融资，这样不仅能降低融资成本，而且不会带来流动性风险，增强抵御财务风险的能力。同时，降低债务融资规模，使资产负债率处于合理区间。在降低债务融资规模的同时，企业应该根据需求，科学分配长期债务和短期债务的比例。从债务来源方面看，严重依赖银行借款使得海南航空经常在同一时间段面临着巨大的还本付息压力，不得不通过发行短期债券来偿还银行贷款。因此海南航空应该拓宽融资渠道，在重视内源融资的同时，拓宽债券融资渠道，创新债券融资模式，同时重视向全体员工募集资金的方式降低委托代理问题。

（三）提高投融资风险管理意识

现在海南航空面临着巨大的流动性风险，公司的管理层必须具有充分的风险管理知识体系，做决策时充分利用金融工具防范金融风险，建立模型和运用情景分析等方法对风险进行评估和防范。企业还可以建立专门的风险管理小组，对企业的投融资风险管理进行评估与预测。通过建立投融资风险预警体系，比如建立 BP 神经网络预警模型对海南航空的债务融资风险进行分析与预测，通过观察财务指标对财务风险进行分析，尽最大的可能降低和规避融资风险。另外，提高全体员工的风险管理意识有利于公司员工对公司的决策进行监督，因此海南航空可以进行投融资风险管理培训，制定风险管理手册，让每一位员工都充分掌握投融资风险知识。

（四）重视人才培养与引进

人才是一个企业最重要也最稀缺的战略资源和核心能力。海南航空可以通过外部引进和内部提拔两种方式获得人才。一方面，创新人才政策，创优服务方法，吸引一批具有专业知识同时兼备道德素养的高层次人才。重点引进一批投融资风险管理等方面急需的紧缺人才。一个高素质的投融资风险管理人才所具备的高度的警觉和迅速识别风险的能力，可以辅助企业稳定发展以及预防投融资风险。另一方面，通过内部提拔与培养，建设一支高层次、高技能的领军人才队伍，对企业进行风险管理。注重人才对企业内部和外部环境的了解，只有对企业内外部环境具有十分清晰的了解和把控，才能达到理论与实践相结合，为企业应对危机提供保障。

思考题

1. 航空公司融资的来源有哪些？各有哪些优劣？

2. 航空公司的融资风险如何产生？

3. 航空公司结构化融资与其他融资有何不同？

4. 简述航空公司融资风险管理的主要流程。

参考文献

［1］宋培伟．电商企业融资风险分析［D］．山东财经大学，2015．

［2］邓亚昊，张涛．国内外对风险管理的综述研究［J］．经贸实践，2015（11）：347．

［3］钟星源，唐婵娟．国内外财务风险预警研究综述［J］．纳税，2019，13（10）：62－63．

［4］白雪，王岚．我国企业风险管理研究现状综述［J］．农村经济与科技，2018，29（8）：128－129．

［5］王育宪．企业管理的一个新分支——风险管理［J］．管理世界，1985（3）：79－86，94．

［6］王蔚松．企业金融行为［M］．北京：中央广播电视大学出版社，2001．

［7］杨开明．企业融资——理论、实务与风险管理［M］．武汉：武汉理工大学出版社，2004．

［8］肖翔．企业融资学［M］．北京：北京交通大学出版社，2011．

［9］李曜．公司金融［M］．北京：中国人民大学出版社，2019．

［10］孙志峰．东方航空融资风险控制研究［D］．湘潭大学，2018．

［11］沈振宇，宋夏云．另类股东控制、关联交易与掏空——海南航空与海航集团关联交易的案例研究［J］．北京工商大学学报（社会科学版），2015，30（1）：69－79．

［12］张媛媛．海南航空股份有限公司并购融资风险管理研究［D］．兰州大学，2014．

［13］陈奕臻．海南航空债务融资风险案例研究［D］．吉林财经大学，2016．

［14］郭慧．海南航空公司债务融资风险研究［D］．云南师范大学，2018．

［15］张晓倩．海南航空债务融资风险管理研究［D］．北京交通大学，2017．

［16］郭彩霞．基于EVA/SGR的海南航空融资策略研究［D］．兰州财经大学，2018．

［17］袁园．A企业融资风险管理研究［D］．中国财政科学研究院，2018．

［18］杨桦．南方航空公司融资风险及其防范研究［D］．吉林大学，2015．

［19］黄丹珊．东方航空融资风险及其控制研究［D］．南昌大学，2018．

第四章　飞机租赁

　　航空业是资金密集型行业，航空业的发展离不开租赁业的支持。长期以来，我国航空业在传统计划经济的影响下往往出现"重制造而轻销售"的现象，几乎完全依靠国家资金和技术的投入而忽视金融资本的运作，其结果是有限的国家资金制造出的飞机数目相当有限，产量有限导致制造成本高昂，而造价的高昂又直接影响销量，从而陷入恶性循环。因而，亟须租赁业助推我国航空产业发展，其中飞机租赁是航空租赁中的重中之重。飞机租赁业被誉为租赁行业"皇冠上的明珠"，其经济带动作用巨大、创税能力强、产业结构提升作用明显、关联产业拉动面广，属于现代服务业中的朝阳产业。

第一节　飞机租赁的内涵

一、飞机租赁的定义

　　租赁是以收取租金为条件让渡资产使用权的经济行为。在这种经济行为中，出租人将自己所拥有的某种资产交与承租人使用，承租人由此获得在一段时期内使用该资产的权利，但该资产的所有权仍保留在出租人手中，承租人为其所获得的资产使用权需向出租人支付一定的费用（即租金）。传统的租赁业是以融物为目的，而现代租赁业一般是将融资和融物相结合，以融资为主要目的。相应的，飞机租赁是指标的资产为飞机的租赁活动。具体而言，飞机租赁是指承租人（航空公司）与出租人（租赁公司）签订飞机租赁协议，约定飞机租赁的型号、租金、租期等关键要素，从出租人（租赁公司）获得飞机使用权，承租人按期向出租人支付租金，租期结束后承租人（航空公司）可将飞机归还、转租或者自购。

二、飞机租赁的类型

1. 融资租赁和经营租赁

　　融资租赁具体是指由出租人根据承租人的请求，按双方的事先合同约定，向承租人指定的出卖方购买承租人指定的飞机等资产，在出租人拥有资产所有权的前提下，以承租人支付所有租金为条件，将飞机等资产的占有、使用和收益权让渡给承租人。融资租赁具有融物和融资的双重功能。它以融通资金为直接目的，以飞机为主要租赁对象，以航空企业为承租人，是一种通过融资租赁形式获得资金支持的金融业务，是一种长期的完全支付的租赁业务。

经营租赁是承租人从租赁公司租入所需要的飞机等资产，承租人在租期内按期支付租金，并获得租期内飞机的使用权的行为。飞机经营租赁一般不购买飞机，是一种可撤销的租赁。出租人在租赁期满时只能部分收回投资，属于不完全支付的飞机融资形式。

融资租赁和经营租赁的相同点：第一，在法律上同受我国《合同法》第十四章融资租赁中相应条款约束；第二，操作原理和本质类似；第三，税务部门的定义相同。但在监管、财税政策、国家统计口径等方面二者不大相同。表4-1列示了飞机融资租赁和经营租赁的区别。

表4-1 融资租赁与经营租赁的区别

	融资租赁	经营租赁
租金依据	占用资金的成本及时间	飞机等使用时间
租赁的目的	承租人获得飞机	承租人短期使用飞机
物件的选择	承租人自由选择	出租人购买，承租人选择使用
租赁合同期限	中长期	一般是短期使用
标的物管理责任	承租人（客户）	出租人
保险购买	按约定购买	出租人购买
中途解约	不可以	可以
合同期满的处理	留购	归还出租人

2. 直接租赁、杠杆租赁、回租租赁和转租赁

从交易的程度可以分为直接租赁、杠杆租赁、回租租赁和转租赁等。

直接租赁是指由出租人独自承担购买飞机等设备全部资金，获得所有权后出租给航空公司并收取租金的租赁行为，即"购进租出"。由于出租人承担了所有的飞机购买资金，对出租人的资金实力要求很高。经济发达国家的一些租赁公司会采用直接租赁的做法。

杠杆租赁又称衡平租赁，是融资性租赁的一种方式，也是减税租赁的一种形式。在杠杆租赁中，出租人投资飞机等资产总购买价20%—40%的资金，其余大部分资金以出租人的名义向银行借贷，购买飞机并出租给承租人使用。出租人必须以飞机作抵押并将有关权益转让给贷款人。在飞机租赁中，由于飞机价值高昂，杠杆租赁使用非常广泛。

回租租赁是指承租人将拥有的飞机资产的所有权按市场价格卖给出租人，然后又以租赁的方式租回飞机的一种租赁方式。回租租赁的优点在于使承租人迅速回笼资金，加速资金周转，同时在租赁期满后还可以根据需要决定续租还是停租，提高承租人对市场的应变能力。在回租租赁中一般以二手飞机为主要标的资产。

转租赁是转租人从其他出租人处租入飞机再转租给第三人，转租人以收取租金差为目

的。飞机的所有权归第一出租人。转租赁的主要目的，一是为了从其他租赁公司手中获得租金融通，从而扩大自己的租赁业务；二是为了利用各国间关于飞机租赁的税务规定的差别以获得更多的税收优惠。

3. 干租、湿租和潮租

对于飞机租赁而言，干租是指由出租人向承租人仅仅提供飞机而不提供机组等其他服务的租赁。干租相对湿租而言，交易流程简单，标的资产单一，不包括机组、飞机维护和飞机保险等内容，因而在飞机租赁业务中非常常见。

湿租是指由出租人向承租人提供飞机资产的同时至少提供一个飞机机组等其他服务的租赁。这种模式于1947年最早出现在美国，当时美国航空租赁公司首次采用湿租的方式租赁了一架 DC－3 型飞机，而在我国1992年新疆航空公司也首次从乌兹别克斯坦塔什干航空公司以湿租的方式租赁了两架伊尔86飞机。在国际上，湿租又被称为 ACMI（Air-craft, Crew, Maintenance and Insurance），即飞机、机组、维修和保险的全称。湿租对于承租人而言减轻了飞机机组和维修及保险等庞大的支出和繁杂的事务安排，可以将精力集中在客源安排、班次竞争和航线运营上，提高了承租人经营的效率。

除此之外，还有称为潮租（半干租）的方式，即介于干租和湿租之间的一种租赁方式，出租人和承租人共同承担飞机的运营服务，相对而言租赁合同安排更加灵活实用。

三、飞机租赁的特征

1. 高技术性、高复杂性和高价值性

飞机本身技术复杂，制造工艺精度高，已经成为一国工业发展水平的代表。目前，全球飞机制造市场上主要的飞机制造商仅有两家，分别是美国的波音公司和欧洲的空中客车公司，而我国的中国商用飞机有限责任公司成立较晚，旗下的大飞机"C919"虽已经在2017年5月实现了首飞，但是在国际市场上形成与波音和空客的三足鼎立局面尚待时日。同时，波音的主流机型737－800和空客的主流机型A320的价格均在1亿美元左右，价值高昂，不借助租赁公司，航空公司难以实现机队规模的快速增长。

2. 所有权与使用权分离

在租赁合同期限内，航空租赁物的所有权属于出租人，承租人在合同期内交付租金，只能取得对租赁物的使用权。对于不同的租赁类型，在租赁到期后所有权的转移也有所不同，对于融资租赁而言，到期后飞机的所有权归承租方所有，而对于经营租赁而言，到期后的飞机所有权一般不转移至承租方。

3. 交易复杂，产业一体化特征明显

飞机租赁交易复杂，涉及的交易主体多，通常还会涉及跨境交易。飞机租赁既是对金融活动的创新，也是对商品贸易和服务贸易的创新。出租人提供的包括金融融资、贸易以及围绕飞机运营的各项服务，不再是纯粹的租借行为，而是形成了一个庞大的飞机租赁产业。

4. 产业发展环境要求高

由于飞机租赁业务环节较多，需要各项法律法规来规范涉及的各类主体行为，同时也需要国内外会计准则界定统一的规则和信息披露方法，另外，国家的税收优惠政策和适度的监管制度支持，对于飞机租赁业的发展也至关重要。

5. 对区域经济带动作用强

飞机租赁能够有力地促进飞机销售，并拉动相关投资，同时利用税收优惠、投资减税，促进金融业、物流业、会展业、旅游业和服务业的开展，并带动所依托的航空港基础设施建设和房地产的长期繁荣。因而，飞机租赁业可以成为区域经济发展的重要产业。

第二节 飞机租赁的主要模式、流程及风险

一、经营租赁

（一）主要模式

1. 直接租赁

直接租赁是当前国际和国内主流的飞机租赁公司最主要的业务模式。在这种模式下，飞机租赁公司先与飞机制造公司批量签订飞机购机合同，支付定金及预付款，然后在飞机正式交付前寻找承租人，并在交付前签订租赁合同，在新飞机交付时直接把飞机租赁给承租人使用。这种模式下，对飞机租赁公司的经营能力、谈判能力、订单管理能力和市场开拓能力的要求较高，但是却可以获得飞机采购价格的大幅优惠，在可接受的租金水平不变的情况下，提高项目的收益率。同时飞机租赁也加强了飞机租赁公司与飞机制造商的关系，提高了合作的空间，使得飞机制造商可以提供业务培训、飞机维修支援保障和后期飞机处置等方面的增值服务。据《航空运输世界》杂志统计，2018 年飞机租赁公司订购了波音和空客的大部分订单，而不是航空公司，其中波音大约有 60% 的新飞机被飞机租赁公司订购，而空客也大约有 50% 的飞机订单来自飞机租赁公司。

直接租赁的特征是：第一，合同条款清晰，便于实施。由于租赁双方直接进行协商签订合同，因此对各个参与方及所涉及的租赁设备的规格等内容清楚具体。第二，资金流动速度较快，有利于提高投资效益。出租方在购进设备后立即出租给承租人，中间没有时间间隔，可以有效提高资金流动速度，增加投资效益。第三，需要借助发达的资本市场。由于直接租赁的重要环节是融资，而且是大额融资，因此需要借助发达的资本市场。第四，对企业的资金实力要求很高。飞机价格昂贵，对于租赁公司来说，直接购买一定数量的飞机需要大量资金支持。

如图 4-1 所示为直接租赁的交易流程图。

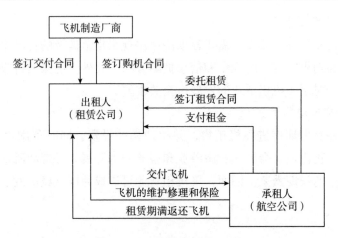

图 4 - 1　直接租赁交易流程

2. 售后回租

售后回租指的是航空公司将自身已运营的飞机出售给飞机租赁公司，获得灵活运用的资金，然后再将此飞机租回使用，同时将租金支付给飞机租赁公司，到期后航空公司将飞机返还给租赁公司继续持有。这种模式下航空公司可以提前盘活飞机占用的大量资金，改善财务状况，降低运营的成本，同时租赁公司也可以充分利用资金优势，获得租金回报。

售后回租的特征是：第一，具有节税功能。根据《国家税务总局关于融资性售后回租业务中承租方出售资产行为有关税收问题的公告》（国家税务总局公告 2010 年第 13 号）第一条规定，显示承租方出售资产获得的收入不在增值税和营业税征收范围，不征收增值税和营业税。第二，使用条件受限。承租人需要先购买设备再进行回租，在一定程度上抑制了客户的租赁需求。基于售后回租具有节税功能，可以有效避免增值税问题，同时又能有效解决企业融资问题，因而，在我国售后回租十分普遍。

图 4 - 2 显示了售后回租的流程。

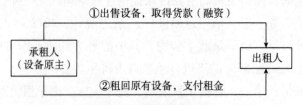

图 4 - 2　售后回租流程

3. 保税租赁

保税租赁是近年来随着我国保税港区不断设立而出现的一种新型租赁模式。通过此模式，飞机租赁公司可以在保税区内设立"特殊目的企业"（SPV）而享受到税收优惠、海关通关便利，从而大幅降低租赁的成本。截至 2019 年底，我国有 14 个保税港区，其中天津东疆保税区、浙江宁波梅山保税港区、北京天竺综合保税区、上海洋山港保税港区等已经在开展租赁业务。此外，2013 年经国务院批复的郑州航空港经济综合实验区也积极探索保税租赁业务，更加有利于我国飞机租赁相关产业的发展。

该模式最主要的创新在于飞机租赁公司在保税区内成立"特殊目的企业"，利用政府给予保税港区的税收优惠权利，制定相关的优惠税收政策，减轻飞机租赁公司的融资压力和税负压力。SPV 是由租赁公司出资设立的企业，其控制权属于租赁公司，设立目的在于开展特定的飞机租赁项目，其经营活动范围仅限于标的飞机。设立 SPV 的好处在于：第一，风险隔离。在制定特殊目的公司章程时，公司会严格限制其经营范围，即只限于标的飞机租赁业务，除标的飞机租赁外不允许开展其他商业经营性活动或办理其他租赁业务。也就是说，SPV 飞机租赁模式给特殊目的公司铸造了一道坚固的防火墙。一方面，融资租赁母公司经营不善引起的财务风险不会涉及单架飞机租赁项目，从而为该项目的顺利运行提供保障。另一方面，如果单架飞机租赁项目出现风险，不会影响到融资租赁母公司的正常运营，从而融资租赁母公司的破产风险得到了极大程度的降低。第二，降低企业税负。传统飞机租赁业务中，飞机租赁公司作为出租方会面临巨大的税收压力，而大多数租赁公司一般依靠提高租金的方式将这些压力转移给承租人。但在 SPV 飞机租赁模式下，航空公司能够分期缴纳增值税和关税，从而缓解了航空公司一次性支出大量资金的压力。此外，SPV 还可以享受税收的即征即退政策，该政策主要针对出租方增值税实际税负 3% 以外的部分，再次减轻了承租人的税收压力。据估算，通过保税租赁模式，一架飞机每年最少节约成本 100 万元。第三，降低融资难度。SPV 资产结构清晰，公司性质简单，只针对项目本身进行融资，隔离了所有项目自身以外的债权关系。如果不采用 SPV 模式进行飞机租赁，飞机租赁公司所有负债和业务都是相互关联的，提供融资的银行会对整个租赁公司的财务状况进行评估，可能会增加融资获得的难度。

在保税租赁模式中，飞机供应商通常是国外的飞机制造公司，出租人是国内的飞机租赁公司，名义出租人是租赁公司在保税区设立的 SPV。图 4-3 显示了保税租赁业务的流程。具体而言，保税租赁模式的运作流程为：①租赁公司（出租人）在保税区设立 SPV（名义出租人）。②由保税区 SPV（名义出租人）向银行或其他金融机构进行项目筹资。③航空公司（承租人）向保税区 SPV（名义出租人）转让飞机购机权，并通知飞机供应商。飞机供应商和保税区 SPV（名义出租人）签订飞机购买合同。根据飞机租赁项目的情况，由项目参与方共同商定是否开设三方共管账户。④保税区 SPV（名义出租人）和航空公司（承租人）签订租赁合同。若项目设有担保方，则航空公司（承租人）和保税区 SPV（名义出租人）需要与项目担保方一起签订保证合同或者其他相关合同。⑤保税区 SPV（名义出租人）根据购机权转让合同和购货合同中的具体要求，将飞机全部的购买价款采取分次支付或一次性支付的方式汇至三方共管账户或者合同中规定的其他账户。⑥支付飞机全部的购买价款后，保税区 SPV（名义出租人）负责飞机的交付与接收，或者签署委托授权书，将飞机交付和接收的权利转让给航空公司（承租人），后续的飞机交付与接收工作应由航空公司（承租人）负责。⑦根据航空公司（承租人）与保税区 SPV（名义出租人）确认飞机租赁交易的具体时间及实际情况，如果航空公司（承租人）在接收飞机前已经向飞机供应商支付了飞机的部分或者全部预付款，飞机供应商应将这笔预付款退还给航空公司（承租人）。然后，飞机供应商将飞机和飞机产权登记证书、飞机交付证书等相关文件一起交付给航空公司（承租人）或保税区 SPV（名义出租人）。⑧租赁合同规定的时间内，航空公司（承租人）完成租金和其他应付款项的支付。

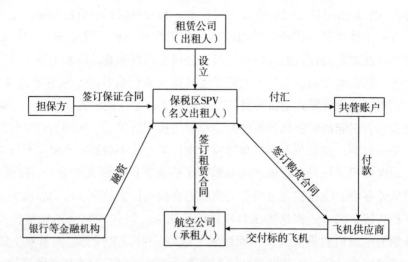

图 4－3　保税租赁的运作流程

（二）主要阶段

通过对上述不同经营租赁模式的主要交易特点和具体流程的分析，可以看到不同模式都有其优劣势。以当前我国普遍使用的保税租赁模式为例，将保税租赁的主要阶段进行进一步总结，分为如下的五个阶段：

第一阶段：交易准备阶段。此阶段主要分为承租方拟定引进飞机方案、签订经营租赁意向书和设立注册 SPV 三个具体的流程。首先承租方拟定引进飞机的型号和具体的方式，并且确定以经营租赁的方式来引进。在此基础上，航空公司和飞机租赁公司之间进行经营租赁意向书的谈判，这是确定后续经营租赁合同的基础。表 4－2 展示了一般的飞机租赁意向书的模板（以 B737－800 为例）。最后，飞机租赁公司专门成立 SPV 公司，并在保税港区进行注册，为后续的融资、购机和租赁业务奠定基础。

表 4－2　飞机租赁意向书模板

租赁物	飞机型号：B737－800 最大起飞重量：79016 公斤 发动机型号：CFM56－7B27 发动机推力：27300 磅
出租人	飞机租赁有限公司设立的 SPV 项目公司
承租人	航空公司
购买价格	（＄100000000）美元
飞机交付时间	2019 年 8 月 18 日
飞机交付地点	美国西雅图
交付状态	全新的飞机，包括所有 BFE、SFE 设备，如同承租人与生产厂商签署的《购机协议》中描述

续表

租赁期限	为（10）年，自租赁物交付之日起算
租金	按每月等额先付的方式，每架飞机每月租金为（＄400000）美元，此项租金是净租金，承租人不应因为任何税费的存在而对租金有所扣减
租赁保证金	租赁开始日，承租人向出租人支付（＄1200000）美元款项作为租赁保证金；租赁期内，出租人有权自由支配此款项；保证金及租赁期间利息将在租赁期满，并且不存在违约事实时由出租人返还给承租人
飞机维修	租赁期间，飞机由承租人按照经过国家民航当局批准的维修大纲进行，并支付所有因此产生的费用，确保飞机在租赁期得到良好的维修与保养；退租时退租检查须在取得 FAA 或 EASA 认证的维修机构或厂商完成
记录	租赁期间，所有飞机使用记录须保存良好且完整，飞机的维修记录需采用中文或英文的，具体清单将在合同中详细列明
保险	租赁期间，承租人负责购买飞机的一切保险，包括机身险、战争险及第三者责任险，其中飞机机身险首次投保金额不低于（＄80000000）美元，以后每年按（2%）递减，机身险的保险优先受益人指定为出租人
权利登记	租赁期间承租人有义务将飞机产权登记为出租人所有，并且在出租人要求的情况下协助出租人办理飞机的抵押登记
飞机的返还	租赁期满且不存在违约的情况下，由出租人收回飞机，具体飞机返还地点由双方另行协商，飞机返还状态要求如下： 1. 布局：如同交付时或出租人合理要求的结构或布局； 2. 除了正常航线使用的损耗外，飞机返还时须是适航的（符合型号设计标准）、处于良好状态、可随时用于商业飞行，飞机上所有的设备、部件、性能的使用符合设计使用方式，并处于相关制造商、民航当局和 FAA/EASA 许可的限制内； 3. 所有在飞机返还前公布的和要求实施的适航指令或要求在飞机返还后 3 个月内实施的须由承租人负责执行完毕； 4. 机身：飞机返还前应完成全面彻底的连线的 C 级检查，或相当于重大结构检修，包括所有低级别的检查，返还时飞机应处于零使用小时，并且确保返还后（3）个月内不需要再进行类似检查工作，承租人将还将对飞机进行称重； 5. 每一台发动机自上一次返厂检修、重装其核心部件后，使用不超过其最低 LLP 的（1）%的循环数； 6. 每一个有日历寿命限制的部件在飞机返还时须保持至少（6）个月可用寿命； 7. 主起落架和前起落架及其相关作动筒、侧支柱及部件到下一次大修或拆换前至少有（1）年； 8. 起落架轮胎及刹车：距下一次大修不少于（50%）的剩余寿命； 9. 辅助动力装置 APU：距上一次翻修不多于（100）APU 小时； 10. 所有的飞机及发动机部件在返还时其使用小时数与循环数不应超过机身的（1%），并且作为一个整体，其所有部件的平均使用时间不应超过机身的使用时间； 11. 返还飞机时每一个更换的硬时件须具备 FAA/EASA 的可用证明（适航挂签），除硬时件外的其余部件应至少具备 CAAC 的适航挂签； 12. 外观：按出租人要求进行喷漆，但不能超过三种颜色

续表

适航指令的成本分担	租赁期间承租人应向出租人通报对本租赁项下飞机适用的任何适航指令，对于任何超过（1000）美元的适航指令（适航改装），由承租人与出租人共同承担，低于此标准的由承租人承担
适用法律	中国法律
违约	当出现合同项违约时，出租人有权单方终止租赁协议，重新占有飞机
生效条件	本意向书自双方代表签署之日起生效

第二阶段：合同签订阶段。此阶段是整个飞机交易流程的关键阶段。在飞机租赁交易中融资合同、租赁合同和购机合同是必备的三大合同，分别对应飞机融资、飞机租赁和飞机购买三个重要的环节。在此阶段中重点是不同合同的谈判以及合同中具体对应的条款。一般来说购机的融资来源包括银行贷款、发行债券、租赁资产转让、租赁资产证券化、股权融资等。需要注意的是，最关键的租赁合同中需要包括抵押保证金/担保费、租金、维修储备金、修理规范、维修记录、寿命限制件的可追溯性和开普敦公约等七个关键要素。在购机合同中一般包括飞机订单数量、飞机型号、基础价格、交付日期等，其中最关键的是交易标的飞机的价格。

第三阶段：飞机交付阶段。在此阶段主要涉及飞机验收、飞机交付和飞机通关三个具体的步骤，分别对应飞机验收、交付给飞机租赁公司以及进入保税港区海关三个环节。在飞机验收中包括飞机的物理验收、文件验收和试飞环节。在飞机交付环节包括技术交付和权益交付。在飞机通关环节主要是各种税费的缴纳。一般需要飞机物理验收、文件验收以及试飞等环节全部通过了才能通过验收，也才能获得民航管理当局颁发的相关许可证书。在飞机通关时，按照我国规定，承租方在 SPV 所在地海关实际通关，办理完成引进手续后，即可获准在国内进行运营。在飞机飞抵保税区机场前，需提交预审单据、舱单传输、进关备案，入关时要缴纳各种税费。

第四阶段：租赁飞机运营阶段。此阶段主要是飞机在租赁运营过程中日常需要进行的租金支付、税收和保险缴纳、维修储备金交纳与使用以及飞机资产价值管理等。维修储备金就是承租人对飞机及其部件修理而向出租人提前作出的支付，即维修储备金就是承租人为了已发生或即将发生的维修费用向出租人支付的费用。由于经营租赁和飞机维修的特殊性，航空公司租赁飞机需按月/季/年支付给租赁公司维修储备金，待维修时再由租赁公司支付给维修厂商。维修储备金率的预计取决于出租方和承租方的谈判结果。租赁合同通常规定维修储备金使用的维修内容，还规定什么情况下承租人可以取回维修储备金的数量。如承租人按既定要求对飞机进行了维修，就可以索要回相应的部分维修储备金。

第五阶段：飞机退租阶段。此阶段可以细分为退租初始阶段、运营（退租前）阶段和到期退租阶段，如表4-3所示。退租过程是飞机租赁全寿命周期的最后一步，出租方在飞机退租前已开始后续市场营销工作。因此，在退租日期按时退租对于出租方十分重要，租赁协议中也包含了延期退租的罚金和其他保护机制。一般情况下，退租最少需要三个月的时间，所以，承租方对于退租过程须充分准备，避免不必要的延期。退租条件，就其属性来说，来源于交付条件，但退租条件完全不同于交付条件。在租赁合同谈判期间双方已经尽可能将退租条件和交付条件进行对比匹配。实施飞机退租所需要的时间和精力，很大程度上取决于租赁开始时承租方对于租约中要求的落实情况。飞机租赁公司在退租的过程中要与承租方多沟通。到期后，航空公司可续租、退租或者留购。一般情况下，租赁到期航空公司会选择退租。

表 4-3　退租的时间进度表

退租过程	退租前月数													退租日
	24	15	12	10	9	8	7	6	5	4	3	2	1	
初始阶段	■													
租赁期末确认，航空公司内部评估	■													
运营（退租前）阶段		■												
退租条件的详细分析		■												
选择维修机构		■	■											
与出租方的初步会议			■											
承租方发布退租项目计划					■	■								
客舱与货仓空间检查					■									
飞机记录的准备				■	■									
承租方定义退租检工作范围								■						
初步的发动机和辅助动力装置（如适用）孔探检查								■						
最终检查组包范围确定									■					
与维修机构的前置会议									■					
退租阶段										■				
记录准备										■				
接收维修机构的维修计划										■				
出租方完成历史记录评审										■	■			
发动机试车											■			
接收/验证飞行												■		
发动机/辅助动力装置的孔探检查												■		
最终不符合项清单												■	■	
商务合同													■	
飞机返还														■

（三）主要风险

由于经营租赁的特性，出租人购买飞机租赁给承租人，租赁合同到期后还要接收承租人退租的飞机，因而在经营租赁中相对而言出租人承担的风险较大，主要表现在：

第一，重置价值风险。这也是飞机价值管理的核心。实际上，这属于资产风险的范畴。一般是由于出租人没有科学客观地评估飞机价值，导致出现较大的价值偏差，也可能是由于在飞机运营的过程中出租人缺乏对飞机资产价值的有效持续评估，并及时采取价值补偿。第二，在防范资产风险的同时，也要防范信用风险。出租人需要对航空公司有一套完整的风险考量体系，要对其财务状况、市场占有率、业务模式和发展计划进行评估，以此防范航空公司收入骤降导致无力支付租金，从而造成潜在的信用风险。第三，承租人终止合约时的飞机残值风险。飞机残值是指租赁合同到期时飞机的价值。由于经营租赁合同到期时，承租人要按照合同约定将飞机退回给出租人，如果在飞机租赁期间出租人缺乏对承租人关于飞机维护和保养的监督，则有可能交付时飞机价值损耗较大，此时出租人将可能遭受较大的残值风险。特别是，由于经营租赁允许承租人随时撤销租赁合同，当合同被承租人中途终止时飞机残值风险将会更大。因此，出租人必须在租期内对飞机的技术状况进行长期持续的跟踪监督。如果在退租阶段才发现问题，最终会给退租交付带来巨大的成本和时间代价。为保持飞机资产价值，租约一般都包含抵押保证金的支付、维修储备金的收缴、维修规范、记录保持标准、寿命限制件的初始追溯性、有关飞机使用和运营限制条款、满足相关适航管理的要求，以及违约情况下债权人保护和有利于飞机资产取回的机制（开普敦公约）等，还有飞机的日常精细化管理。实际上，这些均属于飞机资产价值管理的内容，而这些对出租方和承租方都是有利的。关于飞机资产价值管理，日常的精细化管理措施主要有日常记录文件管理和减推力的使用。关于日常记录文件管理，在租约中已经要求承租方每月向出租方提交一次上个月飞机的飞行小时、飞行循环、飞行日历，以及发生的所有大修、小修的相关记录文件，以使出租方及时掌握飞机的状态。此外出租方还要定期到承租方进行现场检查。

二、融资租赁

（一）主要模式

融资租赁具有融物和融资相一体的重要特征，实际上是承租人为购买飞机而进行的分期支付租金的一种金融活动。在租赁期间，所有的飞机保养、维修等费用都有承租方承担，也享有由此带来的所有收益，因而租赁的期限较长，一般与飞机的寿命相匹配，租赁结束时承租人购买飞机的残值，获得飞机的所有权。而对于出租人而言，如何能够低成本地筹资以节省购机成本是首要考虑的问题，那么，在融资租赁中以节税和降低成本为主的杠杆租赁就成为了最基本的租赁模式。

杠杆租赁又称衡平租赁或者减租租赁，适用于飞机等大型设备的租赁，是国际租赁的主要模式。承租人通过租赁进口和使用国外飞机。杠杆租赁是由出租人筹集资金购买飞机，然后出租给承租人。购买飞机的资金由两部分构成，出租人出资提供20%—40%的资金，同时由银行或者财团提供 60%—80% 的资金。杠杆租赁的特征是：第一，参与者较多，合同的订立较为复杂。参与者有出租人、多家银行组成的贷款人、承租人、飞机制造商等。参与者身份的多样化也使得合同的订立较普通融资租赁复杂。第二，实现共赢。出租方可充分享受政府向其提供的减税优惠及信贷刺激，然后将得到的优惠一部分转移给承租方，使得承租方能以比较优惠的条件租入设备，同时将另一部分收益转移给提供贷款的银行，最终实现出租人、承租人、贷款人之间的共赢。

在杠杆租赁中，有美国杠杆租赁、日本杠杆租赁和法国杠杆租赁，其中法国杠杆租赁是比较主流的飞机融资租赁方式。法国杠杆租赁之所以较为流行，主要是因为我国与法国签订了避免双重征税的协定，同时国内航空公司还可以享有法国的相关税收优惠，弥补了我国相关税收优惠政策不足及优惠力度不大等缺点。因而，下面主要集中探讨法国杠杆租赁。法国杠杆租赁的特点是：第一，出租人注册地在法国，也就是租赁公司及其设立的特殊目的公司的注册地在法国；第二，一级贷款人必须是欧洲银行，境内银行只能以二级参与人的身份与一级贷款人签订次级参与协议认购贷款份额；第三，租赁期满承租人有购买的权利。

法国杠杆租赁的模式结构更为简单，而且租金更低，租赁的各个参与者都能从中获得更多优惠。这些优惠体现在：第一，法国税务当局规定法国的银行作为投资人购买飞机可以享受飞机资产折旧的税前扣除，并可以获得免税或者减免税收的优惠；第二，法国税法规定飞机资产的直线折旧率为 12.5%，且经营亏损后可以结转 5 年，由此导致的亏损甚至可以无限期结转，从而获得延迟纳税的好处；第三，法国税法允许 SPV 公司和法资银行出资方可以合并纳税，由于一般 SPV 公司在运营初期均为亏损，这样就会获得税收筹划的好处；第四，法国杠杆租赁对飞机期末残值的要求不高，承租人在期末只需支付极低的价格就可以获得飞机所有权，这可以大大减轻承租人在租赁期末的资金压力。法国杠杆租赁的缺点是容易受到法国政府税法变动的影响，承租人一般情况下不得提前还款进行再融资。

图 4-4 显示了法国杠杆租赁的基本交易图。

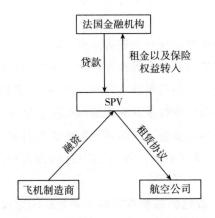

图 4-4　法国杠杆租赁的基本交易图

（二）基本流程

根据实践中融资租赁的操作方式，可以将飞机融资租赁的工作流程分为三个阶段，即租赁准备阶段、租赁实施阶段与合同执行阶段。具体而言分以下八个步骤：

第一步，申请飞机引进（购机）批文。航空公司根据自身战略发展的需要和市场需求，确定飞机的需求后，向中国民航局提出引进飞机的申请，由民航局经过审查后批准。如获同意，民航局将出具飞机引进批文或飞机引进备案证明等。

第二步，申请外债批文。航空公司需要根据资金市场情况和自身融资需要，向国家发改委申请飞机引进的外债批文，获得境外融资租赁或境外银行直接贷款的额度。由于发改委的审批需要较长时间，且最终批复存在不确定性，航空公司为了避免在与境外金融机构签订融资合同后由于没有外债批文而无法履行合同的情况发生，一般需要在飞机交付前一年半就着手外债批文的申请。

第三步，签署飞机购买合同。在得到国家发改委和民航局关于同意引进飞机的批复后，航空公司可以与飞机制造商签订飞机购买合同。合同签署后，航空公司就可以开始融资招标工作。

第四步，融资租赁招标。融资租赁是航空公司除贷款以外的一项重要融资手段，融资租赁的种类包括出口信贷融资租赁、税务融资租赁、商业融资租赁等。不管是哪种形式，航空公司都需要准备项目招标书和项目可行性研究报告，论证项目的可行性，并向潜在的融资方提出对于融资的基本要求。在选定融资方并就租赁期、租赁成本、付租方式、租赁尾款以及相关费用问题达成一致后，双方签署融资租赁意向书，约定融资租赁的主要商务条件。承租人需注意约定交易完成时限，以对融资方有一定的约束，避免交易完成时间拖沓，难以控制。

第五步，融资方案评估。航空公司根据各银行、投资人和租赁公司提供的融资建议书，将各个主要条款列出并作逐一比较，对各个建议书进行全面评估，评估内容包括融资成本、结构与潜在风险、融资期限、货币和汇率风险以及报价方资信等。如果标的物金额较大或飞机架数较多，需要经过两三轮评估，逐步缩小考虑的范围，并一一与报价方谈判，选出一个经济、安全、可靠的方案，并签订融资意向书。该项工作一般应在飞机交付前半年左右完成。

第六步，融资租赁合同谈判。在双方签署融资租赁项目意向书后，即进入合同谈判阶段，约定交易的细节。航空公司一般会聘请在国际上有影响力并具有飞机租赁经验的律师事务所，一同审阅出租方起草的融资租赁文件并与融资方/投资方进行谈判。融资租赁文件的审阅应是全面的，避免由于少数条款的疏漏而给航空公司带来不必要的或没有预测到的风险和损失。谈判一般要经过多轮，前期可通过电子邮件和电话会议等方式进行谈判，当各方立场已较接近或时间较紧迫时，各方还需进行面对面的谈判来解决尚存的关键问题。

融资租赁合同谈判中一般包括的基本内容主要有：①定义交易各方，通常包括出租人、承租人、贷款人等；②定义租赁物件，即飞机的规格、价格和交付时间等；③约定提款安排；④约定租赁期限；⑤约定租赁利率；⑥约定租金支付方式；⑦约定租赁担保事项；⑧约定租赁尾款及租赁方式；⑨约定保险事项；⑩约定交易费用的承担；⑪约定飞机的注册、运营、维修等事项；⑫约定协议终止事件、税务承担、管辖法律以及其他事项。

第七步，签署融资合同。在解决了所有问题、确定合同文本的结构和内容后，各方正式签订与融资租赁有关的合同。飞机融资租赁交易的主要文件通常包括租赁合同、贷款合同、购买转让合同、保险转让合同、利率选择和互换合同、飞机保修转让合同、飞机抵押合同、权益转让合同、账户质押合同及股权质押合同，等等。根据融资租赁的方式和结构不同，可能还会有其他一些文件需要签署。

第八步，飞机交付。在签署租赁合同后，如果出租方为境外公司，承租方需到当地外汇管理部门进行外债登记和提款登记手续，取得外债登记证。在预计交机前数个工作日，航空公司须根据合同约定向出租人发出飞机交付日期的通知；出租人随即向融资方和投资人发出提款通知，约定提款的金额和时间；融资方和投资人依据提款通知中的时间和金额，提供资金给出租人。在飞机计划交付日期前一周，承租方派人员到飞机交付地点对飞机进行技术检查，包括文件验收和试飞等，技术验收完成后，承租方通知出租方将飞机款支付给飞机制造商以及各方律师，航空公司确认飞机达到可交付状态，飞机制造商收到全款后将飞机交付给出租方，出租方随即交付给承租方，由承租方派机组调机。

（三）主要风险

在融资租赁中，出租人作为提供资金的一方，为购买承租人指定的飞机需要支付金额巨大的资金，且融资的期限一般较长，因而对于出租人来说，其最大的风险在于是否能够在租赁期内按时收回租金。而这又与承租人密切相关，作为承租人的航空公司在租赁期间可能面临各种影响租金按时支付的风险。除去不可抗力的政治风险、自然风险以外，其他风险主要表现在：第一，经营风险。主要是指航空公司在租赁期间内因经营不善造成收入下降而无力支付租金的风险。可能导致经营不善的情况有飞机燃料油价格的大幅上涨、客货运市场的竞争加剧造成的客户流失、飞机技术改造和升级等造成的成本大幅增加等。第二，技术风险。此风险主要来源于飞机选型时的失误造成飞机机型落后，难以满足租赁期内客户需求，从而造成飞机失去经济价值。第三，金融市场风险，具体包括利率风险和汇率风险。由于融资租赁的合同期限较长，难以预测和估计利率波动的趋势，利率上升可能造成承租人需支付的租金上升。同时，融资租赁中往往采取杠杆租赁方式，涉及国外金融机构，租金的支付需要转换成外币，这使得汇率的波动影响承租人租金的支付水平。第四，税务风险。在融资租赁中采取的杠杆租赁往往要利用所在国的税务优惠条件，由于租赁期间较长，一旦发生税务优惠取消等情况，则有可能造成承租人多支付租金或者难以享受到原有的税收优惠。

第三节 国内外飞机租赁发展历程与现状分析

一、我国飞机租赁业发展的历程与现状

（一）我国飞机租赁业发展的历程

伴随民航事业的快速发展，我国飞机租赁业从无到有，从单一业务到多样化，对航空产业尤其是民航业的发展起到了积极的作用。1980年初，经中国国际信托投资公司推荐，民航总局（民航局前身）与美国汉诺威尔制造租赁公司和英国劳埃德银行美国分行合作，首次采用杠杆租赁方式从美国引进一架波音747SP飞机，标志着中国航空租赁业务的开始。

中国民航局数据显示，中国航空公司的飞机在1998年以前主要是通过直接购买的方式取得，航空公司自行向银行申请贷款购买飞机并自己拥有飞机的所有权。金融租赁业作为支撑航空公司机队规模发展的主要工具和载体并没有发挥应有的作用，这与当时我国金融租赁公司发展相对滞后有关。20世纪90年代，我国的金融租赁公司经营相对混乱，租赁公司的业务比较分散，航空公司很难借助租赁公司获得飞机，不得不利用自主资金购买飞机。金融租赁的行业整体负债率较高，系统风险很大，银行业资金在监管部门的压力下退出了金融租赁行业，这使得整个金融租赁行业一度到了崩溃的边缘，全国金融租赁业务几乎停顿。直到1999年深圳金融租赁公司成功重组，为金融租赁公司发展提供了契机和改革样板。2000年中国人民银行出台了《金融租赁公司管理办法》，对金融租赁业进行政策支持，并强调只有人民银行审批的融资性租赁公司才可以冠以"金融"头衔，对我国金融租赁业进行特许经营，设置了较高的进入门槛，强调了金融租赁公司的稳健性经营，从此我国的金融租赁业开始逐渐恢复元气，但是由于没有银行业等大规模资本的进入，我国金融租赁业发展始终处在停滞状态。

直到2004年《融资租赁法》准备工作引起了整个社会对租赁行业的关注，金融租赁业务开始缓慢复苏。以2007年银监会颁布《金融租赁公司管理办法》为标志，我国金融租赁业开始步入高速发展期，银行业资本开始大规模进入租赁行业，银行系金融租赁公司开始成为我国租赁市场的生力军。同时大型民用飞机的研制被正式列为国家战略。伴随着银行系金融租赁公司的不断壮大，航空金融租赁业务也开始快速发展。尤其在2004年以后，飞机租赁在我国航空公司机队规模中所占比重不断提高。2011年，我国航空公司飞机中的约70%为租赁形式取得，经营租赁和金融租赁各占35%左右。飞机租赁是各国航空公司更新和扩充机队的基本手段之一，也成为我国航空公司机队规模扩大和市场占有率提高的捷径。2009年12月1日，工银金融租赁有限公司在东疆保税区完成了国内SPV融资租赁的第一笔业务，打破了国际飞机融资租赁企业对国内飞机租赁业的长期垄断。自此

保税租赁模式开始快速普及，最终形成了中国航空租赁的"东疆模式"。2013 年，国务院出台了《关于加快飞机租赁业务发展的意见》，指出飞机租赁对国家航空经济的发展有巨大的推进作用，同时也对飞机租赁业提出了"三步走战略"：第一阶段是在 2015 年前，加快建成有利于国内飞机租赁业发展的政策环境；第二阶段是 2015—2020 年，在保持国内市场的同时去开拓国际市场；第三阶段是 2020—2030 年，打造具有国际竞争力的飞机租赁产业集群。截至 2015 年 6 月，中国民航运输类飞机约有 2528 架，资产规模超过 1250 亿美元，同比增长超过 15%。其中，以租赁方式引进的飞机约占 2/3，资产规模超过 800 亿美元，同比增长超过 20%[①]。另据《2018—2022 年中国航空租赁市场可行性研究报告》显示，我国航空运输产业快速发展，旅客运输量快速提升，拥有飞机数量持续增长。截至 2017 年底，我国航空租赁行业机队规模达到了 3320 架以上，其中，民航租赁机队占比为 72%，是航空租赁市场的主流市场，直升机租赁机队和公务机租赁机队占比分别为 20% 和 8%。而根据波音公司公布的《当前市场展望 2016—2036》中预测，中国在未来 20 年内将成为世界上最大的国内旅游航空市场，在 2036 年，中国拥有的飞机架数总规模可能达到 8150 架，占全球的 17%。

(二) 我国飞机租赁业的现状

1. 我国飞机租赁行业处在快速发展阶段

中国的航空租赁业历经近 20 年，从艰难起步到目前已迈入快速发展阶段。20 世纪 80 年代，国家开发银行就控股成立了国银金融租赁公司，但是直到 2000 年，深圳金融租赁有限公司（国家开发银行旗下国银金融租赁有限公司前身）才涉足飞机租赁业务，成为首家开展航空租赁的本土租赁公司，我国航空金融租赁业才开始起步。然而此后由于政策、资金等诸多限制，飞机租赁业务陷入停滞。随着 2007 年《金融租赁公司管理办法》出台，银行资本大量进入租赁业，大量银行系金融租赁公司成立，我国航空租赁业才迎来了发展新时期。表 4 - 4 显示了我国从事航空租赁业务的主要租赁公司。相比以 GECAS (General Electric Capital Aviation Service)、ILFC（国际租赁金融公司）为代表的国外航空租赁公司，2013 年之前我国从事航空金融租赁的租赁公司从业时间较短，资金实力较弱，拥有的飞机数量较少，存在较大的差距。更重要的是，国外的航空金融租赁行业面临较为宽松的市场环境，法律法规比较健全，税负相对较低，行业政策环境比我国更加有利于航空金融业的发展，这使得这些外资航空金融租赁公司在当时不仅占据了世界航空租赁市场的主要份额，也占据了我国航空金融租赁行业的半壁江山。据统计，2007 年，我国航空租赁行业中，中资租赁公司机队拥有量占比仅为 5%，我国航空租赁市场 95% 的份额被国外租赁公司所占据。

2015 年 9 月 8 日，国务院办公厅出台《关于促进金融租赁行业健康发展的指导意见》，提出要把金融租赁放在国民经济发展整体战略中统筹考虑，力争形成安全稳健、专业高效、充满活力、配套完善、具有国际竞争力的现代金融租赁体系，航空金融租赁业深

---

① 数据来自 http://news.ccaonline.cn/hot/6819.html。

表4-4　金融租赁业国内十强

名次	企业（母公司）	获批年份	注册资金（亿元）	主要业务
1	国银金融租赁（国家开发银行）	1984	80	飞机、船舶、商用车
2	渤海租赁（海航集团）	2008	62	飞机、设备等
3	工银金融租赁（中国工商银行）	2008	50	飞机、船舶和设备等
4	建银金融租赁（建设银行）	2007	45	飞机、船舶等
5	交银金融租赁（交通银行）	2007	40	飞机、船舶、设备等
6	民生金融租赁（民生银行）	2007	34	公务机、船舶等
7	长江租赁（海航集团）	2004	38	大飞机、船舶等
8	招银金融租赁（招商银行）	2008	20	飞机、船舶等
9	新疆金融租赁（长城资产管理）	1993	15	飞机、船舶等
10	华融金融租赁（华融资产管理）	1984	14	飞机、船舶等

受鼓舞，迈入了深化发展阶段。该意见从行业指导方向、配套政策实施、行业自律等多个方面，进一步明确了金融租赁产业的发展路径，对加快航空金融租赁行业发展进行了全面部署。其中，在市场准入方面，明确积极引导各类社会资本进入金融租赁行业，支持民间资本发起设立风险自担的金融租赁公司，推动有条件的金融租赁公司依法合规推进混合所有制改革。在租赁企业融资方面，允许符合条件的金融租赁公司上市和发行优先股、次级债，丰富金融租赁公司资本补充渠道。允许符合条件的金融租赁公司通过发行债券和资产证券化等方式多渠道筹措资金。研究保险资金投资金融租赁资产。适度放开外债额度管理要求，简化外债资金审批程序。支持金融租赁公司开展跨境人民币业务，给予金融租赁公司跨境人民币融资额度。积极运用外汇储备委托贷款等多种方式，加大对符合条件的金融租赁公司的支持力度。建立形式多样的租赁产业基金，为金融租赁公司提供长期稳定的资金来源。这项政策的出台被认为是我国金融租赁行业发展进入新阶段的标志。在上述政策的鼓励和引导下，我国飞机租赁市场格局开始发生逆转。2017年，中国航空租赁公司拥有机队数量在国内航空租赁市场中的占比增长至50%，在当年我国新增租赁机队中，中国租赁公司占据了85%以上份额。我国航空租赁公司实力快速提升，竞争能力不断增强，市场份额已经开始逐步超越外资租赁公司。

2. 我国飞机租赁市场已形成内资为主、外资为辅的局面

我国航空租赁市场主体主要有两类，一类是以GECAS、AerCap和BCC（Boeing Capital Corp）为代表的外资金融租赁巨头；另一类是以工银金融租赁、国银金融租赁、民生金融租赁和长江租赁为代表的内资主导力量。在我国飞机租赁市场中，已形成内资为主、外资为辅的局面。

（1）外资租赁公司。

GECAS（General Electric Capital Aviation Services）公司。GECAS为通用电气金融集团下属的通用电气金融航空服务公司，主要从事通用电气集团的飞机采购和租赁业务。它

是当今世界上最大的专门从事飞机租赁的专业租赁公司之一。其前身为 GPA 公司，该公司始建于 1975 年，在爱尔兰成立，是全球第一家真正意义上的飞机租赁巨头。在 1993 年，GPA 被美国通用电气公司下属的通用电气投资公司兼并，更名为 GECAS，中国租赁的第一架飞机就是通过 GECAS 完成的。2016 年底，GECAS 飞机机队规模已经突破 2000 架，可以为用户提供各种型号的飞机，还可以提供飞机采购与生产解决方案、债务担保、租赁飞机、发动机和零部件维护、飞行培训等多种服务。

AerCap 公司。AerCap 公司成立于 1995 年，起初总部设立在荷兰的阿姆斯特丹，2016 年迁址爱尔兰的都柏林。该公司在 2013 年 12 月 16 日收购国际租赁金融公司（ILFC），共耗资约 54 亿美元，其中 30 亿美元以现金支付，其余以新发行普通股支付。通过这项交易使得 AerCap 的总资产达 430 亿美元，拥有超过 1300 架飞机。AerCap 的业务主要由租赁与贸易、资产管理组成。截至 2015 年 12 月 31 日，AerCap 拥有 1697 架飞机，机队平均机龄为 7.7 年，平均剩余合同租赁期为 5.9 年。值得一提的是，ILFC 是美国一家全球著名的飞机租赁及销售公司，总部设于加州的洛杉矶，作为美国国际集团（AIG）下属的一家租赁机构，曾经是除 GECAS 之外的另一个全球飞机租赁巨头。ILFC 是 AIG 的全资子公司，成立于 1973 年，旗下拥有近 1000 架各种型号的飞机，总价值超过 550 亿美元。ILFC 与中国的主要航空公司之间都开展了飞机租赁业务，累计对中国租赁飞机达 30 余架。

BCC（Boeing Capital Corp）公司。BCC 为 Boeing 的全资子公司，公司资产 65 亿美元，包括约 350 架飞机，其主要任务是支持波音业务部门，负责安排、组织和提供资金，提供综合性的客户金融服务，重点是借助第三方融资，以促进波音产品与服务的销售和交付。其民用飞机相关业务包括支持性承诺、运营租赁、融资租赁、销售/售后回租、货机改造融资、长期和短期融资，以及有担保的优先和次级贷款。近年来，波音金融公司与中国主要的航空公司业务往来增多，并设立了中国融资部，为内地航空公司提供更多航机方面的借贷和租赁。

（2）国内主要飞机租赁公司。

中国飞机租赁集团控股公司（以下简称"中国飞机租赁"）。该公司是我国最大的独立经营性飞机租赁商。公司成立于 2006 年 3 月，集团发展的愿景为凭借其丰富且具国际市场经验的精英团队及全球化融资的能力，成功打造成为飞机全产业链解决方案提供商。在提供经营性租赁、融资租赁、售后回租等常规服务的基础上，中国飞机租赁还为客户提供机队规划咨询、结构融资、机队退旧换新、飞机拆解等广泛的增值服务，为客户提供量身定制的飞机全生命方案。集团总部位于香港，在北京、天津、上海、深圳、哈尔滨、马来西亚纳闽岛、法国图卢兹、爱尔兰都柏林均设有办事处。截至 2015 年 11 月，该公司机队规模扩张为 60 架。中国飞机租赁于 2014 年 7 月 11 日在港交所主板上市，是亚洲首家上市的飞机租赁商。

国银金融租赁有限公司（以下简称"国银租赁"）。国银租赁是在 2008 年国家开发银行对深圳金融租赁有限公司进行股权重组并增资后变更设立的非银行金融机构，注册资本

80 亿元，是国内注册资本和资产规模最大的金融租赁公司。截至 2012 年，国银租赁占据国内金融租赁公司飞机租赁资产总额的 56.9%，在国内航空租赁市场的占有率位居第三，仅次于世界著名飞机租赁公司 ILFC 和 GECAS，在全球飞机租赁公司资产排名中位列第十一位。2010 年 11 月，该公司与中国商用飞机有限责任公司签订了《C919 客机启动用户协议》，确认订购 15 架 C919 大型客机，成为国内首家订购的金融租赁公司。

天津渤海租赁有限公司（以下简称"渤海租赁"）。渤海租赁的前身是 2007 年成立的天津海航租赁控股有限公司，2008 年更名为天津渤海租赁有限公司。作为海航集团与天津市政府共同组建的专业金融租赁公司，渤海租赁利用海航集团和天津市政府的股东优势，大力发展航空租赁和基础设施租赁，已成为国内第二大金融租赁公司。渤海租赁打造以融资租赁业为轴心，以天津市市政和其他重点项目为契机，联结制造业及其相关上下游产业和其他金融服务业在内的完整的产业链，实现产业与金融协同发展的良性循环。尤其在天津作为空客 A320 的总装基地，渤海租赁在 2009 年完成天津空客 A320 总装线厂房在建工程融资租赁项目，有力地促进了天津航空产业发展。2011 年，渤海租赁成为国内首家拥有上市融资平台的金融租赁公司。

中银航空租赁公司。中银航空租赁公司的前身是新加坡飞机租赁公司，2006 年被中国银行收购后，成为其下属的专业飞机租赁机构，其客户遍及全球 30 多家航空公司，包括美国西南航空公司、俄罗斯国家航空公司、加拿大航空公司、深圳航空有限责任公司和德国 TUI 集团。截至 2011 年底，中银航空租赁机队组合包括 183 架飞机，其中自有飞机 158 架，代管飞机 25 架，服务于全球 47 家航空公司。公司另有 71 架飞机订单以及 2 架已承诺交付的购机回租飞机。中银航空租赁机队机型主要是空客 A320 和波音 737 新一代飞机，也包括部分宽体机型，例如空客 A330 和波音 777 等。中银航空租赁公司从飞机制造商处直接订购飞机，也通过与航空公司进行购机回租的方式购买飞机。此外，中银航空租赁公司也直接或通过母公司中国银行提供各类租赁管理与飞机融资服务，也可以通过中国银行安排条件有利的贷款业务，为航空公司客户的自有飞机提供融资。

长江租赁有限公司（以下简称"长江租赁"）。该公司成立于 2000 年 6 月，注册资本已达 38 亿元人民币，是经国家商务部批准的首批融资租赁试点企业。该公司是一家具有航空技术背景的专业化租赁公司，依托海航集团强大的航空产业优势及注册地天津滨海新区金融改革试验区的良好投资环境，积极开展境内外飞机及各种航空设备的买卖及租赁业务。长江租赁自成立起，便致力于国内飞机的租赁业务，特别是在支线航空市场业绩不俗。截至 2012 年底，长江租赁拥有合同飞机 72 架，已经成为国内规模领先、技术雄厚、拥有丰富飞机资源的民族航空租赁企业，在全球飞机租赁公司排名中进入前 30 名。依托股东方强大的产业背景，公司在发展过程中与国内航空制造企业建立起了良好的业务关系。公司已将大力发展国产飞机租赁业务作为长期发展方向之一。

中航工业集团国际租赁有限责任公司（以下简称"中航租赁"）。中航租赁成立于 1993 年，是由中国航空工业集团公司控股的专业金融租赁公司，是国内唯一拥有航空工业背景的航空租赁公司。该公司致力于为中航工业在产品研发、生产和销售等领域提供融资租赁为主要形式的金融支持和相关增值服务。中航租赁的主营目标定位于促进国产飞机销售、提供飞机租赁服务，是中航工业国产民用飞机制造的重要销售平台。依托中航工业的专业优势、业务优势、技术支持等背景，中航租赁在国内飞机租赁服务领域具有较明显的竞争优势。在强大的航空产业集团支持下，中航租赁于 2007 年 7 月与奥凯航空公司签订 10 架国产支线飞机"新舟 60"融资租赁合同，通过租赁销售模式大大提升了"新舟 60"飞机的竞争力和市场开拓能力，而且对国产飞机的销售起到了较好的示范作用。

3. 形成了以天津东疆保税区为核心的全球第二大飞机租赁中心

天津东疆保税区于 2006 年 8 月经国务院批准设立，面积为 10 平方公里。2007 年 12 月，保税区一期正式开关运作。2012 年 9 月，海关总署批复同意天津东疆保税区实施封闭监管，正式实现整体开关运作。近年来，天津东疆保税区充分利用我国保税区政策与制度优势，不断进行飞机租赁的制度创新，逐渐成为仅次于爱尔兰的全国第二大飞机租赁中心。据公开的数据显示，截至 2018 年底，东疆保税区累计完成 1414 架飞机租赁业务，其中民航运输飞机数量历史性突破千架大关，达到 1144 架。而据民航资源网数据显示，截至 2018 年底我国民航运输飞机共 3615 架。以工银租赁、国银租赁、建信租赁、中航租赁、交银租赁等为代表的一大批飞机租赁公司聚集在东疆保税区，持续扩大东疆飞机资产规模。截至 2018 年底，东疆保税区完成的民航运输飞机租赁的数量已约占我国民航运输飞机总量的三分之一。

（1）飞机租赁的"东疆模式"。

经过数年的积累，东疆保税区飞机租赁已经形成了独特的"东疆模式"。东疆飞机租赁模式打破了我国航空融资租赁市场长期被国际租赁企业所垄断的局面，为国内飞机融资租赁行业的发展开拓了新的思路，给参与国际飞机租赁市场竞争的中国融资租赁公司提供了崭新的平台。图 4-5 从政策功能、法律环境、产业规模和服务团队方面详细列出了"东疆模式"的主要特征。

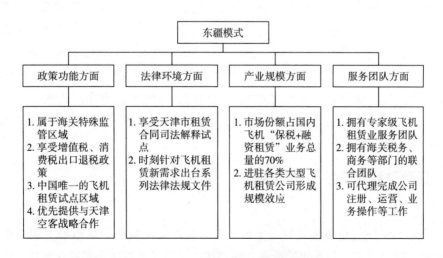

图 4-5 飞机租赁的"东疆模式"

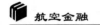

（2）"东疆模式"的创新点。

天津东疆保税区自开展飞机租赁业务以来创新不断，推动了我国飞机租赁市场的发展，其独特的"东疆模式"不断推动着我国飞机租赁业的创新。现将近年来"东疆模式"中的创新点总结如下：

第一，可退出的融资租赁。这种租赁模式不同于普通的融资租赁模式，它允许承租人在一个或多个指定日期申请租赁退出，将租赁的飞机归还出租人，承租人也不再有这种债务。这种商业模式使航空租赁公司能够获得表外融资和全额支付的双重收益。

第二，交付监管模式。交付监管是指天津东疆租赁资产交易平台监管租赁交易文件和资金，把控租赁交易时点和风险，保障双方资金、文件的安全交接。交付监管模式适用于SPV股权交易和大额的租赁标的物交易。交易监管平台不仅使交易更加高效安全，而且大大减少了交易风险。

第三，在经营租赁中增加购买选择权。在租期满十年后，承租人可以选择是否提前购买所租赁的飞机。如果承租人不购买，租金就会在之后的两年左右适当增加，最后由出租人收回。在这种模式下，购买飞机会给承租人带来一定的现金流压力，但这也为承租人提供了获得更高飞机残值的机会。另外，极大降低了出租人的飞机残值风险，更加有利于吸引投资。

第四，"囤飞机"模式与"随买随贷"模式。"囤飞机"模式适用于拥有大量客户市场的融资租赁公司，这部分融资租赁公司由于有很多的客户资源，所以经常将客户的订单集合起来，统一从制造商那里购买飞机，或者事先购买飞机然后去匹配客户，所以称为"囤飞机"。在这种模式下，一方面有一定的价格优惠，另一方面节省了购机时间，节约了时间成本。除了"囤飞机"模式，有部分融资租赁公司还提供随买随贷服务，是指在客户有购机需求时再提供相关金融租赁服务。

第五，法国杠杆租赁业务。法国杠杆租赁是法国金融机构和我国融资租赁公司合作的一种跨国租赁业务模式。在这种模式下，因为有计提资产折旧抵免税收和避免双重征税的政策，所以节约了不少资金成本，备受我国各大航空公司的欢迎。天津东疆国银租赁采用法国杠杆租赁模式先后引进数架飞机，推动此租赁模式在我国其他保税区开展。

第六，海关异地监管。海关异地监管是指采用"属地申报，口岸验放"的模式，如在国外进口的货物运输过程中需要经过几个港口时，只需要在首个海关区进行通关及缴费，此后不需要重复缴费及监管。在这种模式下，节约了企业通关时间及运输成本，也为大型机械出口租赁开创了新模式。

二、国外飞机租赁业发展的现状

（一）爱尔兰

爱尔兰是SPV飞机租赁模式的诞生地。爱尔兰以境内极低的赋税水平和全面的金融服务为基础，推出了飞机融资租赁业务的新模式，促进了飞机融资租赁业的快速发展，使爱尔兰从20世纪50年代的落后农业国一跃转变成了世界第六的金融强国。据统计，全球机队排名前十的航空金融企业均在爱尔兰设有机构。爱尔兰的航空租赁业如此发达，离不开国家政策、法律的支持。当前，爱尔兰航空租赁在税收、法律、融资、专业服务等方面已形成了完善的配套措施，有力地支撑了航空租赁业的发展，使爱尔兰在国际飞机租赁市场上占有绝对的市场份额，尤其在飞机租赁定价权方面具有很大的话语权。

爱尔兰的飞机租赁有两大特征，主要表现在：第一，航空租赁业务平台的全球化。爱尔兰地区聚集了全球各地的租赁企业，有将近1500家的国际性飞机租赁公司，其中包含GECAS、AerCap等国际知名租赁公司，产业聚集效应明显。这使得各个层次的飞机租赁市场非常发达，尤其为租赁公司规避飞机残值风险提供了绝佳平台，使得租赁公司在飞机残值的处理上，可以通过二次销售或者转租的方式将飞机资产进行盘活，从而降低风险，起到了分散风险的作用。第二，享有高度的飞机资产定价权。这主要是由于爱尔兰的飞机租赁市场已形成寡头垄断格局，GECAS等主要的国际知名金融租赁公司的市场占有率已经达到40%左右，其对市场上飞机资产的定价影响举足轻重。在很大程度上，爱尔兰飞机租赁市场左右着全球飞机租赁市场的走势。

爱尔兰飞机租赁市场如此发达主要是基于五大优势。第一，优惠的税收政策。爱尔兰已经与全球69个国家建立双边税收协定，有效地避免了重复征税问题；同时，针对飞机租赁设立的SPV征收的企业所得税税率为12.5%，增值税实际为0，对飞机交易免征印花税，远低于其他国家的水平。第二，采用特殊的飞机折旧会计处理方法。在爱尔兰，飞机资产可以允许使用直线折旧法进行折旧，年限为8年，接近于飞机租赁期限。第三，发达的金融市场支持。爱尔兰的地理位置非常优越，金融市场非常发达，能够帮助飞机租赁公司获取低成本的资金。第四，发达的航空产业链服务体系。爱尔兰已经建立起了从飞机制造、飞机引进到飞机转销等完整的飞机租赁业务链，服务体系非常完善，在产业链前端有最好的飞机制造商保证飞机的质量，购置飞机时有完善的税收优惠及发达的金融市场，飞机维修保护也能得到最大的保障，后期飞机资产的退出有广泛的多次转销渠道。更为重要的是，爱尔兰政府已与国际航空电讯协会（SITA）合资成立了Aviareto公司，该公司主要服务于全球飞机和已出租飞机的国际注册。如果登记的已出租飞机造成任何纠纷，都将在爱尔兰司法管辖区解决。第五，飞机租赁专业人才聚集。在爱尔兰有众多的各个层次的从事飞机租赁业务的专业人才，大约有超过1000名飞机租赁直接从业人员。若加上与飞机租赁业务相关的律师事务所、会计师事务所等人员，整个爱尔兰飞机租赁业的相关从业人数可达到约3000人，这在全球首屈一指。同时爱尔兰曾经拥有专业化的飞机租赁公司GPA，该公司被誉为飞机租赁行业的"黄埔军校"，全球租赁企业颇具影响力的人物都曾在GPA工作。

（二）新加坡

新加坡作为后起之秀也通过极其优惠的政策吸引了不少公司来当地注册或设立办公室。新加坡是亚洲著名的航空枢纽中心，拥有亚洲最佳航空公司——新加坡航空，亚洲最佳机场——樟宜机场，也是亚太区的门户机场，接待100多家航空公司，经营的航线覆盖60多个国家的200多个城市。新加坡是名副其实的亚洲乃至全球最重要的航空金融租赁中心之一。全球前十大飞机租赁巨头都进驻了新加坡。究其原因，一是稳定清廉的政治体制和清晰透明的法规监管环境为投融资保驾护航。二是优惠的税收政策。新加坡政府于2007年出台了ALS计划。根据该计划，在新加坡总体企业所得税率17%的基础上，针对飞机租赁业务收入的适用税率可在5年间降至10%甚至5%。同时，在2017年3月31日前用于购买飞机或飞机发动机的贷款的利息和还款本金可享受预扣税豁免权。而且，还允许飞机资产的加速折旧（5—20年）。三是新加坡与70多个国家签署了双边税收协定，避免双重征税，而且协定的预提所得税率都比较低，甚至为0。特别是，2011年新加坡与爱尔兰签署了避免双重征税协议（DTAA），为爱尔兰出租人提供针对新加坡预扣税的全面保护。

（三）爱尔兰和新加坡在飞机租赁方面的共性优势

1. 拥有得天独厚的地理位置

爱尔兰处于欧洲和美洲之间，是跨大西洋的重要门户。尤其是香农，处于欧洲与美洲的中间点。早在1927年，首位单独横渡大西洋的飞行员查尔斯·林白回忆道："当看到了爱尔兰的青山时，就知道已进入欧洲领空。"2015年，我国国务院总理李克强在访问巴西的途中，就经停爱尔兰的香农。当时，给参与接待的埃德蒙（香农集团战略总监）印象最深的便是，中国领导人已认识到，对中企而言，香农不仅是进入欧洲的门户，也是进入大西洋的门户。与其他爱尔兰地区相比，香农地区的独特之处在于庞大的航空产业集群。1975年，香农就成立了先锋飞机租赁公司GPA，为爱尔兰如今成为全球飞机租赁中心奠定了良好基础。2012年，爱尔兰政府宣布香农机场为一家独立的国有商业机场。2014年，拥有香农机场、国际航空服务中心、香农历史遗产和香农商业地产四大主要业务的香农集团正式成立，成为爱尔兰经济增长的主要贡献者。

而新加坡则位于东南亚及太平洋多个主要目的地的中枢位置，连接印度洋与太平洋的马六甲海峡，所处的地理位置是世界的十字路口之一。得天独厚的地理条件使之发展成为一个主要的商业、通信和旅游中心。新加坡政府认为航空是先进制造技术的一个关键领域，是新加坡制造业的关键一环，必须致力于加强和提高新加坡在航空领域的地位。过去20年该领域以8.6%的年增长率成长。截至2017年4月，航空维修与制造的产值约120亿新元，占GDP的4%，直接从业人数约2万人。综合航空运输、航空维修与制造，新加坡航空产业年产值约420亿新元，占GDP的比重超过10%，从业人数8万人。航空业已成为新加坡国民经济的重要组成部分，在新加坡经济结构转型过程中起着十分重要的作用。近年来，政府组织力量深入研究航空产业对新加坡经济的作用，全力推动航空产业再上新台阶。2016年1月成立的新加坡未来经济委员会确认航空业是先进制造的一个关键领域，委员会针对强化新加坡在这方面的地位提出建议，以开辟和加强工业园区的方式，建立新的能力和功用，确保新加坡继续成为亚太区领先的售后服务中心，并加快推动本地航空产业转型发展。重点是在原合资授权维修的基础上转型升级，凭借地理位置、高素质人才资源等优势，做强原本较为薄弱的航空制造业。

2. 法律体系与欧美相同，制度环境优越

由于飞机租赁主要是跨境业务，商业纠纷会牵涉不同的司法管辖区问题。爱尔兰和新加坡奉行普通法制度，与欧美地区的公司为同一法律体系，有利于飞机租赁业发展。一旦在飞机租赁中出现纠纷，各方能够迅速达成共识，并且能够在同一国际法框架下得到处置，降低了交易成本。

3. 采用极具竞争力的税收政策吸引国际飞机租赁公司落户

爱尔兰曾以 10% 的公司所得税率吸引众多飞机租赁公司迁往当地，20 世纪 90 年代末以来虽然税率升至 12.5%，但相比于其他地区的税率仍占优势；新加坡则对政府认可的飞机租赁商仅征收 5% 或 10% 的优惠税率。爱尔兰和新加坡均有广泛的双重课税协定网络。飞机租赁商在达成协议的司法管辖区内经营无须同时在注册地和公司所在地缴纳双重利得税。即使在尚未签署双重课税协定的司法管辖区经营业务，爱尔兰和新加坡亦向相关飞机租赁公司提供税项抵免。另外，爱尔兰和新加坡还豁免飞机购置的预扣税，并且允许租赁公司自行调整税务折旧期抵扣税收。

4. 政府大力支持发展飞机租赁产业

爱尔兰政府积极推进完善飞机租赁上下游产业链的发展，当地有成熟的飞机租赁关联支持产业、完善的教育体系和高素质专业人才队伍。以会计记账服务为例，当地服务公司可以为飞机租赁公司完成从项目公司设立，到派遣董事、申报税务、编制月度报表、配合审计、档案管理等全过程工作，协助处于发展初期的飞机租赁公司在爱尔兰迅速开展业务，也使成熟的飞机租赁公司更专注核心业务的发展。而新加坡政府也推行类似的奖励措施促进飞机租赁产业快速发展。

第四节　国内飞机租赁业务发展面临的主要问题

一、租赁公司融资困难

飞机是一种高技术和资本密集型的产品，飞机租赁是一个资本推动的行业，国际上几乎所有涉及飞机租赁的公司，都离不开上千亿美元资产的大集团支持。这些租赁公司资金力量雄厚，资金来源多样化，资金筹集能力强，可以通过向母公司拆借、银行贷款、发行金融债券、发行定向股票、资产证券化、信托等多样化方式融资。而对于我国国内租赁公司而言，融资困难和资金不足已经成为困扰租赁业发展的重要问题。非银行系租赁公司融资方式单一，往往只能依靠银行贷款解决，而银行系的融资公司虽然除了银行贷款外，还可以通过同业拆借等其他途径进行融资，但是总体上相比国外租赁公司融资途径仍然匮乏。国内资本市场不发达，发行股票困难，发行债券的条件不具备，债权融资和股权融资两条渠道都不通畅。整体而言，国内租赁公司的融资成本高，贷款期限不能与飞机租赁期限相匹配，存在巨大的资产负债匹配风险，租赁公司的融资手续繁锁效率低，国内租赁公司存在巨大融资需求。

二、租赁公司税负较重

我国对设备融资租赁和设备购买的不同税收待遇，限制了飞机租赁业务的开展。根据《关于调整国内航空公司进口飞机有关增值税政策的通知》，从 2004 年 10 月 1 日起对国内航空公司进口空载重量在 25 吨以上的客货运飞机，享受进口关税 1% 和增值税 4% 的税收优惠。但是对于金融租赁公司而言，进口同样规格的飞机，则执行进口关税 5% 和增值税 17% 的税收政策。国内租赁公司仍需缴纳 25% 的所得税、5% 的营业税等，虽然国家在北京、天津、上海等城市的保税区开展税收优惠试点工作，但这些试点远远不够支持国内飞机租赁业的发展。而其他国家比如爱尔兰，企业只需要缴纳 12% 的所得税，此外没有任何其他的收费，因此吸引了全球众多的飞机租赁公司。我国飞机租赁公司的总体税负远高于国际市场。

三、担保困难重重

我国航空公司拥有的大中型客机大都是从国外租赁引进的，我国的商用大飞机还没有正式进入航空市场。航空公司租赁飞机的前提条件是，不管是金融租赁业务还是经营租赁业务，都必须有银行的担保，实际上是政府的隐性担保。在飞机金融租赁业务中，国外贷款人在提供融资时往往要求两项保证条件：中国的银行担保和飞机抵押权。在经营租赁业务中，出租人也要求中国的银行对承租人按时偿付租金提供担保。我国大部分租机担保是由中国银行承担的，相当于政府担保。然而，自开办民航飞机租赁担保业务至今，随着对外担保额的增加，中国银行账外的或有负债有了相应增加，已超过有关规定，促使中国银行不愿再继续承担为国外飞机租赁出具保函等被认为风险大而收益低的业务，并在保函保证金和收费方面做了很大调整，使国内航空公司难以承担。

然而，在一些国家，例如俄罗斯，通过设立基金为飞机租赁提供担保，较好地解决了困扰航空租赁业发展的担保问题。1997 年，俄罗斯政府及国家杜马与联邦议会，针对国家航空领域的状况，从国家预算中拨出 4 万亿卢布作为偿还基础上的组织国产飞机租赁的国家担保，即国家将为这个数目内的贷款提供担保，使得俄罗斯航空公司能够低成本地引入先进飞机，有力地促进了俄罗斯航空业的发展。

四、租赁专门人才短缺

飞机租赁作为一种特殊的融资方式和交易方式，既是资本密集型的，更是智力密集型和知识密集型的，要求从业人员具备高学历、高素质和外向型的特征。航空租赁尤其是航空金融租赁的一些租赁业务的交易结构、法律关系、合同文本相当复杂，需要既懂飞机性能、航空市场等领域专业知识，又具备金融投资、保险精算、信托、法律、国际贸易、税收、国际会计、外语、计算机等专业技能的综合型高素质人才。这些人才在我国的飞机租赁公司中缺口较大，已经开始滞后于我国航空租赁业务的快速发展。

第五节　国外相关地区发展飞机租赁业务的经验借鉴

一、加大财税优惠政策推广力度

由于飞机资产的价值高，财税优惠能够大幅降低飞机租赁的成本，从而有效助推一国飞机租赁业的发展。税收优惠扶持可以说是对租赁行业发展最直接和见效最快的扶持政策。天津东疆保税区作为我国第一个飞机租赁财税优惠试点区域，享受着最为优惠完善的税收政策。这也是该区域能够迅速崛起成为全国第二大飞机租赁中心的重要原因。因此，建议在全国范围内推开东疆保税区的飞机租赁业优惠政策，以促进全国飞机租赁业发展。

根据相关税收政策规定，在东疆保税区内设立的 SPV 与航空公司开展飞机租赁业务，政府对 SPV 征收的所得税税率是 25%，其中 40% 由地方政府返还给企业，这意味着实际税率仅为 15%；航空公司在支付租金时不用缴纳预提税。在转租情况下，航空公司采取东疆模式开展飞机租赁业务，能够减少 7%—9% 的税务成本；在直租情况下，航空公司能够减少 10% 的税务成本及 8% 的租金成本。在营业税方面，对在东疆保税区内注册的航运公司，其国际海上航运业务获得的收入免征营业税；对在区内注册的且从事物流等服务企业，通过货物运输、装卸搬运、仓储获得的收入免征营业税；对在东疆保税区注册的保险公司，航运保险业务获得收入免征营业税。在出口退税方面，对在天津东疆保税区内注册的融资租赁公司或者设立的项目子公司，通过天津境内口岸海关报关融资租赁出口国外且合同期限在 5 年以上的货物，实行消费税及增值税出口退税政策。在进口优惠税政策方面，对载重 25 吨以上的大飞机租赁业务减按 5% 征收进口环节增值税；一般国际贸易下，进口飞机租给国内航空公司使用的可享受航空公司进口飞机同等优惠税率；航空公司和天津东疆保税区内单机公司开展航空租赁业务项目时，不需要支付预提税。此外，自 2018 年 6 月 1 日起，根据国家税务总局和海关总署发布的《关于进口租赁飞机有关增值税问题的公告》，对申报进口监管方式为 1500（租赁不满一年）、1523（租赁贸易）、9800（租赁征税）的租赁飞机，海关停止代征进口环节增值税，困扰行业多年的重复征税问题得到彻底解决。

二、适当放松金融管制政策

在飞机租赁交易中往往涉及外汇交易，过于严格的外汇资金管制，可能会影响飞机租赁交易的顺利完成。近年来，在东疆等保税港区，我国金融管理当局已经探索性地适当放开了金融管制，取得了不错的效果。主要表现在：第一，外商投资企业外汇资本金结汇改革，试点企业资本金可以按照一定比例实行意愿结汇。天津东疆保税区成为首个试行资本金意愿结汇的区域。第二，开展经营性租赁可收取外币租金。经营性租赁业务用外币结算，一方面降低了外汇风险及融资成本，减少了租金汇兑成本；另一方面提升了交易效率，增强了国际竞争。第三，进口付汇核销流程简化。2010年4月，国家外汇管理局发布了《关于实施进口付汇核销制度改革试点有关问题的通知》，实现进口付汇管理由逐笔核销向总量核查、由现场核销向非现场核查、由行为审核向主体监管的转变。第四，开展外资融资租赁公司外债便利化试点地区，为租赁企业开辟了全新的外债渠道。

三、创新飞机融资渠道

纵观国际上发达的飞机租赁市场，都有完善的资本市场提供多种融资渠道。相对而言，我国的资本市场不够发达，融资渠道相对单一，严重制约了我国租赁业的发展。2013年12月国务院办公厅公布了《关于加快飞机租赁业发展的意见》，指出要加大租赁企业的融资力度，拓宽融资渠道。支持飞机租赁企业通过发行金融债券、企业债券和资产证券化等方式来筹集资金。但是总体来看，我国租赁公司的主要融资渠道还是向银行贷款。由此可见，新的融资渠道也许存在一些问题使得企业无法采用。如发行债券，受到审批制度的影响，无法按照当时的市场动态及时上交具体发债方案作为申请材料，往往会错过最佳市场机会。因此，除了拓宽融资渠道以外，完善相关制度，发展资本市场，切实促进各种融资渠道的可行性也很重要。

一是积极开展离岸银行业务。按照相关监管制度的要求，只要严格控制风险，就允许商业银行在保税港区设立机构，并开展离岸银行业务，允许在区内注册且有离岸业务需求的企业开设离岸账户，为外汇管理提供了便利。二是支持融资租赁企业进行直接融资。积极鼓励融资租赁企业通过发行短期融资债券、中期票据、企业债券、非公开定向融资工具、资产证券化等进行直接融资，积极支持租赁融资企业在境外资本市场上市融资。三是鼓励保险机构开展融资租赁保险业务。保险机构融资租赁公司提供信用保险业务，积极鼓励保险机构和银行合作，共同开展信用保险下的保单融资业务，不仅提供了融资渠道，而且还化解了融资租赁公司的经营风险。四是促进飞机租赁证券化市场发展。通过结构重组，将租赁公司的各种飞机租赁资产转换为可以在金融市场上出售和流通的证券。要继续不断创新融资方式，设计更为方便和安全的融资方式；努力发展资本市场，为租赁企业提供更为便捷的金融服务，解决融资难题。

四、推行通关便利化政策

通关便利化政策能够有效缩短飞机引进的周期，压缩飞机交易的流程，降低飞机租赁的交易成本。当前在海关监管方面，北京、天津、石家庄、上海、杭州、广州、深圳、青岛、济南、海口、成都、昆明12个海关实行融资租赁飞机海关跨关区联动监管，共同打造进口租赁飞机海关跨关区联动监管新模式，进一步简化了通关手续，提高了通关效率，有力地促进了中国进口租赁飞机新业态发展。此外，还应该继续扩大东疆实施的将海关特殊监管区域和机场飞行控制区域功能双重叠加的成功经验，使得租赁飞机在收到海关和机场指令后即可进入飞机租赁区完成入区手续，进一步优化飞机入区流程，大幅缩短飞机入区准备时间，使租赁公司和航空公司操作更加便利化。

五、建立二手飞机流通市场

监管层应研究出台鼓励政策，加快建立程序标准化、规范化、高效运转的二手飞机流通市场，以促进租赁资产交易，建立飞机资产的市场退出渠道。当前，我国大量飞机还尚未到退役淘汰期，飞机的资产管理尚处在起步阶段。针对飞机资产的交易也没有一套成熟的飞机价值评估及相关服务标准。随着我国飞机资产规模的增大、飞机年龄的增长，很有必要建立一套完善的飞机资产管理体系，增加飞机交易的透明度和活跃性，并与国际飞机交易市场尽快接轨。

第六节　案例分析：郑州飞机租赁业从零起步迅猛发展

一、发展飞机租赁业务对郑州市经济发展具有重大意义

（一）飞机租赁是郑州参与国家"一带一路"建设的重要契机

2014 年 6 月，河南开通"郑州—卢森堡"货运航线，从此在亚欧之间架起了一条"空中丝绸之路"，与"丝绸之路经济带""海上丝绸之路"并列成为国家"一带一路"倡议的重要组成部分。飞机是"空中丝绸之路"上的交通工具。一方面，通过开展飞机租赁业务，吸引飞机资产在郑州航空港聚集，增加航空运力，加密拓展航线，有效巩固"双枢纽"的地位。另一方面，"双枢纽"建设的推进，也能为飞机租赁业务带来更广阔的发展空间。二者在郑州—卢森堡"空中丝绸之路"的带动下，相互支撑、相得益彰。

（二）飞机租赁是郑州建设区域金融中心城市的抓手

自从"一带一路"倡议提出后，航空业已经成为率先受益的行业之一。这必将带动中西部机场建设的基础投资资金需求以及庞大的飞机租赁需求。郑州作为我国内陆地区的中心城市，是我国中西部地区连接欧亚的桥头堡。依托丰富的资源和人口优势，郑州已成为"一带一路"上重要的航空节点城市。郑州建设航空金融中心将使得金融资源在空间上逐步聚集，极大提高中西部地区机场建设融资效率，并带动航空租赁业发展，加速飞机机型的更新换代以及航线布局的优化。

（三）飞机租赁是郑州"双枢纽"战略落地的手段

建设"双枢纽"机场，运力是关键。对航空公司来说，发展航空租赁业务可以有效降低经营成本，优化资产负债结构，有助于迅速扩大机队规模，使经营策略更加灵活。对河南省经济全局而言，这不仅有利于提升金融创新和现代服务业水平，加快产业结构调整，推进供给侧结构性改革，还能够提升郑州航空港经济综合实验区的影响力和带动力，

发展开放型经济。对于全省打好"四张牌",实现中原更出彩的目标具有很好的促进作用。

(四)飞机租赁是郑州发展枢纽经济的突破口

枢纽经济是商流、物流、资金流、信息流、客流的有机组合,核心是形成一体化与规模化的资源聚集平台,具有高度的供应链、产业链、产业集群化组织特征。而航空租赁业务恰恰能有效带动航空设备制造维修、航空物流等关联产业发展,吸引航空公司增加航线运力,还能够促进航空港区金融及现代服务业多元化发展,提升服务支撑能力,对于正在建设国际重要航空枢纽和内陆开放门户的郑州航空港经济综合实验区具有重要的现实意义。

二、郑州飞机租赁业的发展历程及现状

(一)本土飞机租赁公司从无到有,市场主体日趋多元化

2013 年之前,飞机租赁业在郑州乃至河南省实属一片空白。伴随着 2013 年国务院批复郑州航空港综合实验区的成立,飞机租赁业才开始进入郑州和河南省航空经济发展的大局中。在郑州航空港经济综合实验区的规划中,以飞机租赁为代表的航空金融业是重点发展的产业之一。河南省也于 2016 年发布《河南省人民政府办公厅关于促进融资租赁业发展实施意见》,极大地推进了河南省融资租赁业健康发展。2017 年 8 月,国家外汇管理局下发了《关于在郑州航空港经济综合实验区开展经营性租赁收取外币租金业务的批复》,郑州航空港实验区成为全国第二个获得该许可的区域。2017 年 9 月河南省政府出台《郑州—卢森堡"空中丝绸之路"建设专项规划(2017—2025 年)》,明确提出积极发展飞机租赁业。在这些政策的促进下,飞机租赁公司开始在郑州如雨后春笋般出现。

截至 2019 年底,在郑州实际从事飞机租赁业务的公司共有 4 家,还有 2 家租赁公司已经成立,但尚未开展相关业务。在这 4 家公司中,河南九鼎金融租赁股份有限公司和中原航空融资租赁股份有限公司属于金融系租赁公司,而阿维亚融资租赁(中国)有限公司属于外资合资公司,河南航投航空设备租赁有限公司则属于国有控股投融资平台设立的租赁公司。这些公司飞机租赁业务具体情况如下:

(1)河南九鼎金融租赁股份有限公司。该公司于 2016 年 3 月成立,是由郑州银行主发起成立的一家全国性金融租赁公司,注册资本金 10 亿元。成立之初,该公司先从航空物流产业布局业务,在 2016 年 9 月,公司与天津航空有限责任公司、天航控股有限责任公司正式签署联合承租融资租赁合同,为其提供 3 亿元人民币、5 年期的发动机等航材的售后回租业务服务。随后,在同年 12 月,公司继续深入推进飞机租赁业务,开展了两架 ERJ-145 客机售后回租业务。至此,九鼎金融租赁仅用不足 9 个月时间,从航材、通用机场配套设施再到支线飞机,在航空租赁领域相继取得突破。

(2)中原航空融资租赁股份有限公司。该公司成立于 2016 年 5 月,是河南省政府为实现航空产业战略而组建的省内首家综合性融资租赁公司。公司愿景是成为独具特色、业务专业的国内一流现代融资租赁公司。中原航空租赁公司的业务主要有航空租赁、社会公

共事业、高端装备制造、新能源、医疗教育五大类。其中，飞机租赁业务是中原航空租赁公司的主要特色业务。公司率先在 2017 年成立 10 家 SPV，并运用保税租赁的模式完成了省内首单飞机经营性租赁项目。此外，中原航空租赁还将择机在境外设立航空租赁平台，拓展布局国际租赁业务。不仅如此，中原航空租赁还将在飞机拆解、维修培训等方面进行布局，尝试飞机租赁的资产证券化，打造资产交易平台，制定飞机租赁价格指数，成立飞机租赁相关基金，全面布局飞机租赁业。

（3）阿维亚融资租赁（中国）有限公司。该公司成立于 2016 年 8 月，是河南民航发展投资有限公司与立陶宛阿维亚租赁集团共同出资在郑州设立。截至 2018 年底，该公司已累计交付 16 架飞机，机型包括窄体客机 A320 系列、B737 系列以及宽体客机 B777 系列，机队规模居中西部飞机租赁行业之首。

（4）河南航投航空设备租赁有限公司。该公司 2018 年 10 月在中国（河南）自由贸易试验区郑州片区注册成立，是河南民航发展投资有限公司的全资子公司，也是由河南省商务厅批准的河南省首家从事飞机租赁的内资租赁试点公司。2018 年 12 月，该公司向光大金融租赁公司购买附带租约的全新 B737－800 型客机，已经顺利在境外公海区域上空完成产权交割，通过郑州海关入境交付给乌鲁木齐航空。这是河南省首次在境外公海区域完成交付的跨境转租赁业务，交割价格超过 5000 万美元，乌鲁木齐航空将以经营性租赁方式承租此架飞机，由波音公司为乌鲁木齐航空量身定制。

（二）飞机租赁业务品种日益丰富

郑州飞机租赁业务从航材、通用机场配套设施到支线飞机再到大飞机，交易模式涉及直租、售后回租、经营租赁、联合租赁、跨境转租赁等不同种类，不断引领着河南省乃至中部地区飞机租赁业务发展的潮流。近年来，郑州飞机租赁业完成了我国中部地区第一单 SPV 结构飞机租赁业务、河南省第一单经营性租赁收取外币租金业务、郑州机场海关和郑州综合保税区海关办理的第一个保税租赁通关手续、河南省第一单由本土团队完成的飞机租赁业务、河南省第一单从直接生产商进口的双通道大型客机，创下了多个业务创新的纪录，取得了斐然的成绩。

（三）飞机租赁业的带动作用越来越强

飞机租赁是一项综合性金融业务，需要银行、保险、咨询公司、资产评估公司、律师事务所、会计师事务所等多种服务机构的密切配合。因而，一架飞机的租赁业务可以拉动服务业的快速发展。更重要的是，通过飞机租赁业务，极大地促进了政府相关部门对金融创新的服务意识，推动了政府商事改革的落地。近年来，在河南省政府、省财政厅、河南省航空港经济综合实验区领导小组办公室、港区管委会等单位的大力支持下，在海关、边防、检验检疫、财政、工商、税务等相关部门的密切配合下，使得飞机租赁这一新型业态顺利在郑州落地开花，并创造性地建立起了相关的长效服务机制，奠定了未来飞机租赁业发展的制度基础。而且由于飞机租赁业务是整个航空产业链上的重要环节，因此飞机租赁还能有效带动航空设备制造维修、航空物流等关联产业发展，并能吸引大量就业，促进河南省航空经济发展步伐，拉动区域经济发展。

三、多策共举，大力发展郑州飞机租赁业

（一）加大财税政策支持力度

飞机租赁业务是基于显著税收成本优势的业务形态，国际上飞机租赁聚集地爱尔兰、新加坡，以及近年崛起的天津东疆、力争打造飞机租赁聚集地的中国香港，均以较低的综合税负为特点。对比天津东疆、福建厦门等地的 SPV 飞机交易结构，郑州的税收优惠条件相对欠缺，飞机租赁业务成本仍然较高。天津东疆、厦门象屿、广州南沙等地为了吸引租赁公司开展业务，均出台了将租赁公司缴纳的税收地方留存部分通过奖励的形式直接返还给租赁公司的相关政策，同时给予高管以及员工个税返还以及租房、购房等优惠条件。建议港区借鉴国内其他地区经验，尽快出台相关直接支持政策，提升飞机租赁产业竞争力，促进飞机租赁产业快速发展。

（二）加大租赁人才引进力度

飞机租赁业是高端服务业的典型代表。专业性的租赁人才聚集是郑州发展飞机租赁业的关键。一方面，提高人才待遇，从飞机租赁产业发展较为成熟的地区招引人才；另一方面，大力培养具备独立业务开发和资产管理能力的本土飞机租赁团队。此外，政府应与国内航空院校对接，鼓励其开设航空金融专业，培养能够解决航空金融相关问题的专门人才。同时，由于提供飞机租赁等航空金融服务的成熟公司大多数属于欧美等发达国家，所以在培养飞机租赁等航空金融人才的过程中，应与国外成熟的人才培训市场联系起来，进行联合培养，加快人才培养的步伐。

（三）加大服务配套力度

飞机租赁业务是一项系统性工程，需要设立 SPV、飞机转场保障、入关转关协调、报关通关代理等业务全流程跟踪，同时还离不开法律、会计、资产评估等专业中介机构参与，因而一站式专业化服务体系建立尤为关键。此外，在国内已实现飞机保税租赁业务落地的各地区，地方政府对该业务均给予高度的支持和关注，对当地航空公司和基地航空公司更是力所能及地施加影响，因而建议港区积极推介政策优势，使更多飞机选择从郑州入关。

（四）提升航空金融基础设施水平

要加快机场货运枢纽建设，强化郑州在"一带一路"中的货运枢纽优势，建议尽快建设第三跑道和货用专用跑道，保障货运能力；加快郑州南站高铁中心建设，尽快完成高铁米字型框架，实现高铁与航空运输的无缝对接；加快构造"环形 + 放射"的路网框架，形成"三横三纵"的路网布局，以提高航空港区的内外通达性；加快航空港区市政公用设施和产业园区生活配套基础设施的建设，真正形成宜居宜商的航空都市。

思考题

1. 飞机租赁与其他飞机引进方式相比的优劣之处。
2. 经营租赁与融资租赁的区别与联系。

3. 经营租赁和融资租赁的风险管理差异。

4. 我国飞机租赁业发展的政策优化措施有哪些?

参考文献

［1］刘通午，白新宇，林琳. 保税监管区域融资租赁公司发展现状及运作模式调查［J］. 华北金融，2011（10）：13 – 15.

［2］张帆. 经营性租赁飞机与融资性租赁飞机的比较分析［J］. 重庆文理学院学报（自然科学版），2008（6）：71 – 73.

［3］章连标，张黎. 天津滨海新区航空租赁业融资的新思路［J］. 财务与会计，2011（3）：20 – 21.

［4］徐飞. 我国飞机租赁面临的主要问题及政策激励［J］. 上海管理科学，2003（4）：15 – 17.

［5］何行，许雅玺. 我国民营航空公司融资困境及对策［J］. 中国经贸导刊，2012（2）：46 – 47.

［6］曾晓新. 国内飞机租赁业振翅高飞有点难——国内租赁公司从事飞机租赁业务面临的问题及建议［J］. 航空金融，2012（7）：58 – 60.

［7］孙蔚，苏立，席小红. 我国加快发展航空租赁业务初探［J］. 经济问题探索，2008（4）：180 – 184.

［8］谭向东. 飞机租赁实务［M］. 北京：中信出版社，2012.

［9］郭愈强. 飞机租赁原理与实务操作［M］. 北京：中国经济出版社，2019.

［10］汪韧，廖世凡. 中国飞机租赁行业发展与政策探讨［J］. 清华金融评论，2017（1）：87 – 89.

第五章　航空公司航油套期保值交易

在航空公司运营成本中，燃油成本是重要的组成部分。航油价格波动会对航空公司的盈利造成较大的影响。因而，规避经营期内未来航空燃油价格波动的风险对于航空公司来说非常重要。利用期货、期权等金融衍生品进行套期保值是规避价格波动风险的常见做法。国内航空企业为了规避航空燃油价格风险也在期货、期权市场进行了套期保值交易，但效果并不令人满意。航空企业在规避燃油价格波动进行套期保值时，一定要有风险意识、良好的内部风控机制等措施，才能达到套期保值目的。

第一节　航空公司运营成本分析

一、航空公司运营成本构成

航空公司属于运输业。运输业所使用的资本分为固定设施和移动设备两大部分，其中移动设备是指移动性的运输工具，如火车、汽车、船舶和飞机等。运输业资本的这种特殊性质使得其成本分为运输固定设施成本、载运工具的拥有成本和运营成本。

国内外航空公司常将其运营成本分为直接运营成本和间接运营成本两大类。直接运营成本也被称为航班飞行运营成本，通常与飞行小时有关，包括维修成本和维修管理成本的分摊，它是航空公司在执行航空运输业务过程中可以直接计入某一具体航班的成本。间接运营成本主要由两部分组成：一部分是与地面运营服务有关的地面运营成本，包括在机场为旅客和飞机服务而发生的成本，如订座、出票等服务发生的成本；另一部分是除此之外的其他成本，是与总体投入相关的先期投入成本。直接运营成本和间接运营成本的区分在实际中并不是十分严格和清晰，表 5 - 1 是航空公司运营成本的传统分类内容。

二、燃油费用在航空公司运营成本中占比分析

在航空公司直接运营成本中，飞行成本毫无疑问是最大的支出，燃油费用又是飞行成本中占比较大的一部分。

目前，世界各航空公司所使用的航空燃料主要有两大类：航空汽油和喷气燃料，两者分别适用不同类型的飞机发动机。航空汽油是用在活塞式航空发动机的燃料。航空活塞式

表5-1 航空公司运营成本的传统分类

直接运营成本（DOC）	间接运营成本（IOC）
1. 飞行成本： 　机组工资和费用 　燃油费用 　机场收费和航路费 　飞机保险费用 　航班设备/机组租赁费用	4. 场站和地面支出： 　地勤员工 　建筑、设备和运输 　支付给其他人的处理费用
2. 维修成本： 　工程人员成本 　备件消耗 　维修管理（可以是IOC）	5. 旅客服务： 　舱内机组人员工资和费用（可以是DOC） 　其他旅客服务成本 　旅客保险
3. 折旧和分摊： 　飞行设备 　地面设备和资产（可以是IOC） 　额外折旧 　发展成本和员工培训成本	6. 票务、销售和推销 7. 一般管理 8. 其他运营成本

发动机与一般汽车发动机工作原理相同，但功率较大、自重较轻，现在这种发动机只用于一些辅助机种，如直升机、通讯机、气象机等，所以相应的航空汽油用量较少。随着航空工业和民航事业的发展，民航大型客机的动力装置逐步被涡轮喷气发动机代替。这种发动机通过把燃料燃烧转变为燃气产生推力，推动飞机向前飞行，使用的燃料称为喷气燃料，由于国内外普遍生产和广泛使用的喷气燃料多属于煤油型，所以通常称之为航空煤油，简称航煤。航煤是经直接炼制和二次加工从原油中提炼出来的，一般产量不高，只占原油的百分之十几。为调整产品指标，航煤有时要加入适当种类和数量的添加剂。

燃油费用大小一般取决于不同飞机的大小或不同推力的发动机类型，实际飞行时，由于航线长度、飞机的重量、风况、巡航高度等不同，实际耗油量相差很大，所以，单位小时燃油成本要比单位小时机组成本（机组成本包括直接的工资、飞行和中转成本、津贴和养老金等）高得多，通常按航线考虑燃油消耗。

根据国际民航组织（ICAO）公布的各大航空公司成本分布情况，如表5-2所示，现在世界上有一半以上的航空公司直接运营成本在不断上涨，这是一个普遍的趋势，大多数航空公司的直接运营成本在45%—60%。

从表5-2可以很明显地看出，影响整个运营成本水平和结构的最大因素是航空燃油。作为原油的下游产品，国际原油价格剧烈波动导致航煤价格的剧烈波动，进而影响航空公司盈利情况。比如，2003年3月爆发的伊拉克战争使得石油需求旺盛，促使石油价格直线飙升，2006年每桶的价格比1998年同比翻了近3倍，2008年达到每加仑4美元价格，使得航空公司燃油成本大幅增加，占据总成本的25%以上，这也是当年航空公司出现亏损的重要原因。

表 5 - 2　国际民航组织（ICAO）成员运营定期航班的成本结构（1994—2007 年）

	1994 年（%）	2000 年（%）	2007 年（%）
直接运营成本（DOC）			
航班运营总成本	32.9	38.1	46.5
机组（包括培训）	8	8.6	7.5
燃油	11.4	14.4	25.4
机场和航路费用	7.1	7	6.6
飞机租赁、设备等	6.4	8.1	7
维修	10	10.6	10.3
折旧	6.1	5.5	5.1
直接运营总成本	49	54.2	61.9
间接运营成本（IOC）			
地面站点费用	12	11.3	10.5
旅客服务（含空乘）	10.8	10	8.7
机票销售、促销	15.8	12.7	8.5
管理和其他成本	12.4	11.8	10.4
间接运营总成本	51	45.8	38.1

三、燃料油和航空煤油价格相关性分析

燃料油作为成品油的一种，是石油加工过程中在汽油、煤油、柴油之后从原油中分离出来的较重的剩余产物。也就是说燃料油和航煤都是原油的下游产品，虽然燃料油与航煤在品质要求、炼制工艺、市场化程度等方面有很大的差别，但由于两者的上游产品都是原油，影响原油价格的因素也同样影响着燃料油和航煤，两者价格相互影响、相互制约，必然存在一定的相关性。

2004 年我国推出燃料油期货时，对燃料油、原油与航煤的价格变化率（即某一交易日价格相对前一交易日价格变动百分比）进行了相关性分析，结果表明燃料油与航煤价格变化率显著相关，相关性要强于原油与航煤价格变化率的相关性。所以，可以利用燃料油与航煤之间的这种关系，通过期货市场的燃料油期货套期保值来规避航煤价格波动风险。

根据对近两年的日数据相关系数的分析，可以看出航空煤油与燃料油、原油价格的相关性非常强，如表 5 - 3 所示。

而对价格变化率的相关性考察后发现，航空煤油与燃料油的价格变化也具有强相关性，如表 5 - 4 所示。

表 5-3　航空煤油与燃料油、原油的价格相关性

	航空煤油	燃料油	WTI 原油	Brent 原油	Dubai 原油
航空煤油	1				
燃料油	0.924	1			0.
WTI 原油	0.940	0.965	1		
Brent 原油	0.931	0.944	0.983	1	
Dubai 原油	0.916	0.969	0.976	0.971	1

表 5-4　航空煤油与燃料油、原油的价格变化率相关性

	航空煤油	燃料油	WTI 原油	Brent 原油	Dubai 原油
航空煤油	1				
燃料油	0.737	1			
WTI 原油	0.118	0.194	1		
Brent 原油	0.163	0.172	0.862	1	
Dubai 原油	0.364	0.362	0.68	0.755	1

从上面两个表可见，航空煤油与燃料油的价格走势具有很强的相关性，航空公司可通过参与燃料油期货交易，通过其套期保值对航空煤油价格波动风险进行规避是可行的。

第二节　燃料油套期保值

一、燃料油期货简介

燃料油也叫重油、渣油，是原油炼制出的成品油中的一种，广泛用作船舶锅炉燃料、加热炉燃料、冶金炉和其他工业炉燃料，其中，船运燃料油是燃料油的主要消费领域，占燃料油总消费的 47%。燃料油期货是指以燃料油作为期货标的物的期货品种。

（一）新加坡燃料油市场

目前，世界上燃料油消费国主要集中在东南亚，包括新加坡、中国、泰国和越南等几个国家，占全球总需求的 25%。新加坡是世界上重要的成品油市场和集散地，是全球第一大货船加油港，在全球船用燃料油市场中占有 1/4 的份额。中国进口燃料油的第一来源地为新加坡。

新加坡燃料油市场在世界上具有重要的地位，主要由四个部分组成：一是传统的现货市场，即一般意义上的进行燃料油现货买卖的市场。二是普氏（PLATTS）公开市场，该市场的主要目的不是为了进行燃料油实货的交割，而主要是为了形成当天的市场价格。三是纸货市场。新加坡纸货市场大致形成于 1995 年前后，从属性上讲属于衍生品市场，交易品种主要有汽油、柴油、航煤和燃料油。纸货市场类似于期货市场，有严格的保证金制度、交易制度及其他严格的规章制度，不少条款都高度标准化，但没有交易所对会员的各种较强约束，比期货市场自由灵活得多，更便于操作，参与者众多，流动性很强。纸货市场大部分都对冲交易平仓，现金结算，实物交割较少，规模是现货市场的 3 倍以上，其中 80% 左右是投机交易，20% 左右是保值交易。四是新加坡亚太交易所（以下简称 APEX）燃料油期货市场，APEX 是中国第一次在海外自主创办的国际化交易所，在 2019 年 4 月 11 日晚 9 时正式推出燃料油期货合约，APEX 的燃料油期货合约标的为 380，是国际主流品种，采用实物交割方式，供连续电子交易，价格公开透明，交易时间覆盖新加坡普氏、上海期货交易所、ICE 等交易活跃时段，有效连通亚洲与欧美市场。

（二）国内燃料油期货市场

2001 年，我国正式放开了燃料油的价格，完全靠市场力量来调节其流通和价格。2004 年 1 月 1 日起，按照对世界贸易组织的承诺，我国进一步取消了燃料油的进出口配额，实行进口自动许可证制度，燃料油现货市场与国际市场基本接轨。2017 年，中国燃料油产量为 2700 万吨，累计进口燃料油 1336 万吨，出口 1100 万吨左右；保税燃料油则基本依赖进口。

2004 年 8 月 25 日，上海期货交易所推出燃料油期货品种——180 燃料油期货合约，当时交割品标的为发电用燃料油，经过几年发展，在 2008 年金融危机前后，成交量突破 100 万手/天，一度是期货市场的明星品种。

180 燃料油期货在 2008 年、2009 年交易达到顶峰状态，但 2004—2015 年，国家对消费税进行了六次上调，导致燃料油中的消费税已经超过总价的 50%，消费税已经成为影响价格和需求的决定性因素，这个因素是导致 180 燃料油期货成交变为不活跃的最关键因素。2011 年交易所将合约交易单位从 10 吨/手调成 50 吨/手大合约，交割标的由电厂用燃料油改为内贸船用燃料油，加之品质较为混乱，市场参与度逐渐降低。

虽然 180 燃料油期货的国内价格发现功能得到初步体现，但由于国内外燃料油品种不同，国内市场对燃料油的需求难以在现行计价体系中得到反映，中国油商只能作为国际市场燃料油价格的被动接受者，而不是油价的制定者和参与者。我国国内燃料油贸易企业与国外油商进行交易时通常以普氏公布的新加坡燃料油现货市场平均价格为计价基础。由于我国没有权威的燃料油基准价格，国内厂商只能利用新加坡价格来指导企业的经营，新加坡市场价格反映的是新加坡当地的市场供求关系，不能真实反映我国国内燃料油市场的供求关系，但却决定着中国企业进口燃料油的全部成本。这种情况不仅使能源资源的配置功能不能正常地发挥，还经常引发一些投机商在我国进口燃料油的计价期间在新加坡市场上联手推高现货价格，从中渔利。这往往使得我国的相关企业在应付国际石油市场上油价的大幅震荡风险之外，还要承担投机商在期货市场上的人为操纵带来的风险。据分析，广东作为国内最大油品交易市场，其燃料油价格的 70% 受到新加坡市场的影响，而当地的市场供求因素只起到约 30% 的作用。

鉴于此，2018 年 7 月 16 日，上海期货交易所以保税 380 船用燃料油作为交割标的的燃料油期货重新起航。保税 380CST 燃料油合约设计，更加便于投资者参与（见表 5 - 5）。首先，报价不含关税、增值税和消费税，一方面可抵御税收政策变化对燃料油期货价格的冲击，另一方面保税交割便于套利商跨地区套利。其次，作为场内交易品种，交易活跃时间远多于新加坡纸货市场，目前普氏窗口交易时间是每天 16：00—16：30，在普氏公开报价系统（PAGE190）上进行公开现货交易，保税 380CST 交易时间基本能覆盖整个工作日。再次，保税 380CST 相比之前的 180CST 合约，交易单位由 50 吨/手降为 10 吨/手，与沥青一致，降低了中小投资者的参与成本，交易单位减少，有利于提高合约的流动性。最后，该合约交割品级修改为硫含量Ⅰ、Ⅱ或者质量优于该标准的船用燃料油，符合实际需求，同时与国际接轨。

保税 380 燃料油期货合约客观上可以形成反映中国燃料油市场供需状况的"价格"，有助于建立市场普遍认可的燃料油期货"中国标准"，也有利于国内企业通过套期保值进行价格风险规避。

表 5 - 5　上海期货交易所燃料油期货合约

交易品种	燃料油
交易单位	10 吨/手
报价单位	元（人民币）/吨（交易报价为不含税价格）
最小变动价位	1 元/吨
涨跌停板幅度	上一交易日结算价 ±5%
合约月份	1—12 月
交易时间	9：00—11：30，13：30—15：00 和交易所规定的其他交易时间
最后交易日	合约月份前一月份的最后一个交易日；交易所可以根据国家法定节假日调整最后交易日
交割日期	最后交易日后连续五个工作日
交割品级	RMG 380 船用燃料油（硫含量为Ⅰ级、Ⅱ级）或者质量优于该标准的船用燃料油（具体质量规定见上海期货交易所相关文件）
交割地点	交易所指定交割地点
最低交易保证金	合约价值的 8%
交割方式	实物交割
交割单位	10 吨
交易代码	FU
上市交易所	上海期货交易所

（三）燃料油价格影响因素

燃料油价格主要受原油价格、国家政策、炼油装置、开工状况、原油加工深度等因素的影响，对其进行长期预测有较大难度。我国燃料油主要从新加坡、韩国、俄罗斯等国家进口，国产燃料油主要由中国石油和中国石化两大集团下属的炼油厂生产以及少量的地方

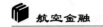

炼厂生产。

影响燃料油价格的因素主要有以下几点：

（1）国际原油价格和新加坡燃料油价格的走势。燃料油作为原油的下游产品，其价格受到原油价格走势的影响。新加坡普式现货价格是新加坡燃料油的基准价格，对我国的燃料油价格影响较大。

（2）供求关系。这是影响燃料油价格的根本因素。权威部门公布的数据是判断燃料油供求的重要标准。新加坡、韩国、俄罗斯等国家的供应量以及我国的需求量是影响燃料油价格最主要的因素。

（3）国际、国内经济政策的影响。燃料油是一个国家的重要能源，关系到电力、交通运输、石油化工、建材等关键行业。燃料油的需求与经济发展密切相关。因此，要把握和预测燃料油价格的未来走势，把握宏观经济的演变是相当重要的。

（4）地缘政治的影响。在影响油价的因素中，地缘政治是不可忽视的重要因素之一。在地缘政治中，世界主要产油国或中东地区发生的重大变化，都会对油价产生重要的影响并反映在油价的走势中。

（5）投机因素。国际对冲基金以及其他投机基金是各石油市场最活跃的投机力量，国际对冲基金及其他投机基金对宏观面的理解更为深刻，所以基金的头寸与油价的涨跌之间有着很强的相关性。

（6）美元汇率、利率等因素。国际上燃料油的交易一般以美元标价，所以美元的汇率、利率对油价影响很大。

二、套期保值

随着市场经济不断发展，大宗商品价格在多种因素影响下会出现较大幅度的波动，这种波动不具有规律性，而且价格变动方向也不确定，一些经营者无法承受这种价格的波动，或者是希望在低风险下获得稳定收益，衍生品市场套期保值交易手段应运而生。

（一）套期保值定义

根据利用衍生工具不同，套期保值可分为期货套期保值与期权套期保值。期货套期保值是指把期货市场当作转移价格风险的场所，将期货合约作为将来在现货市场买卖商品的临时替代物，对现在买入准备以后售出的商品或对将来需要买入商品的价格进行保险的交易活动。基本特征是在现货市场和期货市场对同一种类的商品同时进行数量相等但方向相反的买卖活动，即在买进或卖出实货的同时，在期货市场上卖出或买进同等数量的期货，经过一段时间，当价格变动使现货买卖上出现盈亏时，可由期货交易上的亏盈得到抵消或弥补，从而在"现"与"期"之间、近期和远期之间建立一种对冲机制，以一个市场的盈利来弥补另一个市场的亏损，从而规避现货价格变动带来的风险，实现保值的目的。

期权套期保值是指通过期权合约的买卖，利用期权市场上的收益，弥补现货可能出现的损失，以达到规避价格变动风险的目的。本章主要以期货市场为例进行套期保值分析。

（二）套期保值遵循的原则

1. 品种相同或相近原则

该原则要求投资者在进行套期保值操作时，所选择的期货品种与要进行套期保值的现货品种相同或尽可能相近。只有如此，才能最大程度地保证两者在现货市场和期货市场上价格走势的一致性。

2. 月份相同或相近原则

该原则要求投资者在进行套期保值操作时，所选用期货合约的交割月份与现货市场的拟交易时间尽可能一致或接近。

3. 方向相反原则

该原则要求投资者在实施套期保值操作时，在现货市场和期货市场的买卖方向必须相反。由于同种（相近）商品在两个市场上的价格走势方向相反，因此必然会在一个市场盈利而在另外一个市场上亏损，盈亏相抵从而达到保值的目的。

4. 数量相当原则

该原则要求投资者在进行套期保值操作时，所选用的期货品种其合约上所载明的商品价值必须与现货市场上要保值的商品价值相当。只有如此，才能使一个市场上的盈利（亏损）与另一市场上的亏损（盈利）相等或接近，从而提高套期保值的效果。

（三）套期保值经济原理

套期保值之所以能够化解价格波动风险，其基本原理在于：

首先，一般情况下市场对同一商品期货、现货价格的主要影响因素相同，故期货、现货价格变动趋势基本一致，而变动幅度不一定完全一致。这就使企业可通过在期货市场上做与现货市场相反的交易来消除价格浮动的影响，使手中商品价格稳定在一个目标水平上。比如，实证统计研究表明，2004 年 8 月 25 日到 2010 年 8 月 25 日，上海燃料油期货价格与黄埔燃料油现货价格相关系数为 98.12%，与 WTI 原油期货价格的相关系数为 83.16%。

其次，同一商品期货、现货价格不仅变动趋势相同，而且合约到期时两者将大致相等，期货、现货价格趋于一致。因为期货交易强调，合约到期后一定要交割，在交割时，若期货合约价格同现货价格不相符，期货合约价格大于现货价格，将会有套利主体购买低价现货，卖掉高价期货合约，通过把低价购买的现货高价抛入期货市场中，在没有风险的状态下得到盈利，该种套利交易手段最后令期货合约价格与现货价格趋于统一。正因如此，期货价格虽通常高于现货价格，其中包含贮藏直至交割日为止的各种费用，但当合约接近交割时，这些费用会逐渐减少乃至完全消失，回归现货价格，这可以确保生产、加工以及流通公司借助期货市场实现套期保值，避免风险。

（四）套期保值种类

套期保值是企业在期货市场进行有效价格风险规避的一种金融手段，通常分为买入套期保值和卖出套期保值。

买入套期保值是指交易者首先在期货市场买入期货合约，以便将来在现货市场买进现货时不致因价格上涨而给自己造成经济损失的一种套期保值方式，主要是为了应对价格上涨的风险。买入套期保值为那些需要在未来某个时期购入某种商品而又想避免可能的价格上涨的现货商所采用。如果价格上涨，他们将在现货市场购买该商品而支付更多资金，但同时能在期货市场中赚钱而抵消了在现货市场中的损失。

卖出套期保值是为了防止现货交割时价格下跌的风险而先在期货市场上卖出与现货数量相当的合约所进行的交易方式，可用来规避价格下跌风险。通常是农场主为防止收割时农作物价格下跌、矿业主为防止矿产开采以后价格下跌、经销商为防止货物购进而未售出时价格下跌而采取的保值方式。在商品持有期，如果现货价格下跌，商品持有者将在现货市场中亏钱；但是他在期货市场卖出该商品的期货合约，可以从期货价格下跌中获利，从而弥补在现货市场的损失。

不论是哪种套期保值，其操作目的是一样的，企业在期货市场上买卖与企业所需或将来要售出的、数量相当、到期日与企业生产或所需相近、损益相反的期货合约，使企业在期货市场上的损益与现货市场的损益相对冲，以达到规避价格风险的目的。

（五）套期保值作用

1. 规避价格风险，稳定企业收益

利用商品现货市场、期货市场价格波动的一致性和临近交割的收敛性，经过在期货市场建立套期保值头寸，为现货市场头寸构建保险，削减市场价格的不确定性，为企业创造一个价格相对稳定的环境，可以相对让企业安心进行生产经营，取得稳定的预期收益。这是套期保值作为风险转移机制的核心内容。

2. 有利于企业的可持续经营

预期收益的不确定性可能会让某些企业放弃一些优质项目。套期保值可以基本确定企业未来的收入，然后给予企业更多的自主权来挑选优质的项目。套期保值有助于企业规避价格波动所带来的风险，稳定生产成本，让企业可持续地进行生产经营。

3. 降低企业利息成本，增强融资能力

企业通过使用套期保值，稳定收益和经营预期，可向潜在的债权人表明企业尽力保护基础性财物，做好风险的预防工作，有助于增强企业的债务融资能力，争取到更有利的借款待遇。

（六）套期保值风险

1. 基差风险

基差即现货价格与期货合约价格之差。基差风险来源于期货市场和现货市场价格波动的不一致。理论上，期货套期保值为现货商提供了完美的价格风险对冲机制，可以基本上抵消现货市场中商品价格的波动风险。但实际上，期货市场并不完全等同于现货市场，期货价格与现货价格的波动趋势也不完全一致，所以套期保值并不能使价格波动风险完全消失。为了避免价格风险，更好地运用套期保值，就必须深刻理解和掌握基差及其基本原理。

由于基差等于现货价格与期货合约价格之差，企业套期保值时选择的合约不一定总是近月合约，而远期合约价格受多种因素影响，会出现与现货价格波动幅度不一致的情况，这就会使套期保值效果受到影响，出现基差风险。

如果基差扩大，则意味着现货市场价格涨幅大于期货市场（或者现货市场价格跌幅小于期货市场），对卖出套期保值有利，对买入套期保值不利；如果基差缩小，则意味着现货市场价格涨幅小于期货市场（或现货市场价格跌幅大于期货市场），对卖出套期保值不利，对买入套期保值有利。

由于市场价格变化是不能确定的，很难完全控制基差风险，所以在进行套期保值时要通过确定买卖期货合约数量、选择合适套期保值时间等方法，将基差风险考虑进去，以求尽量降低基差风险。

2. 违规操作风险

理论上讲，套期保值在规避风险的同时也会失去价格正向变动所带来的收益。由于金融杠杆的存在，这个收益相对于本金数额巨大，很多人或企业经受不住这种诱惑，就会在利益的驱使下，开始投机，就是将本来需要进行的套期保值行为根据自己的预测进行完全相反的操作，假如对于行情判断准确无误，那么投机者将获得现货市场和期货市场双重收益，但是假如对市场判断错误，则会导致现货市场与期货市场双重损失。这种投机行为一旦失误将会给企业造成巨额损失，违背企业进入期货市场的初衷，给企业带来资金链断裂和经营利润大幅波动的风险。

根据有关数据分析显示，有超过75%进入期货市场的公司，正在或曾经有过投机行为。投机行为不仅不能降低公司风险，还会给公司增加风险，那么为什么还有这么多的公司飞蛾扑火般进行投机行为呢？一些专家学者认为，套期保值会导致公司的业绩增长放缓，行业前景较好的情况下如果持续进行套期保值操作，会导致公司本应有的业绩增长被对冲掉一部分，所以有的公司就不甘于只进行套期保值，大胆进驻投机市场，以求带来高额的业绩增长。

这种违规、变形的套期保值违背了期货市场风险规避的基本功能，但这并不是说期货市场中的投机者是不好的。投机者进入期货市场时是自愿主动承担期货市场风险的，他们的交易会有效地促进市场流动性，保障期货市场发现价格功能的实现；适度的期货投机还能够缓减价格波动。

三、燃料油套期保值方法

（一）燃料油期货买入套期保值

1. 基本操作方法

交易商先在期货市场上买入期货合约，其买入的商品数量、交割月份都与将来在现货市场上买入的现货大致相同，如果将来现货市场价格出现上涨，他必须在现货市场上以较高的价格买入现货商品，这样在现货市场上遭受了价格上涨引起的损失。但与此同时，他在期货市场卖出原来买进的期货合约进行对冲平仓，从而使期货市场上的盈利弥补了现货市场价格上涨所造成的损失。相反，若价格下跌，交易商可以用现货市场上少支付的成本来弥补期货市场的损失。通过这些交易活动，企业基本可以锁定采购价格。

2. 案例

2010 年 3 月 1 日，国内航空煤油出厂价为 3500 元/吨，当时上海期货交易所的 5 月份燃料油期货合约价格为 3100 元/吨。某航空公司由于在未来 2 个月有大约 2000 吨航空煤油采购需求，担心原油价格继续上涨，发改委继续上调国内航空煤油价格情况出现，决定在期货市场进行买入套期保值。于是在期货市场上买入交割期为 5 月份的 1005 燃料油期货合约 200 手（1 手 10 吨）。受国际原油价格上涨影响，发改委 4 月份对国内油价进行上调，到了 5 月份，航空煤油价格涨至 4000 元/吨，而同期燃料油期货 1005 合约价格也涨至 3600 元/吨。航空公司按照上述价格购进航空煤油，同时对燃料油期货合约进行平仓，其套期保值效果如表 5 - 6 所示。

表 5 - 6　买入套期保值效果

时间	现货市场	期货市场	基差
2010 年 3 月	煤油 3500 元/吨	3100 元/吨，买进燃料油期货合约	400 元/吨
2010 年 5 月	煤油 4000 元/吨，买入 2000 吨	3600 元/吨，卖出对冲燃料油期货合约	400 元/吨
套期保值效果	购买成本增加 500 元/吨，多支出 100 万元	盈利 500 元/吨，盈利 100 万元	
总体效果	燃料油期货市场盈利刚好弥补航空煤油现货市场的相对亏损，规避了现货价格上涨风险		

表 5 - 6 显示，该航空公司通过买入套期保值交易，有效地规避了航煤价格上涨给其带来的风险损失。如果价格下跌，用现货市场相对盈利对冲期货市场亏损。由此可见，通过上述相关的交易活动，使现货交易和期货交易所发生的亏损和盈利相互抵补，从而起到了锁定购买成本、套期保值的作用。

在实际操作中，由于航空煤油和燃料油属于不同品种，需要对其进行相关性分析，假设航空煤油和燃料油价格变化率相关系数为 0.737，按照这个系数，再结合航空煤油价格和燃料油期货合约价格确定燃料油期货合约买进数量，这个数量是：

买入燃料油期货合约套期保值手数 = 3500 × 2000 ÷ (3100 × 10) × 0.737 = 306.39 手。

因此，航空公司 2010 年 3 月份在燃料油期货市场上买入 306 手 5 月份期货合约。到了 5 月份，假定航空煤油现货市场价格为 4000 元/吨，1005 燃料油期货合约价格为 3450 元/吨，当天航空公司按照上述价格购进航空煤油，同时在期货市场上平仓离场。具体套期保值效果如表 5 - 7 所示。

表 5 - 7 显示，在考虑航空煤油和燃料油价格变化相关性后，两者价格变化幅度不同，同时燃料油期货合约买入数量发生变化，该航空公司通过买入套期保值交易，有效地规避了航煤价格上涨给其带来的风险损失，同时也带来了额外盈利。如果价格下跌，则相反。当然，在这里所举例子中的价格变化对该航空公司是有利的，如果价格变化不同，可能出现现货交易和期货交易所发生的亏损和盈利相互抵补后，盈利不足以弥补亏损的情况。

表5-7　买入套期保值效果

时间	现货市场	期货市场	基差
2010年3月	煤油3500元/吨	3100元/吨，买进燃料油期货合约	400元/吨
2010年5月	煤油4000元/吨，买入2000吨	3450元/吨，卖出对冲燃料油期货合约	550元/吨
套期保值效果	购买成本增加500元/吨，多支出100万元	盈利350元/吨，盈利107.1万元	
总体效果	燃料油期货市场盈利可以弥补航空煤油现货市场的相对亏损，同时出现了额外盈利		

（二）燃料油期货卖出套期保值

1. 基本操作方法

先在期货市场上卖出期货合约，其卖出数量、交割月份都与将来在现货市场上卖出的现货大致相同，如果将来现货市场价格出现下跌，在现货市场上只能以较低的价格卖出手中的现货，从而减少了预期利润。但在期货市场上买入原来卖出的期货合约进行对冲平仓，可以用期货市场上的盈利来弥补在现货市场所发生的亏损。相反，若价格上涨，则可以用现货市场的盈利弥补期货市场的亏损。通过这些交易，基本锁定销售价格，控制一定的利润水平。

2. 案例

某国内石化厂计划在2012年8月下旬卖出5万吨燃料油，担心价格下跌，为此在6月上旬通过上海期货交易所开仓卖出1000手（1手50吨）燃料油期货合约1209，成交均价为5080元/吨，现货价4970元/吨。到了8月下旬，价格下跌，在期货市场上以均价4980元/吨进行平仓，以4920元/吨卖出5万吨燃油。其套期保值效果如表5-8所示。

表5-8　卖出套期保值效果

时间	现货市场	期货市场	基差
2012年6月	4970元/吨	5080元/吨，卖出燃料油期货合约	-110元/吨
2012年8月	4920元/吨，卖出燃料油	4980元/吨，买进对冲燃料油期货合约	-60元/吨
套期保值结果	亏损50元/吨	盈利100元/吨	
总体效果	期货市场盈利弥补现货市场亏损，盈利50元/吨		

表5-8显示，该企业通过卖出套期保值交易，有效地规避了因价格下跌所带来的风险损失。如果燃料油价格未下跌，反而上涨，可用实际销售增加额来弥补期货的损失。由此可见，通过上述相关的交易活动，企业可以转移价格下跌的风险。

（三）燃料油期权套期保值

1. 期权基础知识

期权交易起始于18世纪后期的美国和欧洲市场。期权是指一种合约，该合约赋予持有人在某一特定日期或该日之前的任何时间以固定价格购进或售出一种资产的权利。期权合约买入方享有权利但不承担相应的义务。

按期权合约包含的权利划分，有看涨期权和看跌期权两种类型。看涨期权（Call Options）是指期权的买方向期权的卖方支付一定数额的权利金后，即拥有在期权合约的有效期内，按事先约定的价格向期权卖方买入一定数量的期权合约规定的特定商品的权利，但不负有必须买进的义务。而期权卖方有义务在期权规定的有效期内，应期权买方的要求，以期权合约事先规定的价格卖出期权合约规定的特定商品。

看跌期权（Put Options）是指，期权买方向期权卖方支付一定数额的权利金后，即拥有在期权合约的有效期内，按事先约定的价格向期权卖方卖出一定数量的期权合约规定的特定商品的权利，但不负有必须卖出的义务。而期权卖方有义务在期权规定的有效期内，应期权买方的要求，以期权合约事先规定的价格买入期权合约规定的特定商品。

2. 燃料油期权套期保值案例

如某进口商有进口 100 万吨燃料油需求，为防止未来油价大幅上涨增加进口成本，那么此时应买入合约规模不超过 100 万吨燃料油的看涨期权，锁定最大成本，这就是套期保值。相应的，对于出口商，计划出口 100 万吨燃料油，为防止未来油价下跌，买入不超过 100 万吨燃料油的看跌期权，从而锁定最低收益，这也是套期保值。简而言之，只要实际现货交易需求与期权合约上约定的交易规模相匹配，或者期权合约上约定的规模小于现货交易需求，都属于套期保值。如果期权合约规模超过现货交易实际需求，或者期权合约买卖方向有悖于实际需求，就属于投机了。

可以通过某能源需求企业虚拟案例来进一步了解燃料油期权套期保值及其与投机的关系。A 企业，某能源大宗商品进口商，进口量庞大，为应对燃料油价格上涨的风险，作为买方采取买入看涨期权的策略锁定成本，规避燃料油商品涨价风险，且买入看涨期权不超过进口需求量，其期权操作应属于套期保值业务范畴。当价格上涨到一定程度时，可通过行权在期权市场上获得收益，以弥补现货市场上高价采购付出的成本。当价格下跌到一定程度时，放弃期权，可在现货市场上低价购买。

但也可能产生巨大亏损风险，原因在于，实际操作中 A 企业在套期保值操作中采取了复合策略（该策略是企业在套期保值操作中的常用策略，在买入相应方向期权进行套期保值的同时，卖出相反方向的期权，以减少权利金支出的昂贵成本，实现"零成本"（zero collar）交易，A 企业预测未来燃料油价格会持续上涨，因此买入了看涨期权的同时卖出看跌期权，但由于燃料油商品国内外市场变化，商品价格大跌，且超出了 A 企业预期，使得其在买入看涨期权方面损失了权利金，在卖出看跌期权方面被迫高价行权，且由于衍生品市场的放大效应，导致出现了损失。也就是说在期权市场上有亏损，虽然燃料油商品现货市场价格下跌节约了 A 企业现货市场的成本，一定程度上弥补了其在期权市场的亏损，但期权市场亏损远超现货市场的相对盈利。反之，如果价格上涨到一定程度，在期权市场上是获得收益的，同时没有付出成本，而在现货市场上高价采购付出的成本可以由期权市场的盈利冲减。

B 企业，同样是燃料油商品的进口商，本应与 A 企业一样采取买入看涨期权的策略，但却采取反向策略卖出了看涨期权，且其期权交易量远超其实际需求的 10 倍，这就属于典型的投机交易了。当价格上涨到一定程度时，期权市场上要被迫执行期权，低价卖高价买，有亏损，现货市场上要高价采购。当价格下跌到一定程度时，期权市场仅仅获得较少的期权权利金收入，现货市场可以低价采购。但要注意，对于进口商而言，要防范的风险是价格上涨风险，这个策略恰恰相反，价格上涨时不能规避风险，反而有亏损，所以其不是套期保值策略，而纯粹是投机。

需要注意的是，在判断套期保值业务的盈亏时，要将衍生品市场与现货市场放一起看，不能片面地认为衍生品市场赚钱是套保成功，而亏损则是套保失败。我国是亚太地区燃料油消费最多的国家，占全球消费量的 8%，占亚太地区的 23%。在国际石油市场波动如此剧烈的今天，由燃料油价格波动带来的风险是很多燃料油生产、消费或贸易企业或相关企业所面临的最大风险，因此，无论从节约成本还是从防范风险的角度，国内企业都应利用燃料油期货市场进行套期保值交易，锁定企业成本或利润，控制经营风险，提高企业经济效益。

第三节 国内航空公司航油套期保值问题分析

2001 年，中国证券监督管理委员会为了规范国有企业的境外期货套期保值业务，有效防范和化解境外期货业务风险，发布《国有企业境外期货套期保值业务管理制度指导意见》，对国有企业境外套期保值业务进行管理。其实，在此之前，部分国有企业已经开始进行期货交易。国内航空公司出于规避航空燃油价格风险也在期货市场进行了相应交易。航油套期保值是指航空公司为了应对油价上下波动带来的经营风险，通过买入或卖出原油、燃料油等金融衍生工具（比如期货和期权），对未来所用航空燃油进行套期保值，规避其价格波动风险的交易。

一、国内航空公司航油套期保值运用情况

国内航空公司的燃油成本占经营成本的比重较高，以 2008 年为例，2008 年 7 月原油现货价格达到 147.5 美元/桶，当年，国内航空公司的燃油成本占到经营成本的 40% 左右，其中，中国国际航空股份有限公司达到 39.32%，东航达到 42.92%，南航达到 42.8%。为了规避燃油成本波动风险，航空公司采用了航油套期保值这一衍生金融工具。但从国内航空公司期货交易实际来看，效果欠佳。以 2008 年数据为例，2008 年全球航空公司的亏损总额约合人民币 540 亿元，国航、东航、南航、海航和上航五大航空公司年报无一盈利，亏损总额高达 305.79 亿元，在全球 230 多家航空公司中，中国五大航空公司的亏损总额就占到 56%，而国外航空公司的亏损总额不过占 5%—7%。这其中，期货期

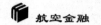

权衍生品市场亏损是主要原因。

（一）国航航油套期保值运用情况

国航从 2001 年 3 月就开始进行航油套期保值业务，在 2005—2007 年 3 年间，国航的航油衍生工具的净收益为 0.95 亿元、1.13 亿元和 2.36 亿元。但是在 2008 年，由于油价大幅度下降，公司航油套期保值发生巨额亏损，油料套期保值业务损失达 74.72 亿元，竟然占到了总亏损额（91.49 亿元）的 82%。以至于 2009 年国资委发布《关于进一步加强中央企业金融衍生业务监管的通知》，"要求央企要全面清理金融衍生业务，禁止任何形式的投机交易"。

（二）东航航油套期保值运用情况

东航从事套期保值业务规避航空燃油价格波动风险始于 2003 年。东航主要采用三种期权交易方式：买入看涨期权、卖出看跌期权和卖出看涨期权。事实上，当航油价格波动太大的时候，卖出看跌期权和卖出看涨期权的净损失没有下限，反而净收益有上限，即卖出期权的期权价格。直到 2008 年 6 月之前，其燃油套期保值业务头寸一直都有盈利，但到 2008 年底，根据东航集团的年报，其航油套期保值的损失达到 64.01 亿元，占当年总亏损（139.28 亿元）的 45.96%。

（三）南航航油套期保值运用情况

南航 2008 年在航油套期保值业务上的净收益约为 628 万美元，这一收益得益于南航及时从航油套期保值业务中抽身，从而躲开了 2008 年下半年国际油价一路下跌带来的不利影响。但是由于 2008 年下半年国际原油价格的突然上涨，南航 2008 年整体营业亏损人民币 59.08 亿元。

二、国内航空公司航油套期保值结果分析

（一）偏离套期保值初衷

航空公司套期保值的目的在于转移国际油价波动的风险，稳定燃油供给，通过对成本的控制保障正常的商业利润。可见，套期保值目的是规避价格波动风险，而不是获得投机利润，其正常操作是通过买入、卖出与现货市场交易数量相当、方向相反的期货合约或者买卖看涨期权或看跌期权来实现。但现实中，企业有时并非出于套期保值目的进行期货交易，忘记了期货、期权等衍生品市场的高风险本质。比如，导致国航 2008 年巨亏的看跌期权空头交易行为，仅仅是为了降低买入看涨期权的成本，公司卖出了大量的看跌期权，在油价快速下跌时，出现巨额亏损。这种卖出看跌期权的交易违背了一个需要担心航油价格上涨企业进行套期保值的初衷，出发点变成了希望根据自己判断价格上涨的预期通过卖出看跌期权来投机获利。

（二）缺乏熟悉期货、期权等衍生品市场的专业人才

进行套期保值也要考虑具体合约的价位和价格走势，担心价格上涨进行买入套期保值时要看价格是否处于上涨趋势、价格是否处于高位，如果价格是下跌趋势或者已经处于较高位置，就不能进行买入套期保值。以国航为例，2008 年年报表明，该公司从 2001 年就

开始参与石油及相关产品的衍生交易，而国际油价在2001年左右其实是处在一个相对较低的价位，如果在2001年时利用金融衍生品进行买入套期保值，可以规避油价上涨带来的成本上升。然而，根据公告，国航持有的合约订立时间是2008年7月，当时国际油价正处于145美元/桶左右的历史高位，而且合约最长期限是三年。在这个价位进行买入套期保值操作，规避价格上涨的作用效果欠佳，因为价格上涨空间有限，反而下跌空间较大，当价格进一步上涨时，考虑到交易成本，进行买入套期保值所锁定的价格较高，当价格下跌时，进行买入套期保值反而享受不到价格下跌带来的好处。对比南航，当年在这个时间段它是平仓离开市场的，从而在期货市场收益628万美元，降低了现货市场采购的成本。所以，进行套期保值虽不是为了盈利，但也不是任何时间点都可以做的，只有拥有熟悉期货市场的专业人才，才能制定恰当的套期保值策略。

（三）套期保值操作中风控机制不完善

以国航为例，2008年时，国航的套期保值操作主要为董事会内部授权，集团采购部负责具体执行，公司内审机构和财务部负责把关。风险控制制度基本具备，但一些比较细节的风险控制策略不到位，比如进行反向操作、平仓离场的标准和具体的止损点等不够明确或执行不到位。当时市场处于一个少有的价格动态变化较大的状态，衍生品市场中头寸的盈亏在放大机制下随时会发生较大变化，从事后来看，国航考虑价格上涨头寸盈亏变化较多，对价格下跌尤其是价格剧烈下跌准备不充分，缺乏风险应急处理机制，对于交易中止损点制定不完善或执行不到位，对出现不利价格变动时的处理机制不完善，当价格出现较大不利变化时，应对措施不足，以至于出现较大亏损。也就是说，企业操作部门和人员及时根据出现的紧急状况采取有效应对的风险控制措施缺乏。

三、国内航空公司参与航油套期保值建议

套期保值是风险管理工具，但与所有金融交易一样，在具体交易中要面对多种风险，所以，企业需要具备与开展套期保值业务相匹配的风险管理体系，提高风险管控能力，从而保证操作程序的规范性，促进套期保值交易顺利进行。

（一）提高风险防范意识，坚守套期保值目的

期货和期权等衍生品市场是高风险、高投机的领域，尽管存在风险，但衍生品市场上的套期保值仍是一种有效规避风险的工具。但是再好的工具，如果使用不当，依然会出现较大亏损，甚至引起企业破产。所以，应提高企业管理层和各级员工的管理水平，端正他们的工作态度，使他们正确认识金融衍生品市场的风险。管理层应对金融衍生品及其风险有足够的认识，具体的操作人员应当具有足够的工作技能和道德素质来完成套期保值交易，并对操作过程可能带来的风险有充分的估计。

另外，从国内航空企业进行套期保值的案例来看，一定要明确、坚守套期保值的目的，使用尽可能简单的金融衍生产品，以平稳航油价格波动、规避价格波动带来的盈利下降风险为最终目的。航油套期保值是一种可以有效规避航油价格波动带来成本波动的手段，以买入看涨期权进行套期保值规避航油价格上涨风险为例，哪怕对未来航油价格的判

断出了错误，最多也只会损失期权费，但是我国航空公司在航油套期保值上却出现巨额亏损。这表明我国航空公司乃至我国整个金融市场对于金融衍生品的使用都尚不熟练，所以，应当避免采用过分复杂的衍生品，尽量采用简单的衍生产品，在充分衡量风险的情况下进行套期保值活动。

（二）完善专业人员配备及加强业务培训

拥有金融板块的集团企业，可以充分发挥金融板块相关单位的金融管理经验，统筹安排套期保值业务。同时，集团及各公司层面应加强对套期保值业务的培训与交流，重视加强具体实操人员、风险管理人员培训，提高职业道德和素养。

（三）开展套期保值业务前期调研

提前开展套期保值业务调研工作，熟悉所要参与的期货、期权市场总体概况；学习同业企业套期保值案例，明确企业参与套期保值市场的可行性与必要性；对现货市场、期货市场和期权市场价格走势进行分析，对当前是否合适进行套期保值进行判断；初步明确套期保值业务阶段目标与业务架构，同时判断参与套期保值业务的难点与困难，为后期正式开展套期保值业务提供基础。

（四）构建套期保值业务风控体系

企业应当健全以董事会、风险管理委员会、高层管理人员及风险团队为主体的治理结构，建立合理的授权制度，按照业务程序和授权标准完善衍生金融工具交易的审批手续，明确不同岗位的人员在衍生金融工具交易中的职责和权限，使不相容岗位相分离。

具体来讲，应在开展套期保值业务前完成套期保值业务风控体系的构建，包括：

（1）制定纲领性风险管理制度。包括相应组织体系与分工；风险信息收集、评估与应对工作流程；风险监控与预警机制；等等。

（2）确定业务组织架构与决策流程。设立套期保值业务最高决策层，组织审定公司整体层面的套期保值业务管理制度、实施方案等，在各公司体系内完成组织架构设置。

（3）设置套期保值业务风险防范"三道防线"。制定套期保值业务事前、事中、事后风险控制机制，严格风险预警、止盈止损、应急处置等规范，切实防范市场风险、操作风险、流动性风险等重大风险发生。风险执行流程要包括对交易限额的规定、风险衡量与监控、超限额处理、风险报告等。

（4）完善套期保值业务内部控制体系。明确套期保值业务从开展到结束各流程环节内部控制节点，确定业务执行完整流程图，厘清关键环节的风险控制措施及责任归属。

（五）加强套期保值过程中各类风险防控

1. 防范市场流动性风险

在开展套期保值业务过程中可能会面对多种流动性风险，因此企业需要加强流动性分析测试，制定合理的流动性压力测试模型；在交易规模上加以限制，或利用分散化手段进行管理；做好套期保值财务计划，安排好资金余量，交易量、持仓量要与资金水平相适应；套期保值操作部门与财务部门要建立联动机制，畅通信息通报与资金审批、划转机制，避免因未及时提供足额保证金等而影响套期保值计划的执行。

2. 关注交易所制度安排

套期保值专业部门应熟悉交易所现行各类制度及制度变化，包括涨停板制度、强行平仓制度等。当交易所采取提高保证金或强行平仓措施化解市场风险时，要提前做好套期保值计划资金保障，避免出现套期保值头寸被动平仓引发的一系列风险。

3. 正确识别风险敞口

要充分认识到风险敞口识别的重要性，认识到其在企业经营行为过程中的变化。开展套期保值过程中对期货与现货头寸进行统一的管理，建立后台管理系统，确保信息反馈的及时性。

4. 加强市场行情的研判

套期保值业务并不是所有时间都是有效、成功的。企业要理解套期保值业务的内涵，不能因为无效保值的出现而否定套期保值的作用，而是要加强对市场行情的研判，充分了解市场信息并做好资金管理，通过控制套期保值头寸的比例来优化套期保值效果。

5. 严格监督套期保值应急处理机制的执行

由于市场始终处于一个动态的变化过程中，因此企业套期保值效果会受到影响。在套期保值过程中，应根据进行套期保值之前设定的止损点，注意分析套期保值交易价格的变动，一旦出现比较大的变化，需要立即进行平仓止盈或者止损，最大程度地降低企业经济损失。作为风险控制人员，需要对市场情况进行调查和分析，监督操作人员进行平仓。

（六）建立有效的套期保值核算报告机制

国内航空公司尤其是上市航空公司在进行航油套期保值交易时，要完善套期保值后的报告制度，通过报告形式清楚反映期货与现货总体情况，对套期保值交易盈亏情况或潜在盈亏情况进行总结，对其风险全面估量，严格进行核定，作为考核套期保值业务情况的基础。同时加强事后稽核检查，并追踪风险管理等相关制度落地情况，提高相关责任人员风险控制积极性。

第四节　案例分析：中航油事件

一、中航油事件背景

为了对石油现货价格风险进行规避，20 世纪 80 年代国际原油期货应运而生。随着我国石油进口量的大幅度增加，国家经过谨慎策划和考虑，于 1998 年陆续批准国内一些大型国有石油企业在国际上做石油套期保值业务，同时禁止它们涉足其他金融衍生产品的投机交易。

2003 年 4 月，中国航空油料集团有限公司（以下简称中航油集团）成为第二批国家批准有资格进行境外期货交易的国有企业。经国家有关部门批准，中国航油（新加坡）

股份有限公司（以下简称"中航油新加坡公司"）在取得中航油集团授权后，自 2003 年开始做油品期货套期保值业务。但中航油新加坡公司擅自扩大业务范围，从事风险极大的石油期权交易。2003 年，中航油新加坡公司曾正确判断油价走势，在期权投机中尝到了甜头，获得了巨大的利润——相当于 200 万桶石油，初战告捷，但在 2004 年投资中大败，以至于破产。

二、中航油事件过程

1993 年 5 月，中航油集团成立了海外"贸易手臂"——中航油新加坡公司，主要负责我国民航进口航油的采购与运输。但公司经营的前两年是亏损的，接下来的两年处于休眠状态。

1997 年，在亚洲金融危机中，陈久霖奉命接手管理中航油新加坡公司。自陈久霖入主中航油新加坡公司后，逐渐从集团争取到集团垄断进口航油的采购权。

2003 年下半年，公司开始交易石油期权，进行空头投机，中航油在交易中获利。

2004 年初陈久霖看跌石油价格，抛售石油看涨期权。

2004 年第一季度，油价攀升导致公司潜亏 580 万美元。按照交易规则，其必须追加保证金以确保期权买方能够行权，但从公司账户中调拨资金会暴露其违规行为，因此陈久霖被迫进行展期并持续增加交易量，以获取期权费来弥补保证金缺口。由于没有采取任何止损措施，中航油新加坡公司的账面亏损随着油价的飙升逐渐放大。

2004 年第二季度，随着油价持续升高，公司的账面亏损额增加到 3000 万美元左右。公司因而决定延后到 2005 年和 2006 年再交割，交易量再次增加。

2004 年 10 月，国际原油期货价格创 55 美元/桶新高。中航油新加坡公司卖出的有效期权合约达到 5200 万桶石油，是公司每年实际进口量 1700 万桶的 3 倍还多。

2004 年 10 月 26 日和 28 日，中航油新加坡公司的对手日本三井公司发出违约函，催缴保证金，中航油新加坡公司被逼在油价高位部分斩仓，造成实际亏损 1.32 亿美元。

2004 年 11 月 8—25 日，公司的衍生商品合同继续遭逼仓，不断遭到巴克莱资本、伦敦标准银行等国际投行的逼仓，截至 25 日中航油新加坡公司的实际亏损已经高达 3.81 亿美元，相对于其 1.45 亿美元的净资产已经资不抵债，陷入技术性破产的境地。

2004 年 12 月 1 日，在亏损 5.5 亿美元后，中航油新加坡公司宣布向法庭申请破产保护令。

三、中航油亏损原因

（一）违背套期保值初衷

中航油新加坡公司是国际市场上的进口贸易商，现货交易是其主营业务，期权交易服务于对冲现货交易价格风险的需要。一个理性的投资者会选择买进看涨期权来规避国际市场原油价格的上涨风险。按照国家规定的国有企业的避险初衷，从事期权交易，从套期保值业务的相关要求来看，负责为国内航空公司提供燃料油的中航油新加坡公司也只可能买多，而不是卖空，并且期权交易的数量和期限也应该与国内航空公司燃料油的供应情况相匹配。然而，中航油新加坡公司采取的是卖出看涨期权策略。这种策略意味着中航油不看好原油价格上涨走势，对未来原油价格走势的判断是下跌的，它要规避的是价格下跌风险而不是价格上涨风险，显然与初衷背道而驰。

（二）缺乏对国际原油期货市场走势的深刻理解，犯了经验主义

当年，陈久霖卖出看涨期权的根据是：自 1978 年纽约商品交易所上市原油期货及 1981 年伦敦国际石油交易所上市原油期货以来，国际油价（包括 WTI 轻油和 BRENT 原油）平均没有超过 30 美元/桶，即使在战争年代均价也没有超过 34 美元/桶。他确信在原油价格 30 美元/桶时卖出看涨期权不会亏钱。

但是金融市场本身存在着诸多不确定性以及风险性。2003 年，美国对伊拉克展开了军事进攻，地缘政治局势一度紧张起来，再加上当时美元持续贬值以及中国、印度等新兴国家对国际原油的需求拉动，国际原油的价格出现了大幅攀升，当时影响国际市场原油价格波动的因素已经发生了深刻变化。然而陈久霖只看到了产生预期高收益的一面，却忽视了潜在的高风险，仅仅通过统计数据做出在高风险市场的投机行为，而忽略风险，对风险防范不足，将市场简单化，缺乏对国际原油市场价格走势的深刻理解。

（三）对金融衍生品市场风险理解不深

卖出看涨期权是金融衍生产品交易中风险最大的一个行为，目前国际通行的美式期权规定，持有看涨期权的交易者可在行权期到来前、在规定的行权价格许可范围内的任意时间、任意价格行权，如果他不行权，损失的也仅是保证金；相反，出售看涨期权的交易方则随时可能被迫承担因交易对手行权而产生的损失。所以在国际上，除摩根大通等大投行、做市商外很少有交易者敢于出售看涨期权。

2004 年第一季度，国际原油价格一路攀升，中航油新加坡公司在期货市场上潜亏 580 万美元。当亏损出现时，公司没有有效地采取控制风险的措施，反而为了不使局面失控，并能延迟交纳保证金，进行了三次挪盘，还不理智地扩大交易量，在国际原油价格上涨过程中继续卖出大量的看涨期权。最终在 2004 年 10 月份，国际原油期货价格创 55 美元每桶的新高，中航油新加坡公司卖出的有效期权合约达到 5200 万桶石油的巨量，超过了公司每年实际进口量 1700 万桶两倍还多。交易的无节制，导致中航油新加坡公司为了交纳交易保证金不得不挪用现货交易的资金，资金链最终断裂并破产。陈久霖事后表示，没有料到会动用那么多的保证金。这充分说明，对于期权等衍生品的风险，中航油新加坡公司的决策者是认识不到位的，侥幸心理严重。

（四）内部风险控制体系徒有其表

中航油新加坡公司风险管理体系的基本结构是从交易员——风险管理委员会——内审部交叉检查——总裁（CEO）——董事会，层层上报。交易员亏损 20 万美元，交易员要向风险管理委员会汇报；亏损达 37.5 万美元时，必须向 CEO 汇报；亏损 50 万美元时，则自动平仓。公司 10 位交易员累计亏损 500 万美元时或仓位达 200 万桶时，必须斩仓止损。从上述架构看，中航油新加坡公司的风险管理系统表面上看是非常科学的。但事后来

看，这些完美的风险制度并没有得到落实。

新加坡交易所聘请的会计师事务所普华永道通过仔细的审查，对外公布调查报告。报告认为，尽管中航油新加坡公司拥有一个由部门领导、风险管理委员会和内部审计部组成的 3 层"内部控制监督结构"，但这个结构的每个层次在本次事件中都犯有严重的错误。比如，公司交易员没有遵守风险管理手册规定的交易限额，也没有向公司其他人员提醒各种挪盘活动的后果和多种可能性；2004 年 6 月，公司账面浮动亏损已达 3000 万美元。此时，公司风险管理委员会多数意见仍是继续持仓展期，尽管这样做已超过《国有企业境外期货套期保值业务管理办法》中规定的只许交易期限不超过 12 个月的期货的上限，但陈久霖仍然采纳了该方案。

（五）外部监管体系丧失

中航油新加坡公司在进行这项投机性交易时，没有根据新加坡上市公司的《公司法令》和《公司治理条文》进行透明化操作。新加坡证券市场一贯以监管严格著称，可 2004 年 11 月 30 日中航油新加坡公司突然公布公司因期货投机破产时，许多中小投资者仍难以置信。这表明上市公司的信息披露不足，外部监管层面的风险控制体系成为一种摆设。

中国证监会作为金融期货业的业务监管部门，对国企的境外期货交易负有监管责任，但中航油新加坡公司连续数月进行的投机业务竟然没有任何监管和警示，也暴露出当时国内金融衍生工具交易监管的空白。

思考题

1. 航空公司运营成本包含哪些内容？燃油费用占比趋势如何？

2. 影响燃料油价格的因素有哪些？

3. 套期保值风险有哪些？

4. 燃料油套期保值方法有哪些？各适用于什么情况？

5. 我国航空公司航油套期保值效果如何？进行航油套期保值时应注意哪些方面？

参考文献

［1］刘春梅. 船运企业燃油价格风险及套期保值对策［J］. 中国商贸，2011（4）：247 - 248.

［2］孙瑾，赵志宏. 航空公司利用上海燃料油期货套期保值交易的战略研究——基于 ECM - GARCH 模型的实证分析［J］. 金融发展研究，2013（6）：3 - 9.

［3］董宣辰，吴密龙，徐雅雯. 期货的套期保值与投机分析［J］. 中国市场，2019（8）：43 - 44.

［4］侯文宣. 浅谈套期保值与企业风险管理［J］. 商场现代化，2018（5）：159 - 160.

［5］李明伟. 浅谈套期保值与企业风险管理［J］. 纳税，2019（1）：286.

［6］万娇．国内航空公司航油套期保值分析［J］．广西质量监督导报，2019（10）：199．

［7］陈卓．国内航空公司航油套期保值分析［J］．现代营销（下旬刊），2018（8）：47．

［8］卓福烟．从中航油事件看燃料油期货套期保值［J］．东方企业文化，2011（23）：121－123．

［9］杨建辉，杨仁美．我国燃料油期货市场与国际主要期货市场相关性实证分析［J］．市场经济与价格，2011（2）：26－30．

［10］翟丹韵．燃料油期货套期保值简析［J］．经济视角，2011（10）：31－34．

［11］刘璐，田昕，陈景东．运用金融工具化解市场价格风险的研究——以能源类企业套期保值业务为例［J］．能源，2019（5）：77－81．

［12］任佳宁．我国大型国企套期保值有效性研究［J］．当代石油石化，2019（10）：20－26．

［13］张晓洲．套期保值原理在企业价格避险中的应用［J］．财经界（学术版），2018（18）：21－22．

［14］穆倩．套期保值与企业风险管理思考［J］．中国市场，2019（7）：50－54．

［15］股指期货案例剖析．以中航油事件为案例讲期权［EB/OL］．2018－10－29，https：//www.zcaijing.com/gzqhal/121216.html．

［16］戴蕾蕾编辑整理．“中航油”巨亏案始末［EB/OL］．2019－01－18，https：//www.sohu.com/a/289902626_99923264．

［17］重磅！中石化原油期货巨亏，高盛再坑中国企业？［EB/OL］．新券业观察，2018－12－27，http：//finance.sina.com.cn/money/future/fmnews/2018－12－27/doc－ihqhqcis0858306.shtml．

第六章　航空公司外汇风险管理

航空公司是典型的外向型企业，在经营过程中不可避免地面临较大外汇风险。一方面，航空公司是典型的外汇负债类行业，其在购买或租赁飞机、支付航油费用时，往往需要用到外币尤其是美元支付，巨额的支出使得航空公司形成大量外币负债。另一方面，随着航空业的快速发展，航空公司加快拓展国际业务，外币收入不断增加，形成大量的外币资产。巨额外币资产和外币负债使得航空公司面临较大的外汇风险。人民币汇率波动频繁与加剧使得航空公司面临的外汇风险进一步暴露，有效的外汇风险管理显得非常重要。因此，研究航空公司外汇风险的特点，探析外汇风险的成因，构建航空公司外汇风险管理框架，具有重要的理论和现实意义。

第一节　企业外汇风险及管理理论基础

一、企业外汇风险的定义与类型

（一）外汇风险的定义

关于外汇风险的定义，1974 年，Rodriguez 首次在其文章 *Management of Foreign Exchange Risk in the US Multinationals* 中指出，外汇风险是外汇币值改变带来的收益或损失。现在比较一致的观点认为，外汇风险是指汇率变动导致企业等经济主体成本、利润、现金流或市场价值的波动。波动即不确定性，可能给企业带来收益，也可能给企业带来损失。

（二）企业外汇风险的分类

根据表现形式不同，外汇风险可以分为交易风险、折算风险和经济风险。

1. 交易风险

交易风险是指由于汇率波动导致企业某项业务的收入或支出在合同签订时和清算交割时的本币价值发生变动的风险。交易风险通常存在于企业应收款项和应付款项中，即短期内要交割的款项，当业务合同签订日的结算货币汇率和交割日的汇率不一致时，交易风险随之发生，如商品或劳务即期支付或延期支付时的汇率与成交时的汇率不一致，导致支出或收入的本币价值波动。例如，英国 1 月 5 日向美国出口价值为 1000 万英镑的商品，双方约定以英镑支付，3 月 5 日交割。1 月 5 日英镑对美元的即期汇率为 $ 1.2050/£ 1，3

月 5 日英镑对美元的即期汇率为 ＄1.2150/£ 1。如果美国进口商采用即期买入英镑的方法来支付这笔支出，则将多支出 10 万美元。再如，企业拥有外币贷款时，汇率变动会使得每期支付的本金和利息的本币价值发生波动，同样存在交易风险。交易风险是涉外企业面临的主要外汇风险，由于处于交割、清算环节，因而这种风险对企业的收支有实质性影响。

2. 折算风险

折算风险也称为会计风险或转换风险，是指企业在财务报表会计处理过程中，将账面上以外币记账的资产、负债、收入、成本等折算为本国货币时，汇率波动导致账面损失或账面收益的可能性。该风险一般在两种情况下产生：一是企业在月末记账时，由于汇率波动导致企业债权债务的账面价值波动；二是跨国企业子公司在编制合并会计报表时，相关科目折算为本币时导致的账面价值波动。如中国某企业期初持有美元存款 200 万美元，当时汇率为 ¥6.8250/＄1，会计期末的汇率为 ¥6.9750/＄1，在会计期末编制会计报表时，把美元资产转换为人民币资产，按照期末的汇率折算，账面上增加 30 万元人民币，这是汇率波动导致的折算收益，即是折算风险的表现。由于是账面处理导致的风险，所以该风险不涉及企业真正的现金流动。

3. 经济风险

经济风险也称为经营风险，是指由于意料之外的汇率变动使企业在将来特定时期的经营状况发生变动，从而导致收入和现金流量发生变化的可能性（郭红蕾，2017）。经济风险主要是汇率变动对企业未来发展可能产生的影响。如当本币贬值时，在进口商品的外币价格不变的情况下，商品的本币进口成本将增加，进口商可能因此提高商品的销售价格，而这又可能在一定程度上减少消费需求，从而影响到进口商的收入乃至生存与发展，此种风险就属于经济风险。

二、企业外汇风险的经济影响

（一）对企业经营利润的影响

外汇风险对企业经营利润的影响主要体现为交易风险的发生所产生的影响。汇率波动导致涉外企业的外币收支的本币兑换额度发生变动，从而影响涉外企业的实际收入与支出，对企业利润产生实质性影响。如当外汇交易风险导致汇兑损失时，将会降低企业利润，减少企业的应纳税收入。

（二）对企业经营战略的影响

企业经营战略是企业为长期发展所做出的全局性经营管理计划，包括产品开发、市场选择、资源分配、财务管理等方面，关系到企业的长远利益和成败。外汇风险是涉外企业制定和实施经营战略考虑的因素之一。当汇率变动时，涉外企业要考虑外汇风险对经营战略的影响，并做出调整，如调整业务重点发展区域和境外原材料来源地，调整境外投资计划等。

（三）对企业资本市场市值的影响

汇率波动导致的外汇风险会改变投资者对企业未来发展的评价，从而导致企业资本市场市值的变动，这主要体现为经济风险的发生对企业市值的影响。经济风险影响企业未来业务发展战略和现金流的变动，导致投资者对企业未来发展评价与投资行为的变化，而投资者买卖行为的变化将直接影响企业的市值变动。如人民币由贬值趋势转为升值趋势时，不考虑其他因素，投资者判断该因素将会减少境内航空公司在负债方面的本金和利息支付，有利于航空公司发展，上市航空公司的市值则会趋于上升。

总体来看，外汇风险是汇率波动产生的不确定性，可能有利于企业的发展，也可能给企业带来不利影响，要保持企业的稳定经营发展，必然要进行外汇风险管理，消除这种不确定性。

三、企业外汇风险管理的相关文献

（一）国外研究文献

国外的研究文献主要包括外汇风险的分类、度量和防范方面的研究。

（1）外汇风险的分类与影响因素。如 Shaprio（1998）在 Rodriguez 研究的基础上，首次将外汇风险分为交易风险、折算风险和经济风险。Pierola（2012）研究表明发展中国家受汇率波动产生的风险高于发达国家，因此认为国家的发达程度越高，外汇风险越小。

（2）外汇风险度量的实证研究。Alder 和 Dumas（1984）提出外汇风险暴露可以用公司价值对于汇率波动的弹性系数来衡量。该弹性系数可以通过公司股票收益率对汇率波动的回归分析得到。Bodar 和 Wong（2000）同其他许多研究者建议在 Alder 和 Dumas（1984）的基础上加入市场组合收益率变量，使得风险暴露的估计在不同时间跨度和时间段更加稳定，并且把市场收益率包括在公式中，减少了回归中随机误差项的方差，提高了风险暴露估计的准确性。Bodar 和 Wong（2000）把他们定义的公式估计的风险暴露称之为"剩余风险暴露"。

（3）外汇风险防范策略研究。Srinivasulu（1981）最早提出外汇风险防范策略可以分为经营性管理和金融性管理。

经营性管理是利用金融衍生工具之外的方法来对冲外汇风险，与企业的经营活动相关，实则是企业的一种战略管理方法。金融性管理则是利用相关金融衍生工具，如期货、期权、远期合约等来规避企业外汇风险。此后学术界关于外汇风险管理策略的研究围绕这两种类型展开。在经营性管理方面，代表性的学者有 Pantzalis 等（2001）、Martin（2003）。Pantzalis 等（2001）通过对美国跨国企业的实证研究发现国外收入占比越高、经营范围越广，企业的外汇风险越小；反之，外汇风险越大。Young Sang Kim、Ike Mathur 和 Jouahn Nam（2006）通过对 212 家经营性对冲公司和 212 家非经营性对冲公司进行研究，分析了公司经营性对冲以及经营性对冲与金融性对冲的关系，发现虽然经营性对冲公司有更多的货币风险敞口，但它们对金融衍生品的使用远远少于出口公司，解释了为什么一些全球性公司在货币风险敞口大幅增加的情况下，仅使用有限的金融衍生品进行对冲，也证明了经营性对冲可以增加公司价值。

金融性管理方面，Brown 等（2011）和 Pramborg（2004）研究了美国大型跨国企业外汇风险管理的实践，认为外汇衍生品的使用降低了股票价格对汇率波动的敏感性，有利于公司市场价值提升。Hakala（2004）研究指出，使用金融衍生工具能够有效帮助航空公司降低外汇风险。Robert Trempski（2009）研究认为合理运用燃油套期保值能有效对冲油价变动导致的财务风险。

（二）国内研究文献

国内关于外汇风险管理方面的研究更加注重实际操作，强调外汇风险管理的意义，结合具体案例提出防范对策等。部分学者专门分析了航空公司面临的外汇风险的特点，并分析了具体航空公司的案例，指出存在的问题，提出对策与建议。

（1）结合具体案例进行外汇风险识别与防范策略研究。如侯娉（2019）就山东省涉外企业汇率避险情况对全省 223 家涉外企业进行问卷调查，并对企业运用银行外汇衍生产品情况进行了深入调查分析。吴绪同（2017）分析南方航空外汇风险及管理的现状、问题，提出相应的对策建议。王慧方（2018）以 HN 航空公司为例，分析其外汇风险敞口情况和金融衍生品应用情况，指出存在的问题，并提出对策建议。

（2）外汇风险度量的实证研究。孟诗画（2019）从我国商业银行外汇风险的识别出发，选择 VaR 模型中的 GARCH 族模型，对我国商业银行存在的外汇风险进行实证分析。田新时和李耀（2003）提出了一种用有偏度的混合正态分布计算 VaR 的方法，使市场风险管理者可不受市场变量正态性假定的限制，其参数通过分位点到分位点的对应，参照 GARCH 模型进行更新，从而可以对回报分布的左右胖尾进行解释。研究选取了八种与我国经济密切相关的外汇，分别计算其参数的最优值。运算结果显示，有偏度的混合正态分布对货币组合的模拟大大优于对个体货币的拟合。孙朝爽（2014）运用面板数据分析了我国航空业上市公司外汇风险暴露程度，运用截面数据分析了其影响因素，选取 Jorion 双因素模型度量人民币汇率波动对我国航空业企业价值的影响，实证分析表明规模大、营运能力强、资产负债率低的企业外汇风险暴露小，获利能力强的企业防范外汇风险能力强等。

（3）注重对外汇风险管理的效果评价。郭飞等（2019）基于对全球最大的跨国家电公司之一的格力电器汇率风险敞口和风险管理方法的深度分析，利用外汇风险敞口和对冲手段在相关会计科目的信息披露，基于勾稽关系的视角，对格力电器综合运用自然对冲和金融对冲的外汇风险管理效果进行量化分析，结果发现格力电器的外汇风险管理效果整体很好。这是首次从会计科目勾稽的视角探讨外汇风险管理的效果，对企业外汇风险管理实务和学术研究中有关外汇风险对冲等变量的度量和对冲效果的评价有重要的借鉴意义。徐一丁（2013）以我国企业为研究对象，运用理论实践相结合的方法，通过实证分析研究检验企业外汇风险管理现状并提出建议。李刚（2012）通过对我国企业使用远期结售汇规避汇率风险的实证检验发现，在所有使用远期结售汇进行外汇风险管理的企业中，进口企业和出口企业保值效果是不一致的，不同货币保值效果也不尽相同。

第二节　航空公司外汇风险分析

一、航空公司外汇风险的特点

根据外汇风险的分类，结合航空公司的业务、资产负债的特点，航空公司的外汇风险呈现以下特点：

（一）交易风险是最主要的风险

航空公司的交易风险来自运用外币结算的收入与支付业务，主要包括三个方面：

一是境外业务收入产生的交易风险。随着航空业的快速发展，航空公司加快拓展境外业务。根据民航局发布的《2018 年民航行业发展统计公报》，截至 2018 年底，我国获得通用航空经营许可证的通用航空企业达 422 家。目前，我国航空公司业务载重量按区域分为中国内地业务、中国港澳台业务和国际业务，中国港澳台业务和国际业务已经成为航空公司重要的业务组成部分。境外业务收入主要包括机票收入和航运收入，这类收入多以外币结算，而且交易频繁，受汇率的影响最为直接迅速。对于境外收入占主营业务收比例大的航空公司来说，面临的外汇风险会随之增加。表 6 - 1 及图 6 - 1 显示了 2015—2018 年我国四大航空公司的境外业务收入占比情况。可以看出，随着航空公司境外业务的拓展，除 2018 年外的其他年份，东方航空的境外收入占比最高；除东方航空外，其他三大航空公司的境外收入占比均在逐年增加；2017—2018 年，中国国航的境外收入占比增长最快，其占主营业务收入的比例从 2017 年的 32.33% 增加至 2018 年的 37.68%。

表 6 - 1　中国四大航空公司 2015—2018 年境外营业收入占比一览表　　（单位：%）

年份	中国国航	南方航空	东方航空	海南航空
2015	34.01	26.04	37.65	15.74
2016	33.25	26.99	38.44	17.84
2017	32.33	27.94	35.15	18.23
2018	37.68	28.57	35.02	19.81

资料来源：根据四大航空公司 2015—2018 年年报数据整理所得。

二是飞机航油、境外机场起降费及地面服务等费用支付产生的交易风险。在航空公司的运营成本中，飞机航油成本是主要的运营成本，约占总成本的 30%—40%。我国航空公司的飞机航油费用一般以外币支付，因而会产生较大的外汇交易风险。此外，境外机场起降费及地面服务费等均涉及外币支付，同样给企业带来较大的交易风险。

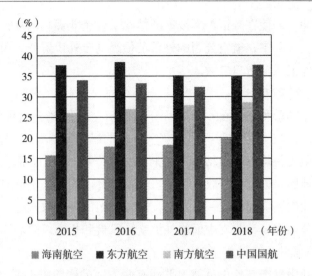

图 6 - 1 2015—2018 年中国四大航空公司境外收入占比

三是机队扩充产生的费用。这部分费用的支付包括自行采购飞机的费用支付、相关贷款的利息支付，以及利用融资租赁、经营租赁引进飞机产生的融资利息、租金等。我国航空公司引进飞机多以波音和空客为主，相关贷款和结算的币种主要是美元。这些业务均使得航空公司支付时面临较大的外汇风险。如南方航空的融资性租赁负债、银行及其他贷款、经营租赁支付以外币为单位，人民币汇率的波动会对南方航空的业绩造成一定影响。

（二）折算风险不可小觑

折算风险产生的原因在于存在外币资产和外币负债，导致编制财务报表折算为本币时产生折算差额。就航空公司而言，由于存在大量的外币资产和外币负债，或者在海外设立有子公司，在会计期末需要合并会计报表，这两种情况下将外币折算为本币时就会产生折算风险。以中国国航为例，其在澳门特别行政区设立有子公司澳门航空股份有限公司，在会计期末，合并财务报表时必然涉及将外币折算为本币，由此产生的风险即为折算风险。

（三）经济风险较大

经济风险主要体现为汇率变动对企业未来经营状况产生的影响。如汇率的变动会影响跨境旅游活动与进出口贸易，对航空公司的国际收入产生直接影响，同时会影响航空公司未来航油、设备等相关支付的成本变动。以人民币贬值为例，一方面，人们的出境游将会减少，降低航空公司国际航线的收益水平；另一方面，航空公司未来采购航油及其他设备的成本将会增加，这些都是汇率变动导致航空公司面临的经济风险。所以，汇率的变动既会对航空公司未来的收入产生影响，也会对航空公司未来的支出产生影响，而且由于航油成本等占比比较高，因而航空公司面临的经济风险较大。

二、航空公司外汇风险的成因分析

理想状态下，如果一家涉外企业的国际业务范围广，外币资产与外币负债业务之间以及币种之间可以对冲，即使在外汇汇率波动的情况下，企业面临的外汇风险也可以降至比较低的程度。然而在实际中，航空公司的外币负债远高于外币资产，币种结构不平衡等因素使得航空公司的外汇风险敞口较大。

（一）外币收支不匹配

首先，外币收支的币种不匹配。一方面，我国航空公司的支出币种以美元、日元较多，其中美元支出比例较大。如前所述，航空公司的燃油结算、飞机融资租赁的利息支付、经营租赁的租金支付均以外币结算，其中主要是美元。另一方面，航空公司的营业收入主要集中在亚太地区，以人民币收入为主。收支币种不匹配，不能对冲交易风险，是航空公司产生外汇风险的主要原因之一。其次，航空公司的外币收入和外币支出的时间、额度差别，使得航空公司在日常收支中面临外汇交易风险和折算风险。

（二）外币资产与外币负债不平衡

对企业而言，外币资产与外币负债不平衡有两方面的影响：一是在会计期末核算时，存在较大的折算风险；二是偿还负债时面临交易风险，产生汇兑损益，这是导致航空公司外汇风险较大的重要因素。目前，我国四大航空公司的外币资产金额均低于外币负债金额，这使得汇率波动对外币资产、外币负债的影响不均衡，航空公司面临较大的外汇风险敞口。

（三）融资渠道单一

航空公司融资的渠道主要有自有资金、贷款、政府资金、发行股票及债券等，其中贷款、发行债券是主要方式。运营成本中的航油结算、机场起降费等需要用外币支付；航空公司扩充机队同样需要巨额的外币资金需求，尤其是美元。融资渠道的单一性使得航空公司形成了以美元为主的高外币负债率。当美元汇率变动时，实际的支付会产生汇兑损益，影响企业利润；会计期末的会计报表折算产生折算风险，影响企业在资本市场的表现。

三、案例分析：南方航空的外汇风险因素与影响分析

本部分结合前面的外汇风险理论知识，以南方航空股份有限公司（以下简称南方航空）为例，分析其外汇风险因素及对经营利润的影响，为后面的外汇风险管理分析奠定基础。南方航空是中国运输飞机最多、航线网络最发达、年客运量最大的航空公司，近年来境外业务稳步增加，对其进行分析具有一定代表性，其简介将在后文详细说明。

（一）南方航空面临的交易风险分析

1. 外币支付成本较大

（1）燃油支出和境外飞机起降费支付。航空公司的运营成本包括航油支出、职工薪酬、折旧、飞机起降费、维修费、经营租赁租金和餐费等；其中飞机燃油支出所占比例最大，职工薪酬、飞机起降费分别位居第二和第三。表6-2显示了南方航空2017年和2018年的运营成本中相应项目的支出比例。可以看出，2017年和2018年南方航空航油支出比

例分别为 28.56% 和 33.37%，飞机起降费用支出比例分别为 13.35% 和 12.43%，这两项成本加起来占据总运营成本的 40% 以上。在结算时，飞机燃油支出和境外机场的飞机起降费一般以外币结算。汇率的波动使得南方航空在成本支出方面面临较大的外汇交易风险。

表 6 - 2　南方航空 2017—2018 年运营成本项目金额及占比一览表

项目	2018 年		2017 年	
	金额（人民币百万元）	占比（%）	金额（人民币百万元）	占比（%）
航油成本	42922	33.37	31895	28.56
职工薪酬费用	19089	14.84	17878	16.01
折旧费用	13582	10.56	12575	11.26
起降费用	15980	12.43	14910	13.35
飞机发动机维修费	8332	6.48	7792	6.98
经营租赁费	8726	6.79	8022	7.18
餐食机供品费用	3734	2.90	3379	3.03
其他	16248	12.63	15236	13.63

资料来源：南方航空 2017 年、2018 年年报。

（2）引进飞机等产生的资本性支出。南方航空在扩大机队等方面采用自购、经营性租赁和融资性租赁三种方式，这涉及货款、租金和利息的支付，主要以外币为主，这是企业面临较大外汇交易风险的原因之一。以 2018 年为例，南方航空涉及外币支付的资本性支出承诺事项，包括飞机、发动机及飞行设备的承担、经营租赁承诺等，金额折合为人民币分别为 82199 百万元和 75729 百万元（见表 6 - 3）。而且，资本性支出涉及时间较长，在人民币汇率双向波动的情况下，南方航空同样面临较大的外汇风险。

表 6 - 3　南方航空 2018 年资本性支出承诺事项　（单位：人民币百万元）

项目	合同	金额与时间安排	
飞机、发动机及飞行设备的承担	已签约	82199	
经营租赁承诺事项	不可撤销经营租赁协议	1 年以内（含 1 年）　9217	合计：75729
		1 年以上 2 年以内（含 2 年）　9978	
		2 年以上 3 年以内（含 3 年）　8850	
		3 年以上　47684	

资料来源：南方航空 2018 年年报。

2. 外币收入无法覆盖外币支出

一方面，外币收入本身存在交易风险。随着南方航空国际化运营规模的增大，其境外收入逐步增加。境外收入主要由机票收入和国际航运收入组成。境外收入总额的增加以及占营业总收入比例的增大，机票收入和航运收入交易频率高等因素，都增加了南方航空的外汇风险。表6-4是南方航空2016—2018年主营业务收入以及境外收入的情况，可以看出，近三年来，南方航空境外收入占主营业务收入的比例在26%以上，汇率波动使得外币收入的本币价值发生波动。

表6-4　南方航空2016—2018年主营业务收入与境外收入一览表

（单位：人民币百万元）

年份	2016	2017	2018
主营业务收入	114803	127489	141159
国际收入	28096	32117	37773
港澳台收入	2316	2386	2563
境外收入占主营业务收入比例	26.49%	27.06%	28.57%

资料来源：南方航空2016—2018年年报。

另一方面，外币收入无法满足外币的支付。以2018年为例，截至2018年12月31日，南方航空的国际收入与港澳台收入之和约为40.34亿元人民币，占主营业务收入的比例为28.57%，同比增加16.91%；同期的主营业务成本比上年增加15.13%。截至2018年12月31日，外币货币性资产折合为人民币为2395百万元，外币货币性负债折合为人民币为40204百万元，外币货币性项目中资产项目与负债项目不匹配，应收款项与应付款项额度也不匹配，在一定程度上表明企业外币收入无法满足外币支付，具体如表6-5所示。

表6-5　截至2018年末南方航空外币货币性项目一览表

（单位：人民币百万元）

	项目	金额	合计
外币货币性资产	货币资金	647	2395
	应收票据及应收账款	507	
	其他应收款	729	
	设备租赁定金	512	
外币货币性负债	应付票据及应付账款	406	40204
	其他应付款	306	
	短期借款	6718	
	一年内到期的应付融资租赁款	4760	
	长期借款	92	
	应付融资租赁款	27922	

资料来源：南方航空2018年年报。

3. 外币债务以美元为主，短期外币负债占比高

（1）外币债务以美元为主。表6-6显示了2017—2018年南方航空不同币种的负债金额及比例情况。在外币负债中，美元的负债占比最大，2017年该比例达到34.31%，2018年南方航空调整债务币种结构后，该比例下降为26.6%。美元负债比例过大，使得美元币值的变动对企业利润的影响大而直接，导致南方航空在本金、利息支付方面面临较大的外汇交易风险。

表6-6 南方航空2017—2018年带息负债按照币种分类明细表

币种	2018年		2017年	
	金额（人民币百万元）	占比（%）	金额（人民币百万元）	占比（%）
美元	33677	26.6	39875	34.31
人民币	87333	68.96	70201	60.41
其他	5628	4.44	6135	5.28
合计	126638	100	126638	100

资料来源：南方航空2017年、2018年年报。

（2）短期负债高。根据表6-5可以算出，在南方航空的外币货币性负债中，短期借款和一年内到期应付融资租赁款折合人民币合计114.78亿元，外币货币性资产仅为23.95亿元，远低于短期外币负债。这部分外债在偿还时需要公司购汇支付，极易受到短期汇率波动的影响，使得企业面临较大的交易风险。

（二）南方航空面临的折算风险分析

表6-7显示了南方航空2017—2018年外币金融资产、负债情况，可以看出，南方航空的外币金融资产与外币金融负债额度较大，而且外币金融负债一般都高于外币金融资产，在会计期末进行财务报表合并折算时，南方航空面临较大的折算风险。

表6-7 南方航空2017—2018年外币金融资产、负债一览表

（单位：人民币百万元）

年份	外币金融资产				外币金融负债			
	美元	日元	欧元	其他外币	美元	日元	欧元	其他外币
2017	3378	71	242	655	40444	1621	4318	477
2018	1594	86	160	555	34299	1466	3943	309

注：表中数据为截至2017年12月31日及2018年12月31日，南方航空持有的外币金融资产和外币金融负债折算成人民币的金额。

资料来源：南方航空2017年、2018年年报。

（三）南方航空面临的经济风险分析

前已述及，理论上，汇率波动导致航空公司面临的外汇经济风险表现在两个方面：一

是汇率波动影响人们出行旅游从而影响航空公司的境外收入水平；二是汇率波动会导致航空公司营运成本的本币支付成本变动。实际中，汇率波动对航空公司产生的经济风险大小主要依赖于航空公司的经营策略及融资结构等因素。

目前，南方航空已逐渐形成强大完善的规模化与网络化优势、以广州为核心的枢纽运营管理能力、矩阵式管理模式下的资源协同能力、优质品牌服务影响力和全面领先的信息化技术水平等五大核心竞争力。其战略转型主要是围绕枢纽做中转，围绕国际长航线做衔接，创造新的盈利模式和发展方式，网络型航空公司形态逐步形成。为打造一流的国际服务品牌，南方航空不断改进服务质量，通过对标 SKYTRAX 向世界一流水平看齐，品牌影响力在国内外持续提升。在此背景下，可望减少汇率波动给企业带来的经济风险。

但是，融资方式的单一性可能会影响企业未来的投资发展战略。目前南方航空的融资方式主要是贷款和债券，且外币负债以美元为主。美元币值变动将会影响公司的融资成本与融资额度，影响到未来的对外投资发展战略。因此，拓展融资渠道对于南方航空减少经济风险具有重要意义。

(四) 南方航空外汇风险对经营利润的影响

在会计报表中，汇兑损益是反映汇率波动对企业影响的重要指标。汇兑损益亦称汇兑差额，是企业在发生外币交易、兑换业务和期末账户调整及外币报表换算时，由于采用不同货币，或同一货币不同比价的汇率核算时产生的、按记账本位币折算的差额。外汇交易风险和折算风险产生的影响会反映在会计报表中，而经济风险是反映汇率变动对企业未来经营状况的影响，因此不能反映在会计报表中。

根据南方航空企业会计政策和会计准则，在资本化期间内，外币专门借款本金及其利息的汇兑差额，予以资本化，计入符合资本化条件的资产的成本。而除外币专门借款之外的其他外币借款本金及其利息所产生的汇兑差额作为财务费用，计入当期损益。因此，反映汇率波动对企业实际影响的项目应包括两个数值：一是财务费用项下的汇兑损益，二是专项借款汇兑损益的资本化调整。财务费用项目下的汇兑损益直接影响企业经营利润、所得税和税后利润；专项借款汇兑损益的资本化调整则反映了汇率波动对企业资产市值的影响。

另外，南方航空在对相关财务报表进行折算时，资产负债表中的资产和负债项目采用资产负债表日的即期汇率折算，股东权益项目除"未分配利润"项目外，其他项目采用发生时的即期汇率折算。利润表中的收入和费用项目及境外经营的现金流量项目，采用交易发生日的即期汇率的近似汇率折算。按照上述折算产生的外币财务报表折算差额，计入其他综合收益。由于其他综合收益反映的项目众多，因此本部分不分析折算风险对企业的影响。

综上，本部分主要从财务费用项目下的汇兑损益来分析外汇风险对企业经营利润的影响。若不特别指出，下文所指的汇兑损益均指财务费用项目下的汇兑损益项目。

表 6-8 显示了 2010—2018 年南方航空的汇兑损益、财务费用、汇兑损益占比、营业利润等项目的情况。从表 6-8 及图 6-2 可以看出，自 2010 年以来，南方航空汇兑损益

整体呈现汇兑收益减少，逐渐向损失转变的态势；其中，2010—2013 年及 2017 年，南方航空的汇兑损益表现为汇兑收益，2014—2016 年以及 2018 年均表现为汇兑损失。

表 6-8　南方航空 2010—2018 年汇兑损益、财务费用、营业利润相关项目一览表

（单位：人民币百万元）

项目	2010 年	2011 年	2012 年	2013 年	2014 年	2015 年	2016 年	2017 年	2018 年
汇兑损益	1725	2665	256	2760	-276	-5702	-3266	1790	-1742
财务费用	-423	-1436	871	-1082	2106	7825	5836	873	4167
汇兑损益绝对值占财务费用的比例	-4.08	-1.86	0.296	-2.556	-0.136	-0.73	-0.56	2.05	-0.42
营业利润	4930	3068	44	212	684	2677	3473	5642	2383
剔除汇兑损益后的营业利润	3205	403	-212	-2548	960	8379	6739	3852	4125

注：汇兑损益数值为正表示出现汇兑收益，数值为负表示出现净汇兑损失。

资料来源：南方航空 2010—2018 年年报。

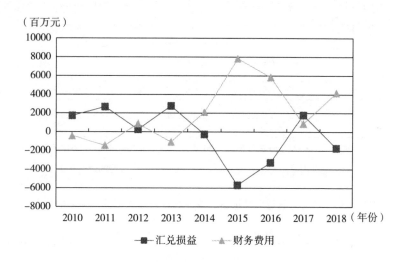

图 6-2　2010—2018 年南方航空汇兑损益与财务费用对照图

从宏观环境来看，南方航空汇兑损益的变化趋势与人民币汇率的变动有很大关系。2005 年人民币汇率制度改革，实行以市场供求为基础，钉住一揽子货币的汇率制度。自此人民币开启了单边上涨态势，这种趋势一直持续到 2013 年。人民币持续升值减少了外币负债的偿还本金与利息，有利于外币负债比例大的航空公司，这也是 2010—2013 年南方航空呈现汇兑收益的原因之一。2013 年之后，人民币结束了单边上涨态势，开始了双向波动趋势，给企业外汇风险管理带来了很大挑战。2014—2016 年南方航空公司的汇兑损益呈现负值在一定程度上反映了这一点。

汇兑损益对财务费用的影响较大。2010 年汇兑损益绝对值为财务费用的 4 倍，其次是 2013 年和 2017 年，分别为 2.55 倍和 2.05 倍。在 2010 年、2011 年和 2013 年，汇兑收益抵减了全部财务费用，使得财务费用为负，即不但没有财务费用，反而出现收益。而在汇兑损失额度较大时，财务费用直线上升，2015年表现最为明显，见图6-2汇兑损益与财务费用的对比。

汇兑损益对营业利润的影响同样较大。图6-3反映了2010—2018年南方航空汇兑损益、营业利润及剔除汇兑损益后的营业利润的情况。可以看出，剔除汇兑损益的营业利润和未剔除前的相比，差别较大。如在2012年和2013年，营业利润为正，而如果剔除汇兑损益后实际营业利润为负。换言之，汇兑损益的额度已经对正确观察营业利润产生了严重干扰。从走势上看，营业利润在2012年达到最低点后，开始呈上升态势，持续到2017年；而剔除汇兑损益后的营业利润在2013年达到最低点，2015年达到最高点，2016年则开始掉头向下。

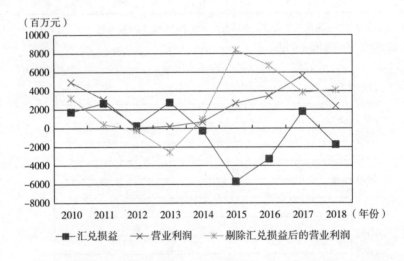

图6-3 2010—2018年南方航空汇兑损益、营业利润与剔除汇兑损益后的营业利润对照图

综上所述，宏观环境对企业汇兑损益的形成固然是重要因素，但同时也反映了航空公司在外汇风险管理方面的被动性。南方航空汇兑损益对企业利润带来了一定的影响，同时反映了南方航空在外汇风险管理方面的压力很大。如何进行有效的外汇风险管理是航空公司面临的一大挑战。

第三节　航空公司外汇风险管理的一般框架构建

航空公司外汇风险不仅会给企业带来实质性损失，还会影响企业资本市场市值的变动，影响企业的经营战略，因此，有效的外汇风险管理必不可少。本部分将探讨航空公司如何构建外汇风险管理框架，并分析目前我国航空公司外汇风险管理的现状，指出存在的普遍问题。

一、航空公司外汇风险管理框架的构建

航空公司外汇风险管理包括对外汇风险进行预警、识别，采用有效的工具进行管理，从而达到防范风险的目标。因此，完善的外汇风险管理框架应当包括目标与原则的设立，风险的识别、衡量，系统的外汇风险管理流程与有效的制度保障等。

（一）设立外汇风险管理的目标与原则

对航空公司而言，外汇风险管理是企业经营管理的重要组成部分，这涉及企业当前的收支利润与企业未来的收益，以至影响企业的正常经营和核心竞争力，导致企业价值的波动。因此，航空公司外汇风险管理的目标应该是充分利用相关信息，尽可能减少汇率波动带来的损失，控制或消除汇率波动可能带来的业务运营中的不利影响（陈雨露，2006）。为实现这一目标，航空公司外汇风险管理应遵循以下原则：

1. 全面重视原则

全面重视原则强调从全局角度审视航空公司的外汇风险。航空公司外汇风险包括三种类型，即交易风险、折算风险和经济风险。不同的风险对企业的影响不同，如当前产生的影响和未来产生的影响不同。这要求航空公司要增强风险管理意识，在战略上高度重视，要统筹考虑汇率变动给企业带来的影响，在外汇买卖、国际结算、会计折算、企业未来运营战略方面采取协调措施，避免顾此失彼，造成不必要的损失。

2. 管理多样化原则

管理多样化原则强调综合运用多种管理方法，防范航空公司外汇风险。外汇风险管理的方法有很多，可以分为经营性对冲和金融性对冲，具体包括选择结算货币、提前或延迟结算、使用金融衍生工具、经营业务多元化等。但是，没有哪一种方法能够完全消除外汇风险，而且每一种方法都有其局限性或者要付出一定的成本。这要求航空公司在选择具体方法时，要考虑自身的发展战略、风险的大小与结构、国际金融市场的状况等因素，综合运用多种方法规避外汇风险。此外，航空公司还应随着经营环境和发展战略的改变，不断调整外汇风险管理战略，提高外汇风险管理的效果。

3. 收益最大化原则

这既是外汇风险管理的目标，也是外汇风险管理的原则，还是航空公司制定风险管理方案，选择外汇风险管理方法的依据。事实上，大多数外汇风险管理策略要付出一定的成本，如远期外汇交易、期货和期权等。航空公司在选择具体策略时，要准确计算外汇风险管理的成本和收益，在不影响外汇风险管理目标实现的条件下，做到成本最小化和收益最大化。

（二）规范外汇风险管理流程

对外汇风险防控应效仿银行贷款风险管理流程，建立起事前预测识别、事中管理控制、事后评价监督的外汇风险管理工作流程。

1. 风险预警与识别

指定风险管理部门实时跟踪汇率变动趋势，在重大行情出现时，及时出具汇率变动分

析报告。结合航空公司近期与远期收支安排、业务进展安排、资产负债结构特征等，分析汇率变动可能给航空公司带来的外汇风险种类。如在美元升值态势下，航空公司近期的收支安排以美元为主，则面临较大的交易风险；未来美元汇率的变动会影响跨境旅游等活动，给航空公司带来的则是经济风险。

2. 风险衡量

风险衡量指的是在识别出航空公司面临的外汇风险种类后，需要根据对汇率的预测，估算外汇风险给公司带来损失的概率和损失大小。

3. 风险管理与控制

在航空公司明确汇率变动的趋势和可能给企业带来的损失程度后，就要选择具体的管理方法控制外汇风险，如和交易对方谈判进行结算币种的调整、结算日期的改变，使用远期外汇合约锁定本币成本或收益等，将外汇风险给企业带来的损失降至最小。

4. 外汇风险管理的评价监督

对外汇风险管理实施的效果进行评价和监督，肯定外汇风险管理取得的成绩，发现其中存在的问题，并将评价结果反馈至外汇风险管理业务部门，这对航空公司不断提升外汇风险管理水平具有重要意义。

外汇风险管理具体流程如图6-4所示。

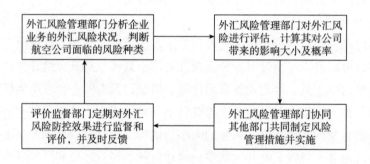

图6-4　外汇风险管理流程图

（三）建立有效的外汇风险管理工作制度

完善有效的外汇风险管理工作制度是实现企业外汇风险管理目标的保证。根据前面的外汇风险管理流程，有效的外汇风险管理工作制度包括以下五个方面：第一，建立主要货币汇率变动趋势的分析报告制度，遇到汇率大幅度变动时，及时识别航空公司面临的外汇风险。第二，建立外汇风险管理部门、财务部和其他具体业务部门之间的沟通与协调机制，以便准确了解航空公司当前及未来的收支情况、外币资产负债情况、业务合同安排等，为外汇风险管理部门制定管理策略提供基础和保障。第三，外汇风险管理部门定期上报管理层外汇风险状况，以便管理层在制定企业发展战略上充分考虑外汇风险。第四，建立外汇风险管理的评价和监督制度，并将评价结果纳入绩效考核体系，以督促外汇风险管理部门增强主动管理意识，提升外汇风险管理水平。第五，定期对外汇风险管理人员进行培训，提高员工的业务水平；同时进行人才储备，为企业外汇风险管理奠定良好的人才基础。

二、航空公司外汇风险管理的具体方法

外汇风险类型不同，特点各异，航空公司应结合具体业务的特点、涉及的风险类型，采用具体的方法进行管理。本部分主要针对不同类型的外汇风险分析可使用的管理方法。

（一）交易风险的管理

1. 币种选择

币种选择包括两种方法：一是采用本币作为计价货币，这样对于企业而言，无论是涉外业务的收入还是涉外业务的支出，均不涉及货币兑换问题，也就不存在汇率风险。但是这种方法有其局限性，能否使用取决于贸易伙伴是否接受。二是根据汇率变动趋势，在外币收入方面，采用硬货币作为计价货币，在外币支付方面，选用软货币作为计价货币。硬货币币值稳定且具有上涨趋势，这会增加收入的本币价值。软货币币值不稳定且呈下跌趋势，会减少支付的本币额度。实际上，使用这种方法是将外汇风险转移给了交易对方，因而在实际中很难实施。此外，此种方法的使用还依赖于对汇率趋势的准确把握。

2. 增加货币保值条款

即在合同中规定某种货币为计价结算货币，并以一篮子货币为保值货币。签订合同时，按当时的汇率将货款分别折算成各保值货币，在货款支付日，再按此时的汇率将各保值货币折回成计价结算货币来结算。实际中，通常采用特别提款权等一篮子货币作为保值货币（杨胜刚、姚小义，2016），其利用了特别提款权价值稳定的特点。

3. 配对法

这种方法是指经济主体在一笔涉外业务发生时，根据自身需要再安排一笔金额、币种、交割日期相同，但资金流向相反的交易，以此冲销上一笔交易产生的外汇风险。这种方法的局限性在于在没有实际业务需要时难以采用。

4. 使用金融衍生品

该方法主要使用金融工具来套期保值，规避或转移外汇风险。这类金融工具包括货币互换、远期外汇合约、利率互换、外汇期权等。以远期外汇交易为例，远期外汇交易的作用是锁定外汇买卖的汇率，消除外汇兑换的不确定性。假如中国一家航空公司在3个月后将会有一笔100万美元的收入，此时即期汇率为￥6.8250/＄1，由于担心美元贬值导致本币收入减少，该航空公司可以卖出一笔3个月的远期美元100万，交割日期为3个月后，该笔远期外汇交易的汇率为￥6.8230/＄1，3个月后，航空公司收到100万美元，同时交割远期外汇交易，得到682.3万元人民币。因此，不管3个月后的即期汇率如何变化，航空公司的本币收入都是682.3万元人民币，体现了远期外汇交易提前锁定交易汇率的特点。

5. 期限调整法

这种方法是通过提前或延迟收付日期来规避外汇风险。比如中国一家航空公司3个月

后有一笔美元支出，由于担心 3 个月后美元币值大幅上升导致支付成本增加，该航空公司可以选择提前支付。但这种方法受两个因素影响：一是提前或延迟收付要和交易对方协商；二是利用该方法规避外汇风险，需要对汇率进行准确预测，否则会导致不必要的损失。

6. 投保汇率变动险

汇率变动险是为企业防范外汇风险提供服务的一种险种。面临外汇风险的企业可以向提供汇率变动险的保险公司缴纳一定的保险费，以购买此保险服务。当因外汇风险导致企业损失时，可由保险公司赔偿投保企业的损失。目前美国、日本、法国、英国等国家设有汇率变动险种，但国外的汇率变动险也有一定的限制条件，如某些国家规定只对设备和零部件出口商提供该保险服务，而且保费一般很高。我国保险机构还没有提供汇率波动保险品种。

（二）折算风险的管理

折算风险是在编制、合并财务报表时，将以外币表示的资产、负债等折算为记账货币时所产生的账面损益。导致折算风险的因素是外币资产和外币负债的不平衡。因此，理论上，管理折算风险的方法是使外币资产和外币负债相等，这样才能完全避免折算风险。

这需要企业做到：第一，要清楚自身的外币资产、外币负债规模，明确折算风险头寸的大小；第二，要确定外币资产、外币负债调整的方向，运用何种方法，对哪些科目增减。但这存在很多问题，如有些受险资产的调整会导致出现新的风险，如外汇交易风险，而交易风险给企业带来的是实质性的损益。因此如何在交易风险和折算风险之间权衡，是管理中的一大问题，更多情况下会优先保证降低交易风险。

（三）经济风险的管理

经济风险是意料之外的汇率变动给企业带来的影响，建立在汇率预测基础上的管理方法是不适用的。这种情况下，遵循不要把鸡蛋放在一个篮子里的原则，强调企业经营业务的多元化和财务多样化（杨胜刚、姚小义，2016）。

具体来说，航空公司应积极拓展境外业务，分散业务发展区域，扩大境外收入来源地，这样汇率变动导致的区域间的收益差异可以在一定程度上互补；也可以根据汇率的实际变动，及时调整经营发展策略，业务重点偏向汇率变动的利好区域。在财务多样化方面，主要强调充分利用国际金融市场，在币种方面实行筹资多样化和投资多样化，实现外币资产和负债间的对冲。

三、我国航空公司外汇风险管理现状与问题

（一）我国航空公司外汇风险管理的现状

1. 构建了相应的外汇风险管理体系

外汇风险影响企业利润和企业在资本市场的表现，影响企业未来的发展战略，因而，随着航空公司外汇风险敞口的暴露以及汇兑损益的出现，航空公司外汇风险管理的意识逐步增强。大多数航空公司构建了外汇风险管理体系，如东方航空股份有限公司（以下简

称东方航空）由风险规划部专门负责公司的外汇风险管理；南方航空成立了套期保值工作管理委员会，下设套期保值工作管理办公室和中台风险控制员，负责套期保值业务的具体事务，具体成员由风险管理处、资金管理部、采购部、法律部等部门成员构成，构建工作流程，实现事前预测、事中控制和事后评价监督的全过程风险管理制度，不断提升外汇风险管理水平。

2. 主动采取相关措施规避外汇风险

从航空公司的年报和公告中可以看出，目前航空公司在外汇风险管理方面主要采取的措施分为两类：一类是金融性对冲。主动利用金融衍生工具进行套期保值，规避汇率风险的金融衍生工具包括远期外汇合约、利率互换、货币互换合约、货币期权等。如东方航空 2018 年年报显示，东方航空利用利率互换降低美元债务中的利率风险，截至 2018 年 12 月 31 日，公司持有的尚未平仓的利率互换合约名义金额为 11.02 亿美元，并于 2019—2025 年间期满；利用远期外汇合约降低因机票销售外汇收入及外汇支出费用而导致的汇率风险，截至 2018 年 12 月 31 日，持有尚未平仓的远期外汇合约名义金额为 6.55 亿美元，并于 2019 年期满。南方航空 2017 年和 2018 年年报显示，南方航空分别于 2017 年及 2018 年度签署了货币互换合同以对冲部分外币借款合同的外汇风险。

另一类是优化债务币种结构。通过减少美元贷款，增加人民币融资等优化债务币种结构。采取的方式通常是提前偿还美元贷款降低美元债务比例，发行人民币长中短期债券等增加人民币融资比例。以东方航空为例，2018 年公司拓宽融资渠道，通过发行超短期融资券、人民币贷款等方式开展人民币融资，积极优化公司债务币种结构。截至 2018 年 12 月 31 日，美元债务占公司带息债务比重降至 21.51%。

（二）我国航空公司外汇风险管理存在的问题

1. 外汇风险管理方法较为单一

外汇风险管理方法有很多，包括金融性对冲和经营性对冲。目前大多数航空公司主要使用债务调整和金融衍生品管理外汇风险。在利用金融衍生品规避外汇风险时，使用的衍生工具主要是远期外汇合约和利率互换，对于其他外汇管理方法使用较少，如外汇期货、期权等。经营性对冲方式同样使用较少，如调整结算货币、延迟或提前结算等，外汇风险管理的思路受到限制。

2. 缺乏相应的外汇风险管理战略

导致外汇风险的因素既有短期波动因素，也有长期根本性原因。因而，对外汇风险管理应是短期策略和长期管理战略相结合。但在实际中，航空公司外汇风险管理往往集中于短期策略，缺少一些预见性、长期性的战略，比如地区业务发展战略等。

3. 缺乏专业的外汇风险管理人才

航空公司现有的外汇管理人员往往由传统的财务人员担任，由于缺乏外汇风险管理专业知识，导致对汇率的变动态势预测缺乏指导性，不能系统识别航空公司面临的外汇风险种类；缺乏相应的金融产品知识，导致在利用金融衍生品规避外汇风险时出现不必要的损失。因此，引进专业外汇风险管理人才，定期进行理论与实践能力培训，是提升航空公司外汇风险管理水平的重中之重。

第四节　案例分析：南方航空的外汇风险管理

南方航空是中国运输飞机最多、航线网络最发达、年客运量最大的航空公司。随着南方航空业务规模的扩大和国际化经营的加速，外币资产与外币负债金额随之增加。在人民币汇率双向波动背景下，南方航空面临的外汇风险也随之增加。如何有效进行外汇风险管理成为航空公司面临的重要问题之一。本节将以南方航空为例，在前文外汇风险因素分析的基础上，分析外汇风险管理中存在的问题，并提出建设性建议，同时为其他航空公司进行外汇风险管理提供有益借鉴，为相关后续研究奠定基础。

一、南方航空概况

南方航空总部设在广州。其经营范围包括：提供国内、地区和国际航空客、货、邮、行李运输服务，提供通用航空服务、航空器维修服务；经营国内外航空公司的代理业务；提供航空配餐服务及其他航空业务及相关业务；等等。

南方航空分支机构众多，为境内外业务的拓展奠定了较好的基础。南方航空拥有北京、深圳等16家分公司和厦门航空等8家控股航空子公司，在珠海设有南航通航，在杭州、青岛等地设有22个国内营业部，在悉尼、纽约等地设有69个国外办事处。

南方航空全力打造"广州之路"国际航空枢纽，广州国际和地区通航点超过50个，形成了以欧洲、大洋洲两个扇形为核心，以东南亚、南亚、东亚为腹地，辐射北美、中东、非洲的航线网络布局，已成为中国大陆至大洋洲、东南亚的第一门户枢纽。公司积极响应国家倡议，为推动"一带一路"建设提供有力支撑。在"一带一路"重点涉及的南亚、东南亚、南太平洋、中西亚等区域，公司已经建立起完善的航线网络，航线数量、航班频率、市场份额均在国内航空公司中居于首位，已成为中国与沿线国家和地区航空互联互通的主力军。2018年，公司旅客运输量近1.40亿人次，连续40年居中国各航空公司之首，机队规模和旅客运输量分别居亚洲第一、世界第三。

二、南方航空外汇风险管理的现状

（一）外汇风险管理体系建设情况

1. 建立了相对完善的外汇风险管理组织架构

南方航空建立了相对完善的外汇风险管理组织架构。以套期保值业务为例，该类业务主要由董事会、董事会秘书办公室、财务部、法律部和采购部负责。图6-5是南方航空的部分组织架构。董事会为套期保值业务的最高管理及决策机构，负责审批套期保值业务的规定、可行性报告、相关机构职责、年度套期保值计划等。设立套期保值工作管理委员会，向公司董事会负责。套期保值工作管理委员会负责监督管理套期保值业务；审核套期保值计划；听取套期保值工作报告；审批授权范围内的管理方案和激励办法；向公司董事会提交超出授权范围的管理方案；决定工作原则和方针；决定交易风险的应急处理。套期保值工作管理委员会下设套期保值工作管理办公室和中台风险控制员，负责套期保值业务的具体事务。套期保值工作管理办公室又由套期保值分析小组、前台和后台组成：套期保值分析小组负责拟定套期保值计划，提交市场分析报告；前台由风险管理处人员组成，负责执行套期保值交易等；后台由资金管理部人员组成，负责结算具体事宜。中台风险控制员则由法律部和采购部人员组成，负责关注市场行情、定期进行压力测试，评估套期保值交易法律风险等。套期保值业务的相关管理部门设置如图6-6所示。

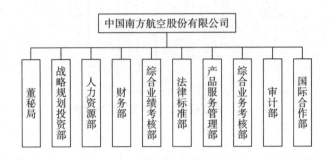

图6-5 南方航空部分组织架构

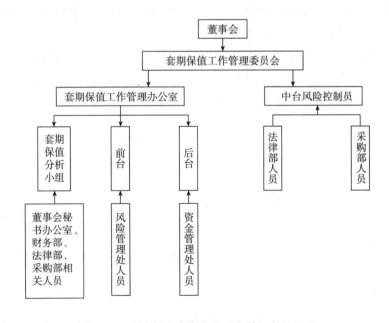

图6-6 南方航空套期保值业务管理部门设置

资料来源：根据《中国南方航空股份有限公司套期保值业务管理规定》绘制。

此外，根据南方航空公司治理结构，董事会下设有审计与风险管理委员会（见图6-7），其在风险管理方面的职责是定期对公司航油、外汇、利率套期保值业务进行监督、检查，评估风险。必要时聘请专家或专业机构进行专题研讨；主动或应董事会的委派，就有关风险管理事宜的重要调查结果及管理层对调查结果的回应进行研究。

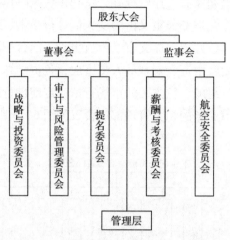

图6-7　南方航空股份有限公司治理结构

资料来源：南方航空股份有限公司网站，https://www.csair.com/cn/about/investor/gongsizhilijiegou/。

由此可见，南方航空建立了比较完善的组织架构，实现对外汇风险的事前预测、事中管理、事后评价的全过程管理。这为公司套期保值业务管理水平的提高奠定了坚实基础。在外币业务折算的相关会计处理方面，南方航空遵循企业会计政策与会计原则。

2. 形成了比较系统的外汇风险管理制度

南方航空形成了比较系统的外汇风险管理制度，用以规范外汇风险管理操作，实现外汇风险管理目标。南方航空在外汇风险管理方面的制度包括《中国南方航空股份有限公司董事会审计委员会工作细则》《中国南方航空股份有限公司套期保值业务管理规定》《南方航空董事会审计与风险管理委员会工作细则》等，具体规定如表6-9所示。

表6-9　南方航空外汇风险管理相关文件汇总

时间	文件名称	外汇风险管理相关规定
2017年6月	南方航空董事会审计与风险管理委员会工作细则	明确审计与风险管理委员会工作细则，其中包括定期对公司航油、外汇、利率套期保值业务进行监督、检查，评估风险。必要时聘请专家或专业机构进行专题研讨；主动或应董事会的委派，就有关风险管理事宜的重要调查结果及管理层对调查结果的回应进行研究
2012年3月	中国南方航空股份有限公司套期保值业务管理规定	套期保值工作管理委员会下设套期保值工作管理办公室和中台风险控制员，负责套期保值业务的具体事务

时间	文件名称	外汇风险管理相关规定
2012 年 3 月	中国南方航空股份有限公司董事会审计委员会工作细则	明确审计委员会工作细则，其中包括审议公司的财务监控、内部控制及风险管理制度；审议公司的财务及会计政策及实务，监督公司内部审计制度的实施、公司内控制度及其执行情况

资料来源：根据东方财富网南方航空历年公告整理所得，http://data.eastmoney.com/notices/stock/600029.html。

（二）外汇风险管理方式运用情况

1. 使用金融衍生工具规避外汇风险

纵观近几年南方航空外汇风险管理的方法，南方航空使用的金融衍生工具主要包括货币互换合同、利率互换合约和外汇期权合约。

（1）货币互换合同。如 2017 年南方航空集团通过货币互换合同将浮动利率计息的短期美元借款转换为固定利率计息的人民币负债，转换后的固定利率为 3.58%—4.04%，截至 2017 年 12 月 31 日，货币互换合同的公允价值为人民币约 6400 万元，仍未结算的名义美元本金为 92000 万美元。

（2）利率互换合约。利率风险是外汇风险的一种表现形式，通过利率互换合约应对市场利率变动的风险，是对冲外汇风险的方式之一。表 6-10 是 2016—2018 年截至会计核算日南方航空尚未结算的利率互换合约名义本金情况，截至 2017 年 12 月 31 日，仍未结算的利率互换合约名义本金为 460000000 美元，截至 2018 年 12 月 31 日，没有尚未结算的利率互换合约。

表 6-10　2016—2018 年利率互换合约情况　　　（单位：百万美元）

项目	2016 年	2017 年	2018 年
未结算的利率互换合约名义本金	21	460	—

资料来源：南方航空 2016—2018 年年报。

（3）外汇期权合约。南方航空使用外汇期权合约规避风险是在 2007—2012 年间。以 2012 年为例，南方航空持有的期权合约是卖出日元的看跌期权，即拥有以约定的汇率卖出日元买入美元的权利，合同金额约为 400 万美元至 800 万美元。此合约的签订主要是防范日元贬值美元升值带来的汇率风险，同时也有利于币种结构的调整。但自 2012 年后，南方航空没有再利用外汇期权规避汇率风险。

2. 积极拓展国际业务

近年来，公司持续新开和加密航班网络，强化中转功能，利用第六航权，全力打造"广州之路"国际航空枢纽。在广度和深度上不断拓展海外业务，对于扩大外币收入，平衡外币负债，提高国际业务收入的币种多元化具有重要作用，同时在一定程度上降低了企业自身面临的外汇风险。

3. 调整外币负债结构

近年来，南方航空积极采取措施降低外币负债比例，降低美元负债比例。2018 年外币负债占比为 23.75%，比 2017 年降低 6.26%；美元负债占外币负债的比例由 2017 年的 86.31% 降至 85.71%，在一定程度上减少了美元汇率波动对外币负债的影响（见表 6 – 11）。

表 6 – 11　南方航空 2017—2018 年外币负债占比与美元负债占比一览表

项目	2018 年	2017 年
负债总额（百万元人民币）	168472	156164
外币负债（百万元人民币）	40017	46860
美元负债（百万元人民币）	34299	40444
外币负债占比（%）	23.75	30.01
美元负债占外币负债比例（%）	85.71	86.31

资料来源：南方航空 2017 年、2018 年年报。

三、南方航空外汇风险管理存在的问题

（一）外汇风险管理体系有待完善

南方航空外汇风险管理体系有待完善，表现在两个方面：一是外汇风险预警有待加强。外汇风险预警是在风险识别之前的程序，主要应用于出现大额汇兑损失、汇率波动较大或者过于频繁、外汇收入或支出偏大时。南方航空在套期保值业务规定中明确指出由套期保值分析小组拟定年度套期保值计划，提交市场分析报告，前台和后台负责交易和结算。但相关风险预警机制有待加强，在汇率发生大幅度波动，外汇收入或支出大规模增加等情况出现时，否则容易出现对重大事件产生的外汇风险不敏感，从而不能及时采取有效措施。二是审计与风险战略管理委员会的风险管理评价职能不能充分落实。审计与风险战略管理委员会的职责之一是定期对公司航油、外汇、利率套期保值业务进行监督、检查，评估风险。纵观审计与风险战略管理委员会近几年的履职情况报告，其在公司套期保值业务方面的监督检查较少，风险管理评价与监督的职责未完全体现。

（二）外汇风险管理方式使用不足

1. 金融衍生工具使用不足

近年来，南方航空使用的金融衍生工具主要是货币互换和利率互换合约，较少使用其他套期保值类工具，如远期外汇合约和期权类合约，如 2017 年与 2018 年，公司未签署任何远期外汇合约；近 6 年没有使用过期权类合约。分析其原因可能在于，基于境内部分国企在使用金融衍生工具套期保值时出现目的偏离，导致大量损失，南方航空建立了严格的授权审批制度，套期保值类工具如外汇远期合约、外汇期权等使用要层层审批，这使得具体风险管理部门缺乏使用这类工具的动力。

2. 缺乏使用合同避险

合同避险作为外汇风险管理的重要方式，主要体现为和交易对象在合同的具体条款方

面来规避外汇风险，如结算币种的选择、交割日期提前或延迟等，但南方航空较少使用这种外汇管理方法。

（三）融资渠道单一

南方航空的外币负债主要由引进飞机形成，飞机制造商以波音和空客为主。因而，无论是自购、融资租赁还是经营租赁，均需要大量的美元支出。而目前航空公司外币融资的渠道主要是银行贷款和发行债券等，融资模式单一，使得外币负债占比较高、美元负债占比较高，不利于分散外汇风险。

四、对策与建议

（一）完善外汇风险管理体系

1. 建立有效的外汇风险预警程序

外汇风险预警是外汇风险管理的首要步骤，是进行有效外汇风险管理的重要基础。建议在套期保值工作办公室下设外汇风险预警部门，由采购部和风险管理部人员担任。持续搜集整理与汇率变动相关的信息，对汇率走势进行分析、监测，遇到重大事件发生或政策变动导致汇率大幅波动时，及时上报信息于管理层，并与采购部人员共同分析可能产生的风险，为套期保值工作分析小组拟定套期保值方案奠定基础。

2. 落实外汇风险管理评价

一方面，充分发挥现有的审计与风险管理委员会的评价职能，增加外汇风险管理方面的专家成为委员会成员，定期组织审计与风险管理委员会对外汇风险管理部门进行评价，包括从风险预警、风险识别到方案制定、实施等一系统过程的评价，提交评价报告。另一方面，可以聘请外部评价机构，分析存在的问题，根据反馈建议，不断提升外汇风险管理水平。

（二）利用多种方式管理外汇风险

1. 积极利用多种金融衍生工具管理外汇风险

每种衍生工具都有其优势和局限性，综合利用金融衍生工具，对于管理外汇风险具有积极作用。除了现在已使用的货币互换合约、利率互换合约外，在预测汇率波动的基础上，综合使用远期外汇合约、货币期权等衍生工具降低外汇风险。应该注意的是，在利用金融衍生工具规避外汇风险时，一是应对汇率、航油价格等走势有自己独立的判断，其实强调的还是对价格的预判能力；二是不应偏离套期保值的目的；三是在使用期权进行套期保值时，应作为期权的买方，而不是卖方。过去几年境内部分国有企业之所以在利用期权等工具来规避风险时出现巨额亏损，原因主要在于偏离套期保值目的，改为以投机为目的。当然，缺乏相关专业人才，不能掌握金融衍生工具的特点及使用是主要原因之一，这点后面将会具体分析。

2. 充分利用经营性对冲方法管理外汇风险

经营性对冲包括公司关于营销、生产、外包、工厂选址等一系列对策。就南方航空而言，可以根据各个区域价格需求弹性的大小来改变航运价格，增加外汇收入，由此对冲外汇支出增大的风险。如在价格需求弹性小的区域，可以适当提高航运价格，由此增加收入；在价格需求弹性大的地方，则保持航运价格不变等（吴绪同，2017）。

3. 采用保值条款和选择结算币种

南方航空在飞机及相关产品的交易中，可以考虑采用保值条款规避外汇风险。还可以通过选择结算币种的方法来规避外汇风险，如航空公司在引进飞机支付方面，选择软货币作为计价货币。但这往往会损害交易对方的利益，因而使用过程中要看南方航空在交易中是否占据主导地位，不然很难达到外汇风险管理的目的。

（三）拓展融资渠道

一方面，南方航空可通过发行公司债券、短期融资券等方式来拓展人民币融资渠道，增加人民币贷款，减少外币贷款。另一方面，公司可以适当增加欧元、日元等币种的贷款。这样可以分散美元负债集中的风险，同时公司根据不同币种的利率区别，利用利率互换合约等金融衍生工具，降低公司财务费用支出。此外，可尝试积极利用金融创新增加权益型融资，降低负债比例。比如，积极利用航空产业投资基金，在不影响公司控制权的情况下，增加公司股权融资比例，这样既能拓展融资渠道，又能降低公司的负债比例。

（四）建立外汇风险管理人才的培养机制

外汇风险管理对工作人员的专业性要求很高，无论是汇率预测、管理方案的制定，还是金融衍生品交易过程的审核到交易后的评价等，都要求具有扎实的专业基础知识和较强的实践能力。南方航空现有外汇风险管理人员主要由部分部门人员抽调组成，其专业能力亟须提高。因而，建立外汇风险管理人才的培养机制具有重要意义。一方面，公司应专门引进相关专业的人才充实外汇风险管理队伍；另一方面，建立现有外汇风险管理人员的培训机制，定期组织专家为外汇风险管理人员进行汇率预测、风险管理、金融衍生品交易等培训，不断提升其外汇风险管理能力。

思考题

1. 企业外汇风险的种类有哪些？

2. 分析外汇风险对企业的影响，你认为哪类外汇风险对企业的影响最大？

3. 分析航空公司外汇风险的类型与成因。

4. 谈谈航空公司外汇风险管理的流程，为了保证外汇风险管理流程工作顺利进行，你认为航空公司应该制定哪些工作制度？

5. 航空公司外汇风险管理的方法有哪些？

6. 目前在航空公司外汇风险管理人才培养方面存在哪些问题？如何改进？

参考文献

［1］Rita M. Rodriguez. Management of Foreign Exchange Risk in the U. S. Multinationals ［J］. Sloan Management Review, Spring 1978.

［2］郭红蕾，孙海洋，等．国际金融实务（第2版）［M］．北京：北京师范大学出

版社，2017：73.

［3］A. C. Shaprio. 跨国公司财务管理基础［M］. 北京：清华大学出版社，1998：90 - 140.

［4］付盼盼. 汇率双向波动下民航企业外汇风险管理研究——以东方航空为例［D］. 广东外语外贸大学，2019.

［5］李富有. 国际金融案例［M］. 西安：西安交通大学出版社，2008：3.

［6］Srinivasulu, S. L. Strategic Responses to Foreign Exchange Risks［J］. Columbia Journal of World Business，1981，16（1）：13 - 23.

［7］Christos Pantzalis, Betty J. Simkins, Paul A. Laux. Operational Hedges and the Foreign Exchange Exposure of U. S. Multinational Corporations［J］. Journal of International Business Studies，2001，32（4）：793 - 812.

［8］Young Sang Kim, Ike Mathur, Jouahn Nam. Is Operational Hedging a Substitute for or a Complement to Financial Hedging?［J］. Journal of Corporate Finance，2006，12（4）：834 - 853.

［9］Söhnke M. Bartram, Gregory W. Brown and Jennifer Conrad. The Effects of Derivatives on Firm Risk and Value［J］. The Journal of Financial and Quantitative Analysis，2011（4）：967 - 999.

［10］Hakala. 外汇风险：模型、工具和管理策略［M］. 天津：南开大学出版社，2004：245 - 398.

［11］Robert Trempski. Does Fuel Hedging Add Value Quantitative Analysis but Qualitative Conclusion in the Case of US Airline Industry［J］. Undergraduate Economic Review，2009，5（1）.

［12］侯娉. 涉外企业汇率避险现状及路径研究——基于山东省 223 家涉外样本企业调查［J］. 金融发展研究，2019（7）.

［13］吴绪同. 南方航空公司外汇风险管理案例研究［D］. 中国财政科学研究院，2017.

［14］王慧方. HN 航空股份有限公司外汇风险管理策略研究［D］. 海南大学，2018.

［15］孟诗画. 基于 VaR—GARCH 模型的我国商业银行汇率风险分析［J］. 广西质量监督导报，2019（7）.

［16］田新时，李耀. 我国外汇风险管理中的内部模型选择［J］. 运筹与管理，2003（2）.

［17］孙朝爽. 我国航空业上市公司外汇风险暴露及其对策分析［D］. 东北财经大学，2014.

［18］郭飞，周建伟，张桂玲. 格力电器的外汇风险管理有效吗？——基于会计科目勾稽关系的视角［J］. 航空财会，2019（7）.

［19］徐一丁．我国企业外汇风险管理效果的实证研究［J］．中国证券期货，2013（10）．

［20］李刚．远期结售汇外汇风险管理效果的实证研究——基于辽宁地区的远期结售汇数据分析［J］．东北财经大学学报，2012（11）．

［21］南方航空 2018 年年报．

［22］陈雨露．国际金融（第二版）［M］．北京：中国人民大学出版社，2006：133－134.

［23］杨胜刚，姚小义．国际金融（第四版）［M］．北京：高等教育出版社，2016：234，237.

［24］汇率波动险从哪里购买［DB/OL］．正点财经，2019－02－25，http：//www.zdcj.net/other－19020.html.

［25］吴绪同．南方航空外汇风险管理案例研究［D］．中国财政科学研究院，2017.

第七章　航空保险

有风险，就需要保险，保险是分散风险的一种制度安排。航空风险既有一般风险的共性，又有其特殊性。航空保险是航空这一特殊行业的保险，虽然具有一般保险的普遍性，但也颇具航空领域的特色。与一般保险相比，航空保险的显著特点是：高价值、高风险；专业性强；再保险和共保必不可少；强制性保险与自愿保险相结合；具有国际化特征。航空保险是一种综合险，险种主要包括航空器机身险、航空承运人法定责任保险、航空旅客人身意外伤害险、航空产品责任保险等。航空保险产品定价，是保险人依据航空保险标的所面临风险的规律性、航空保险市场的供求关系等因素，确定单位保险金额所应收取的保险费的行为。航空保险理赔，是保险人在航空保险标的发生风险事故后，对被保险人提出的索赔请求，按照一定程序履行赔偿或给付责任的行为。

第一节　航空保险的起源与发展

一、航空风险

航空器的发明给人类出行带来极大便利的同时，也带来了巨大的风险。自从人类飞上蓝天的那一天起航空风险事故就不断发生。

（一）航空风险的定义

航空风险是指航空活动中发生航空事故或事件导致财产损失、人身伤亡或责任损失的可能性。与其他运输工具相比，尽管航空运输发生意外事故的概率非常低，可是一旦发生了事故，大多是毁灭性的，对旅客、飞机以及货物造成伤害或损坏。航空承运人都面临可能发生的航空事故带来的灾难性损失与巨额赔偿的巨大风险。

（二）航空风险的特征

航空风险除具有一般风险的客观性、不确定性、潜在性和发展性等特征外，还具有自身的特性：

1. 风险发生的概率小

哈佛大学的一项研究发现，一个人遭遇飞机坠毁的概率是 120 万分之一，而死于坠机的概率是 1100 万分之一。与此同时，死于车祸的概率是 5 万分之一。根据联合国的统计数据，飞机是目前地球上最安全的交通工具，比汽车、火车的安全级别要高，飞机在众多交通工具中每十亿名旅客里程死亡人数最低，如图7-1所示。近60年来商业航班量增长迅速，但事故数量呈现稳定下降的趋势，如图7-2所示。随着航空技术的发展，与其他交通工具相比，航空运输事故发生的概率还在缩小。

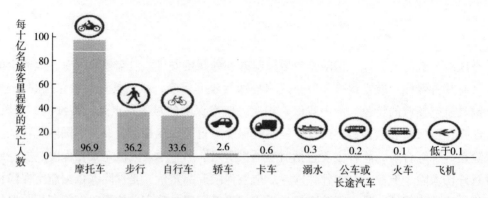

图7-1 各种交通工具每十亿名旅客里程死亡人数

资料来源：大数据分析航空安全现状，http://www.360doc.com/content/16/0622/09/32258696_569719192.shtml。

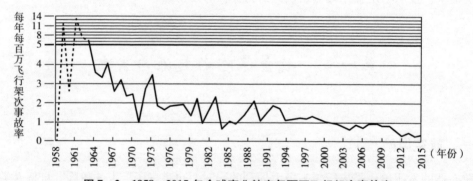

图7-2 1958—2015年全球商业航空每百万飞行架次事故率

资料来源：大数据看航空安全及空难概率，http://www.sohu.com/a/301090400_651535。

2. 风险高度集中

从整个航空飞行过程来看，风险事故的发生集中在起飞爬升到巡航高度、下降到着陆这两个阶段，约有3/4的严重航空事故都是在这两个短暂的飞行阶段中发生的。据统计，2007—2016年，在飞行滑翔、起飞、爬升阶段发生的致命航空事故占比28%，巡航阶段相对比较安全，发生事故的比例仅占11%，飞机下降、着陆过程中的致命事故占比超过50%，如图7-3所示。

3. 风险事故一旦发生，损失巨大

尽管航空事故发生的概率小，但一旦发生航空事故，往往是灾难性和毁灭性的，造成极大的人身伤亡（死亡率高）和财产损失。航空事故造成的社会影响远比其他交通事故更大，原因是航空事故严重程度高。

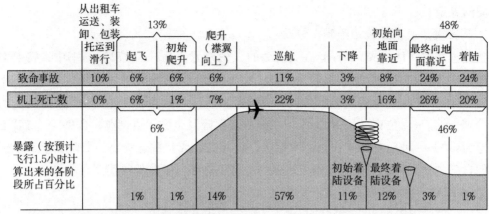

注释：由于数字四舍五入，百分比总和不能达到100%。

图 7-3　2007—2016 年飞行各阶段失事死亡人数占比

资料来源：致命性航空事故原因统计，https：//zhuanlan.zhihu.com/p/79282076。

4. 风险事故主要来源于人为因素

航空安全是一个系统工程，包括人、航空器和环境三大环节。尽管有些航空事故的原因至今未能彻底查清，但从已经确认的航空事故的事实表明，多数航空事故都是因相关人员的"过失"造成的，人为因素是航空风险事故的最主要来源。与航空事故发生相关的人员包括航空器设计人员、制造人员、维修人员、飞行员、保障人员以及管理人员等。其中，飞行员是航空事故的头号风险因素，近半数事故是由驾驶员失误造成的，2010 年以来的飞行事故，有 57% 是因飞行员失误造成的，如表 7-1 所示。

表 7-1　各类航空事故原因所占比例统计表　　　　（单位：%）

每 10 年	20 世纪 50 年代	20 世纪 60 年代	20 世纪 70 年代	20 世纪 80 年代	20 世纪 90 年代	2000—2010 年	2010—2020 年	合计
飞行员失误	50	53	49	42	49	50	57	49
机械故障	26	27	19	22	22	23	21	23
天气	15	7	10	14	7	8	10	10
人为破坏	4	4	9	12	8	8	8	8
其他	5	9	13	10	14	10	4	10

资料来源：致命性航空事故原因统计，https：//zhuanlan.zhihu.com/p/79282076。

二、航空保险

（一）航空保险的定义

保险是分散风险的一种制度安排，其基本功能就是用分摊损失的方法来实现其经济补偿的目的，即被保险人以付出保险费为代价将损失（或责任风险）部分或全部转移给保险人。航空保险是航空这一特殊行业的保险，虽然具有一般保险的普遍性，但也颇具航空领域的特色。航空保险至今还没有一个公认的、统一的定义，国内外学术界对航空保险有着不同的界定。

1. 国外关于航空保险的界定

狄尤·基伯（D. E. W. Gibb）在其所著的《伦敦劳合社》（1972）一书中，将航空保险描述为"飞机和空运货物的保险"。艾瓦米（Ivamy）主编的《保险法词典》（1981）将航空保险定义为："承保航空器的损失或损害、第三人损害赔偿责任以及乘客责任的一种保险。"约翰·克拉克（John Clark）主编的《保险及金融术语词典》（1999）将航空保险界定为："是一种航空器（飞机、滑翔机、直升机）或其载运货物的保险，通常承保的是他们自己的损失和第三人的索赔，承保的所有风险都可以获得赔偿。"

2. 国内关于航空保险的界定

国内对航空保险的界定，归纳起来，主要有以下几种观点：

（1）航空保险等同于飞机保险。施青年（1996）认为，飞机保险也称航空保险，是承保与飞机有关的各种危险的一种保险，其承保的标的不仅包括有形的财物，而且还包括无形的利益或责任。陆爱琴（1998）认为，航空保险原称为飞机保险，主要承保飞行器在航行过程中或滑翔、停航期间遭遇自然灾害或意外事故所受到的损失以及由此引起的相关赔偿责任，具体包括飞机机身损毁、乘客伤亡以及飞机坠落造成第三者人身伤亡或财产损害的赔偿责任等。

（2）航空保险等同于民航保险。把航空保险等同于与民用航空运输有关的保险业务。如王小卫和吴万敏（2007）认为，航空保险是指从事民用航空活动的当事人与保险公司之间约定的，由保险公司对民用航空活动中发生的各种意外造成的财产和人身损失进行补偿的经济行为。航空保险是以民用航空活动中涉及的财产及相关经济利益作为投保标的。

（3）从被保险主体的角度界定。注重被保险主体类型的划分，从被保险主体的角度界定航空保险。肖艳颖（2008）认为，航空保险主要是为与航空运输和航空活动相关的各方利益主体（包括航空公司、机场、飞机和零备件制造商、维修商、旅客、机组人员以及私人飞机所有者等）提供风险分散和损失补偿服务的一种保险，属于广义运输保险的范畴。李新记（2007）认为，航空保险以航空运输中相关财产与利益以及人身为保险标的的各种保险的总称，包括以航空运输人为被保险人的各种险别、以机场所有人或经营人为被保险人的各种险别以及以飞机制造厂商为被保险人的各种险别。

（4）主要从航空活动的风险类型界定。邢爱芬（2001）认为，航空保险是以与航空有关的财产及其有关的利益为保险标的的各种保险的总称，包括对航空器制造、航空器所有权、航空器运行及维修可能产生的风险予以保险；对地面航空设施（机场建筑物及其设备、导航设备等）予以保险；对使用航空器进行经营活动可能产生的风险予以保险；等等。吴建端（2005）认为，广义航空保险是指包括航空器的制造、所有权、经营和维修以及地面上的航空设施的运作有关的风险的保险。

国内外从不同的侧面、不同的视角对航空保险进行了界定，但还没有一个被普遍接受的定义，而且有些定义不够全面。航空保险作为一种综合性保险，的确很难进行准确的界定，但航空保险不能等同于飞机保险，也不能等同于飞机和空运货物的保险。

综上所述，航空保险是指航空活动中涉及的财产、人身及相关责任为保险标的的各种保险的总称。航空保险有广义和狭义之分。广义的航空保险包括民用航空活动、通用航空活动、军用航空活动以及航天活动所涉及的各类主体的各种风险的保险；狭义的航空保险仅指民用航空活动所涉及的各类保险，包括航空器机身险、航空承运人法定责任保险、航空旅客人身意外伤害险、航空产品责任保险等。

对航空保险概念的理解可从以下几个方面：其一，航空保险是以航空活动中所涉及的财产、人身和利益为保险标的的；其二，航空保险是商业保险行为，以追求盈利为目的；其三，航空保险是一种合同行为，即通过签订保险合同，明确双方当事人的权利与义务，被保险人以缴纳保费获取保险合同规定范围内的赔偿，保险人则有收受保费的权利和提供赔偿的义务；其四，航空保险的经济补偿或保险给付是以合同约定的保险事故发生为条件。

（二）航空保险的特点

航空保险是在航空领域这一特殊行业的保险，既有一般保险的共性，也有航空领域的特性，与一般保险相比，航空保险具有以下显著特点：

1. 高价值、高风险

高价值是指航空保险标的的保额比常规险种要高得多。以飞机保险为例，一架波音747飞机，保险金额就超过2亿美元，而航空公司综合责任限额可高达10多亿美元，航空公司战争险保单的累积限额更是高达20亿美元。在其他航空责任险上，每张保单的限额通常都会超过3亿美元。

高风险是指一旦发生航空事故，就可能进行高额赔付。这是因为一方面航空险价值高，保险金额高；另一方面是航空保险标的出险时全损的概率很高。一旦机毁人亡的悲剧发生，保险人要赔付的可能就是天文数字。

2001年美国"9·11"恐怖袭击事件发生后，众多国际知名保险公司卷入这场金额巨大的赔付中。"仅事件发生后一周内，全美最大的产险公司AIG就赔付5亿美元，第二大寿险公司METLIFE赔付3亿美元，CAN金融保险集团赔付2.3亿美元；再保险公司中，慕尼黑再保险赔付了9亿美元，瑞士再保险赔付了7.3亿美元。据美国权威资信评估机构MOODY公司预测，全球保险此次赔付总额不低于300亿美元。"（何文峰，2002）

2. 专业性强

专业性强是指由于航空业在技术上非常复杂，这就要求承保、勘察、定损人员必须具有相关的专业知识。而飞行具有流动性和全球性，使得在旅客责任险、第三者责任险及其他综合责任险的赔偿处理时，要依据体系复杂的民用航空法规。因此，航空保险承保、理赔的技术含量很高，专业性很强。

3. 再保险和共保必不可少

航空保险"高价值、高风险"的特点，决定了一家保险公司很难独自承担航空风险。为了稳定经营，对航空保险通常采用再保险和共同保险（简称共保）方式，以分散风险。在涉及融资租赁的航空保险标的承保过程中，出租人或标的所有人往往在租赁协议中，强制要求承租人购买保险时必须办理再保险。

再保险又称分保，是指保险人为减轻自身承担的保险责任，将不愿承担或超过自身承担能力的部分保险责任，转嫁给其他保险人或保险集团承担，即将办理的保险业务再一次进行保险。再保险形式同航空保险关系最为密切，航空保险属于巨额险种的保险。国内保险公司一般在根据自身资金状况确定自留部分后，除了要向国内再保险公司办理法定比例的分保外，还要将剩余风险广泛分散到国外商业再保险市场。一旦发生航空保险事故，原保险人与再保险人共同承担赔偿责任。在偿付索赔时，分保商或再保险公司通常承担赔付的主要费用。

直接承保航空保险的保险人为了稳健经营，还会通过共保的方式来分散经营风险。共保是指两个或两个以上的保险人使用同一保险合同，对同一保险标的、同一保险责任进行保险。共保通常采取成立共保险集团或签订共保协议的方式进行。

4. 强制保险和自愿保险相结合

考虑到航空活动的具体特点，国际上的航空保险均采用强制保险与自愿保险相结合的保险原则，且以强制保险为主，其目的在于切实保障承运人及航空活动中的其他当事人的人身和财产利益。

5. 具有国际化特征

航空保险具有国际化特征表现在：承保条件与国际市场同步；航空保险的险种都具有国际性；费率波动受国际市场制约；通过分保方式把大型飞机的巨额风险分散给世界多家再保险人。

三、航空保险的起源和发展

（一）航空保险的起源

保险在交通运输领域的发展，是与交通运输工具紧密相连的，一种新的交通运输工具的出现，在给人类出行带来便利、快捷的同时，也带来了新的危险，于是便产生了新的险种。从 1903 年莱特兄弟发明飞机以来，人类对于翱翔蓝天的探索就没有停止过。人类在航空技术方面不断进步，航空器的飞行速度也不断增加，但风险与成就一样增大。民用航空从一开始最基础也是最高的要求就是"安全"，为此全世界最先进的技术和管理方式都被运用到飞行安全的保障上。通过制造、运营、空管等不同工种的相互协作，形成完整的闭合链来保障航班安全。在这个航空系统的闭合链上，航空保险成为最后一道风险保障，它与航空业相伴而生。

航空保险起源于 20 世纪初，首先在英国出现。对于世界上第一份航空保险单是何时诞生的，尽管存在着不同的说法，但普遍认为是 1911 年由英国伦敦劳合社①签发的。1912 年劳合社仅愿意承保航空展览中某些航空器的责任险。后来由于天气和航空技术的

---

① 劳合社是英国的一家保险人组织。该组织不直接经营保险业务，只是为其会员提供交易场所和有关服务，是世界上由个人承保保险业务的唯一组织。劳合社是由爱德华·劳埃德（Edward Lloyd）经营的一家咖啡馆发展起来的。这家咖啡馆开办于 1688 年，位于伦敦泰晤士河畔，是当时从事远洋航运的船东、船长、商人、高利贷者、经纪人交换航运信息的场所，由于这里海事航运信息灵通，许多海上保险的承保人和经纪人便以此作为经营保险业务的中心。

原因，经常发生机毁人亡事故，导致保险人损失严重，最终劳合社完全放弃了航空器保险业务。第一次世界大战之前，保险人很少从事航空保险业务，仅有的航空保险局限于承保人身损伤事故险和责任险。第一次世界大战之后，英国成立了第一个航空保险承保团"白十字航空保险协会"，由劳合社保险人和公司保险人共同组成，开展航空保险业务。这个时期，在美国，为了尽量分散风险，由协会以联营保险方式开展航空保险业务。航空保险虽然产生于第一次世界大战之前，但直到一战后，随着商业航空的发展，航空保险的重要性才显现出来。

（二）航空保险的发展

一战中对飞机和飞艇的运用，使飞行器的价值得以体现。一战后，航空保险成为各保险公司新的商机。尤其是一战后一些飞行员纷纷加入保险业和经纪公司，成为保险业中一个特殊阶层，极大地促进了航空保险的发展。同时，为满足分散航空保险高风险的需求，出现了保险联营。1929 年在华沙通过的《统一国际航空运输某些规则的公约》（也被称为《华沙公约》）不仅对国际航空运输的业务范围、运输票证进行了统一，更重要的是确立了承运人损害赔偿责任的统一标准和限额制度，极大地推动了保险市场承保航空保险业务的积极性，航空保险开始逐渐发展成为一个独立的险种。第二次世界大战之后，随着航空技术的发展和广泛运用，以及航空知识的普及，极大地推动了航空保险的发展，使得航空保险遍及全球。英国和美国一直是世界上两个主要航空保险市场，颇具特色和代表性。

1. 英国航空保险的发展

自世界上第一份航空保险单在英国出现后，英国形成世界上最早的航空保险市场，伦敦也逐渐成为国际航空保险市场的中心。在 20 世纪 30 年代，英国相继设立了具有航空保险特色的保险公司和组织。例如，1931 年英国航空保险集团与多家保险公司联合成立英国航空保险有限公司；1933 年英国民用航空保险有限公司成立，它是英国劳合社外围公司中最大的两个专门承担航空保险业务的公司之一；1934 年由当时世界八家最大的保险公司共同创办国际民用航空保险承保人联合会，总部设在伦敦，是航空保险或再保险人间的国际性专业组织，目前会员遍布 30 多个国家和地区，成为航空保险方面最有影响的非政府性国际组织；1935 年设立航空及普通险保险公司，同年，设立劳合社航空承保人协会。这些保险公司与组织至今在国际航空保险市场上依然扮演重要的角色。

二战结束后，大量军用运输机转为民用，从空军退役的飞行驾驶人员纷纷来到英国劳合社和伦敦其他保险公司就职，从而使保险公司拥有了一批懂得航空技术的专业人才，使航空保险逐步走上正轨。劳合社成立了专门从事航空保险的多个承保团，一些后来仅为专业联盟成员的保险公司开始独立从事航空保险。到 20 世纪 50 年代中期至 60 年代初，英国专门的航空保险市场逐步得到完善，伦敦保险市场成为国际航空保险中心，全球各地的航空承运人和航空器制造商都到伦敦市场进行部分投保。20 世纪 90 年代末，电子商务的发展为航空保险开发全球业务提供了便利条件，航空保险的承保能力日益增加，以及美国、德国、法国、意大利、日本、澳大利亚等国的航空保险人提供更具竞争力的航空保险，使伦敦航空保险业务的份额有所减少，但仍然保持航空再保险业务方面的优势。

"9·11"恐怖袭击事件对伦敦航空保险市场产生了巨大影响。时至今日，尽管伦敦航空保险市场已逐渐从恐怖袭击的阴影中走出，但还没有恢复到恐怖袭击事件发生之前的状况。

2. 美国航空保险的发展

第一次世界大战后，美国开始出现航空保险。1919年，旅行者保险公司出台航空风险综合保险计划，保险业务涉及航空旅客运输以及私人和商用航空器的维修、运营和使用。同年设立的帕克国际公司（现为AON风险服务公司的一部分）创设了多种航空保险形式和方法，自设立起就被公认是全球第一家专门从事航空保险经纪人商行。随后，一些保险公司也开展了航空保险业务，诸如家庭保险公司、美国皇后保险公司、全球及伯格保险公司、国家自由保险公司以及消防员基金保险公司等。第二次世界大战后，民用航空业和通用航空业得到快速发展，带动了航空保险的发展，航空保险市场发生了巨大变化，出现了新的保险集团，主要从事民用或通用航空保险业务。美国航空保险在20世纪70年代后期至80年代经历快速发展后，90年代后期航空保险市场出现疲软，加快了航空保险业的兼并。"9·11"恐怖袭击事件发生后，美国的航空保险人要么不再承保战争及恐怖行为风险，要么大幅提高航空保险费率。为了应对"9·11"恐怖袭击事件对航空保险的负面影响，美国国会颁布了有关法案干预航空战争及恐怖行为保险业务。

3. 中国航空保险的发展

中国的航空保险如同中国的航空业一样，起步较晚。1951年7月5日，在中国人民银行的统一领导和部署下，铁路、轮船、飞机的旅客意外伤害实施强制保险的政策，开始在全国同时实施。此项业务是中国人民保险公司通过委托交通运输部门代办的，有力配合了国民经济的恢复和发展，对灾害损失的赔偿、事故善后的处理起到了积极作用。尽管那时飞机航线少，乘客也少，但也形成了中国航空保险最早的雏形。真正的商业性航空保险是1974年开始的。当年，民航遵照周恩来总理"中国民航要飞出国"的指示，计划同年首飞伊朗、法国和阿尔巴尼亚。在执行这组飞行任务时，国外的航管部门和机场要求中国民航提供有效的、符合国际惯例的飞机保险单和保险凭证。1974年9月，当时国内唯一一家保险公司中国人民保险公司，为中国民航出具了第一张符合国际惯例的飞机保险单，承保了两架波音707飞机和两架伊尔62型飞机。1975年中国人民保险公司天津分公司率先开办了国际航线的旅客人身意外险，成为中国最早的飞机旅客保险的试点单位。直到20世纪80年代末，中国才开始普遍办理中国航空旅客人身意外伤害保险。在我国航空保险发展的前期，涉足的保险公司数量较少，约95%的航空保险业务都由中国人民保险公司办理。随着经济和民航业的快速发展，我国航空保险的经营主体不断增加，一些大型保险公司，如中国太平洋财产保险公司、中国平安财产保险公司、阳光财产保险公司、中航三星人寿保险公司、中国再保险公司等逐渐经营航空保险，形成了以中国人民保险公司为主体，多家保险公司共同参与的竞争格局。航空保险的险种日渐增多，由单一向多元化发展，在飞机机身保险及相关责任保险等主要险种的基础上，陆续增加了机场责任保险、航空维修人责任保险、空中交通管制责任保险、航空产品责任保险、航空表演及航展责任险等业务。近年来，我国国内航班因天气、机械故障等原因造成的航班延误现象屡见不鲜。为了弥补旅客的经济损失，在借鉴国外航班延误险的基础上，国内许多保险公司先后推出了航班延误保险。2015 年 1 月，中国人民财产保险股份有限公司（以下简称人保财险）上海市分公司，向中国商用飞机有限责任公司递交了 ARJ21 商用飞机的航空一揽子保险保单，国内第一张制造商航空责任险保单诞生，标志着国内保险切入到全新的风险承保领域。此次签署的航空一揽子保险由三部分组成，包括机身一切险与制造商综合责任险、安装工程一切险、机组人员意外伤害保险等。其中，安装工程一切险和机组人员意外伤害保险，由人保财险独家承保，机身一切险与制造商综合责任险，则由 12 家财产保险公司组成的共保体共同承保，人保财险为第一承保人。

中国航空保险起步虽晚，但迅速发展的中国民航事业为航空保险提供了广阔的发展空间，航空保险迅猛发展，对促进我国航空运输业的发展起到了积极的保障作用。尽管国内航空保险险种日益丰富，但由于业务经营范围以及经验的限制，产品的开发力度和创新能力依然滞后，航空保险的再保险水平低，再保险业务高度依赖于国外再保险市场。

第二节　航空保险的分类及主要险种

一、航空保险的分类

航空保险依据不同标准会有不同的分类，通常航空保险可以分成以下几类：

（一）航空自愿保险与航空强制保险

依照保险的实施形式，航空保险分为自愿保险和强制保险。

1. 自愿保险

航空自愿保险是指投保人和保险人在平等互利、等价有偿的原则基础上，通过协商，自愿签订保险合同而建立的一种保险关系。

2. 强制保险

航空强制保险又称为法定保险，是以法律、法规的形式强制要求航空器所有人或经营人，就可能对地面上第三方以及所承运的旅客和货物造成伤害或损坏应承担的赔偿责任必须购买保险。这类保险具有全面性，只要在保险范围内，不管被保险人是否自愿都必须投保，并且保险金额通常也由法律统一规定。

国际上，通过国际公约，对航空第三方责任规定强制保险。长期以来，国际上有关航空承运人对发生在航空器上的人员伤亡、财产损失或损坏的公约，都没有就承运人的该项责任规定强制性的保险要求。直到 1999 年在蒙特利尔订立的《统一国际航空运输某些规则的公约》，才规定"当事国应当要求其承运人就其在本公约中的责任进行充分保险。当事国可以要求经营航空运输至该国内的承运人提供其已就本公约中的责任进行充分保险的

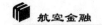

证据"，要求缔约国把航空旅客责任保险作为强制性保险。

世界各国普遍对一些航空保险作了强制性要求，如机身险、法定责任险（旅客、行李、货物及第三者责任险）、机场责任险、航空产品责任险等航空保险种类都作为强制保险。欧盟通过立法，明确规定航空运输人如要在欧盟取得并持有航空经营执照，必须投保因意外事故所产生的责任，特别是对旅客、行李、货物、邮件和第三方的责任。美国的《联邦法规汇编》中，对航空器意外事故责任保险做出了明确规定，要求所有美国直达航空承运人（包括短途航空承运人、航空出租经营人）和外国直达航空承运人必须投保符合最低保险金要求的旅客及第三方责任保险。

近年来，无人驾驶航空器产业发展迅速，在个人消费、农林植保、地理测绘、环境监测、电力巡线、影视航拍等领域应用广泛。旺盛的市场需求催生了一批无人驾驶航空器运营企业，无人驾驶航空器作业，对部分传统通用航空作业领域的替代作用非常明显。与此同时，无人驾驶航空器行业的飞速兴起，也带来了诸多安全隐患问题。无人机自进入民用市场以来，一直存在着较高的风险，其潜在的安全隐患一直饱受诟病。无人机除了可能"炸机"、丢失之外，操作者如果操作失误，就会出现无人机坠落的情况，轻则机器受损，重则伤人，甚至造成地面上的财产损失。为规范无人驾驶航空器从事经营性飞行活动，加强市场监管，促进无人驾驶航空器产业安全、有序、健康发展，2018 年 4 月，中国民用航空局颁布《民用无人驾驶航空器经营性飞行活动管理办法（暂行）》（以下简称《办法》），在《民用航空法》框架下，规范了无人驾驶航空器从事经营性通用航空飞行活动的准入和监管要求。《办法》将从 2018 年 6 月 1 日起实施。《办法》规定，取得无人驾驶航空器经营许可证应当具备四个基本条件：从事经营活动的主体应当为企业法人，法定代表人为中国籍公民；企业应至少拥有一架无人驾驶航空器，且以该企业名称在中国民用航空局"民用无人驾驶航空器实名登记信息系统"中完成实名登记；具有行业主管部门或经其授权机构认可的培训能力（此款仅适用从事培训类经营活动）；投保无人驾驶航空器地面第三人责任险。由此可以看出，在我国"无人驾驶航空器地面第三人责任险"也是强制保险。

（二）财产保险、人身保险和责任保险

依照保险标的不同，航空保险可以分为财产保险、人身保险和责任保险。

1. 财产保险

航空财产保险是以财产及其相关利益为保险标的的保险，如以航空器机身及行李货物等的损毁灭失为保险标的的保险。

2. 人身保险

航空人身保险是以人的寿命和身体为保险标的的保险，如以航空运输中的人身意外伤害为保险标的的保险。

3. 责任保险

航空责任保险是以航空运输中的责任为保险标的的保险，如以航空运输中的承运人责任为保险标的的保险。

（三）原保险与再保险

依照保险人承担责任的次序分类，航空保险分为原保险与再保险。

1. 原保险

原保险是指由保险人直接承保的业务，与投保人签订保险合同，对于被保险人因保险事故所造成的损失，承担直接的原始赔偿责任的保险。

2. 再保险

再保险是一方保险人把原承保的部分或全部保险业务，转让给另一方保险人承担的保险。

（四）联合保险与独立保险

依照保险责任主体独立承担保险责任还是分摊保险责任分类，航空保险分为联合保险和独立保险。

1. 联合保险

联合保险也称共保，是指由多个保险主体共同承担保险责任的保险形式。

2. 独立保险

独立保险是由一个保险责任主体独立承担保险责任的保险形式。

二、航空保险的主要险种

（一）航空器机身保险

1. 航空器机身险的定义

航空器机身保险是以航空器的机身及其附件作为保险标的的险种，当航空器因碰撞、爆炸、失火、坠落、失踪或其他原因，造成航空器机身及其附件全部或部分意外损坏时，保险人负责对损失进行赔偿，并且会承担因意外事故造成损失而需要进行航空器拆卸重装和运输的费用，以及清除残骸的费用。

航空器机身险的保险标的是"航空器机身"。航空器机身包括航空器的外部和内部结构与设备，其中外部结构包括机身主体、机翼、引擎、起落架、尾部；而内部结构及设备则随着航空器类型、设计、用途等有所不同。实务中填写投保单时，并不需要列出标准配备，因为每架航空器都有零件手册，必要时都可以查出，因此只需列出特殊设备即可。它是航空保险中最传统、最典型的险种之一，也是航空保险业务的主要险种。在航空器机身险中，享有保险利益的被保险人可以是法人或自然人，即任何航空公司、航空器所有者或经营者、与航空器有利害关系的人以及看管和控制航空器的人都可以投保。

2. 航空器机身险的类别

根据航空器风险类别，航空器机身险可分为飞行险、滑行险、地面险和一切险。

（1）飞行险。飞行险承保的是航空器在飞行中可能遭遇的风险事故，如航空器相撞、发动机失效引致的事故、因空中结冰或遭遇雷击等意外事件导致航空器损失等。

（2）滑行险。滑行险承保的是航空器不是处于起飞或降落过程但在机场内移动所面临的风险事故，包括航空器被牵引或依靠自身动力滑行时出现的相撞或倾覆。滑行险与飞行险的保险责任区别是：航空器是否在跑道上起飞助跑或着陆滑跑，只要是在跑道上起飞助跑或着陆滑跑，都属于滑行险的责任期间。从保险的目的来看，滑行险似乎不宜再构成一个单独保险项目和类别，可以被包含在飞行险之中。

（3）地面险。地面险主要承保的是航空器处在停放时期的意外事故。这些意外事故包括：①碰撞或恶意行为造成的损失或损害；②爆炸或自燃引起的火灾造成的损害；③非法侵占、偷窃等造成的损害。在地面险中，保险人承保的是一种综合险。

（4）一切险。一切险是机身险中最为普遍的一种承保方式。保险人承保航空器处于飞行、滑行、地面可能发生的意外事故。一切险承保的风险包括：①火灾；②坠落；③风暴；④地震；⑤洪水及其他可能损害航空器的风险。一切险通常都规定有相应的除外责任。

3. 航空器机身险的保险范围

国际上对民用航空器机身险的责任范围除少数采用指定危险方式外，多数为一切险。我国现行的民用航空器机身保险都是一切险方式。

我国国内航线的飞机机身险承保责任采用列举法。保险人一般对由于下列原因造成的损失和费用负责赔偿：

（1）飞机在飞行或滑行中以及在地面上因自然灾害或意外事故造成飞机及其附件的损失或损坏。

（2）飞机起飞后超过规定时间（一般为 15 天）尚未得到其行踪消息所构成的失踪损失。

（3）因意外事故引起飞机拆卸、重装和运输费用。

（4）清理残骸的合理费用。

（5）飞机发生自然灾害或意外事故时，采取施救、保护措施所支出的合理费用，但最高限额不得超过该飞机机身保险金额的 10%。

4. 航空器机身保险的除外责任

（1）因战争、敌对行为或武装冲突，投保航空器被劫持或被第三者破坏。

（2）航空器不符合适航条件而飞行。

（3）被保险人的故意行为。

（4）航空器任何部件的自然磨损、制造及机械本身缺陷，以及噪声、污染、放射性沾染造成的损失。

除外责任意味着上述情况在保险赔偿范围之外，但有时航空企业又确实需要就某些除外责任的事故进行保险，这时可采取机身附加险的形式获得赔偿。

5. 航空器机身附加险种

（1）机身战争险。其前提是被保险人必须首先或同时投保机身险，否则，保险人不单独承保该险种。机身战争险主要用于赔偿由于战争、劫持、敌对行为、武装冲突、罢工、民变、暴动、航空器被扣留、没收或第三者恶意破坏所造成的损失。其除外责任是：发生原子弹、氢弹袭击或其他核武器爆炸。

（2）责任战争险。由于机身战争险的责任范围引起被保险人对第三者或旅客应负法律责任的费用由保险人负责赔偿。其他内容与机身战争险相同。

（3）免赔额险。免赔额是指保险人对每次保险事故免赔一定的损失金额，一般以绝对数表示。由于保险人对每次事故的赔偿金额免赔一定比例的损失金额，所以也叫免赔率。航空器保险一般都规定免赔额，损失在免赔额之内，被保险人不得向保险人索赔，保险人只负责超过免赔额部分的损失赔偿。免赔额险是针对免赔额部分的保险，以此来降低被保险人对免赔额部分的风险，免赔额险作为机身险的附加险，通常以机型来决定免赔额，然后另行交纳保险费投保。

（二）航空承运人法定责任险

1. 航空承运人法定责任险的定义

航空承运人法定责任险，是指航空承运人与保险人通过签订保险合同，约定在航空运输过程中，发生的旅客人身伤亡、行李物品及货物的损坏以及对第三方造成的伤亡或损失，应由航空承运人承担的法定赔偿责任，保险人负责赔偿。

2. 航空承运人法定责任险的分类

根据航空承保内容的不同，航空承运人法定责任险分为：航空器第三方责任险、航空旅客责任险（含行李）、航空货物运输责任险。

（1）航空器第三方责任险。

航空器第三方责任，是航空器致第三方损害赔偿责任的简称，是指航空器发生意外事故导致第三方损害的，航空器经营者或所有者对受害方应给予赔偿的责任。所谓"第三方"是泛指与航空器经营者或所有者没有任何合同关系或隶属关系，却因航空器运营而遭受损害的自然人或组织。

①航空器第三方责任险的定义。航空器第三方责任险，是指保险人与被保险人通过签订保险合同，约定被保险人因营运航空器对旅客之外的第三方造成人身伤亡或财产损失时依法所承担的赔偿责任，由保险公司给予赔偿。

②航空器第三方责任险的必要性。在航空领域，风险是系统性的。系统风险产生于大规模连续重复的航空飞行行为，航空风险也一定会给第三方造成意外的损害。第三方遭受航空意外损害的情形通常有三种：

其一，航空器空中相撞，直接造成对方航空器的乘客或机组人员伤亡或财货损毁。例如，1996年11月12日，沙特阿拉伯航空763号航班与哈萨克斯坦航空1907号航班，在印度首都新德里附近的哈里亚纳邦查基达里上空相撞，两家航班上共计349人全部罹难，成为航空史上最严重的空中相撞事件。

其二，航空器空中坠落，致使地面人员伤亡或财产损失。例如，1988年12月21日，泛美航空公司PA103航班执行德国法兰克福—英国伦敦—美国纽约—美国底特律航线时，飞机在英国边境小镇洛克比上空因炸弹爆炸解体。洛克比空难炸弹袭击一共夺去了270条人命，机上259名乘客及机组人员全部丧生，其余11人是在洛克比地面被波及丧生，另外有许多房屋被全部或部分损坏。

其三,从航空器上坠人、坠物造成地（水）面第三方人身伤亡或财产损失。例如,2006年2月14日,巴西最大的航空公司——瓦里格航空公司的一架波音737-300飞机从圣保罗国际机场起飞后不久,飞机发动机上一个重约1公斤的零件坠落,砸破机场附近一座民房屋顶的石棉瓦后掉入厨房,所幸没有造成人员伤亡。

第三方遭受的航空意外事故,符合保险的多数原则。当航空器飞行达到一定规模时,可以对与该飞行器飞行相伴而生的意外伤害进行预测,由此使航空器第三方责任险成为可能。

③航空第三方责任险的保险范围。主要包括:第一,航空器空中碰撞,造成被碰撞航空器的人身伤亡或财产损失;第二,航空器在地面时对任何其他设备、人员、航空器等造成的损失;第三,航空器坠落或从航空器上坠人、坠物造成地面第三者的人身伤亡和财产损失。

④航空器第三方责任险的除外责任。通常包括以下几项:第一,被保险人的董事、员工或合伙人为被保险人工作或履行职责时遭受的伤亡或损失;第二,航空器驾驶人员、客舱服务人员以及其他机组人员,在操作航空器中遭受的伤亡或损失;第三,旅客所遭受的伤亡或损失;第四,被保险人所有、保管、控制或监管的财产遭受损失或损坏;第五,电力、电磁干扰直接或间接产生的索赔;第六,所附"噪音、污染及其他风险除外条款"。

（2）航空旅客责任险（含行李）。

①航空旅客责任险的定义。航空旅客责任险是"航空旅客运输承运人责任险"的简称,是指旅客在乘坐或者上下航空器过程中发生意外,造成人身伤亡或行李损失、损坏、丢失、延迟交付等,应由航空承运人承担赔偿的,由保险公司予以赔偿。

旅客是指持有航空承运人机票（包括免费机票）的人员,未持有航空承运人机票（包括免费机票）的承运人雇员和免费搭载的其他人员不在此列。旅客也可自行决定向保险公司投保航空人身意外伤害险,但此项保险金额的给付,不得免除或减少承运人应当承担的赔偿金额。

世界多数国家的航空公司对旅客和行李的最高责任,都按《华沙公约》和《海牙议定书》的规定在机票上明文规定。中国是《华沙公约》和《海牙议定书》的签字国,在国际航线上的运输也是按此规定办理的。

②航空旅客责任险的保险范围。限制在被保险人对旅客因乘坐或者上下航空器发生意外,造成人身伤害或随身行李物品的损失,依法承担的赔偿责任。所以,被保险人要保险人承担航空旅客责任,必须证明伤害或受损失的是旅客,而且旅客伤害或损失系发生于乘坐或上下航空器的期间。

③航空旅客责任险的除外责任。主要包括:第一,被保险航空器做非法用途使用或任何保单上所规定用途之外的使用;第二,除不可抗力外,被保险的航空器于保险单规定之区域外飞行的;第三,被保险航空器非由保险单上记载的飞行员驾驶,但在地面上因特定目的而由有资格操作者为之不在此限;第四,被保险航空器由任何运输工具运送的,但因保险单承保的意外事故所致需要运送的不在此限;第五,除不可抗力外,被保险航空器在

不符合航空器制造者所规定的地方起降或试图起降；第六，被保险人在任何协议下自行承受责任或放弃权利的；第七，因核辐射、劫机、战争等事故导致的损害；第八，其他保险单以及理赔的金额部分。

航空旅客责任险针对的是航空旅客，旅客必须是对于航空器的操作没有任何义务的人。所以，被保险人的董事、员工、合伙人、机组人员等都排除在航空旅客责任险之外。

（3）航空货物运输责任险。

①航空货物运输责任险的定义。航空货物运输责任险，是"航空货物运输承运人责任险"的简称，是指以被保险人——航空承运人的民事损害赔偿责任作为保险标的的保险，即受托运送的货物遭受损坏或丢失时，航空承运人依法应承担的赔偿责任，由保险人负责赔偿。该保险是否投保，取决于航空承运人的意志，法律不强制投保。

②航空货物运输责任险的保险范围。我国《民用航空法》规定，因发生在航空运输期间的事件，造成货物毁灭、遗失或者损坏的，承运人应当承担责任，但是承运人证明货物的毁灭、遗失或者损坏完全是由于下列原因之一造成的，不承担责任：第一，货物本身的自然属性、质量或者缺陷；第二，承运人或者其受雇人、代理人以外的人包装货物的，货物包装不良；第三，政府有关部门实施的与货物入境、出境或过境有检疫限制的；第四，战争或武装冲突导致货物的灭失或毁损。

（三）航空货物运输险

1. 航空货物运输险的定义

航空货物运输险是指航空货物的货主（托运人或收货人），为货物在航空运输过程中，可能因意外事故造成的损失进行投保的一种保险。

在我国，航空货物运输险的保险标的为：凡在境内经航空运输的货物均可作为国内航空货物运输险的标的，但下列货物：金银、珠宝、钻石、玉器、首饰、古币、古玩、古书、古画、邮票、艺术品、稀有金属等珍贵财物，非经投保人与保险人特别约定，并在保险单（凭证）上载明，不在保险标的范围以内；蔬菜、水果、活牲畜、禽鱼类和其他动物等，不在航空货物运输险保险标的的范围之内，需要另行投保附加险。

2. 航空货物运输险与航空货物运输责任险的区别

航空货物运输险与航空货物运输责任险都属于财产保险，但二者有明显的区别。

（1）投保主体不同。航空货物运输险的投保人是货物的托运人或收货人，而航空货物运输责任险的投保人是航空承运人。在实际操作中，承运人收取的运费中往往包含有货物运输险的保费，但承运人只是办理货物运输险的代理人而已。

（2）承保的内容不同。航空货物运输险属于一般财产保险，承保特定货物的灭失损毁以及可得利益的丧失。航空货物运输责任险，承保的是航空运输人在保险期内可能因运输货物损害而承担赔偿责任的风险，是广义上的财产保险，是完全独立的保险业务。

（3）保险费率参考依据不同。航空货物运输险承保的是因自然灾害、意外事故等非人为因素造成的损失，承运人责任造成的损失不在承保范围内。所以，航空货物运输险费率的制定通常不受有关责任的影响，费率厘定一般参考货物种类和属性、货物包装、货运送、天气情况、承保条件、被保险货物以往损失记录等因素。航空货物运输责任险费率的制定，通常参考承运人的运输业务性质、法律法规对损害赔偿责任的规定、赔偿限额的高低等因素。

3. 航空货物运输险的保险责任

（1）国内航空货物运输保险的保险责任。

在我国境内保险人对下列事故造成保险货物损失的负责赔偿：①火灾、爆炸、雷电、冰雹、暴风、暴雨、洪水、海啸、地陷、崖崩；②因飞机遭受碰撞、倾覆、坠落、失踪（三个月以上），在危难中发生卸载以及遭受恶劣气候或其他危难事故发生抛弃行为所造成的损失；③因受震动、碰撞或压力而造成破碎、弯曲、凹瘪、折断、开裂的损失；④因包装破裂致使货物散失的损失；⑤凡属液体、半流体或者需要用液体保藏的保险货物，在运输途中因受震动、碰撞或压力致使所装容器（包括封口）损坏发生渗漏而造成的损失，或用液体保藏的货物因液体渗漏而致保藏货物腐烂的损失；⑥遭受盗窃或者提货不着的损失；⑦在装货、卸货时和港内地面运输过程中，因遭受不可抗力的意外事故及雨淋所造成的损失。

此外，还包括在发生航空运输保险责任范围内的灾害事故时，因施救或保护保险货物而支付的直接合理费用，但最高以不超过保险货物的保险金额为限。

航空货物运输险的保险责任，是自保险货物经承运人收讫并签发保险单（凭证）时起，至该保险单（凭证）上的目的地的收货人在当地的第一个仓库或储存处所时终止。但保险货物运抵目的地后，如果收货人未及时提货，则保险责任的终止期最多延长至以收货人接到《到货通知单》以后的 15 天为限（以邮戳日期为准）。

（2）国际航空货物运输保险的保险责任。

国际航空货物运输保险，分为航空货物运输险和航空货物运输一切险两个险别，其保险责任范围不一样。

①航空货物运输险的保险责任包括：第一，保险货物在运输途中遭受雷电、火灾、爆炸或由于飞机遭受恶劣气候或其他危难事故而被抛弃，或由于飞机遭受碰撞、倾覆、坠落或失踪等意外事故所造成的全部损失或部分损失；第二，被保险人对遭受承保责任范围内危险的保险货物采取抢救、防止或减少货损的措施而支付的合理费用，但以不超过该批被救货物的保险金额为限。②航空货物运输一切险的保险责任，除了包括上列航空货物运输险的保险责任外，还负责保险货物由于外来原因所致的全部损失或部分损失。

国际航空货物运输保险合同保险责任的起讫期限，因适用于国际航空货物运输，故航空货物运输保险合同保险责任的起讫期限的规定，与海洋货物运输保险合同大体一致，采用"仓至仓条款"确定起讫期限。即自保险货物运离保险单所载明的起运地仓库或储存处所开始运输时生效，包括正常运输过程中的运输工具在内，直至该项货物运达保险单所载明目的地收货人的最后仓库或储存处所或被保险人用作分配、分派或非正常运输的其他储存处所为止。如未运抵上述仓库或储存处所的，则以保险货物在最后卸载地卸离飞机后满 30 天为止（不同于海洋货物运输保险合同规定的 60 天）。如在上述 30 天内保险货物需转送到非保险单所载明目的地时，则以该项货物开始转运时终止保险责任。如果由于被保险人无法控制的运输延迟、绕道、被迫卸货、重行装载、转载或承运人运用运输契约赋予的权限所做的任何航行上的变更或终止运输契约，致使保险货物运到非保险单所载目的地时，在被保险人及时将获知的情况通知保险人，并在必要时加缴保险费的情况下，航空货物运输保险合同继续有效。保险责任按下述规定终止：第一，保险货物在非保险单所载目的地出售的，保险责任至交货时终止，但不论任何情况，均以保险货物在卸载地卸离飞机后满 30 天为止；第二，保险货物在上述 30 天期限内继续运往保险单所载原目的地或其他目的地时，保险责任仍按前述"仓至仓条款"的规定终止。

4. 航空货物运输险的除外责任

（1）国内航空货物运输保险的责任免除。

国内航空货物运输保险合同的保险货物，在保险期限内无论是在运输还是存放过程中因下列原因造成的损失，保险人不负赔偿责任：①战争、军事行动、扣押、罢工、哄抢和暴动；②由于保险货物本身的缺陷或自然损耗，以及由于包装不善或属于托运人不遵守货物运输规则所造成的保险货物损失；③托运人或被保险人的故意行为或过失行为所造成的损失；④其他不属于保险责任范围内的损失。

（2）国际航空货物运输保险的责任免除。

国际航空货物运输保险合同的保险人对下列损失不负赔偿责任：①被保险人的故意行为或过失行为所造成的损失；②属于发货人责任所引起的损失；③在保险责任开始前，保险货物已存在的品质不良或数量短差所造成的损失；④保险货物的自然损耗、本质缺陷、特性以及市价跌落、运输延迟所引起的损失或费用；⑤《航空货物运输战争险条款》和《航空货物运输罢工险条款》规定的保险责任和责任免除项下的损失。

（四）航空旅客意外伤害险

1. 航空旅客意外伤害险的定义

航空旅客意外伤害险又称航空意外险，是保险公司为航空旅客专门设计的一种针对性很强的商业险种，是指由航空旅客本人或他人（如雇主）投保的，用以承保旅客在上下及乘坐民用航空器期间所遭受意外伤害的保险。

所谓意外伤害是指外来的、突发的、非本意的、非疾病的使身体受到伤害的客观事件。

2. 航空旅客意外伤害险与航空旅客责任险的区别

（1）二者是两种不同的险种。航空旅客意外伤害险属于人身险，是自愿险险种；航空旅客责任险属于责任险，是强制险险种。

（2）投保人、被投保人和受益人不同。航空旅客意外伤害险的投保人可以是旅客本人、他人或其他组织，被保险人是旅客，受益人是旅客及近亲属；航空旅客责任险的投保人、被保险人和受益人都是航空公司。

（3）保险费用不同。航空旅客意外伤害险的保险费用较小，可以购买多份；航空旅客责任险的保险费用较大，一般不会重复投保。

3. 航空旅客意外伤害险的保险责任

航空旅客意外伤害险的保险责任，是被保险乘客在登机、飞机滑行、飞行、着陆过程中，因飞机意外事故，导致身故、残疾或伤害时，由保险公司按照保险条款所载明的保险金额给付保险金。保险人的保险金给付可以分为三类：

（1）意外伤害身故保险金。在有效期内身故，给付身故保险金，即被保险人自意外伤害发生之日起180日内因同一原因身故的身故保险金；被保险人因意外事故下落不明，经人民法院宣告死亡的身故保险金。

（2）意外伤害残疾保险金。在有效期内残疾，给付残疾保险金，即被保险人自意外伤害发生之日起180日内因同一原因身体残疾的残疾保险金，如治疗仍未结束的，按第180日的身体情况进行残疾鉴定，并据此给付残疾保险金。保险人根据《人身保险残疾程度与保险金给付比例表》的规定，按保险金额及该项残疾所对应的给付比例给付残疾保险金。被保险人因同一意外伤害造成一项以上身体残疾时，保险人给付对应项残疾保险金之和。但不同残疾项目属于同一只手或者同一只脚时，保险人仅给付其中一项残疾保险金；如残疾项目所对应的给付比例不同时，仅给付其中比例较高一项的残疾保险金。

（3）意外伤害医疗保险金。在有效期间内，未造成身故或残疾，但造成身体损伤，给付医疗保险金。被保险人因遭受意外伤害，在保险人指定或者认可的医院住院治疗所支出的、符合被保险人所住地社会医疗保险主管部门规定，可报销的医疗费用，保险人在保险金额的10%的限额内，按其实际支出的医疗费用给付医疗保险金。

4. 航空旅客意外伤害险的除外责任

航空旅客意外伤害险，因下列情形之一，造成被保险人死亡、残疾，保险人不负给付保险金的责任：①投保人、受益人对被保险人的故意杀害、伤害；②被保险人故意犯罪或拒捕；③被保险人殴斗、醉酒、自杀、故意自伤及服用、吸食、注射毒品；④被保险人受酒精、毒品、管制药物的影响而导致的意外；⑤战争、军事冲突、暴乱或武装叛乱；⑥核爆炸、核辐射或核污染；⑦被保险人乘坐非本合同约定的航空器遭受意外伤害；⑧被保险人通过安全检查后又离开机场遭受意外伤害。

（五）其他险种

除以上主要险种外，航空保险还包括航空产品责任险、机场（航空港）责任险、机组人员人身意外伤害保险、航班延误责任险、航空机票取消险、空中交通管制责任险、航空器试飞险、空中表演责任险、航空租机保险、航空飞行执照丧失险以及作为附加险的战争险和劫持险（附加在机身险、第三方责任险和旅客法定责任险等主险种之后，不能单独承保）等险种。下面简单介绍几种。

1. 航空产品责任险

航空产品责任险，是以航空产品（飞机）制造商、修理商或销售商由于产品本身存在缺陷，造成使用者或其他人的人身伤害或财产损失，依法应承担的赔偿责任为标的的保险。在航空产品责任关系中，航空产品的制造者、修理者、销售者是航空产品责任关系的责任方，都可以投保航空产品责任保险；产品用户、消费者或公众是航空产品责任关系中的受害方，也是航空产品责任法律制度所保障的对象。

近年来，航空器产品责任问题越来越成为人们关注的焦点。航空器事故发生后，受害人首先关心是否有产品责任。这是由于在通常情况下，航空公司都有法律规定限制自己的赔偿责任。在无法证明航空公司确有故意行为或者重大过失的情况下，受害人只能享受法律规定项下的赔偿限额。另外，一般的飞机险保单都将产品责任作为保险单项下的除外责任。有关航空事故的大量调查资料表明，飞机零部件的制造商、修理商或销售商最终要承担航空产品的法律责任。一旦产品责任确立，受害人包括飞机保险的承保人都可以通过法律程序从生产制造商处拿到更大的赔偿金额。因此，为了转移风险，飞机制造商或销售商一般需要投保航空产品责任险。

2. 机场（航空港）责任险

机场（航空港）责任险是指以被保险人（机场或航空港所有人和经营人）因机场或航空港（包括建筑物及其设备、装置）存在结构上的缺陷或管理不善，或被保险人在机场（航空港）内进行经营活动时因疏忽发生意外事故造成他人人身伤害或财产损失依法应负赔偿责任为保险标的的保险。

3. 航班延误责任险

航班延误责任险是指投保人（乘客）根据航班延误保险合同规定，向保险人（保险公司）支付保险费，当合同约定的航班延误情况发生时，保险人（保险公司）依约给付保险金的商业保险行为。

从 2014 年开始，国内已经有很多公司推出各种形式的航班延误险，1 小时、2 小时、3 小时，甚至 1 分钟赔付的都有，还推出主动理赔形式的延误险，也就是说无需客户再提交证明材料了，保险公司会根据系统内数据跟踪被保险人的延误情况，一旦达到理赔标准即可赔付。

4. 航空机票取消险

航空机票取消险是为了保障乘客在购买了不能退改或有条件退改的机票后，因乘客自身的原因（如身患疾病、直系亲属死亡等）而不能成行时，保险公司对机票因不能退改给乘客造成的损失予以赔偿的一种保险。

第三节 航空保险定价与理赔

一、航空保险定价

（一）航空保险定价的定义

航空保险定价，即航空保险产品的定价，是指保险人在航空保险产品开发过程中，依据保险标的所面临风险的规律性（财产保险主要指损失概率，人身保险主要指死亡率等）、保险人经营费用及经营状况、保险市场供求状况等因素，确定单位保险金额所应收取的保险费的行为。

保险费率是保险产品的价格，是用于计算投保人向保险人转嫁风险取得保险保障所应付出的代价，即保险费的依据，也是形成保险人用于承担赔偿或给付责任的物质基础即保险基金的依据，保险费率的厘定是否科学、公平、合理直接影响保险供求双方的切身利益。

（二）航空保险产品定价原则

1. 大数法则

大数法则是保险业赖以建立的数理基础。人们在长期的实践中发现，有些随机事件无规律可循，但是在随机现象的大量重复中，往往出现几乎必然的规律，即大数法则。此法则的意义是：风险单位数量越多，实际损失的结果会越接近从无限单位数量得出地预期损失可能的结果。据此，保险人就可以比较精确地预测航空危险，合理地厘定保险费率，使在保险期限内收取的保险费和损失赔偿及其他费用开支相平衡。保险公司正是利用在个别情形下存在的不确定性，将在大数中消失的这种规则性，用来分析承保的航空标的发生损失的相对稳定性。按照大数法则，保险公司承保的每类标的数目必须足够大，否则，缺少一定的数量基础，就不能产生所需要的数量规律。但是，任何一家保险公司都有它的局限性，即承保的具有同一风险性质的航空保险单位是有限的，而且一旦发生航空事故，就可能进行高额赔付，这就需要通过再保险来扩大风险单位及风险分散面。

2. 公平性原则

航空保险费率，应当与保险标的的风险性质和程度相适应。保险人收取的保险费应与其承担的保险责任对等，投保人所负担的保费应与其保险标的面临的风险程度、其所获得的保险保障程度、保险权利等相一致。面临性质或程度相同或类似风险的投保人，应执行相同的保险费率，负担相同的保险费。而面临不同性质、不同程度风险的投保人，则应实行差别费率，负担不同数额的保险费。

3. 合理性原则

航空保险费率水平，应与投保人的风险水平及保险人的经营需要相适应，既不能过高，也不能过低。保险人向投保人收取的保险费，应在抵补保险赔付或给付以及有关的营业费用后，获得合理的营业利润。

（三）主要航空保险产品的定价

1. 航空器机身险的定价

（1）航空器机身险保险金额的确定方式。

航空器机身险的保险金额，通过协议采取两种方式进行确定，即不定值保险方式和定值保险方式。

①不定值保险方式。所谓不定值保险，就是指保险合同双方当事人在订立合同时只列明保险金额，不预先确定保险标的的价值，待保险事故发生后，再估计其价值而确定其损失。不定值保险合同中保险标的的损失额，以保险事故发生之时，保险标的的实际价值为

计算依据。通常的方法是以保险事故发生时，当地同类财产的市场价格，来确定保险标的价值。但无论保险标的的市场价格发生多大的变化，保险人对于标的所遭受的损失的赔偿，均不得超过合同所约定的保险金额。在不易用市场价值确定保险价值时，也可用重置成本减折旧的方法或其他的估价方法来确定保险价值。

按照不定值保险方式承保的航空器机身险，赔偿时可在保险金额限额内选择现金赔付或置换相同的航空器。但是，随着航空技术的快速发展，新型飞机不断涌现，价格不断上涨，旧型飞机的价格却不断下跌。如果旧型飞机按原价值投保，虽然可以按照下跌后的市价置换同样的飞机，但无法满足被保险人对新型飞机的需求。另外，不定值保险即使标的发生全损，赔偿金额依然受到是否足额保值、是否有免赔额或自负比例等很多因素的限制。所以，在国际航空保险的实践中，航空器机身险一般不再使用不定值保险方式，而采用定值保险方式。我国保险公司承保国际航线的飞机都采用定值保险方式。

②定值保险方式。定值保险方式亦称"约定价值保险"，是指保险合同的当事人双方（投保人和保险人）事先约定一个固定的价值作为保险价值（或保险金额）进行保险，并在合同中载明保险金最高限额。当保险标的发生全部损失时，则不论所保标的的实际价值是多少，保险人只按保单上载明的保险价值计算赔偿金额，不必再对保险标的重新估价；如果保险标的发生部分损失，则确定损失的比例，该比例乘以约定的保险价值即为赔偿金额。

航空器机身险通常采取定值保险的方式，这种方式不仅减少了理赔环节和便于确定赔偿金额，而且可以使被保险人在遭遇飞机全损时，使用赔付的保险金购买一架新型飞机，从而使被保险人的利益获得充分保障。

（2）航空器机身险保险费率的确定。

保险费率，是保险人按保险金额向投保人或被保险人收取保险费的比例，通常用"‰"或"%"表示，是计算保险费的依据。国际和国内对航空器机身险费率的制定依据有所差异，航空器机身险费率的计算，不存在一个通用的精算公式。通常依据飞机的型号、用途、事故记录、历年的损失率、飞行员的飞行经验、被保险人的经营管理水平，厘定具体的保险费率，计算出相应的保险费数额。在航空保险实践中，也有保险公司针对不同型号的飞机制定《飞机保险费率表》。但费率表通常也仅是参考，具体费率还需保险双方协商。

2. 航空器第三方责任险的定价

1933 年《统一有关航空器对地（水）面第三方造成损害的某些规则的公约》（简称《罗马公约》）确定了航空第三方责任限额制度。第三方责任险每次事故的最高赔偿限额是保险人计算保险费的依据，同时也是保险人承担第三者责任险每次事故赔偿金额的最高限额。每次事故的责任限额，由投保人和保险人在签订保险合同时按不同档次协商确定。

按照国际上承保飞机第三者责任保险的一般做法，飞机第三者责任保险的责任限额，通常采取每次事故最高赔偿限额和保险单总赔偿限额相结合的方式，即多次事故累积赔偿额达到保险单规定的总赔偿限额后，保险责任自然终止。

3. 航空旅客责任险（含行李）的定价

（1）确定航空旅客责任险保险费率的参考因素。

航空旅客责任险保险费率的计算没有科学的数理基础，通常参考的因素有：①被保险人的过失记录，飞行员的飞行时间和以往损失赔偿情况；②航空器的型号和飞行小时数；③夜间飞行情况；④飞行线路和飞行区域；⑤飞行目的和危险类型；⑥责任范围和限额等。

（2）航空旅客责任险保险费率的计收方式。

航空旅客责任险保险费率的计收方式有两种：

①均一保费。不按个别危险程度计价，而是依据航空器上乘客座位数按年计费。乘客座位数是航空公司实际装置的航空器上座位数，同一机型的航空器因舱位等级设置不同，乘客座位数有所差别。该方式的优点是较为简便，也可以防止被保险人少报或漏报乘客英里数的情况发生。缺点是无法反映航空器出险程度的差异。

②分类保费。保险费按个别危险程度计价，在特定时间内（一般为1年）按航空器飞行的乘客英里数计费。乘客英里按两种方法计算：一是收费乘客英里数（航空器飞行的英里所载乘客人数），即航空公司按售票计算的乘客人数；二是不收费乘客英里数，即航空公司赠票给乘客，或公司员工（机组人员除外）因公或休假。按乘客英里数计费，航空公司在投保时，应提供上一年详细的飞行乘客英里，以及未来1年保险期内预期的飞行里程数，供保险人核定费率和计算预付保险费的数额时参考。

（3）航空旅客法定责任保险的赔偿限额。

航空旅客法定责任险采用限额赔偿方式，赔偿限额以保险单上附表规定的最高赔偿额为限，但有关诉讼费用需另外赔偿。

对赔偿限额的规定，通常国内航线和国际航线有所区别。航空承运人在国内航线所负的责任限额，一般由所在国家的航空法律来规定，而对国际航线则依国际公约办理。

对于国内航线，2006年1月29日，国务院批准并自当年3月28日起施行的《国内航空运输承运人赔偿责任限额规定》（以下简称《规定》）提出如下具体赔偿规定：国内航空运输承运人，因发生在民用航空器上或者在旅客上、下民用航空器过程中的事件，造成旅客人身伤亡的，对每名旅客的赔偿责任限额为人民币40万元（旅客自行向保险公司投保航空旅客人身意外保险的，此项保险金额的给付，不免除或者减少承运人应当承担的赔偿责任）。根据《规定》，造成旅客随身携带物品毁灭、遗失或者损坏的，对每名旅客的赔偿责任限额为人民币3000元；对旅客托运的行李和对运输的货物的赔偿责任限额，为每公斤人民币100元。向外国人、华侨、港澳同胞和台湾同胞给付的赔偿金，也可以兑换成该国或地区的货币。

对于国际航线，赔偿限额一般按国家所批准的国际公约来办理。目前，大多数国家均按1999年《蒙特利尔公约》办理，该公约于2005年7月31日对中国生效。根据1999年《蒙特利尔公约》规定，旅客伤亡时，不论承运人是否有责任，只要损失不是索赔人一方或者第三人造成的，承运人的赔偿限额由以前的7.5万美元增加到10万特别提款权（按照公约签署当日的货币换算标准，约合 13.5 万美元）。当旅客伤亡是由承运人责任造成时，旅客还可以要求得到超过 10 万特别提款权的赔偿（10 万特别提款权只是一个限额，实际损失低于 10 万特别提款权的，根据旅客遭受到的实际损失予以赔偿）。另外，对于航班延误造成损失的，每名旅客赔偿限额为 4150 特别提款权（按照公约签署当日的货币换算标准，约合 5600 美元）。行李赔偿方面，则不再按照以前的以重量为单位计算损失，而是每名旅客以 1000 特别提款权（按照公约签署当日的货币换算标准，约合 1350 美元）为限。

4. 航空旅客意外伤害险的定价

我国航空旅客意外伤害险的定价，经历了由统一定价到放开发挥市场机制的历程。

1989 年，当时的中国人民保险公司与民航总局、国务院法制办一起，研究制定了最早的航空旅客意外伤害险产品，分五种费率，即 3 元、5 元、7 元、9 元、11 元，分别保 1 万、2 万、3 万、4 万、5 万元。当年 5 月 1 日，航空旅客意外伤害险正式在全国范围内开办。

1993 年，航空旅客意外伤害险调整为 5 元、10 元分别保 3 万、6 万元。

1998 年 7 月，中国人民银行制定颁布了《航空旅客人身意外伤害保险条款》，规定，航空旅客意外伤害险保险期间为登机舱门到离机舱门之间，每份保费 20 元，保险金额为 20 万元。同一投保人最多可以买 10 份，即最高保险金额为 200 万元。全国自 1998 年 8 月 1 日起统一使用这一标准。

2003 年 1 月 10 日，中国保监会发布航空旅客意外伤害保险行业指导性条款，将原来每份保费 20 元、保险金额 20 万元，调整为每份保费 20 元、保险金额 40 万元，同一被保险人最高保险金额 200 万元的规定不变。

2007 年 9 月，中国保监会下发《关于加强航空意外保险管理有关事项的通知》，废止行业指导性条款，将航空旅客意外伤害险产品开发权和定价权完全交给保险公司，进一步发挥市场机制作用。

二、航空保险的理赔

（一）航空保险理赔的定义

航空保险理赔，是保险人在航空保险标的发生风险事故后，对被保险人提出的索赔请求，按照一定程序履行赔偿或给付责任的行为。

被保险人遭受航空风险事故后，应立即或通过保险代理人对保险人提出索赔申请，保险人受理审查、现场勘查、责任判定、损失核定以及赔案缮制、赔款支付的过程即理赔。可见，索赔与理赔是同一问题的两个方面。

（二）航空保险理赔的原则

航空保险理赔业务往往涉案金额大，社会影响广泛。出险后的理赔工作涉及相关法律较多，专业技术要求较高。航空保险的理赔遵循以下原则：

1. 重合同、守信用

保险合同所规定的权利和义务关系，受法律保护，因此，保险人必须重合同、守信用，积极维护被保险人的权益。

2. 实事求是

在处理赔案过程中，保险人要实事求是地进行处理，根据具体情况，正确确定保险责任、给付标准和给付金额。

3. 主动、迅速地进行勘查

保险人对出险的案件，要积极、主动、迅速地进行调查了解和现场勘查。

4. 合理定责

保险人通过实地调查，在全面掌握出险情况后，合理认定保险责任范围。

5. 准确定损

保险人要准确理解保险责任、除外责任，准确确定保险标的的损失程度和损失金额。

6. 赔付及时

保险人应依据保险合同，根据保险金额、损失程度、实际损失等因素及时支付赔偿金额。

（三）航空保险的理赔程序

航空保险的理赔通常包括以下程序：受理报案、立案受理、调查和取证、定责定损、履行赔付等。

1. 受理报案

受理报案是指被保险人发生保险事故后，必须及时向保险人报案，保险人应将事故情况登录备案。根据保险法和保险单的规定，航空保险事故发生后，受损的被保险人应立即书面通知保险人，也可先电话通知出险，事后填补《出险通知书》。报案是保险人理赔过程中的重要环节，它有助于保险人及时了解事故情况，必要时可介入调查，尽早核实事故性质；同时保险人又可以根据保险合同的要求及事故情况，告知或提醒申请人所需准备的材料，并对相关材料的收集方法及途径给予指导。

在发生保险事故时，除了出险及时通知义务外，被保险人还应采取措施保留事故证据，并将相关材料及时提交给保险人。

2. 立案受理

保险人接到出险报案后，无论是否属于保险责任，均应立案。在立案环节中，保险人对立案人提交的证明材料不齐全、不清晰的，应当即告诉申请人补交相关材料；对材料齐全、清晰的，即时告知申请人处理案件大致所需要的时间，并告知保险金的领取方法。

3. 调查和取证

保险人接到出险报案后，应立即派人现场勘查或调查取证，通过对有关证据的收集，核实保险事故以及材料的真实性，了解损失情况及原因。调查过程不仅需要相关部门及机关的配合，申请人的配合也是必不可少的环节，否则将影响保险金的及时赔付。

4. 定责定损

保险人根据调查和取证所掌握的材料，进行责任审核，审核事故是否在保险期内，是否在保险责任范围内，确定损失金额和理赔金额，必要时聘请航空事故处理专家和理算人协助确认。

航空器机身险的理赔金额通常能较快确定，但旅客责任、第三方责任等责任保险往往需要较长时间才能确定理赔金额。多数情况的空难会造成机毁人亡，证据收集和提供较为困难。在航空保险实践中，较多地采取协商和解方式确定赔偿金额。

5. 履行赔付

案件经过签批环节后，对属于保险责任的，在与被保险人或者受益人达成有关赔偿或者给付保险金额的协议后，10 日内履行赔偿或者给付保险金义务。保险合同对保险金额及赔偿或者给付期限有约定的，保险人应当依照保险合同的约定，履行赔偿或者给付保险金的义务。

6. 其他程序

航空事故发生后，通常会涉及众多人员的人身损害或巨大的财产损失，再加上法律适用上的复杂性，许多航空保险案件往往需要依赖法院的司法程序才能确定保险责任。因此，司法程序经常成为航空保险理赔案件的先行程序或前置程序。

由于航空保险多数都被分散到世界各地的再保险人进行分保，在存在分保的情况下，保险人还要向再保险人摊回相应赔款。

第四节 案例分析

一、案例（A）：全国首例航空意外伤害保险金索赔案

航班延误，民航将旅客安排在宾馆待机，购买了意外伤害险的乘客在宾馆死亡。保险公司认为，保险范围是从乘客通过安检直到飞机降落为止，死亡地点在机场之外，在缺少外力伤害情况下民航乘客死亡，不属理赔范围，保险公司面对亲属索赔要求拒绝赔偿。保险公司拒赔是否合理呢？

（一）飞机晚点，乘客在宾馆意外死亡

2009 年 8 月 2 日下午，家住江苏省如皋市的陈女士和 15 岁的儿子，持购买的飞机票（并购买了航空意外险）在南通市兴东机场通过了安全检查，但由于天气的原因，原定乘坐的 CA1514 航班一直没有降落，直到 8 月 3 日凌晨 1 点左右，筋疲力尽的旅客们只能接受机场安排，被送往南通市吉华花园酒店住宿，陈女士和儿子同住一间客房。到宾馆后母子二人简单洗洗就睡下了。不幸的是，2009 年 8 月 3 日早上 7 点左右，儿子一觉醒来，却怎么也叫不醒身旁的妈妈，15 岁的男孩急了，赶紧向宾馆求助。120 医护人员到来后，

称陈女士到宾馆后不久就死亡了。死者年仅42岁，好好的一个人，居然在一夜之间停止了呼吸，家人们伤心欲绝，根本无法接受！8月4日，经过南通市公安局法医尸体检验，南通市公安局物证鉴定所于8月4日出具了通公物鉴（法尸）字［2009］122号法医尸体检验报告，该报告结论为陈女士系意外死亡。

陈女士家人们知道，陈女士在购买机票的同时，曾花20元买过航空意外险。事故发生以后，他们要求保险公司赔付保险金40万元，但遭到拒绝，理由是"意外死亡的地点发生在机场以外的地方"，属于免责条款之列。之后死者家属也一直要求保险公司履行赔偿义务，但都被拒绝。死者的父母、丈夫和儿子联名向白下区法院起诉，要求该保险公司赔付40万元保险金。

（二）法庭上原告与被告争论的焦点问题

在庭审现场，原告与被告争论的焦点集中在以下几个问题：

争论问题之一：保险合同生效性问题

保险公司解释道：被保险乘客在安检、登机、飞机滑行、飞行、着陆、走出舱门这一连续过程中发生的意外伤害，才符合合同意义上需要赔付的情形。李女士是离开机场后在宾馆住宿时死亡的，其死亡的时间及空间均非规定情形。保险公司认为，当李女士走出机场，当天的安检已经自动失效，保险效力也不复存在，只有当她再次进入安检程序时，保险效力才会再次启动。

对此，原告这边的代理人予以回击：陈女士当日已经过安检，再次进入机场时需要重新安检，这仅是机场的一个制度，与保险公司无关；保险法中没有关于"保险空间"的规定，陈女士不是擅自离开安检的，是由于天气因素，被航空公司要求离开的，并听从安排住进宾馆；时间方面，保险合同的期限是7天，而不是空中飞行的几个小时，这就表明，保险公司已经预估到航班误点的情形。总而言之就是一句话——认为离开机场保险合同就失效，是没有法律依据的。

争论问题之二：陈女士自身有没有疾病

陈女士自身究竟有没有疾病，诱发或导致了本次死亡？争辩中，家人认定了尸检报告的结论，为意外死亡。而保险公司的代理人却指出，事发当日，陈女士的儿子在派出所里曾陈述："我妈身体有病，具体我爸知道！"对于这份笔录，保险公司申请法院去派出所调阅。保险公司还认为，目前得出的"意外死亡"结论，仅仅是尸表检验，是警方根据"死者全身无机械性暴力打击损伤"的表象做出的，鉴于家属不同意尸体解剖检验，陈女士真正的死因尚不明确，故举证不能的后果应由家属来承担。

陈女士的丈夫在庭审时坚定地表示："我妻子身体健康，肯定没有疾病！"同时，丈夫还回忆道，出事后，家属方面曾与保险公司沟通，当时，对方并未就尸检结论提出异议。

争论问题之三：死亡是否属航空意外伤害

庭审中，原告一方还指出，保险公司在卖保险时，并未就什么是意外伤害进行解释。对投保人而言，意外伤害是指旅行过程中发生的不是个人自身的或是故意造成的死亡或伤残。陈女士的死亡正属于这一范畴。

而保险公司的说法是，保监会对于意外伤害有过界定，即是由外来因素造成的、投保人非故意的、突发的、非疾病的身体伤害。意外伤害强调的是主观上的突发性，并不是对具体事件、具体事故的描述。任何没有预料到的死亡都可以叫意外死亡，但这与保险合同中的"意外死亡"是两个概念。本案中，陈女士在死亡时没有遭受任何外来伤害，因此不属于保单中表述的意外伤害。

（三）本案分析

2011 年 1 月底，在法庭的调解下，原告不再坚持 40 万元索赔，被告同意赔偿原告 30 万元，其中 10 万元属被告慈善基金中的捐款。至此，全国首例航空旅客在宾馆待机死亡，家属主张航空意外伤害事故保险索赔案通过调解而告终。但这是出于人道的"意外"赔偿，还是情理之中的法定责任？由此案引发的意外伤害保险责任范围如何界定的争论却没有停止。

看法一，保险公司应该负责赔偿。乘客人身意外险的作用，是保障旅客在整个航程中遇到的任何意外事故都能获得赔偿。本案中，飞机延误不属旅客原因，乘客选择接受机场的应急安排，在此过程中发生的任何意外事故，保险公司应该负责赔偿。保险合同中对意外伤害没有明确定义，原、被告双方对此存在不同的意思表示。被告保险公司为格式条款合同提供方，依据相关法律规定，双方如对条款发生争议，应该作出不利于提供格式条款一方的解释，陈女士死亡应当属于被告的理赔范围。

看法二，航空公司应当承担一定责任。飞机晚点，乘客通过安检又离开了机场，并不是乘客主动离开，而是航空公司应对天气变化不力，无法及时满足旅客需求，主动要求其离开。乘客没有到达目的地，没有擅自单独活动，而是受航空公司的约束，航空公司应当承担一定责任。

看法三，航空意外伤害的界定十分明确，即被害人受到自然、机械、他人等外界因素的伤害后，获得保险公司的理赔。本案是在缺少外力伤害情况下，民航乘客死亡，乘客离开机场后死在宾馆，显然并非遭受航空意外。陈女士猝死是由死者自身疾病诱发导致，不属于保险合同约定的意外伤害范围。此理由是否成立？

二、案例（B）："5·7"北航大连空难案

（一）"5·7"北航大连空难情况

2002 年 5 月 7 日，北方航空公司执行北京—大连航班任务的 B - 2138 号 MD - 82 客机，当天晚上 20：40 由北京起飞，21：24 在大连港海域坠毁。机上旅客 103 人、机组 9 人，共 112 人，全部遇难。

（二）"5·7"北航大连空难原因

通过调查，并经周密核实，认定"5·7"空难是一起由于乘客张丕林纵火造成的破坏事件。他登机前曾在中国太平洋人寿保险北京分公司等 6 家保险公司，为自己买了 7 份航空旅客人身意外伤害保险。

空难事故发生后，6 家保险公司向张丕林的母亲金桂贞送达了《拒赔通知书》，2003年 3 月，金桂贞将保险公司之一中国太平洋人寿保险股份有限公司北京分公司诉至法院，要求支付保险赔偿金。

思考：（1）保险公司拒赔是否合理？

（2）张某一人购买 7 份保险是否有效？

（三）案例分析

法院认为，《保险法》规定，被保险人故意犯罪导致其自身死亡的，保险人不承担给付保险金的责任。张丕林的行为最终没有被认定为故意犯罪，是由于张丕林已经死亡，无法按司法程序追究其刑事责任。但公安机关和国务院"5·7"空难处理领导小组曾认定，张丕林在飞机上故意纵火造成空难事故。法院予以采信。故太平洋人寿保险股份有限公司依据《保险法》相关规定对金桂贞予以拒赔并无不当。

在"5·7"空难罹难的 103 名乘客中，只有 44 名乘客购买了航空旅客人身意外伤害保险（以下简称航意险），其中有 1 人购买了 7 份，赔偿金额达 100 多万元，此人就是张丕林。按照规定，遇难乘客购买一份 20 元的航意险，将获得保险公司 20 万元的赔偿。每位乘客最多可允许购买 10 份航意险。多年从事人寿保险工作的业内人士称，在中国，购买航意险的乘客通常只占三成左右，平常乘客只购买 1 份，一人购买 7 份的情况非常罕见。

思考题

1. 什么是风险？航空风险有哪些特点？
2. 航空保险有哪些特征？
3. 简述航空货物运输险与航空货物运输责任险的区别。
4. 试述我国航空旅客意外伤害险定价的发展历程。

参考文献

［1］［英］杰维斯（Jervis, B. G.）. 航空保险理赔［M］. 北京：新时代出版社，1990.

［2］刘潭槐. 航空保险［M］. 北京：中国金融出版社，2016.

［3］郝秀辉，刘海安，等. 航空保险法［M］. 北京：法律出版社，2012.

［4］肖艳颖. 航空保险［M］. 北京：中国民航出版社，2008.

［5］施青年. 风险的投保与理赔［M］. 上海：复旦大学出版社，1996.

［6］王小卫，吴万敏. 民用航空法概论［M］. 北京：航空工业出版社，2007.

［7］邢爱芬. 民用航空法教程［M］. 北京：中国民航出版社，2007.

［8］何文峰. "9·11"事件给中国保险业的警示［J］. 保险研究，2002（3）：10－11.

［9］谢识予. 航空保险市场的结构、秩序和效率［J］. 经济研究，1998（2）：59－63.

［10］唐金，成张亚．新形势下中国航空保险发展研究［J］．西南金融，2016（1）：42－46.

［11］李新记．我国航空保险法律问题研究［D］．南京航空航天大学，2007.

［12］郑一争．航空旅客责任保险法律问题研究［D］．中国政法大学，2018.

［13］Red D. Margo. Aviation Insurance：The Law and Practice of Aviation Insurance Including Havercraft Insurance（third edition）［M］．London：Butterworths，2000.

第八章 航空供应链金融

供应链金融，是一种新的金融服务模式，它很好地实现了物流、商流、资金流、信息流等多流合一。航空供应链金融，是金融服务提供者依托航空供应链上的核心企业与上下游企业之间的协同合作关系，为供应链上的企业提供全面的金融服务。航空供应链金融能够使资金流高效地注入到航空供应链运营中来，既可以配合航空供应链各个环节的企业，为其提供经济交易所需的金融服务，又可以满足航空供应链薄弱企业的贷款融资需求。航空供应链金融有"M+1+N"模式和"互联网+航空供应链金融"运作模式。航空供应链金融的形态有存货融资、应收账款融资、预付账款融资和新兴的战略关系融资。航空供应链金融风险的影响因素概括起来分为外部风险因素和内部风险因素。构建大数据风险控制体系，是航空供应链金融风险控制的必然趋势。

第一节 航空供应链金融的内涵与特点

一、供应链金融的含义

供应链金融是供应链管理的组成部分。供应链是指通过对物流、商流、资金流、信息流的控制，从采购原材料开始，到制成中间产品以及最终产品，最后由销售网络把产品送到消费者手中的整个过程中，将供应商、制造商、分销商、零售商、最终用户连成一个整体的功能网链系统。

供应链管理就是对整个供应链系统进行计划、协调、操作、控制和优化的各种活动和过程。从本质上讲，供应链管理是对企业内外供应和需求的全面整合，包括所有物流活动、产品设计、生产运营、销售、资金以及信息技术之间的协调。随着供应链管理思想逐渐被接受以及供应链管理的不断完善，供应链中的物流、商流、信息流的效率不断提升，资金流也开始得到广泛关注，尤其是供应链中的中小企业经常出现资金相对短缺的问题，资金流往往成为制约整个供应链发展的瓶颈。供应链管理影响到公司的资本结构、风险等级、成本结构、盈利能力和最终市场价值，它是影响股东价值的重要因素，供应链管理者必须从金融的视角分析财务因素对供应链绩效的影响。鲍尔索克斯等（Bowersox et al.，1999）认为，对资产（如供应链不动产、机械设备和动产）融资的优化，是供应链金融的重要领域。

（一）国外对供应链金融的界定

从国际上看，供应链金融由贸易融资发展演变而来。20 世纪 40 年代，索尔尼耶（Saulnier，1943）总结了美国应收账款融资的发展情况（当时的应收账款融资主要指票据贴现业务，并没有供应链的特征）。科赫（Koch，1948）、萨特科夫斯基（Sutkowski，1963）、韦斯曼（Wessman，1990）等学者对以存货融资为代表的物流金融进行了研究。哈特利（Hartley，1998）研究了预付账款融资模式和供应链融资系统。供应链金融这一概念，最早由蒂默（Timme）和威廉姆斯－蒂姆（Williams－Timme）于 2002 年提出，他们认为，供应链上的参与方与为其提供金融支持的处于供应链外部的金融服务提供者，为实现供应链的目标而建立协作关系，将物流、信息流和资金流及进程、全部资产和供应链上的参与主体的经营一同考虑，这一过程就是供应链金融（Supply Chain Finance，SCF）。霍夫曼（Hofmann，2005）则认为，供应链金融是供应链管理与财务工具相结合的一种方式，是物流、供应链管理、协作与金融的交叉，并于 2005 年提出具有代表性的供应链金融定义，他将供应链金融界定为供应链中包括外部服务提供者在内的两个以上的组织，通过计划、执行和控制金融资源在组织间的流动，以共同创造价值的一种途径。阿伯丁（Aberdeen，2007）认为，供应链金融的核心就是关注嵌入供应链的融资和结算成本，并构造出优化供应链成本流程的方案。而供应链融资的解决方案，就是由提供贸易融资的金融机构、核心企业自身，以及将贸易双方和金融机构之间的信息有效连接的技术平台提供商而组成。威廉·阿特金森（William Atkinson，2008）将供应链金融定义为，一个服务与技术方案的结合体，这种结合体将需求方、供应方和金融服务提供者联系在一起，当供应链建成后，能够优化其透明度、金融成本、可用性和现金交付。在总结前人研究的基础上，迈克尔·拉莫洛克斯（Michael Lamoureux，2008）把供应链金融定义为一种在核心企业主导的企业生态圈中，对资金的可得性和成本进行系统优化的过程。兰德尔和法里斯（Randall and Farris，2009）认为，供应链金融就是供应链中上下游之间在资金流方面的合作，这种合作是为了降低平均成本，提升供应链收益。乌特克（Wuttke，2013）将供应链金融界定为，通过对供应链中的供需双方提供垫资、结算等服务，从而降低企业的资金成本，优化资金结构。

国外学者主要是站在供应链整体乃至生态圈的视角来看待供应链金融，认为供应链金融的最终目的是提升供应链当中资金流的整体效率。

（二）国内对供应链金融的界定

国内对供应链金融的研究起步较晚，进入 21 世纪后，供应链中的资金流管理日益受到国内各界的关注，很多学者对供应链融资服务的商业模式、仓储与物流中的金融服务创新模式以及供应链金融内涵进行了探讨。

杨绍辉（2005）从商业银行的角度出发，认为供应链金融是为中小型企业量身定做的一种新型融资模式，它将资金流有效地整合到供应链管理中来，既为供应链各个环节的企业提供商业贸易资金服务，又为供应链弱势企业提供新型贷款融资服务。王禅（2006）则将供应链金融定义为，银行从整个产业链角度出发，把供应链上的相关企业作为一个整体开展综合融资，根据贸易中形成的链条关系和行业特点制定融资方案，将资金有效注入到供应链上的相关企业，提供灵活多变的金融产品和服务的一种融资模式。何涛和翟丽（2007）认为，供应链金融就是金融机构、第三方物流和供应链上下游企业等充分发挥各自优势，相互协作，从整个产业链角度考察中小企业的融资需求，为供应链中处于弱势地位的中小企业提供融资服务。胡跃飞和黄少卿（2009）从实体经济角度，把供应链金融界定为，人们为了适应供应链生产组织体系的资金需要，而开展的资金与相关服务定价与市场交易活动。深圳发展银行（现更名为平安银行）课题组（2009）将供应链金融定义为，是核心企业与银行间达成的，一种面向供应链所有成员企业的系统性融资安排。辛玉红和李小莉（2013）认为，供应链金融有广义和狭义之分，从广义上讲，供应链金融是指供应链金融资源的整合，它是由供应链中特定的金融组织者为供应链资金管理提供的一整套解决方案。在静态上，它包含了供应链中的参与方之间的各种错综复杂的资金关系；更为重要的是在动态上，它倾向于指定特定金融机构或其他供应链管理的参与者（如第三方物流企业、核心企业）充当组织者，为特定供应链的特定环节或全链条提供定制化的财务管理解决方案。从狭义上看，供应链金融指以核心企业为出发点，基于供应链的实际贸易关系，为供应链中的单个企业或上下游多个企业提供包括融资、结算和保险等相关业务在内的综合金融服务。

尽管国内也有学者从产业链角度界定供应链金融，但普遍认为供应链金融是一种独特的商业融资模式，是以核心客户为依托，以真实贸易背景为前提，对供应链上下游企业提供的综合性金融产品和服务。所以，国内对供应链金融的理解大多是金融机构根据产业特点，围绕供应链上核心企业，基于交易过程，向核心企业及其上下游相关企业提供的综合金融服务。例如，深圳发展银行（现更名为平安银行）曾把供应链金融概括为"M + 1 + N"，"1"是指依托一家核心企业，"M"为其众多的供应商，"N"为众多的分销商或客户，银行为它们提供综合金融服务。

综上所述，国内外学者从不同的角度对供应链金融进行了界定，归纳起来主要有四种视角。一是从商业银行的视角，认为供应链金融是商业银行通过审查整条供应链，基于对供应链管理程度和核心企业的信用的掌握，对其核心企业和上下游多个企业提供灵活运用的金融产品和服务的一种融资模式。国内学者持这种观点的较多。二是从核心企业视角，认为供应链金融是一种核心企业主导的生态圈中，对资金的可得性和成本系统性优化的过程。三是从电子商务平台视角，认为供应链金融是一种金融服务与技术方案的结合体，通过利用电子商务平台将需求方、供应方和金融服务提供者联系在一起。四是从供应链管理视角，认为供应链金融就是将资金流整合到供应链管理中来，既为供应链各个环节的企业提供商业贸易资金服务，也为供应链弱势企业提供信贷融资服务的金融创新。

国外学者从供应链金融的多个层面考虑，对供应链金融的理解更为宽泛，视角不局限于融资，而且加入了对资本结构、成本结构和资金流周期等问题的研究，更加全面看待供应链金融问题，不仅包括了商业银行等金融机构，也包括了供应链产业企业的金融性行为。国内研究者大多注重供应链的融资功能，多数是从商业银行的视角来界定供应链金融，仅局限于金融机构对供应链内的企业的融资问题。

二、航空供应链金融的内涵

（一）航空供应链金融的界定

综合上述国内外学者对供应链金融的不同理解，我们将航空供应链金融界定为：金融服务提供者依托航空供应链上的核心企业与上下游企业之间的协同合作关系，为供应链上的企业提供全面的金融服务。

（二）对航空供应链金融的理解

航空供应链金融是以核心企业为出发点，为整个供应链提供金融支持。航空供应链金融的参与主体包括金融机构、中小企业、第三方物流企业以及在供应链发挥主导作用的核心企业。金融机构在航空供应链中主要提供资金流、信用及相关金融服务等；中小企业在核心企业提供担保和反担保前提下，将其购买的原材料、产成品或应收账款在第三方物流监管下进行质押，来解决中小企业一直面临的流动资产融资信用不足问题，进而也将有效地降低融资过程中存在的信息不对称。

核心企业是航空供应链金融运行的出发点，借助核心企业的实力，依托供应链上的交易关系和担保品，为航空供应链资金薄弱的中小企业提供金融支持。一方面，将资金有效注入处于相对弱势的上下游配套中小企业，解决中小企业融资难和供应链失衡的问题；另一方面，将核心企业的信用融入上下游企业的购销行为，增强其商业信用，促进中小企业与核心企业建立长期战略协同关系，提升供应链的竞争能力。航空供应链金融能够使资金流高效地注入到航空供应链运营中，既可以配合航空供应链各个环节的企业，为其提供经济交易所需的金融服务，又可以满足航空供应链薄弱企业的贷款融资需求。

三、航空供应链金融的特点

航空供应链金融将航空供应链的物流、商流、信息流与金融结合为一体，将航空供应链中的买方、卖方、第三方物流及金融机构紧密联系起来，以实现航空供应链物流盘活资金，同时用资金拉动航空供应链物流，提高航空供应链物流的协同性，降低其运作成本。具体而言，航空供应链金融的特点如下：

（一）航空供应链是航空供应链金融的前提

航空供应链金融是服务于整个航空产业链的金融模式，不是单纯依靠航空产业链上的单个企业的基本资信状况来判断是否提供金融服务，而是依据航空产业供应链整个运作情况，以企业间真实的物流、商流、信息流及资金流数据为依据。没有实际的航空供应链作支撑，就不可能产生航空供应链金融。

（二）大数据分析是航空供应链金融的技术基础

航空供应链金融是面向航空供应链所有成员企业的系统性金融安排。这种金融服务，不仅要分析融资企业本身，还要分析它所在的供应链网络以及所在行业的整体情况。分析行业的时候需要考虑宏观的经济环境、政策、行业现状、发展前景等因素。分析供应链网络的时候要了解这个供应链的市场竞争状况、融资的企业在供应链中的地位以及与其他企业的关系等。在分析企业的时候，要了解它的生产运营情况、资产和资金结构及在供应链中的地位等。这些都需要海量的相关数据来支撑，需要运用大数据分析技术对企业的每笔交易、每项物流活动、每次信息交流等数据进行汇总分析。

（三）航空供应链金融实现多流合一

在航空供应链中，物流、商流、资金流、信息流等是共同存在的。物流是物质资料从供给者到需求者的物理运动，包括商品的运输、仓储、搬运装卸、流通加工，以及相关的物流信息等环节；商流是商品买卖来往；资金流是指采购方支付货款中涉及的资金流动；信息流是在整条航空供应链中，和物流、商流、资金流相关联的各类资讯。航空供应链金融很好地实现了航空供应链的物流、商流、资金流及信息流等多流合一。

（四）航空供应链金融是闭合式资金运作

闭合式资金运作就是航空供应链金融活动是在航空供应链内部完成的，不会超出这个链条之外。例如，在航空供应链上，一个供应商把半成品卖给大企业，大企业要把加工完的成品卖出去再给供应商钱，但它可以先给供应商开个发票或证明。如果这个供应商在回款之前要用钱，可以把借条抵押给银行，银行如果相信这个大企业的信用，就会把钱贷给这个供应商，贷款到期后大企业直接把钱还给银行。闭合式资金运作不容易赖账，有效地降低了信用风险。

（五）中小企业是航空供应链金融服务的主要对象

在传统的融资借贷中，由于中小企业规模不大，资信较差，可用于抵押的资产少，银行不愿意给它们贷款。航空产业链运作过程中，存在资金缺口的主要是中小企业，航空产业链上的中小企业，通常会以赊账销售形式达成交易，因此会造成企业资金紧张，风险增大，融资难度加大，导致整条产业链运行不平衡。航空供应链金融是从整个航空供应链的角度，通过分析企业间的物流、商流、资金流、信息流的流动状况，判断中小企业的还款能力。把单个企业的不可控风险转变为供应链企业整体的可控风险，通过立体获取各类信息，将风险控制在最低，从而达到供应链金融体系上的风控平衡。航空供应链金融依托整个供应链，一方面通过中小企业在链条上的各种信息判断它的还款能力，另一方面通过供应链中企业间的关系形成了对中小企业还钱的监督机制，所以，航空供应链金融会大幅度减少航空链条上的中小企业的融资风险，有效解决其融资难问题。

第二节 航空供应链金融运作模式

一、"1 + N" 航空供应链金融运作模式

"1 + N" 模式："1"代表核心企业，"N"代表众多围绕核心企业的中小企业。金融

机构以供应链中的"核心企业"为信用支持，为核心企业的上下游供应商、经销商等中小企业提供融资方案支持，如图8-1所示。"1+N"模式后来又发展为"M+1+N"，"M"代表处在核心企业上游的众多中小企业，"N"代表处在核心企业下游的众多中小企业。

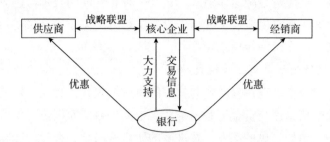

图8-1 "1+N"航空供应链金融模式

这种模式最大的特点就是在航空供应链中寻找出一个大的核心企业，以核心企业为出发点，为航空供应链提供金融支持。一方面，将资金有效注入处于相对弱势的上下游配套中小企业，解决中小企业融资难和供应链失衡的问题；另一方面，将银行信用融入上下游企业的购销行为，增强其商业信用，促进中小企业与核心企业建立长期战略协同关系，提升航空供应链的竞争能力。

"1+N"航空供应链金融模式的参与主体主要有金融机构、中小企业、支持性企业以及在供应链中占优势地位的核心企业，如表8-1所示。

表8-1 "1+N"航空供应链金融模式参与主体及作用

参与主体	作用
金融机构	①在航空供应链金融中为中小企业提供融资支持，通过与供应链企业合作，在供应链的各个环节，根据预付账款、存货、应收账款等情况，提供金融服务。②金融机构提供供应链金融服务，决定了供应链金融业务的融资成本和融资期限。
中小企业	在航空产业生产经营中，受经营周期的影响，预付账款、存货、应收账款等流动资产占用大量的资金。而在航空供应链金融模式中，可以通过货权质押、应收账款转让等方式从银行取得融资，把企业资产盘活，将有限的资金用于业务扩张，从而减少资金占用，提高了资金利用效率。
支持性企业	航空供应链金融的主要协调者，一方面为中小企业提供物流、仓储服务，另一方面为银行等金融机构提供货押监管服务，搭建银企间合作的桥梁。对于参与供应链金融的物流企业而言，供应链金融为其开辟了新的增值业务，带来新的利润增长点，为物流企业业务的规范与扩大带来更多的机遇。
核心企业	①在航空供应链中规模较大、实力较强，能够对整个供应链的物流和资金流产生较大影响的企业。航空供应链作为一个有机整体，中小企业的融资瓶颈会给核心企业造成供应或经销渠道的不稳定。②核心企业依靠自身优势地位和良好信用，通过担保、回购和承诺等方式帮助上下游中小企业进行融资，维持供应链稳定性，有利于自身发展壮大。

二、互联网＋航空供应链金融运作模式

信息技术的飞速发展和广泛运用，为金融创造了良好的技术环境，推动了金融业务创新，产生了互联网＋供应链金融运作模式，这是一种将互联网技术与供应链金融深度融合的金融模式。互联网＋航空供应链金融运作模式又可分为基于电子商务（以下简称电商）平台模式和基于第三方支付平台模式。

（一）航空供应链金融电商平台模式

电商平台的搭建改变了以往以融资为核心的供应链模式，将核心转变为企业的交易过程，将物流、商流、信息流与资金流紧密结合。电商平台实时提供了供应链活动中能够触发融资的信息按钮，诸如订单的签发、按进度的阶段性付款、存货的变动、票据、应收应付账款等，逐渐形成了物流、商流、信息流、资金流四流合一的状态，如图8－2所示。供应链金融与电商的融合，有助于银行对小微企业融资进行考察，从而节约了成本，提高了融资效率。

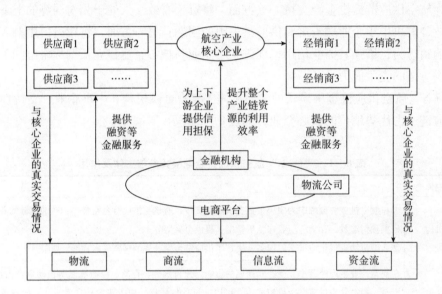

图8－2　航空供应链金融电商平台模式

在互联网时代，互联网金融快速发展，使得人们能方便、快捷地在互联网上进行投融资，商业银行在供应链金融中资金提供者的地位在下降。为了更好地监控供应链的资金流、信息流和物流，掌握动产担保物权和降低信息不对称，商业银行纷纷自建立了电商平台，同时兼具电商和资金提供者的身份，不仅能在平台上为中小企业提供交易发布、在线交易电子商务平台渠道，而且能够在充分掌握在线企业交易数据的基础上，建立电商信用体系，向企业提供融资等金融服务。例如建设银行2012年推出的"善融商城"和工商银行2014年建立的"融e购"均是商业银行自主建立的电子商务平台，直接为平台客户提供供应链金融服务。

（二）航空供应链金融第三方支付平台模式

大数据和人工智能为独立的第三方搭建互联网供应链金融平台提供了机会。第三方支付企业介入航空供应链金融，扮演着航空供应链中中小企业私人信息的生产者的角色。利用第三方支付平台提取的商贷流通航空产业链上大量的交易数据，并根据积累的大数据进行信息的发掘、分析、审核及反馈，形成银行融资决策所需的统一的、标准化的信息，如图8-3所示。相比银行融资部门决策依赖的动态财务数据，第三方支付所获得的交易数据，能够动态反映融资企业真实的经营和资信状况，有效降低了传统银行融资过程中的信息不对称。第三方支付公司最大的优势和资产就是客户数据，直接掌握资金流向，可以克服传统供应链金融模式的缺陷，凭借积累的客户交易记录、经营情况、资金流向等，运用互联网技术，将航空供应链中的商流、物流、信息流和资金流进行标准化处理，形成大数据分析，既能提高交易的效率，又能有效地保证资金的安全。

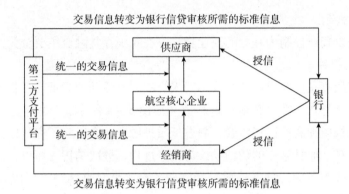

图8-3 航空供应链金融第三方支付平台模式

随着互联网征信、互联网小贷在中国的发展，第三方支付公司依托于长期支付交易建立起的客户关系，开始创新型互联网金融平台，并积极为产业链上的企业客户提供信贷融资服务，一定程度上取代了传统供应链金融模式中的金融机构。

第三节 航空供应链金融的分类

航空供应链金融分类方法有多种，可以按照是否有融资业务、服务于供应链环节、融资使用的质押对象以及风险控制及解决方案的问题导向等进行分类。本节着重介绍传统的供应链金融的三种形态——存货融资、应收账款融资、预付账款融资和新兴的一种供应链金融形态——战略关系融资。

一、按照是否有融资业务分类

按照是否有融资业务，航空供应链金融可分为融资业务和非融资业务。融资业务包括贷款、承兑和信用证。非融资业务也就是中间业务，包括顾问业务和结算业务等。

二、按照服务于供应链环节分类

按照服务于供应链环节，航空供应链金融可分为采购环节的供应链金融和销售环节的供应链金融。

三、按照融资使用的质押对象分类

按照融资使用的质押对象，航空供应链金融可分为存货融资、应收账款融资和预付款融资。

（一）存货融资

存货融资是以资产控制为基础的商业贷款，在我国存货融资主要分为以下三种：

1. 静态抵质押融资

静态抵质押融资是指客户以自有或第三人合法拥有的动产为抵质押物的融资业务。抵质押物不允许以货易货，客户必须打款赎货（如图8-4所示）。银行委托第三方物流公司对客户提供的抵质押商品进行监管。静态抵质押融资适合于除了存货以外没有其他合适的抵质押物的客户，而且客户的购销模式为批量进货、分次销售。所以，静态抵质押融资对客户要求相对较为苛刻。静态抵质押融资较适合于贸易型客户，可以利用抵质押的产品，将积压在存货上的资金盘活，以扩大经营规模。

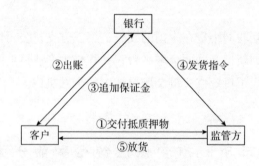

图8-4　静态抵质押融资流程

2. 动态抵质押融资

动态抵质押融资是静态抵质押融资的延伸产品，银行对客户抵质押的商品设置最低限额，允许在限额以上的商品出库，客户可以以货易货（如图8-5所示）。动态抵质押融资多适用于生产型客户，适合于库存稳定、货物品类较为一致、抵质押物的价值较容易核算的客户。但对于一些存货进出频繁，难以采用静态抵质押融资的客户，也可以运用动态抵质押融资。对银行来说，尽管动态抵质押融资的保证金效应小于静态抵质押融资，但是由于以货易货的操作可以授权第三方物流企业进行，操作成本比静态抵质押融资小。对客户而言，动态抵质押融资由于可以以货易货，所以，抵质押设定对生产经营影响相对较小。尤其是对库存稳定的客户，在合理设置抵质押物价值底线的前提下，融资期间内几乎无须启动追加保证金赎货的流程，对盘活存货的作用非常明显。

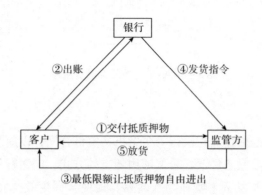

图 8 - 5　动态抵质押融资流程

3. 仓单质押融资

仓单质押融资又分为标准仓单质押融资和普通仓单质押融资，二者的区别在于是否为期货交割仓单。

标准仓单质押融资是指客户以自有或第三人合法拥有的标准仓单为质押的融资业务。标准仓单指的是符合期货交易所统一要求的，由指定交割仓库在完成入库商品验收、确认合格后签发给货主用于提取商品的，并经交易所注册生效的标准化提货单。标准仓单质押融资适用于通过期货交易市场进行采购或销售的客户，以及通过期货交易市场套期保值以规避经营风险的客户。由于标准仓单流动性很强，有利于在客户违约情况下对质押物的处置。对客户而言，标准仓单质押融资相比动产抵质押融资，手续简便、成本较低。

标准仓单质押融资流程如图 8 - 6 所示：客户向银行提出融资申请，并将标准仓单及质押声明书交给银行；银行、客户、期货公司签署贷款合同、质押合同、合作协议等法律文书，并在期货交易所办理质押登记手续；银行向客户发放质押贷款资金；客户补交保证金或归还银行贷款；银行释放标准仓单，或在需要客户以标准仓单参与实物交割偿还银行贷款的情况下，银行将标准仓单直接交给期货公司，授权其代理参与实物交割，交易款首先用于偿还银行贷款。

普通仓单质押融资是指仓库或第三方物流公司提供的非期货交割用仓单作为质押物，并对仓单作出质押背书，银行提供融资的一种金融产品。

（二）应收账款融资

应收账款融资是指航空供应链上的企业把自己的应收账款转让给银行以申请贷款的一种融资方式。应收账款融资可分为应收账款质押融资、保理融资。

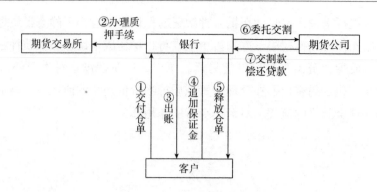

图8-6 标准仓单质押融资流程

1. 应收账款质押融资

应收账款质押融资是指企业与银行等金融机构签订合同,以应收账款作为质押品,在合同规定的期限和信贷限额条件下,采取随用随支的方式,向银行等金融机构取得短期借款的融资方式。放款需要发货来实现物权转移,促使合同生效。同时也需要告知核心企业,得到企业的确权。其流程如图8-7所示。

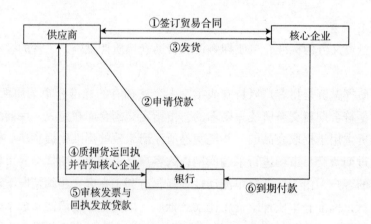

图8-7 应收账款质押融资流程

2. 保理融资

保理(Factoring),全称保付代理,又称托收保付,是指卖方将现在或将来基于与买方订立的货物销售/服务合同所产生的应收账款转让给保理商(提供保理服务的金融机构),由保理商向其提供资金融通、买方资信评估、销售账户管理、信用风险担保、账款催收等一系列服务的综合金融服务方式。

保理融资是指处于整个供应链上的卖方将其对于买卖交易中的买方(核心企业)的应收账款转让给提供保理服务的金融机构,从而获得融资。保理融资的一般流程如图8-8所示:在航空供应链卖方企业与买方企业达成买卖协议,形成应收账款后,卖方根据资金需求向金融机构提出保理业务申请；卖方与金融机构签署保理协议，转让应收账款及提出融资申请需求；金融机构审查审批后进行放款；应收账款到期，买方还款。

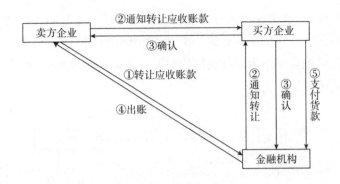

图 8 - 8 保理融资流程

依托供应链金融的保理业务形态主要为应收账款转让融资，根据具体形态不同，又可以进一步分为直接保理（正保理）、反向保理、保理池融资以及票据池保理融资等。

（1）直接保理。直接保理，又称正向保理，是运用卖方企业作为债权人转让其应收账款债权为前提来确保收回融资。直接保理根据卖方是否将应收账款转让行为通知买方，可分为明保理、暗保理两种方式。将应收账款转让行为通知买方的是明保理，不通知的就是暗保理。根据可否对转让应收账款的卖方进行追索，直接保理又分为有追索权保理和无追索权保理。有追索权保理，是指应收账款收不回时，金融机构保留对卖方企业的追索权，转让应收账款的企业要承担相应的坏账损失。无追索权保理又称买断保理，指金融机构凭债权转让向卖方企业融通资金后，即放弃对卖方追索的权利，金融机构独自承担买方拒绝付款或无力付款的风险。

（2）反向保理。反向保理也称逆向保理，是金融机构与供应链核心企业达成的，以转让应收账款为前提，为核心企业的上游供应商提供融资。

反向保理就是利用信用替代机制，以供应链核心企业信用替代中小供应商信用，实现供应链上下游资金融通的目的。

（3）保理池融资。保理池融资是指将一个或多个具有不同买方、不同期限、不同金额的应收账款全部一次性转让给金融机构，金融机构根据累积的应收账款余额给予融资。保理池融资适用于交易记录良好且应收账款余额相对稳定的中小企业。

（4）票据池保理融资。供应链金融中的票据主要指的是商业票据。票据池保理融资是指企业将收到的所有或部分票据做成质押或转让背书后，纳入金融机构融资的资产支持池，金融机构以票据池余额向企业融资。

（三）预付款融资

预付款融资是指在航空供应链上游企业承诺回购的前提下，由第三方物流企业提供信用担保，以金融机构指定仓库的既定仓单，向金融机构申请质押贷款来缓解预付货款压力，同时由金融机构控制其提货权的融资业务。

预付款融资分为先票/款后货融资、担保提货（保兑仓）融资等。

1. 先票/款后货融资

先票/款后货融资是指企业（买方）从银行取得授信，在其向银行交纳一定比例保证金的前提下，银行向卖方支付全额货款，卖方按照购销合同以及合作协议书的约定发运货物，货物到达后设定抵质押作为银行授信的担保，具体流程如图 8 – 9 所示。先票/款后货融资是存货融资的进一步发展。

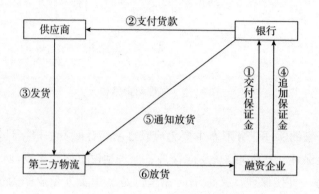

图 8 – 9　先票/款后货融资流程

2. 担保提货（保兑仓）融资

担保提货是先票/款后货融资产品的变种，即在客户（买方）交纳一定保证金的前提下，银行贷出全额贷款供客户向供应商（卖方）采购用于授信的抵质押物，随后，客户分次向银行提交提货保证金，银行再分次通知卖方向客户发货，具体流程如图 8 – 10 所示。

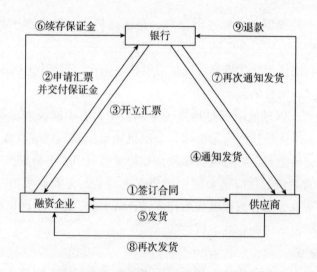

图 8 – 10　担保提货（保兑仓）融资流程

四、新兴航空供应链金融形态——战略关系融资

前面重点介绍的存货融资、应收账款融资和预付款融资都属于有抵押物前提下的融资行为。航空供应链金融还存在着基于长期合作而产生的信任关系、基于相互之间的战略伙伴关系进行的融资，被称之为战略关系融资。这种融资方式通常发生在具有多年合作关系的战略合作伙伴之间。下面以 A 航空企业为例，简单介绍战略关系融资的流程。

在激烈的市场竞争中以及多年与上游供应商良好的合作关系，A 航空企业认识到上游供应商在整个航空供应链中的重要性，为了维系与优质供应商的良好合作关系，A 航空企业除了提供一系列对供应商的支持外，还为供应商提供战略关系融资。A 航空企业的各业务部根据以往交易数据筛选出关键供应商。针对关键供应商，A 航空企业的业务部了解其出现资金短缺时，会根据供应商的资金需求向总部财务部门提出融资申请，经审核后 A 航空企业总部直接对供应商提供资金支持，如图 8 – 11 所示。这种融资并不以单个交易为依据，而是以双方的长期合作为基础，不涉及抵押物品。A 航空企业通过对供应商融资，解决了供应商的资金短缺问题，提升了供应链的价值创造能力，改善了整个航空供应链生态。

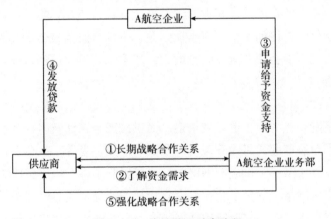

图 8 – 11　战略关系融资流程

第四节　航空供应链金融风险控制

一、供应链金融风险的起因

(一) 供应链金融风险的界定

供应链金融风险是指金融服务提供者对供应链企业进行融资等金融服务过程当中，由于各种事先无法预测的不确定因素带来的影响，使供应链金融产品的实际收益与预期收益

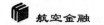

发生偏差，或者资产不能收回从而遭受损失的可能性。

供应链金融为供应链上的企业带来了更广阔的融资空间，是解决供应链上的中小企业融资难、融资贵的重要渠道。供应链金融将资金有效注入处于相对弱势的上下游配套的中小企业，解决中小企业融资难和供应链失衡的问题，优化整个产业的现金流，缩短现金流量周期，让利益相关方都能用较低资金成本实现较高的经营绩效，促进中小企业与核心企业建立长期战略协同关系，有利于提升供应链的竞争能力。然而，任何事情都有两面性，供应链金融在使供应链上的企业资金流更加高效的同时，也会产生新的风险。新的风险源于供应链管理以及供应链金融内在的脆弱性，这种脆弱性主要体现在供应链企业的依赖性和供应链的传导性。

（二）供应链金融风险的起因

1. 供应链企业的依赖性

随着经济全球化趋势的不断加快、技术创新过程和产品生命周期的缩短，企业面临着更加不确定的和更具有竞争性的经营环境。为了应对环境的不确定性，供应链中的企业越来越多地通过与供应链其他企业更加紧密的合作，使企业内部流程和供应链更加有效地响应市场的变化。供应链在给其成员企业带来效率和效益的同时，也使供应链中的企业更加依赖供应链。供应链上的企业环环相扣，它们彼此依赖，相互影响，这就使供应链存在着一定的脆弱性。当供应链任何一个环节出现问题，不仅会波及整个供应链，影响整个供应链的正常运作，而且可能会使金融风险被放大，严重危害供应链经营的环境。

2. 供应链的传导性

供应链是由众多的参与主体、多种管理活动和各种关系组成的复杂网络，而不是一个自上而下连接上下游企业的简单链条或渠道。而供应链金融涉及多种经济主体，包括供应链上下游企业、平台服务商、风险管理者以及流动性提供者等。就单个企业而言，绝大多数企业都不可能只处于某一个供应链网络中，而是置身于多个供应链网络交叉形成的错综复杂的网络关系中。网络中的每个企业都会直接或间接地影响着网络关系中其他企业或组织，并最终影响整个供应链。供应链中任何一个节点企业出现风险，都会对供应链中的其他节点企业产生影响，这种风险会在供应链中传递，而且在传递过程中会产生各种变化，如强度变化、概率变化和属性变化，从而会放大风险。供应链的传导性，有时会导致供应链管理方式下企业的经营风险加大。所以，供应链管理是否成功，最终取决于企业整合复杂供应链关系网络的管理能力。

总之，由于供应链的独特性，供应链上的企业紧密联系和相互依赖，导致供应链的每个环节存在的不确定性都会影响整个链条，这正是引起供应链金融风险的主要原因。供应链的传导性，又导致某个环节的风险会在供应链条中传递和放大，从而加大供应链金融风险。

二、航空供应链金融风险因素

航空供应链金融风险的影响因素有多种，概括起来可分为外部风险因素和内部风险因素。

（一）航空供应链金融外部风险因素

航空供应链金融外部风险来源于外部，是供应链参与主体无法决定的。航空供应链金融外部风险主要是指由于外部经济、金融、航空产业环境的变化，使航空供应链资金流与物流、商流的协调受到影响而产生的潜在风险。具体而言，航空供应链金融外部风险主要包括：

1. 经济周期波动

由于航空产业受宏观经济周期波动的影响巨大，所以，经济周期波动是航空供应链金融风险的重要影响因素。航空供应链金融与宏观经济波动保持大致相同的趋势。当经济进入上行周期时，商务往来与外贸活动开始频繁，个人消费水平提升，带动航空出行需求与航空货运业务增长，促进航空业的发展。此时社会需求增加带来航空供应链收益增加，中小企业有充足的资金归还贷款，同时商业银行增加信贷投放量，给中小企业提供更多的贷款，形成良性的循环。当经济增速减缓或进入下行周期时，商务活动减少，个人收支缩紧，乘客可能选择票价相对低廉的替代性交通工具出行，或者减少旅行频率，导致航空出行需求下降，即使航空公司通过打折优惠机票来刺激需求，也不能增加航空运输业的收入水平。市场需求疲软，甚至严重萎缩，航空供应链效益受损，此时会增大供应链上融资企业的还款难度，资金提供方可能难以按时收回放贷资金，就会通过提高贷款利率等方式压缩资金放贷量，使急需资金的企业面临较大的融资约束，进一步加重航空供应链上的中小企业资金短缺，加剧资金周转困难，严重者会濒临破产，加大供应链金融风险。

2. 监管环境及产业政策

监管环境是制度环境的一部分，是指国家和地方的法律和政策对航空产业的支持和限制，以及其变动的可能性。相关的法律和政策环境对航空产业的发展有着重要的影响，同时影响着企业的生存环境，并直接或间接地影响到企业的财务状况，进而会影响到航空供应链融资的风险。如果对航空业监管的法律法规不健全，监管不到位或缺失，导致行业发展不规范，会加大航空供应链金融风险。航空产业是典型的知识、技术、资本、人才密集的产业。产业政策对航空企业生产经营具有导向性作用，通过采取战略性贸易政策等一系列措施来扶持航空产业，通过产业链的优化升级，不仅能提升航空产业的整体水平，也能够通过技术的外溢带动相关产业的发展提升，同时，航空产业发展也能促进航空供应链金融的发展，降低其风险。如果产业政策变动给航空行业发展带来了阻碍和限制，会导致相关行业企业盈利下降，使供应链金融活动面临的风险加大。

3. 航空意外事故

尽管航空飞行是最安全的出行方式，但是机毁人亡的事件也并不少见，甚至在一段时期连续发生，如 2014 年 7 月，被业内外人士称作"人类民用航空史上最黑暗的一月"。马来西亚航空 MH17、复兴航空 GE222、阿尔及利亚航空 AH5017 相继遇险，8 天时间，458 人罹难。再加上同年 3 月份失联的 MH370 上的 239 人失踪，所以，2014 年是国际民航业多灾之年。航空意外事故作为一种影响供应链金融风险的因素，具有不可抗性。如果在某段时间内航空意外事故连续不断发生，就会催生民众出行"恐高症"，乘坐飞机出行的乘客大幅减少，使航空供应链上企业利润下降甚至亏损，并沿着链条蔓延，导致资金提供方尤其是商业银行信贷风险增加。

另外，自然灾害、恐怖活动、战争等也属于影响航空供应链金融风险的外生因素。

（二）航空供应链金融内部风险因素

航空供应链金融内部风险因素主要指供应链管理和运营及供应链主体因素。

1. 航空供应链管理和运营

航空供应链金融是依托物理和虚拟两个网络建立的金融科技生态系统，是由多条供应链衔接而成的网络系统，是供应链各环节的有效整合管理，是供应链金融业务正常运转的基本前提。供应链上的各个环节、流程、要素以及参与主体相互关联、相互依存，供应链企业通过其专业的管理能力促使各环节主体紧密配合和协调统一，同时也对供应链企业专业水平提出了更高的要求。因此航空供应链金融网络系统各成员之间的相互联系使其风险也相互联结，一旦供应链企业运营过程中出现管理问题，会通过供应链迅速波及链上其他参与主体，严重的情况下会波及整个供应链金融网络。

2. 航空供应链主体因素

航空供应链参与主体主要包括核心企业及其上下游中小企业，以及第三方物流企业。各参与主体行为会通过供应链影响金融活动中资金需求方的资源获取能力、经营效率以及资金流动性，进而影响供应链金融的风险水平，各主体经营状况、对交易的有限理性及潜在机会主义行为，都增加了供应链上经济活动的复杂性，一旦某个主体出现问题，会对供应链的其他参与主体以及供应链整体的运营产生负面影响。

（1）核心企业。由于航空供应链的核心企业在资源、技术水平以及市场份额等方面都占有优势，所以，它在供应链中占据主导地位，担当着整合供应链商流、物流、信息流和资金流的关键角色。核心企业的经营状况和发展前景都对链上中小企业的生产、经营乃至生存起着重要的作用。所以，核心企业是影响航空供应链金融风险的关键因素。核心企业的综合实力和信誉既是商业银行等机构为链上中小企业提供资金的信用凭证，也是供应链上中小企业的信用凭证。一旦核心企业经营或信用出现问题，必然会扩散到供应链条上下游企业，影响到供应链金融的整体安全。

（2）中小企业。在传统的信贷业务中，银行偏向于选择大型的信用评级较高的企业作为授信对象。而在航空供应链金融业务中，最需要资金支持的往往不是供应链上的核心企业，而是其上下游的供应商、分销商等相对小的企业。尽管核心企业为航空供应链金融提供信用支持，为中小企业增信，有利于降低金融机构与中小企业之间的信息不对称，甚至能够降低部分信贷风险，但中小企业治理结构不健全、制度不完善、技术力量薄弱、资产规模小、人员更替频繁、生产经营不稳定、抗风险能力弱等问题仍然存在，特别是中小企业经营行为不规范、经营透明度差、财务报表缺乏可信度、守信约束力不强等现实问题仍然难以解决。在航空供应链的背景下，中小企业的经营和信用风险不仅受到自身因素的影响，而且还受到供应链整体运营绩效、上下游企业合作状况、业务交易情况等各种因素的综合影响，任何一种因素都有可能导致企业出现经营和信用风险。

（3）物流公司。第三方物流企业作为联系整条航空供应链核心企业和上下游中小企业的纽带，负责企业生产和交易中货物的运输、存储、监管和相关手续办理等业务，航空供应链金融提供的大多数服务依赖于第三方物流企业。如果第三方物流企业未能尽到自己的责任，与其他企业之间进行串谋或者有其他机会主义行为等，供应链金融资金运作的流畅性、供应链各个节点的衔接程度、质押物的质量和安全以及交易背景真实有效程度都会受到严重影响，这不仅会增加融资风险，甚至会使整个供应链金融活动难以进行。

（4）主体之间贸易背景真实性。自偿性是供应链金融最显著的特点。自偿性融资是指有确定的偿还来源的融资，并以实体经济中供应链上交易方的真实交易关系为基础，利用交易过程中产生的应收账款、预付账款、存货为抵质押物，为供应链上下游企业提供的融资。

而自偿的根本依据就是贸易背后真实的交易。在融资过程中，真实交易背后的存货、应收账款、核心企业补足担保等，是授信融资实现自偿的根本保证。一旦交易背景的真实性不存在，出现伪造贸易合同，或融资对应的应收账款的存在性、合法性出现问题，或抵质押物权属、质量有瑕疵，甚至买卖双方虚构交易恶意套取银行资金等情况，如果银行给予借款人授信，就将面临巨大的风险。

三、航空供应链金融风险种类

航空供应链金融面临着自身所特有的风险，而特有的风险与供应链金融的模式有关。依据融资模式，可将航空供应链金融风险分为应收账款融资风险、预付账款融资风险和存货融资风险，不同的融资模式面临的风险不同。

（一）应收账款融资风险

应收账款融资是由于航空产业供应链中的企业，多采取赊销等方式以争取核心企业的订单，但是上游中小企业的资金实力、资金周转等问题使得赊销会占用大量中小企业的资金，当出现资金不足问题时，中小企业就会通过金融机构等利用未到期的应收账款来缓解资金短缺问题。应收账款融资模式下特有的风险主要是买卖双方主体性风险、坏账风险和道德风险。

1. 买卖双方主体性风险

由于航空供应链金融将中小企业与核心企业捆绑在一起，为中小企业提供融资服务，核心企业的经营状况、财务状况以及是否守信等，直接影响着资金提供者是否能够收回贷款，如果不能及时收回贷款将可能面临损失。

2. 坏账风险

融资的中小企业的应收账款具有不确定性，主要是因为核心企业如果不能按时还款，融资的中小企业就会产生坏账，进而波及资金提供者。

3. 道德风险

由于金融机构等不能对融资后的中小企业贷款资金用途进行监督，中小企业可能会把这些信贷资金投向那些高风险的项目，如果投资失败，融资企业就会遭受损失，有时候可能会出现不能正常经营甚至破产，资金提供者也会因此收不回贷款而造成损失。

（二）预付账款融资风险

预付账款模式下特有的风险是市场风险（抵质押物价格变动风险）、货物监管风险和合同风险。

1. 市场风险

市场风险集中体现于抵质押物价格波动的风险，因为充当抵质押物的商品或者存货的市场价格可能会受到多种因素的影响而波动，比如国内外市场行情、季节因素、商品属性等，这种风险在大宗商品质押时就更加明显。如果商品市场价格波动的幅度过大、变现成本增加、商品的品质变坏等，使得商品价值低于银行给中小企业的融资额度时的价值，中小企业可能会出现违约，从而给金融机构带来损失。

2. 货物监管风险

由于第三方物流或监管公司的管理能力不足，在办理质押物出入库这一重要环节出现差错，就会造成货物监管风险。

3. 合同风险

金融机构是基于融资企业的买卖合同及协议提供贷款，中小企业与核心企业之间进行虚假定价等不实情况获取更多融资的行为，或由于合同内容不真实，出现恶意套取资金等情况，给金融机构带来风险。

（三）存货融资风险

存货融资最主要的风险为抵质押风险和代理风险。

1. 抵质押风险

抵质押物的货权清晰与否、是否符合相关法律法规、变现能力、市场价格波动情况、存储成本以及储存难易程度，都是在办理抵质押时金融机构需要考虑的因素，任何一个因素如果被忽视，都可能会对金融机构造成损失。

2. 代理风险

仓储物流企业是航空供应链金融中一个重要的主体，由于金融机构并不擅长保存监管质押物，就需要找一个第三方的仓储物流企业辅助管理形成委托代理关系。如果不能处理好委托代理关系，就会对金融机构产生不利的影响，使其面临风险。

四、航空供应链金融风险控制

（一）航空供应链金融风险控制体系的不同等级

依据是否利用大数据技术及利用程度，将航空供应链金融风险控制（以下简称风控）体系的成熟度分为三个等级，如表8-2所示。随着信息化、智能化的快速发展，新一轮科技革命和产业变革席卷全球，大数据、云计算、区块链等新技术不断涌现，新技术与供应链金融的结合应用也成为发展新趋势。

表 8 - 2　航空供应链金融风险控制体系三个等级

成熟度	特征
传统	基于传统金融风控经验评估供应链企业风险
	线下操作审批流程，易受主观判断影响
	未建立客户风险主数据系统，难以支持后续数据分析技术量化风险
进阶	正在利用数据分析提升风险评估准确度，但未使用大数据分析技术量化风险
	正在建立在线审批以及事中监控体系
	建立客户风险主数据系统
领先	利用大数据分析技术量化风险
	建立了完善的在线审批以及事中监控体系
	建立客户风险主数据系统

（二）传统的航空供应链金融风控

1. 应收账款融资模式下的风控

金融机构通过各种合法途径深入了解核心企业的基本情况，包括资产状况、资信状况、财务状况、业务状况与发展前景等，因为核心企业的经营状况关系整个供应链的存亡。一般情况下尽可能地选择资产规模大、财务状况良好、资信优质及有发展前景的大企业，这一类企业风险较低。同时金融机构跟踪核心企业的运营状况，关注融资中小企业的日常运营及合同履行情况，确保能够收回贷款。针对应收账款转移风险，金融机构通过合法的途径可以查阅相关企业，尤其是核心企业的相关债务以及融资企业的债权，以保证应收账款的真实性。针对道德风险，通过建立供应链金融信用评价体系，能够全方位、合理地评价供应链中的企业，同时应根据供应链金融自身的特点来确定评价原则及方法。

2. 预付账款融资模式下的风控

针对预付账款融资的风险，金融机构除了关注核心企业之外，还关注整个供应链整体的运营风险，对供应链整体进行跟踪监督。预付账款融资的风控措施：一是认真鉴别合同的真实性，在贷款前审核相关的材料，排除关联交易、用途不实、恶意套取银行信贷资金等高风险行为；二是将核心企业与融资企业捆绑，为中小企业融资，即要求核心企业在融资的中小企业发生主观或者客观条件不能及时偿还贷款时，承担相应的还款责任，以降低金融机构的风险。

3. 存货融资模式下的风控

供应链金融存货融资模式下的风险主要来自于抵质押物，在金融机构向中小企业提供贷款之前，首先，通过相关手续、凭证、合同或其他途径，明确质押品的货权归属问题。其次，选择标准化、市场价格稳定、容易变现、保管成本低的抵质押物，建立价格预警体系，当抵质押物市场价值低于借贷资金的一定乘数，或低于质押率时，要求借贷方增加质押品，或者其他能够保证金融机构借贷资金安全的合法合规行为。再次，金融机构在选择第三方物流企业时，选择资信较好的第三方机构，并积极与物流企业建立信息共享机制及沟通机制，明确权责，相互监督，共同参与供应链金融的全过程。最后，确保仓单的真实性和有效性，资金提供方预留仓储企业办理各种业务的印签，进行验单、验证、验印，必要时与物流企业直接联系。

（三）航空供应链金融风控发展方向——大数据风控体系

航空供应链金融只有构建大数据风控体系，才能更好地实现降本、增效、控险的目标。

1. 大数据风控体系的定义

大数据风控体系，就是基于互联网、人工智能（Artificial Intelligence，AI）和流程自动化（Robotic Process Automation，RPA）技术，利用互联网和内联网获取客户数据，实现对整个供应链企业的信息收集、数据分析和数据追溯，通过规则模型对数据进行处理，为金融服务者提供风险的量化和预警。

简而言之，大数据风控体系，就是通过运用大数据构建模型的方法进行风险控制和风险提示。

2. 大数据风控体系的优势

（1）金融机构能实现全流程的风控。大数据风控体系可以全方位协助金融机构实现贷前、贷中、贷后全流程的风险管理。

①贷前。大数据风控系统在信贷业务发生前，首先会进行模型构建，对业务场景下的核心企业上下游管理、财务质量、财务指标、业务指标、经营情况等进行多层次、立体化的分析。根据这些呈现的信息，系统再做复审，复审通过后，则进入贷中流程。

②贷中。贷中进行准入评估和风险评级，筛选出优质的资产。由运营部门准备相关资料，包括相关审计报告、资质、企业执照、审核后的资料等入库存档，同时在平台上线，在此过程中做到信息完善透明，之后即到了财务相关的业务流程。

③贷后。传统供应链金融贷后管理手段落后，需要耗费大量的人力，达到的效果也不理想，难以实现对供应链的实时、全面监控。而大数据风控模型可以实现对贷款企业或贷款对象的实时监控，并将静态数据的财务报表转变为动态数据，将供应链企业融资成本和风险降到最低。

（2）降低信息不对称。供应链金融中多主体参与、信息不对称、信用机制不完善、信用标的非标准的场景等，都是导致风险存在的原因所在，大数据应用能进一步改善这类问题。

大数据的出现恰好缓解了金融机构与中小企业之间的信息不对称问题。运用科学分析手段对海量数据进行分析和挖掘，对相关主体的财务数据、生产数据等多维的立体数据进行梳理分析，并通过订单、库存、结算等明细交易记录进行交叉验证，获得企业最真实的经营状态，提高征信服务质量，有效降低信息的不对称问题。

（3）流程自动化。供应链上交易双方之间的结算是通过合同约定的，无法通过系统化的方式自动完成，造成金融机构在参与的供应链环节中，没有得到强有力的回款保障。利用大数据风控体系，通过内外部获取客户数据，然后借助规则模型对数据进行处理，并根据处理结果去驱动业务流程自动执行，减少人为交互，避免操作失误。例如，京东"京保贝"根据供应商与京东商城的应收账款，将从采购订单、入库、结算至付款前的全部单据纳入应收池，并根据大数据得出的风控模型，计算出供应商可融资额度，客户还能在可融资额度内任意融资，之后由系统自动放款。融资成功后，开始按日计息，直至该笔融资还款成功。

（4）数据共享，保证真实性。对传统金融而言，难以解决的就是数据同步的问题。大多数情况下参与各方各自维护各自的信息，不愿意将数据分享，形成数据封闭，大量信息难以整合。然而，航空供应链金融在信息识别过程中，需要通过多个渠道获取信息，交叉验证，确保信息的真实性。大数据风控系统打通了数据的封闭性，可以从供应链内部以及电商平台、企业 ERP、物流系统、政府信息等多渠道获得可利用的数据。数据不再单纯依靠授信主体采集，也不局限于某种单一方式和来源，实现了数据从单一数据来源到多渠道来源，保证了数据的真实性。

（5）使用区块链技术。为供应链金融提供交易平台的电子商务平台，本身是一个生态系统，提供了一个完整的闭循环，在该闭循环中使用区块链技术，可防止供应链金融的道德风险，减少资金挪用、侵占或转移的风险。

3. 航空供应链金融大数据风控体系的构建

伴随着信息技术的突飞猛进，供应链金融从传统的线下模式升级为线上运作。通过电子化等技术手段对接供应链的上下游及供应链平台的 ERP（Enterprise Resource Planning，企业资源计划）、CRM（Customer Relationship Management，客户关系管理）系统端口，再应用大数据、人工智能、物联网等技术，结合资金流、信息流、物流、商流数据和外部数据来构建风控模型，畅通以数据抵质押为主的供应链融资模式，可实现供应链全程信息集成和共享提升。

航空供应链金融并不复杂，从产业链条中发现信用，依托具有信用优势的核心企业展开。通过供应链平台对核心企业的管理，实现资金流、信息流、物流及商流的信息数据整合，基于真实贸易背景，对上下游企业进行全方位分析，并真实反映企业的运营及信用情况，再通过构建大数据风控体系，分析整个产业链的还款能力，可在风险可控的条件下提高融资效率。

航空供应链金融大数据风控体系包含三个层次：数据层、实践层、技术层，如图8-12 所示。数据层包括风险主数据的获取、风险数据的拓展、数据的维护；实践层包括高效的在线审批、精准及时的事中风控；技术层是指利用先进的模型科学地处理和分析数据，帮助预测和决策。完善的风险主数据管理使风控数据维度更完整全面、信息提取更高效，避免人为因素干扰。无论银行、互联网还是核心企业，在未来，供应链金融乃至整个金融领域的核心都在于大数据，谁在大数据上占有优势，谁就能走得更稳、更远。

数据是构建航空供应链金融风控体系的基础。航空供应链金融最主要的是交易数据，通常可以通过电商平台、企业 ERP 系统和物流企业的系统获得。随着社会经济信息化的推进，合同、订单、仓单、提货单、应收账款等信息都逐步实现了电子化，成为可以直接

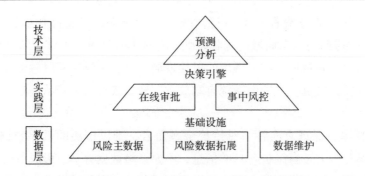

图 8 - 12　航空供应链金融大数据风控体系的层次

利用的格式化数据。这些数据都可以利用供应链金融网络服务平台获取。

　　一家公司的经营不仅受到其主要贸易伙伴的影响，而且会受到产业链上下游产业、周边产业，以及各种宏观因素的影响。因此，拓展风险数据的获取渠道从而更全面掌握和预测供应链上的企业发展情况，是建立成熟风控体系的基础。

　　此外，风险数据的积累与沉淀为未来的风险建模打下坚实基础；基于 IT 系统的审批流程进一步减少人为因素的影响，提升审批效率，而事中风险监控体系可以确保异常情况的及时处理。

　　在海量数据基础上，就可以构建风控模型，进而通过模型实现流程自动化。获取各类内外部数据之后，通过 ETL（Extract - Transform - Load，抽取—转换—加载）之后，进入模型层进行处理，这个阶段主要是 AI 技术的逐步应用。模型决策之后进入流程应用层，要对各个流程节点进行改造，引入 RPA（Robotic Process Automation，机器人流程自动化）技术，实现流程自动化。

　　大数据突破了供应链金融以抵质押和担保贷款为主的传统方式，解决了航空供应链金融提供者对财报信息不充分、信用积累和抵押、担保资源不充足的中小微企业难以进行有效的信用风险评价的关键问题，能够创建高效能、全风控、低成本的信用评价模式、信贷管理模式和风控模式。

第五节　案例分析：海航集团致力打造航空供应链金融

　　海航集团有限公司，成立于 1994 年，历经 20 多年的发展，已由原来单一的航空运输运营企业，发展成为以航空旅游、现代物流、现代金融服务为核心的大型多元化跨国公司，是世界 500 强企业之一。2019 年，中国民营企业 500 强中，海航集团列第二位，营收额为 6183 亿元，中国民营企业服务业 100 强中，海航集团有限公司排名第一位。海航集团基于物流、实业等产业背景，将触角深入到供应链金融，于 2016 年 6 月，推出云商智慧物流生态平台——"海平线"，发力供应链管理、征信升级和供应链金融服务，解决中小企业融资难题。

一、"海平线"简介

"海平线"隶属于海航现代物流板块——海航云商智慧物流构建的数字供应链生态圈的核心智慧物流平台，以金融为手段，以数据为驱动，以风控为核心，专注于构建全球产业供应链枢纽，搭建面向全球、贯穿物流全程的全方位、一体化数字物流管理和服务生态体系。业务涵盖航空货运、机场管理、物流仓储、供应链金融和线上物流等。海航现代物流旗下有机场、货运、地面物流、仓储、智慧物流五个业态，所有业态的数据都融合在"海平线"上，是海航整个现代物流唯一的数字化平台。"海平线"是开放、简单、链接资金供需双方的平台（如图 8-13 所示），力求打造多方共赢、产融结合的生态系统，为供应链上的中小企业提供全方位的供应链管理及供应链金融服务。

图 8-13　"海平线"链接资金供需双方示意图

（一）运作模式

产业是供应链金融的基石，供应链金融不能脱离产业。"海平线"以"产业链+互联网+金融"的模式，搭建一体化服务平台，整合融资方、资金方、服务方资源，为航空供应链上的核心企业和上下游企业提供应收账款管理、订单融资、担保发货、库存质押等全流程在线金融服务。在资金端，对接银行、信托、券商、保理、保险等金融机构，通过真实贸易，达成交易闭环，协助金融机构获取优质资产（如图 8-14 所示）。"海平线"的资产合作机构、征信合作机构、增信合作机构包括平安银行、中国银行、中信银行、中诚信征信、文沥信息、e签宝、中合中小企业融资担保、渤海国际商业保理等。当企业发出融资请求后，"海平线"的风控系统快速做出反应，得出企业的信用度，同时反馈在平台上以供资金方参考，并为企业实现企业增信，减少融资阻碍。在整个生态圈内，不管处在供应链的哪个部分，都可以在"海平线"上获得相应的资源，形成供应链良性循环。

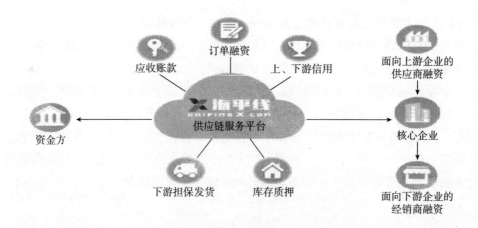

图8-14 "海平线"供应链金融服务平台示意图

"海平线"既是一个数字供应链平台，也是一个供应链金融平台，更是一个产业互联网的大平台。从生产端到供应端、商家、消费者，所有环节在"海平线"这个平台上打通。以进口车厘子为例，从原产地到国内消费者手中，整个流程涉及集采、支付、航空货运、清关、冷链运输、保理等环节，以往海航集团内部上述服务未能打通，用户需要分别发起处理每个流程，现在通过"海平线"的平台和旗下产品组合就可以享受到一站式服务。

（二）服务领域

"海平线"主营业务涉及供应链金融、供应链管理、物流云服务、大数据服务四大领域。在供应链金融方面，"海平线"依托核心企业——海航集团，通过集团自身在航空供应链上的资源和物流资产，以及与第三方物流企业合作，掌握供应链上的完整资金流、物流、商流和信息流，以此为中小企业提供信用凭证，并撮合金融机构为供应链上的中小企业提供保理融资、订单融资、票据融资和发票融资等金融服务。目前，"海平线"拥有应收账款保理业务"海供惠"、一站式贸易管理平台"海销惠"、区块链电票转让平台"海票惠"等。平台提供的供应链金融产品包括保理、订单融资、贸易金融、票据融资等多种组合解决方案。

二、"海平线"的独特之处

（一）"三网四流"商业模式

"三网"是："天网"即航空货运，"地网"即机场和仓储，"数字网"即数字化平台。"四流"是：商流、物流、资金流、信息流。通过"海平线"平台这个"数字网"

链接"天网""地网"，实现商流、物流、资金流、信息流的汇聚，为航空物流产业链条中的所有客户，提供一站式供应链金融和现代物流服务。

1. 链接三网

"天网"是海航现代物流区别于其他物流企业最核心的竞争力。其核心资源是旗下的航空货运业态。海航现代物流管理着金鹏航空、天津货航、长安货航等多家货运航空公司，自有全货机30余架，计划在未来几年，全货机机队规模将扩充到200架，同时海航现代物流还掌控着海航集团旗下运营的近800架客机的腹舱运力资源。"地网"同样具备核心竞争优势及行业高壁垒，海航现代物流旗下的机场管理业态和仓储投资业态，均在行业内处于举足轻重的地位。海航现代物流目前经营管理着国内外共16家机场，另外还运营着飞航地服和世界最大的机场地面服务公司SwissPort，而旗下的海航冷链和天津云商智慧物流两家新三板公司，则在仓储、冷链、跨境物流等行业崭露头角。"数字网"便是云商智慧物流致力打造的"海平线"，是链接"天网"与"地网"，实现资源贯通、信息共享的连接器。

2. 汇聚四流

在海航现代物流体系内，"海平线"通过链接"天网""地网"资源，打通各业态产品和服务流程，为客户提供一站式开放服务，并汇聚各业态数据，实现商流、物流、资金流、信息流"四流"整合及高价值数据应用输出，优化提升整个产业链的运营效率。

在物流方面，基于强大物流背景，"海平线"可以整合现代物流各业态资源，打造共生、共融的立体化、生态化服务。就商流而言，供应链金融必须依靠整个商业生态运转起来，"海平线"拥有强大的资源整合能力，能够快速聚合优质资源，打造立体化供应链生态服务。在信息流方面，为建立真实的信息流，"海平线"利用可以对接支持300多种核心企业的ERP系统，采集内部海量数据、平台积累数据及外源真实贸易数据，并针对目前各个行业自主定制了RIM风控模型，打造了真实的贸易场景。在资金流上，受供应链需求不稳定性的影响，库存持有和流动资金持有是企业必须权衡的重要指标，"海平线"对资金流进行严格的控制，打造了封闭式的运行系统。"海平线"已经初步拥有为客户提供"四流合一"的进出口供应链服务的能力，让全球客户共享海航强大的航空货运、机场、仓储、供应链金融等现代物流和金融服务。

（二）打造全方位供应链金融生态服务平台

在供应链金融的发展中，1.0时代的线下"1+N"，2.0时代的线上"1+N"，3.0时代的线上"N+N"，基本都是以核心企业为主导的模式，不可否认它们是一种创新，也给核心企业带来新的机会，但从实际效果来看，核心企业并没有很好地打破隔阂，承担了风险却没有得到预想中的收益，结果就是积极性不高。

"海平线"打造的是一个以供应链金融、供应链管理、物流云服务、大数据服务为核心的全方位供应链生态服务平台，使供应链金融进入了4.0时代。各家企业在平台上共享信息，海航作为实力雄厚的后盾，提供资源，整合管理，既顺应了供应链金融的发展规律，又得以从独自承担风险中脱身，对于其他企业而言，透明度加深，资源利用率提高，

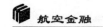

达到共赢的局面。

（三）不同类型的核心企业

对于供应链金融市场而言，"海平线"不是第一个提供供应链金融服务的平台，在它之前阿里巴巴、京东都已经涉足供应链金融领域。但阿里巴巴的蚂蚁金服和京东金融的核心企业都是依托于互联网企业，不同于"海平线"的核心企业海航集团。海航是一家跨国企业，囊括多种业务，还是由传统航空企业转型而来，本身具有雄厚的资本优势。"海平线"背后的海航集团涉及物流、航空运输、机场服务、金融等多个领域，意味着拥有强大的资源整合能力，更易构建立体的供应链生态圈。而合作企业的加入丰富了商业资源，打破了行业间的壁垒，提高了海航在物流方面的核心竞争力。

（四）不同风格的生态联盟

从阿里巴巴、京东等企业构建的平台来看，加盟或者合作的企业多为物流相关的企业。"海平线"将"产业"引入"互联网＋金融"的模式中，促使产融结合，使得互联网与供应链联系更加紧密。同时，2017 年 11 月成立的"海平线"全球智慧物流生态联盟，则是由云商智慧物流携手百度、华为、埃森哲、微软、Thought Works 等企业联合实现跨领域的合作。

（五）不同形式的服务方式

蚂蚁金服和"海平线"同为涉足供应链金融的服务平台，但两个平台满足不同的需求。前者的侧重点在于支付和金融，后者还包括了物流和供应链管理。"海平线"是将供应链的整个流程集中在一起，涵盖了供应链管理服务、物流云服务、供应链金融服务、大数据风控四块内容。

（六）基于大数据上的风控体系

供应链金融服务的重点是风险控制。这一点曾经在供应链金融的发展过程中一度成为提供供应链金融服务企业的痛点。但"海平线"的出现一定程度上弥补了这一缺陷，也给其他企业提供了相应的经验。

1. 完善的数据体系

成立 20 多年的海航在风险管理方面有着大量的经验和技术优势，外加"海平线"生态联盟的成立以及与多家央企和 500 强企业的合作，可以获取外部数据，形成了完整的企业征信数据库。数据库的存在意味着可以随时查看相关企业的经营数据，制定相应的标准。所以，作为供应链金融服务的提供者，合理完善的数据是最基本的要求。

2. 高效率的数据分析技术

如何从海量的数据中提取到相应的数据，并且对企业进行评估，是每个提供供应链金融服务的企业都要面临的挑战。京东金融建立了四大模型；蚂蚁金服为个人消费金融制定了 10 万多项指标、150 种风控模型、5000 多种风控策略；"海平线"打造的是针对整个供应链生态，全面细化展开的 RIM 链态风险管理模型，目前已成熟打造了 8 个行业、16 套全生命周期风控模型、超 320 个评分维度。

（七）创新"供应链金融＋区块链"

产融结合的平台化、生态化趋势下，链条企业的竞争优势在于广结联盟，使用互联网、云计算、大数据、区块链等技术创建金融生态系统。2017 年 1 月，"海平线"发布了国内首个基于区块链撮合系统的票据服务应用"海票惠"，以区块链数字化工具及智能合约为交易特色，利用区块链技术去中心化的优势，有效解决了中小企业融资难问题。由于融资方与资金方的交易在极具公信力的区块链上完成，使得智能合约上的票据信息、参与方信息和交易信息不可篡改，可有效解决票据交易的信用缺失问题。

目前，"海平线"平台已经围绕着供应链不同场景打造了供应链金融、智运、WMS、货运一体化等业务平台。"海平线"作为供应链金融服务平台，在航空产业的基础上，搭建了一个以产业数据为支柱的跨地域、跨行业、跨平台、跨资金来源的金融生态圈，实现供应链金融对产业的全面渗透，从而真正达到中小企业和不同风险偏好资金的无缝对接，提升了供应链的运营效率。"海平线"的愿景是：成为全球数字供应链金融生态服务平台！

思考题

1. 什么是供应链？什么是供应链金融？
2. 简述航空供应链金融的内涵和特征。
3. 简述航空供应链金融参与主体及作用。
4. 试述航空供应链金融大数据风控体系的优点。

参考文献

［1］［美］鲍尔索克斯（Bowersox），等．物流管理：供应链过程的一体化［M］．林国龙，等，译．北京：机械工业出版社，1999.

［2］宋华．供应链金融［M］．北京：中国人民大学出版社，2016.

［3］深圳发展银行—中欧国际工商学院课题组．供应链金融——新经济下的新金融［M］．上海：上海远东出版社，2009.

［4］李金龙，宋作玲，等．供应链金融理论与实务［M］．北京：人民交通出版社，2011.

［5］陈祥锋．供应链金融服务创新论［M］．上海：复旦大学出版社，2008.

［6］银联信供应链咨询团队．银行供应链金融发展研究［M］．北京：中国人民大学出版社，2012.

［7］香港利丰研究中心．香港利丰供应链实践（第二版）［M］．北京：中国人民大学出版社，2016.

［8］杨绍辉．从商业银行的业务模式看供应链融资服务［J］．物流技术，2005（10）：179－182.

［9］王婵．中小企业融资新途径——供应链金融服务［J］．财经界，2006（11）：

97－98.

［10］胡跃飞，黄少卿．供应链金融：背景、创新与概念界定［J］．金融研究，2009（8）：194－206.

［11］辛玉红，李小莉．供应链金融的理论综述［J］．武汉金融，2013（4）：35－37.

［12］刘林艳，宋华．供应链金融的研究框架及其发展［J］．金融教育研究，2011（2）：14－21.

［13］丁振辉．供应链金融的国外文献综述［J］．华北金融，2015（4）：4－7.

［14］刘达．基于传统供应链金融的"互联网＋"研究［J］．经济与管理研究，2016（11）：22－29.

［15］随丹，舒良．供应链金融及其模式研究综述［J］．物流科技，2016（7）：124－139.

［16］互金营销研究所．供应链金融4.0阶段，构建数据化风控体系才是企业的底牌［DB/OL］．https：//www.jianshu.com/p/bf907bacc573，2019－06－27/2020－02－05.

［17］弘明．供应链金融是什么？供应链金融风控体系与发展现状［DB/OL］．https：//www.xianjichina.com/news/details_ 109413.html，2019－04－09/2020－02－06.

［18］Timme, S., Williams－Timme, C. The Financial－SCM Connection［J］．Supply Chain Management Review，2002，4（2）：3－40.

［19］Hofmann, E. Supply Chain Finance：Some Conceptual Insights［J］．Logistics Management，2005，1（1）：203－214.

［20］David A. Wuttke, Constantin Blome, Michael Henke. Focusing the Financial Flow of Supply Chains：An Empirical Investigation of Financial Supply Chain Managements［J］．International Journal of Production Economics，2013，145（2）：773－789.

［21］Leora Klapper. The Role of "Reverse Factoring" in Supplier Financing of Small and Medium Sized Enterprises［J］．World Bank，2004（9）：102－120.

第九章　航空产业投资基金

　　航空产业投资基金是航空产业发展过程中产融结合的一种资本运作形式，对于航空产业的发展具有重要作用。航空产业具有投入大、周期长、技术含量高、产业链长等特点，投资风险大、融资难是其发展过程中的主要问题。航空产业投资基金以航空产业为主要投资范围，将航空产业和金融资本结合起来，能有效提升投资对象的价值，优化资本结构，为航空产业发展提供必要的金融支持，促进地区产业升级和科技发展。本章将分析航空产业投资基金的筹集、组织形式及运作模式等问题，总结我国航空产业投资基金的发展现状，并以西安国家航空产业投资基金为例，分析其组织形式与运作模式的特征，为了解航空产业投资基金实务运作提供相应指导。

第一节　航空产业投资基金概述

一、产业投资基金的定义

　　产业投资基金（Industry Investment Fund）是中国特有的一个概念，它于 20 世纪 90 年代引入我国，并广泛应用到产业发展中。在国外，通常称之为私募股权基金或风险投资基金。在界定产业投资基金之前，先来了解一下私募股权基金。

　　私募股权基金起源于 20 世纪 80 年代的美国。《美国联邦银行业监管条例》给出的定义是：①投资方向仅为金融/非金融公司的股权、资产或其他所有者权益，并将在未来某一时间点以出售等方式退出；②不直接经营任何商业/工业业务；③任一股东所持股份不得超过 25%；④最长持续期限不超过 15 年；⑤该基金不得以规避相关监管条例为目的而设立（邓菁，2015）。郑伟鹤、陈耀先、盛立军（2004）指出："私募股权基金包括投资于种子期和成长期项目的创业投资基金，投资于企业扩展期的直接投资基金，同时用于管理层收购在内的并购投资基金，投资过渡期企业的过桥或上市前的企业的基金也属于私募股权基金的范畴，即凡是在一家企业上市以前所获得的股权投资都属于私募股权投资，这一类基金叫私募股权基金。"可以看出，私募股权基金作为一种投资制度，要求比较严格；作为一种股权投资方式，其用途较多，包括创业支持、并购、企业扩展等。实际上，产业投资基金作为一种规范的投资制度，自其产生起便受到美国企业家的青睐，发展非常迅速，尤其是在 20 世纪 90 年代，短短 10 年间，便从 90 年代初期的 200 多只发展到 90 年代末的 1000 多只，成为促进美国产业发展的重要力量。

自私募股权基金引入我国以来，对其如何命名经历了一段时间的争议。当时主要围绕创业投资基金、私募股权投资基金和风险投资基金这三个概念进行讨论，担心这些概念会被误解为支持创业的基金或者私有化基金等。后来结合我国发展实际，理论界和实践界确立了"产业投资基金"这一概念，明确了这类基金对实际产业发展的支持和导向作用。

目前，对于产业投资基金的定义界定，我国尚未有统一的标准。欧阳卫民（1997）认为，产业投资基金是以个别产业为投资对象，以追求长期利益为目标，属成长型及收益性投资基金。张力军和张陆洋（1999）认为，产业投资基金属于直接投资基金的范畴，直接投资于未上市企业，是对未上市企业股权进行投资的基金品种。季敏波（2000）指出，中国产业投资基金是一种借鉴西方发达市场经济国家规范的创业投资基金运作形式，通过发行基金券，将不确定多数投资者的不等额出资汇集成一定规模的信托资产，交由专门投资管理机构按照资产组合原理直接投资于特定产业的未上市企业，并通过资本经营和提供增值服务对受资企业加以培育和辅导，使之相对成熟和强壮，以实现资产保值增值与回收，投资收益按出资比例分成的金融制度。刘昕（2005）总结产业投资基金的特征为"投资于产业（未上市企业股权），而非上市证券；专家管理，基金和管理分离；集合投资制度，投融资纽带"。

对于境内产业投资基金，一直没有官方权威定义。早在 1995 年，国务院批准颁布了《设立境外中国产业投资基金管理办法》，这是关于中国产业投资基金的第一个全国性法规，明确境外中国产业投资基金是指中国境内非银行金融机构、非金融机构以及中资控股的境外机构（以下统称中资机构）作为发起人，单独或者与境外机构共同发起设立，在中国境外注册、募集资金，主要投资于中国境内产业项目的投资基金。该管理办法为境外中国产业投资基金的运作提供了依据，但并未明确境内产业投资基金如何运作，境内产业投资基金的法律法规仍处于空白状态。

2016 年，国家发展和改革委员会颁布《政府出资产业投资基金管理暂行办法》，明确指出政府出资产业投资基金是指有政府出资，主要投资于非公开交易企业股权的股权投资基金和创业投资基金。这一定义对政府出资产业投资基金进行了界定，但没有对一般产业投资基金概念进行界定。

尽管学术界与法律法规对产业投资基金的表述不尽相同，但总结已有的研究，发现"以股权投资方式，投资于未上市企业，以实现投资收益为目的"是概念中共同的特点。

基于已有的研究，结合产业投资基金的实际发展状况，界定其定义如下：产业投资基金是基金发起人单独或联合其他机构发起设立，集中投资者的资金，由基金托管人托管，由基金管理人管理，以股权投资的方式投资于未上市企业；参与被投资企业的经营管理，为其提供增值服务，待被投资企业实现预定目标后，采用适当方式退出以实现投资收益的基金。

按照产业投资基金的投资范围及被投资企业所处的发展阶段，产业投资基金可以分为创业投资基金、支柱产业投资基金、基础产业投资基金和并购重组基金。创业投资基金一般投向新兴产业和高技术产业，如信息技术、生物技术和新材料技术等，所投企业往往处于初创期或成长期。支柱产业投资基金投向在国民经济体系中占有重要战略地位，其产业规模在国民经济中占有较大份额，并起支撑作用的产业，这类产业多处于行业生命周期的成熟阶段；我国现阶段的支柱产业包括机械电子、石油化工、汽车制造和建筑业等。基础产业投资基金侧重投资基础产业，如农业、能源、交通运输等。并购重组基金专注于对目标企业的并购重组，如暴风科技联合中信资本设立的境外并购基金。

二、航空产业投资基金的定义与特点

（一）航空产业投资基金的定义

航空产业是指与航空器研发、制造业、航空运输业等活动直接相关的，具有不同分工的，由各个关联行业所组成的业态总称。航空产业的产业链长，涵盖产业体量大，产业内容涵盖第二产业和第三产业等多个领域，具体包括航空器研发、制造、维修，航空运输，航空服务，飞行器租赁，机场等相关基础设施建设等。

根据产业投资基金的定义，结合航空产业范畴，航空产业投资基金是指主要投向航空产业的产业投资基金。具体而言，航空产业投资基金是基金发起人单独或联合其他机构发起设立，集中投资者的资金，由基金托管人托管，由基金管理人管理，采用股权投资方式，主要投资于航空产业类未上市企业；参与被投资企业的经营管理，为其提供增值服务，待被投资企业实现预定目标后，采用适当方式退出以实现投资收益的基金。

（二）航空产业投资基金的特点

航空产业既是战略性产业，也是典型的高科技产业，其技术含量高，投资额度大，建设周期长，相应的投资风险也大。因而，航空产业投资基金与一般产业投资基金相比，具有独特之处。

1. 定位于航空产业投资

航空产业投资基金以航空产业为主要投资对象，通过投资航空产业类的企业股权，参与被投资企业的经营管理，促进企业的稳定发展，实现资产增值。

2. 兼具创业投资基金与支柱产业投资基金特征

航空产业的产业链长，作为高端制造业的典型代表，具有不可替代的支撑与带动作用。我国航空产业起步于 20 世纪五六十年代，经过半个多世纪的发展，已具备一定的技术和产业基础，是我国综合国力的标志之一。但也应看到，我国航空产业与国外发达国家相比仍存在较大差距，要实现航空强国，不能简单依靠国际合作或仿制途径，必须拥有航空工业核心技术，走自主研发、自主创新道路，获取航空工业核心技术，生产具有自主知识产权的产品，如在民用飞机方面，分享国内外市场份额，才能大幅提升航空工业利润空间，增强航空工业核心竞争力。

目前我国航空工业面临新的发展机遇。"十二五"规划明确提出进一步推进七大战略性新兴产业建设，航空工业作为高端装备制造业的先锋，成为重点支持对象，尤其是大飞机项目的立项建设推动了航空工业的快速发展。"十三五"期间航空产业迎来了快速发展，民用航空产业实现了技术的成功突破。展望"十四五"航空产业发展，以促进"制造强国、航空强国、海洋强国和贸易强国"为导向，航空产业必将迎来新的发展机遇。

综上所述，航空产业作为高端制造业的代表，其对国民经济的带动作用不言而喻；作为战略性新兴产业，其发展的潜力巨大，很多高新技术企业处于生命周期的初创期或成长期。因此，为航空产业发展提供金融支持的航空产业投资基金应当兼具创业投资基金和支柱产业投资基金的特征，在追求资本增值的同时，既要注重被投资企业的发展和核心竞争力的增强，还要注重发挥航空产业的带动作用。

3. 投资风险大

这是由航空产业自身的特点决定的。航空产业是典型的高投入、高风险、周期长的产业。以飞机项目为例，一架飞机的研制周期往往是15—20年，研制之后还需要不断地改进、维护和支持，常常需要在20年间进行不断的高技术投入和管理服务投入，才能见到效益。飞机项目的投资高达几十亿甚至上百亿美元，这意味着一旦失败，造成的损失也很大。因而，对以航空产业为主要投资对象的航空产业投资基金而言，其投资风险自然很大。相应的，与一般产业投资基金相比，航空产业投资基金在筛选投资项目、投资决策和投后管理方面对航空产业基金管理机构的要求更高。

三、我国航空产业投资基金的发展背景与发展现状

（一）我国航空产业投资基金的发展背景

航空产业被誉为现代科技和工业之花，是带动国民经济发展的重要产业，世界主要国家都将航空产业作为国家的战略性产业。随着市场需求的增加和政策环境的优化，我国航空产业迎来新的发展机遇。在此背景下，拓展融资渠道，为其发展提供必要的金融支持成为重中之重。

1. 我国航空产业面临巨大的市场需求

以民用航空市场为例，过去30年，中国民航运输市场发展迅速。2018年，中国民航运输完成总周转量、旅客运输量和货邮运输量分别达到1206.4亿吨公里、6.1亿人次和738.5万吨。民航运输需求的快速增长以及航运能力的进一步提升，将促进我国对民航运输飞机需求数量的快速增加。2019年9月波音公司在北京发布《中国民用航空市场展望》报告，预测未来20年，中国将需要8090架飞机，价值1.3万亿美元，同时需要价值1.6万亿美元的航空服务，以满足中国年均6%的航空客流增长。随着境内航空租赁公司、股份制航空公司的不断发展，以及消费者收入的增长和消费理念的转变，中国航空市场未来需求发展空间巨大，将成为世界上最大的航空市场，而这同时蕴藏着对航空相关产业的巨大需求。

2. 发展环境不断优化

近年来不断出台的相关政策与发展规划，为航空产业发展提供了较好的政策保障。"十二五"时期是我国通用航空政策出台密集期，其中，《国务院办公厅关于促进通用航

空业发展的指导意见》标志着通用航空业成为国家战略性新兴产业体系，为我国通用航空"十三五"发展提出了发展路线。2017 年 2 月中国民航局发布《中国民用航空发展第十三个五年规划》，提出到 2020 年，基本建成安全、快捷、高效、绿色的现代民用航空系统，满足国家全面建成小康社会的需要，其中包括航空运输在综合交通中的比重进一步提升，运输机场数量达到 260 个左右。同时发布的还有《通用航空"十三五"发展规划》，提出到 2020 年，通用航空安全保障能力、行业服务能力与质量明显提升，发展质量不断提升，初步建成功能齐全、服务规范、类型广泛的通用航空服务体系。2017 年 12 月交通运输部制定出台并于 2018 年 1 月 19 日正式实施的《国内投资民用航空业的规定》，提出鼓励支持国内投资主体投资民用航空业，国有投资主体和非国有投资主体可以单独或者联合投资民用航空业，对相关的投资准入、法律责任做出详细规定。2018 年 7 月中国民航局发布《关于通用航空分类管理的指导意见》，提出创新独立完整、科学通用的通用航空标准制度体系，培养一支融合职业化与社会化需要的人才队伍，做实通用航空监管机制，搭建一个公开透明、集约共享的服务平台。相关规划、政策的不断出台，为我国航空产业的发展指明了方向，营造了良好的发展环境。

3. 航空产业融资难问题凸显

航空产业的快速发展离不开金融的支持。航空产业目前的融资渠道主要有银行贷款、发行债券和公开发行股票等，银行贷款和发行债券注重企业当前的营业状况和未来偿还能力，对于初创期的企业来说难度较大。随着我国多层次资本市场不断发展，上市融资便利性增强，但对于初创期的企业而言，有一定的准入条件且程序繁琐。融资难问题在很大程度上制约着航空产业的发展。创新航空产业融资方式，为航空产业发展提供有效的金融支持，具有重要的现实意义。

产业投资基金作为产融结合的一种创新方式，可以为航空产业发展提供必要的金融支持。设立航空产业投资基金，搭建产业资本和金融资本之间的桥梁，一方面集中了众多闲散资金，为投资者提供了新的投资工具；另一方面能为航空产业的发展提供必要的资金支持，促进航空产业健康发展。

在此背景下，2009 年西安国家航空产业基金成立，2010 年中国航空产业基金在天津揭牌成立。此后，各地陆续出现区域性的航空产业投资基金，我国航空产业基金发展迈上一个新的台阶。

（二）我国航空产业投资基金的发展现状

1. 航空产业基金数量逐步增加

近年来，在国家政策的大力支持下，一些政府部门、大型企业积极参与，航空产业投资基金如雨后春笋般涌现出来。据不完全统计，截至 2020 年 1 月，我国共有各类航空产业投资基金 18 只，其中有两只国家级航空产业投资基金，即中国航空产业投资基金和西安国家航空产业基金，其余为省、市等区域性航空产业基金，如表 9－1 所示。尤其是2017 年以来，共成立 13 只航空产业基金，均为区域性航空产业基金。这反映出地方政府逐步认识到航空产业链的带动作用，日益重视发展航空产业；同时也说明大型企业在拓展投资领域方面对航空产业的青睐。

表9-1 我国航空产业投资基金成立情况一览表

成立时间	名称	发起单位	投资领域或目的
2009 年 5 月	国家航空产业基金	西安阎良航空高技术产业基地、实地资本集团	促进西安航空产业集群化发展
2010 年 7 月	中国航空产业投资基金	中国航空工业集团、建设银行	航空产业及相关应用领域
2010 年 9 月	天津燕山航空租赁产业股权投资基金	海南航空、天津燕山投资管理有限公司	飞机及航材租赁、飞机经营性租赁、资产并购等涉及航空租赁产业项目的股权投资
2012 年 9 月	陕西航空高技术创业投资基金	西安航空产业投资有限公司、西安永晟商业运营管理有限公司、盈富泰克创业投资有限公司、陕西金融控股集团有限公司、山西太钢创业投资有限公司、西安瑞鹏创业投资管理企业等	重点支持符合陕西省航空产业发展规划的重点项目、产业园区及基础设施建设项目
2016 年 12 月	青海通用航空产业基金	国泰中旺、青海省通用航空集团	青海省境内所有通用机场项目
2017 年 1 月	龙浩航空产业基金	中国开发性金融促进会、广东龙浩集团	航空产业
2017 年 3 月	河南航空产业发展基金	河南省机场集团、中国民生投资股份有限公司、国新国际投资有限公司	促进河南省加快建设通达全球的航空物流集疏网络
2017 年 5 月	广州航空产业基金	广州空港投资建设有限公司、北控金富（上海）投资管理有限公司、越秀集团广证领秀投资有限公司	为广州空港航空产业集群化发展提供资金基础，推进航空产业链的构建和完善，服务好广州国际航空枢纽建设
2017 年 9 月	芜湖通用航空产业投资基金	秋林集团、芜湖市建设投资有限公司、广州首岳基金管理有限公司	通用航空产业，并覆盖"工业4.0"、智能制造等
2018 年 2 月	上海市长宁区航空产业基金	长宁区政府、中信银行、精功集团、中信建投资本	重点投资航空服务业及相关领域，进一步推动长宁航空产业生态圈形成和上海虹桥临空经济示范区建设
2018 年 4 月	成都双流航空产业基金	山西证券	重点投资于航空、电子信息及军民融合等领域，并在区内完成产业项目布局

续表

成立时间	名称	发起单位	投资领域或目的
2018 年 10 月	北京国发航空发动机产业投资基金	农银金融资产投资有限公司、中国航空发动机集团有限公司、中国烟草机械集团有限责任公司、北京市海淀区国有资本经营管理中心及航发基金管理有限公司	围绕中国航空发动机集团内航空发动机上下游产业链的优质资产、关键技术以及重点产业开展股权投资
2018 年 11 月	天津智能航空产业基金	天津市海河产业基金管理有限公司、中航信托股份有限公司、一飞智控（天津）科技有限公司	以飞行器系统的飞控智能化为核心，以飞行器系统的客货舱、航空港系统以及空中交通管理、飞行航线系统的智能化为两翼，推动智能航空的协调发展
2019 年 1 月	泸州航空产业基金	兴泸集团、山西证券	重点投资航空航天产业及相关领域，着力推动泸州航空航天产业生态圈的形成和泸州产业转型升级
2019 年 7 月	自贡弘威航空产业基金	四川天府弘威基金、自贡高新国有资本投资运营集团有限公司	主要用于技术升级和设备引进，助力自贡海川实业建设一流的航空发动机和燃气轮机关键零部件及飞机结构件的高端精密制造企业
2019 年 7 月	北京中航一期航空工业产业投资基金	中航资本与航空工业及控股子公司、中航融富、国寿广德（天津）股权投资基金合伙企业（有限合伙）和镇江鼎强智能制造投资合伙企业（有限合作）	助推航空主业和相关产业发展，加快形成全要素、多领域、高效益的产业深度发展格局
2019 年 9 月	湖南航空航天产业投资基金	株洲国投集团、中国航发集团、湖南省高新创投集团等	湖南省尤其是株洲市的航空、商业航天、军工、智能制造、新材料项目
2019 年 12 月	上海均联爱建航空产业基金	爱建集团	围绕民用航空产业链上下游的企业（不含民航运输业本身）进行股权或准股权投资

资料来源：根据网络新闻进行的不完全统计。

2. 投资范围以航空产业为主，资金利用率高

根据现有的航空产业基金的投资范围，可以看出，航空产业基金投资领域大致可分为四类：一是发动机、智能制造等高端精密制造方面；二是区域性通用机场建设；三是投向航空服务业；四是航空租赁产业项目的股权投资等方面。在服务项目区域方面，分为区域性产业基金和全国性产业基金，区域性航空产业投资基金主要服务本省或本地区的航空产

业项目，全国性航空产业投资基金则投资于全国的航空产业项目。航空产业投资基金对相关产业的发展起到了重要作用。以陕西航空高技术创业投资基金为例，陕西航空高技术创业投资基金（有限合伙）成立于2012年9月，其中陕西金融控股集团有限公司占出资比例的19.76%，航空基金投资领域为航空及相关领域并具有高成长性的企业，相关条款规定航空产业项目资金占60%，其他项目资金占40%。截至2017年12月31日，航空基金共投资项目11个，累计投资金额21177.16万元，资金投出比率83.67%；其中符合本基金投资领域项目8个，投资金额14068.63万元；符合初创期、早中期阶段项目10个，投资金额17711.06万元，占已投资金的83.63%。

第二节　航空产业投资基金的资金来源与募集方式

一、航空产业投资基金的资金来源

充足的资金来源是航空产业投资基金顺利运作的前提与保障。产业投资基金的资金来源包括政府出资和民间资本。政府出资分为政府财政资金、专项建设资金等。民间资本的来源有大中型企业、养老基金、社保基金、商业银行、证券公司及保险公司等金融机构、合格的自然人投资者等。这些资金来源能否成为航空产业投资基金的来源，要看资金追求的收益风险特征与航空产业投资基金高风险高收益的特点是否匹配。

（一）政府出资

政府出资产业投资基金可以优化政府投资方式，发挥政府资金的引导作用和放大效应，提高政府资金使用效率，吸引社会资金投入政府支持领域和产业。在航空产业投资基金运作中，应积极争取政府的资金支持。航空产业投资周期长、投入大、风险大，民间资本参与投资的积极性不高。如果在基金的筹集中，政府出资一定比例，能在很大程度上起到引导和放大效应，有效降低企业杠杆率，防范企业债务风险，既能发挥市场配置资源的决定性作用，也能更好地发挥政府作用。比如政府出资基金投资于初创期的企业，待企业发展到一定阶段后退出，民间资本可择机进入，这样既为企业提供了后续资金支持，也减少了民间资本投资的风险。国家发展改革委于2016年12月30日发布的《政府出资产业投资基金管理暂行办法》对政府出资产业投资基金的资金来源、组织形式、募集与管理、投资运作与终止、绩效评价、行业信用建设与监督管理等做了详细规定，为政府出资航空产业投资基金奠定了坚实的法律基础。目前地方政府积极参与国内航空产业投资基金的募集，如在中国航空产业基金第二期募集时，天津市政府承诺出资5亿—10亿元，对其他社会资本的参与起着很大的引导作用。

（二）民间资本

民间资本是产业投资基金的重要资金来源。民间资本来源众多，各个国家由于发展背景、法律法规、金融体制不同，产业投资基金的资金来源构成也有所不同。以美国为例，20 世纪 80 年代至 90 年代末，在美国的产业投资基金资金来源中，退休基金一直是产业投资基金的主要资金来源，其占基金总额的比例均在 30% 以上，保持在 40% 左右，最高达到 49%（吕炜，2001）。公司企业和个人的出资比例呈现上升趋势，投资银行和保险公司的出资比例则呈现下降趋势。而刘昕（2005）研究表明，在德国、日本和英国的产业投资基金资金来源构成中，商业银行和个人出资比例最高，其次是保险公司；而在以色列的产业投资基金中，公司的出资比例最高，其次是商业银行和个人投资者。这种差别与这些国家当时的金融制度有密切关系，如德国一直实行混业经营，法国允许商业银行持有非银行公司的股份不超过 20%，而美国当时规定商业银行不能参与基金和实业投资，自然就导致在美国产业投资基金的资金来源中没有商业银行（刘昕，2005）。另外，不同的产业投资基金，由于主要投向产业不同，风险与收益不同，其资金来源的构成比例亦有所不同。下面根据航空产业投资基金的特点以及我国相关法律法规和民间资本的特点，分析民间资本成为航空产业投资基金的资金来源的可行性。

1. 大中型企业资金

大中型企业资金是航空产业投资基金的重要来源。对大中型企业而言，参与航空产业发展，是实现多元化经营的重要方式。航空产业是我国的战略性产业，产业链长，未来发展空间大，前景广阔，很多企业有涉足航空产业的意愿，但限于航空产业的地域性和特殊专业性，存在较高的进入壁垒，往往望而却步。航空产业投资基金由专业的管理公司进行投资管理，政府政策的支持和资金来源的非单一性，为企业参与航空产业的经营、分享航空产业的发展提供了可能性。大中型企业可以通过投资航空产业投资基金，参与经营航空产业，分享航空产业的发展红利。因此，大中型企业资金是航空产业投资基金可争取的资金来源之一。实际上，我国已有不少大中型企业参与航空产业投资基金，如秋林集团发起设立芜湖通用航空产业投资基金，推动芜湖航空产业的建设发展。

2. 商业银行、保险公司、信托公司、证券公司等金融机构资金

航空产业投资基金的规模大，小的投资机构或企业往往难以满足大量的资金需求，商业银行、保险公司、信托公司、证券公司等拥有大量资金的金融机构则成为航空产业投资基金争取的重要主体。

（1）商业银行能够成为航空产业投资基金的资金来源主体。商业银行愿意参与产业投资基金，因为投资该类基金有利于其应对市场竞争和利率市场化的冲击，拓展新的利润增长点。根据媒体信息披露，据有关机构不完全统计，截至 2017 年底，存续商业银行投资产业基金认缴规模为 2.5 万亿元左右，占当时私募股权基金存续总规模的 35.26%（邹青春、彭程，2018）。这反映出商业银行是我国产业投资基金的重要资金来源。

应该注意的是，并不是商业银行所有的资金都可投向产业投资基金，能够投向产业投资基金的只能是高净值理财产品的资金，这是由我国法律法规决定的。首先，《商业银行法》第四十三条规定，商业银行不得向非银行金融机构和企业进行投资。这意味着，商业银行不能运用自有资金、贷款以及一般的理财产品资金投向产业投资基金。这一点在

《贷款通则》、《银监会关于进一步规范商业银行个人理财业务投资管理有关问题的通知》（以下简称《通知》）中均有体现。其次，商业银行个人理财产品中的高净值理财产品是一个特例，可以投向产业投资基金。尽管该《通知》第十八、十九和二十条规定，理财资金不得投资于境内二级市场公开交易的股票或与其相关的证券投资基金，不得投资于未上市企业股权和上市公司非公开发行或交易的股份，但同时指出，对于具有相关投资经验、风险承受能力较强的高资产净值客户，商业银行可以通过私人银行服务满足其投资需求，不受本《通知》第十八条和第十九条的限制。因此，商业银行能够投资产业投资基金的是高净值理财产品资金，即投资门槛高、收益和风险相对较高的理财产品（邹青春、彭程，2018）。基于以上分析，商业银行可以成为航空产业投资基金的资金来源主体，实际上，中国航空产业基金就是由中国航空工业集团和中国建设银行发起设立的。

（2）保险公司是航空产业投资基金的积极投资主体。2018年颁布的《保险资金运用管理办法》第六条指出保险资金可以投资股权；第十二条指出保险资金投资的股权，应当为境内依法设立和注册登记，且未在证券交易所公开上市的股份有限公司和有限责任公司的股权；第十六条指出保险资金可以投资创业投资基金等私募基金。这为保险公司投资产业基金奠定了法律基础。目前国内保险公司积极参与产业投资基金，如2019年4月泰康保险集团与武汉市政府共同发起设立了200亿元规模的"武汉大健康产业基金"。相应的，保险公司在与航空产业投资基金合作方面，可以与政府部门、航空工业类企业或其他公司合作，设立航空产业投资基金，参与航空产业投资基金的投资管理。

（3）产业投资基金是信托公司转型的一个重要方向。对信托公司而言，转向产业投资基金是一个比较好的投资模式。信托最基本的职能是理财职能，但我国的信托公司过去偏向融资职能而忽视理财职能。2018年《关于规范金融机构资产管理业务的指导意见》的出台，标志着刚性兑付、通道业务成为历史，对信托公司业务冲击较大，转向基金型的信托产品模式是信托公司当前的必要选择。依托产业基金标准化、组合投资、流动性强、封闭期长等特点，信托公司可望走出困境。目前信托公司已开始尝试这方面的业务，如2019年3月6日，安徽国元信托、国元农业保险、国元股权投资有限公司，安徽省翁格玛丽资产管理有限公司、安徽富煌建设有限公司等出资人共同发起设立徽元产业基金。因此，信托公司可以成为航空产业投资基金争取的资金来源，在和相关机构合作的前提下，利用其客户基础，设立航空产业投资基金产品，为投资者提供新的投资工具，充分发挥信托公司的理财管理优势。

（4）证券公司参与航空产业投资基金的设立具有一定的优势。这表现为：证券公司在行业分析方面具有较为系统成熟的方法，在甄选被投资企业方面具有无可比拟的优势；证券公司可为投资企业提供较为系统的财务顾问服务，有利于企业实现稳定经营；证券公司拥有潜在募集资金的能力，平时与企业、其他金融机构联系较为密切，募集社会资本能力较强，可为产业投资基金的募集奠定较好的基础。因而，证券公司参与航空产业投资基金具有可行性，也具有一定优势。

综上所述，商业银行、保险公司、信托公司、证券公司等金融机构都可以成为航空产业投资基金的资金来源。

3. 社会保障基金、企业年金等养老基金，慈善基金等社会公益基金

养老基金、公益基金不适合成为航空产业投资基金的资金来源。2014 年颁布的《私募投资基金监督管理暂行办法》第二条指出，私募投资基金是指在中华人民共和国境内，以非公开方式向投资者募集资金设立的投资基金，私募基金财产的投资包括买卖股票、股权、债券、期货、期权、基金份额及投资合同约定的其他投资标的；第十三条指出，社会保障基金、企业年金等养老基金，慈善基金等社会公益基金视为合格投资者；第三十四条指出，创业投资基金是指主要投资于未上市创业企业普通股或者依法可转换为普通股的优先股、可转换债券等权益的股权投资基金，这说明私募投资基金包括创业投资基金。结合前面对航空产业投资基金的定义，航空产业投资基金属于私募投资基金范畴。因此，从法律意义上讲，社会保障基金、企业年金等养老基金，慈善基金等社会公益基金等可以投资航空产业投资基金。但是应该注意的是，社会保障基金、企业年金、慈善基金等对投资资产的安全性要求较高，注重稳定持续的收益，而航空产业投资基金的投资风险大、收益高，与之要求不匹配，因此，这类养老基金和慈善基金不适合成为航空产业投资基金的主要资金来源。

4. 个人闲置资金

参与航空产业投资基金的个人，必须是合格投资者。《私募投资基金监督管理暂行办法》第十一条指出，私募基金应当向合格投资者募集，单只私募基金的投资者人数累计不得超过《证券投资基金法》《公司法》《合伙企业法》等法律规定的特定数量。第十二条指出，私募基金的合格投资者是指具备相应风险识别能力和风险承担能力，投资于单只私募基金的金额不低于 100 万元且符合下列相关标准的单位和个人：净资产不低于 1000 万元的单位；金融资产不低于 300 万元或者最近三年个人年均收入不低于 50 万元的个人。航空产业投资基金属于私募投资基金范畴，也是高风险高收益的基金，因此要求个人投资者必须是合格投资者。

综上所述，航空产业投资基金的资金来源包括政府出资和民间资本。目前能够成为航空产业投资基金来源的民间资本主体包括大中型企业，商业银行、保险公司、信托公司、证券公司等金融机构，个人投资者。尽管社会保障基金、企业年金等养老基金，慈善基金等社会公益基金属于私募基金的合格投资者范畴，但由于追求的风险收益不匹配，在此不建议将此类资金作为航空产业投资基金的资金来源。前文表 9 - 1 列出了目前我国航空产业投资基金的发起人情况，可见我国航空产业投资基金的投资主体主要是企业、金融机构和政府。

二、航空产业投资基金的筹集方式及注意事项

（一）航空产业投资基金的筹集方式

航空产业投资基金属于产业投资基金的一种，而产业投资基金又属于私募投资基金，因此，航空产业投资基金应按照私募方式募集。根据国家发改委在 2016 年 12 月 30 日发

布的《政府出资产业投资基金管理暂行办法》，"政府出资产业投资基金社会资金部分应当采取私募方式募集"，"政府出资产业投资基金可以综合运用参股基金、联合投资、融资担保、政府出资适当让利等多种方式，充分发挥基金在贯彻产业政策、引导民间投资、稳定经济增长等方面的作用"。因此，航空产业投资基金的社会资金募集应采用私募方式募集，其募集行为应符合中国证监会以及证券投资基金业协会发布的关于私募投资基金的相关规定。

（二）筹集航空产业投资基金的注意事项

（1）出资方式。基金发起人和机构投资者、企业出资人签订出资协议时，要明确出资方式是资金到账还是承诺出资。资金到账意味着基金成立的同时资金同步到位；而承诺出资则意味着在选定项目后，投资方须经过讨论才能拨款到账，在这一过程中会存在投资方违约、资金到账延迟或者投资方讨论后否定投资的风险。

（2）梳理基金投资人之间的关系。投资人之间是否存在参股、控股及一致行动人等关系，会影响到基金管理公司的决策效率和独立性。尤其在基金公司和基金管理公司为同一主体的情况下，由于基金公司的大股东同时也是管理公司的大股东，这对基金管理公司的经营决策影响较大。

第三节　航空产业投资基金的组织与运作

产业投资基金按组织形式可划分为公司型基金、契约型基金和有限合伙型投资基金。不同组织形式的产业基金，其运作的依据、管理方式、出资人的权利义务均有所不同。航空产业投资基金的组织形式，应结合不同组织形式的特点和航空产业基金的特点来确定。本节主要探讨航空产业投资基金的组织形式选择与运作管理模式。

一、航空产业投资基金组织形式的选择

（一）产业投资基金组织形式分析

根据我国法律规定，产业投资基金可以采取公司型、契约型和有限合伙型三种组织形式。

1. 公司型产业投资基金

公司型产业投资基金是指基金的持有者按照股份公司组织形式建立基金公司，基金的持有者即是基金公司股东。基金公司可以自己管理经营产业基金资产，也可以委托其他基金管理公司管理和经营基金资产。公司型航空产业投资基金的当事人关系如图9－1所示。

2. 契约型产业投资基金

契约型产业投资基金是指根据信托契约，基金发起人通过发行收益凭证而组建的投资

基金，一般由投资人、基金管理人和基金托管人三方签订信托契约。基金投资人是产业投资基金的委托人，同时也是基金的受益人，一般不参与基金的经营管理决策；基金管理人同时也是基金发起人，是产业投资基金的受托人，负责管理运营基金资产，一般由基金管理公司担任；托管人通常由具有资产托管资格的商业银行承担。图9-2为契约型航空产业投资基金的当事人关系结构。

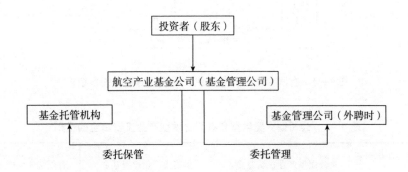

图9-1 公司型航空产业投资基金当事人关系结构

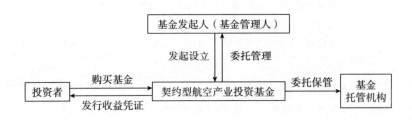

图9-2 契约型航空产业投资基金当事人关系结构

3. 有限合伙型产业投资基金

有限合伙型产业投资基金是由普通合伙人和有限合伙人共同出资组成的一个有限合伙型基金组织。其中，普通合伙人（General Parter，GP）以少量资金介入，成为基金管理人，具体负责基金资产的运作管理，对产业基金债务承担无限连带责任；有限合伙人（Limited Parter，LP）是主要出资人，以其认缴的出资额为限对基金债务承担有限责任，一般不参与基金资产的管理，仅享有咨询权和监督权。根据《中华人民共和国合伙企业法》规定，有限合伙企业由普通合伙人执行合伙事务，执行事务合伙人指的是按照合伙协议的约定或者接受全体合伙人的委托，对外代表合伙企业并执行合伙事务的普通合伙人，有限合伙企业至少应当有一个普通合伙人。因此，在有限合伙型产业投资基金中，执行事务合伙人由普通合伙人担任。目前产业投资基金运用最广泛的模式就是有限合伙型产业投资基金。图9-3显示了有限合伙型航空产业投资基金的当事人关系结构。

三种产业投资基金区别表现在五个方面，即法律依据、主管部门、投资者相关规定、基金管理人、企业所得税，如表9-2所示。

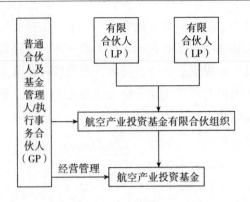

图9-3　有限合伙型航空产业投资基金当事人关系结构

表9-2　公司型、契约型和有限合伙型产业投资基金的区别

组织模式 项目		公司型产业投资基金	契约型产业投资基金	有限合伙型产业投资基金
法律依据		《公司法》、《私募投资基金监督管理暂行办法》、《创业投资企业管理暂行办法》、区域内的产业基金管理办法	《私募投资基金监督管理暂行办法》、《创业投资企业管理暂行办法》、《中华人民共和国信托法》	《中华人民共和国合伙企业法》、《私募投资基金监督管理暂行办法》、《创业投资企业管理暂行办法》
主管部门		国家发改委	中国证监会	中国证监会
投资者相关规定	人数	股份有限公司2人以上200人以下；有限责任公司50人以下	合格投资者	2人以上50人以下，且至少有一名普通合伙人
	是否参与经营决策	参与	不参与	有限合伙人：不参与；普通合伙人：参与
	投资人地位	股东、受益人	受益人	普通合伙人或有限合伙人，受益人
	利益分配原则	按照公司董事会决定	按出资比例共享收益、共担风险	按照合伙协议约定
基金管理人		成立的产业基金管理公司或聘任的基金管理公司	聘任的基金管理公司	普通合伙人
企业所得税		25%	不征收	不征收

根据表9-2的分析，公司型、契约型和有限合伙型产业投资基金的主要区别有三个方面：一是依据的法律基础不同：三者有共同依据的法律基础，即《私募投资基金监督管理暂行办法》、《创业投资企业管理暂行办法》，但在具体运作方面，依据的法律不同，公司型产业投资基金依据《公司法》运作，契约型产业投资基金依据《中华人民共和国信托法》运作，有限合伙型产业投资基金依据《中华人民共和国合伙企业法》运作。二

是投资人是否参与基金的经营管理：公司型产业投资基金的投资人和有限合伙型产业投资基金的普通合伙人都可以参与基金经营管理，但契约型产业投资基金的投资人不能参与基金经营管理。三是是否缴纳企业所得税：在企业所得税方面，契约型产业投资基金和有限合伙型产业投资基金不用缴纳企业所得税，但公司型产业投资基金需承担 25% 的企业所得税。

（二）航空产业投资基金组织模式的现实选择

理论上，根据前面对产业投资基金三种组织模式的分析，航空产业投资基金选择有限合伙型组织形式是最合适的。这样，既能实现投资者（限于普通合伙人）参与基金的经营管理，还可以节省企业所得税。

在我国航空产业投资基金实际运作过程中，选择成立有限合伙型产业投资基金组织形式的数量也是最多的。表 9 - 3 是对已成立的航空产业投资基金选择的组织形式的不完全统计，可以看出，绝大部分航空产业投资基金采用有限合伙型组织形式。

表 9 - 3　部分航空产业投资基金组织形式

航空产业投资基金名称	组织形式
中国航空产业基金	公司型
天津燕山航空租赁产业股权投资基金	有限合伙型
国家航空产业基金	公司型
陕西航空高技术创业投资基金	有限合伙型
河南航空产业发展基金	—
湖南航空航天产业投资基金	有限合伙型
北京国发航空发动机产业投资基金	有限合伙型
自贡弘威航空产业基金	契约型
泸州航空产业基金	有限合伙型
成都双流航空产业基金	—
天津智能航空产业基金	—
龙浩航空产业基金	—
北京中航一期航空工业产业投资基金	有限合伙型
广州航空产业基金	公司型
上海市长宁区航空产业基金	有限合伙型
芜湖通用航空产业投资基金	有限合伙型
青海通用航空产业基金	—
上海均联爱建航空产业基金	有限合伙型

资料来源：根据网络资料不完全统计，"—"表示未查到相关信息。

二、航空产业投资基金的运作模式

一般产业投资基金的运作模式包括四种，即自我管理型、委托管理型、共同管理型和基于有限合作制基础的普通合伙人管理型。不同模式下，投资人、管理人的权利义务、收益分配均有所不同。结合我国航空产业投资基金的实际发展状况，总结我国航空产业投资基金的运作模式如下：

（一）委托管理型

委托管理模式是由产业投资基金聘请专业的基金管理公司负责基金的投资管理工作。二者通过签订委托管理协议，明确双方的关系及权利义务，产业基金与基金管理公司各司其职，充分发挥各自的优势。具体来说，产业基金或产业基金投资公司专门负责资金筹集、管理、投资监督；基金管理公司则负责项目筛选和投后管理工作。这种模式的好处在于实现了一家基金管理公司充分利用自身专业优势，管理多只产业投资基金（或产业基金投资公司），起到了放大资本的效应。设立的航空产业投资基金可以是投资公司形式或者契约型基金。这种模式的关键在于如何选择一个合适的基金管理公司进行经营和管理，这其中要考虑的因素较多，如管理公司的专业能力、收费高低，与基金投资公司理念是否一致等等。

根据委托管理模式所选取的基金管理公司与基金公司之间的关系，委托管理模式又细分为两种类型：一是委托独立的第三方作为基金管理公司，第三方基金管理公司与投资公司不存在控股、参股等关联关系；二是基金公司的出资人与委托的基金管理公司有一定的参股关系。在实际中，由于缺乏独立优秀的基金管理公司，在产业投资基金运作中，采取第二种模式的较多。

中国航空产业基金的运作采用了上述模式中的第二种模式。中国航空产业基金由中国航空工业集团公司和中国建设银行共同发起设立，是一只投资于航空产业及相关应用领域的产业投资基金，其组织形式为公司制。首期为中航建银航空产业股权投资（天津）有限公司，规模10亿元，已经募集成功并且投资目标企业中国航空技术国际控股有限公司，股权投资比例为8.87%。二期为航建航空产业股权投资（天津）有限公司，规模为15亿—25亿元，其中天津市政府承诺出资5亿—10亿元。中航建银航空产业股权投资（天津）有限公司和航建航空产业股权投资（天津）有限公司已于2013年9月在天津发改委完成备案。其中，中航建银航空产业股权投资（天津）有限公司的股东是共青城信航投资有限公司和中航投资控股有限公司。天津裕丰股权投资管理有限公司是中国航空产业投资基金的管理人，成立于2008年12月，由中航投资控股有限公司、中航咨询有限公司、建银国际财富管理有限公司共同组建设立，这三家公司分别是中国航空工业集团公司和中国建设银行股份有限公司的子公司。公司业务涉及产业（股权）投资基金管理、发起设立产业（股权）投资基金、自有资金投资、投资咨询等。具体股权投资结构如图9-4所示。

（二）自我管理型

自我管理模式是指基金公司同时也是基金管理人，负责基金的投资管理工作。公司型产业投资基金多采用这种模式。基金公司实现自我管理有两种模式：一是直接在基金公司内部设立相应的基金管理部门。如在基金公司总经理下设基金管理部，基金管理部分设投研小组和投后管理小组等，负责投资项目的筛选、评估、投资决策和投后管理；同时在董事会层面设立投资决策和投资监督委员会，对项目筛选和投后管理进行监督和协调。基金管理部负责人可以由聘请的职业经理人或者由发起股东或者大股东担任。二是由产业投资基金公司发起设立基金管理公司，发起人100%出资，基金管理公司作为独立法人，尽管在行政和财务上保持独立，但由于基金投资公司对基金管理公司具有绝对控制权，管理公司形如投资公司的一个管理部门。

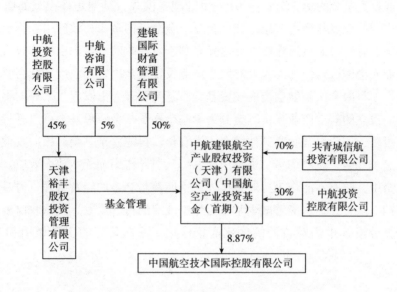

图9-4　中国航空产业投资基金（首期）股权结构

资料来源：案例资料根据投资界显示资料整理。

自我管理模式实现了基金公司和管理公司的一体化运作，在一定程度上减少了外部协调成本，避免了管理公司和基金公司利益冲突的发生，但也存在一些不利之处，表现在：无论是作为管理部的职业经理团队还是作为独立法人的基金管理公司都受基金公司的直接控制，在投资决策过程中，受到的干涉过多，会影响其对市场机会的认识和把握。另外，如果由大股东担任基金管理人员，则很难吸引专业一流管理人才加入，即使引进，在基金管理工作中也容易出现大股东左右管理人员的情况，从而降低了基金管理的效率，限制了基金管理人员的思维，影响基金实际投资的效益。

西安国家航空产业基金最初采用自我管理模式。国家航空产业基金成立于2009年，按照公司制模式运作，日常投资、管理实务均由西安国家航空产业基金管理有限公司负责。这是典型的集投资公司与管理公司于一体的航空产业投资基金。在后来的发展过程中，西安国家航空产业基金开始作为100%出资人，发起设立投资管理中心，运用航空产业投资基金投资过程中，由控股的投资管理中心负责基金的运作管理。由于是控股，所以仍属于自我管理型模式。

（三）出资人之一作为基金管理人模式

这种模式是指设立产业投资基金后，由其中一位出资人作为基金管理人，负责基金的经营管理。采用这种管理模式的基金通常是有限合伙型基金。有限合伙型产业投资基金模式中，普通合伙人作为基金管理人，有限合伙人不参与产业投资基金的经营管理。根据普通合伙人的数量及分工不同，这种模式又分为单 GP 模式和双 GP 模式。

1. 单 GP 模式

单 GP 模式的有限合伙型产业基金中，有且仅有一个普通合伙人（GP）。下面以政府出资航空产业投资基金为例，分析单 GP—单管理人模式，基本运作模式如图 9 - 5 所示。政府出资航空产业投资基金可采用由国有企业、金融机构牵头，政府引导资金或其他社会资本共同参与的有限合伙制运作模式，这样有利于发挥政府资金的引导和放大作用。首先可由国有企业或金融机构作为发起人对航空产业投资基金出资，政府和社会资本出资，与发起人合作设立有限合伙制航空产业投资基金。基金管理人由发起人之一的国有企业或金融机构担任。设立的航空产业投资基金分为母基金和子基金。母基金可以直接对企业、项目进行股权投资，还可以继续与其他社会资本合作，再建立子基金，投向其他企业。无论是母基金还是子基金，政府均可出资，由此发挥其引导作用和资本放大效应。在政府出资产业投资基金中，政府不能作为普通合伙人，不能参与基金的经营管理，对基金没有直接控制权，承担有限责任，这能够减少基金运作中政府的行政干预，降低政府承担的投资风险，有利于充分发挥市场对资源的优化配置作用，发挥政府的引导作用和基金的放大效应。

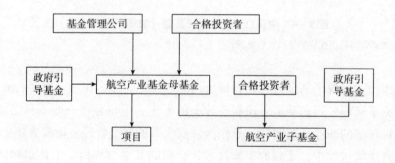

图 9 - 5　政府出资航空产业投资基金基本运作模式

2. 双 GP 模式

双 GP 模式有两个普通合伙人，两个普通合伙人中至少有一位担任基金管理人。双 GP 模式与单 GP 模式一致的是控制权都属于 GP，其区别在于两名 GP 的责任、权利划分及管理机制运作的不同。根据实践中两名普通合伙人的分工不同，其架构有四种形式：一是两名 GP 同是基金管理人，也是执行事务合伙人；二是一名同时是基金管理人和执行事务合伙人，另一名仅是基金管理人；三是一名 GP 同时是基金管理人和执行事务合伙人，另一名由于没有基金管理人资质，所以仅是执行事务合伙人；四是一名 GP 为基金管理人，另一名为执行事务合伙人。上市公司、大型国企与投资机构、地方政府共建的有限合伙制基金多采用双 GP 模式，这样有利于快速整合资源，优势互补，实现合作共赢。

泸州航空产业基金采用的是"双 GP—单管理人"模式。该基金以泸州航空航天产业园区为核心，重点围绕航空航天产业、军民融合产业、信息技术产业，着力推动航空航天零配件研发制造、航空航天配套服务、通用航空开发建设、新兴材料等新兴产业布局，逐步构建产、学、研、融一体化的航空航天产业生态圈。该基金组织形式采用有限合伙制：由山证投资负责募集 50%—60%（社会资本），航发公司和兴泸基金出资 20%—30%，山西证券出资 20%。基金采用"双 GP—单管理人"模式，山证投资和兴泸基金为基金的普通合伙人，山证投资为执行事务合伙人及基金管理人。基金在泸州区域内投资规模不低于基金募集规模的 60%，基金设立由 5 人组成的投资决策委员会（航发公司 1 人，兴泸基金 1 人，山西证券 3 人）。

三、航空产业投资基金的投资决策与投后管理

航空产业投资基金的运作流程与一般产业投资基金一样，包括项目筛选、投资决策、投后管理和投资退出四个阶段。其中，投资决策最为关键，决定了投资项目的质量，投后管理为投资标的的顺利运营和投资退出奠定基础。产业基金管理机构应组建投研团队和投后管理团队，投研团队负责项目筛选和立项、投资实施等工作；投后管理团队负责投后管理和为被投资企业提供增值服务等工作。

（一）投资项目评估的内容

航空产业投资基金项目评估的内容包括投资项目的商业企划书、投资项目的人员构成和能力、投资项目的技术可行性、投资项目未来市场预测、投资项目的财务分析和风险分析等方面（刘昕，2005）。具体来说，通过商业企划书了解投资项目的定位与发展目标，对投资项目有所了解。投资项目的人员构成和能力决定了投资项目的经营风格、管理效率，以致直接影响投资项目的成败，在评估中着重评估管理团队的经验、知识结构、能力素质等。技术可行性涉及技术创新情况、技术壁垒、研发团队的可持续发展等，对于偏技术研发类的航空产业投资基金而言尤为重要。投资项目未来市场预测评估包括产品市场定位、技术的推广与应用、潜在客户分析、竞争对手分析、定价策略及产品的持续更新换代能力、技术的不断创新等，反映了对产品的未来市场占有率的预测，为预估盈利能力奠定了基础。投资项目的财务分析包括项目的盈利能力、投资回收期分析等内容。风险分析是航空产业投资基金经营中的不确定性分析，影响投资项目的顺利运营，因而也是评估的内容之一。

（二）投资决策过程

航空产业投资基金的投资决策过程包括投资项目申请、初步筛选、系统筛选、阶段评估和合同签订五个阶段。

项目申请阶段，由航空产业投资基金发布投资指南，资金需求方（企业）提交投资申请。

接下来，由航空产业投资基金对于提交的项目进行初步筛选，包括所属产业是否属于航空产业基金投资范围，对所属行业是否熟悉，项目所属区域与基金投资区域的一致性，

投资规模等。该阶段主要依据提交的商业企划书进行，对于符合条件的项目，进入系统筛选和项目评估阶段。

系统筛选依据基金管理人的经验和企业提交的商业企划书进行系统审查，定性分析投资的可行性。如果通过，则进入评估阶段。

评估阶段，基金经理人会组建评估团队，依据前面的评估内容，对企业进行尽职调查，多方搜集企业信息，对企业或项目进行评估，为投资决策提供依据。

经过层层筛选和评估后，最终确定投资对象，和被投资企业协商投资条款，签订投资合同。

（三）投后管理

投后管理的过程实质上可理解为基金管理人参与企业的经营管理，实现与被投资企业共同成长的过程。基金管理人将利用管理团队的经验，为被投资企业提供增值服务，真正提升被投资企业的价值，这对于实现企业的稳定经营和产业基金后期顺利退出具有重要意义。具体内容包括：加入被投资企业的董事会，参与企业的重大决策；通过对行业及其相关领域的跟踪研究，为被投资企业的战略拟定和经营企划安排提供帮助；参与企业的日常经营管理，帮助企业完善法人治理结构和内部控制机制，帮助企业设计和实施激励与约束机制（如管理层持股等）；密切监督企业的财务状况，充当企业的财务顾问；帮助企业联系合作伙伴，为其提供生产、营销、融资等方面的增值服务等等。

四、航空产业投资基金的退出机制

产业投资基金的退出是一个完整产业投资基金运作周期的结束，也为一个新的投资周期的开始做准备。被投资企业在航空产业投资基金的资金支持下，经过一段时间的发展，达到预定的规模或发展目标后，航空产业投资基金才能够顺利将股权变现，实现退出，为投资者分配投资收益，同时为扶持其他企业做好准备。这是产业投资基金的资本运营优势所在。航空产业投资基金的退出渠道一般有以下五种：

（一）被投资企业公开上市后卖出股份（IPO）

公开上市退出是指被投资企业满足上市条件时，可以在证券交易所公开挂牌上市，发行股票募集资金，航空产业投资基金可以通过二级市场卖出所持有的股份实现退出。目前，我国逐步建立多层次资本市场，包括主板市场、创业板市场、科创板市场以及新三板市场，被投资企业可以根据自身条件选择在相应的市场上市，为航空产业投资基金退出提供有利条件。目前新三板市场无门槛限制，但流动性较其他市场差；科创板市场的定位是坚持面向世界科技前沿、面向经济主战场、面向国家重大需求，主要服务于符合国家战略、突破关键核心技术、市场认可度高的科技创新企业，实行注册制；创业板注册制启动，直接利好不符合原有上市标准但基本面优异的企业。对航空产业投资基金而言，如果投资对象是科技创新企业，且符合科创板上市企业的定位，则通过 IPO 退出的概率就会增大，在投资条款上可将其设为可选择的退出渠道。

（二）内部回购

回购是指产业投资基金投资后，和被投资企业约定退出的时间和收益分配方法，到期后由原股东回购产业投资基金持有的股权或者由被投资企业的管理层收购股权，即员工收购（EBO）和管理层回购（MBO）两种方式实现退出。这种方式能够保证企业的股份不被其他企业持有，以免影响企业正常的经营发展，不足之处在于如果企业原有股东或管理层缺少收购的资金，将不能保证回购正常进行，影响产业投资基金的顺利退出。

（三）兼并收购

在上市退出难度大的情况下，被投资企业被兼并收购也是一种不错的退出渠道。航空产业投资基金大多投资于创业期或者成长期的企业，航空产业自身发展的周期长，对于非高新技术类企业来说，由于新三板的流动性不强，而通过主板和中小板、创业板上市的条件又有一定的标准，因此通过上市退出的难度实则较大。投资对象被收购兼并则成为航空产业投资基金退出的选择。当被投资企业经过一段时间的发展，技术得到认可，市场占有率有所提升，经营逐步稳定时，基金管理人可以寻求兼并对象，为航空产业投资基金的退出奠定基础。这种方式的不足之处是，如果选择的合作伙伴不当，不利于被投资企业经营发展战略的顺利实施，可能会影响被投资企业的主营业务后续发展，同时也应和被投资企业充分协商。

（四）投资新设公司并由上市公司定向增发退出

为避免被投资企业被恶意收购，不利于其主营业务后续发展，现在采用比较多的一种方式是在产业投资基金投资之初，产业投资基金和一家企业（主要是上市公司）联合设立新的项目公司，即被投资对象，待新公司运行稳定后，由上市公司采用定向增发形式收购产业投资基金持有的新公司的股权，从而实现产业投资基金的退出。这种方式可以保证在不影响被投资企业经营发展战略的情况下实现产业投资基金的退出，不失为一种很好的选择。此外，2020 年 2 月再融资新规发布，再融资的条件、规模更加宽松，为航空产业投资基金采用定向增发退出奠定了较好基础。

（五）清算退出

清算退出其实意味着被投资企业或项目运行失败，是产业投资基金迫不得已的选择，属于被动退出渠道。被投资企业在经营过程中面临很多风险，如市场风险、技术风险、环境风险等，均会增加经营的不确定性，导致经营失败，使得航空产业投资基金无法达到预期的投资回报。在这种情况下，航空产业投资基金必然要采用清算退出方式及时退出，不然可能会面临更大损失。

第四节　航空产业投资基金的风险控制

产业投资基金在运作过程中面临的风险有很多。按照影响的因素划分，主要包括技术风险、融资风险、管理风险、环境风险等；按照产业投资基金运作的阶段划分，包括构建阶段的风险、对接与运营阶段的风险、退出阶段的风险等。航空产业投资基金作为产业投资基金的一种，其在运作过程中面临的风险与一般的产业投资基金既有相似性，也有其独特性。本部分将根据一般产业投资基金面临的风险，结合航空产业的特点，分析航空产业投资基金在不同运作阶段的风险，在此基础上构建有效的风险防控体系。

一、航空产业投资基金运作中存在的风险分析

（一）基金募集阶段

航空产业投资基金募集阶段面临的主要风险是融资风险。航空产业投资基金的投资周期长、额度大，相应地要求投资者的资金投入时间长久，且额度满足要求。融资能否顺利进行是航空产业投资基金面临的一大挑战，也是航空产业投资基金能否顺利运作的第一步。融资风险的产生主要受以下三个方面因素的影响：

1. 航空产业自身的投资风险大

航空产业的技术含量高，投资额度大，建设周期长，不确定性大，尤其是对于处于种子期和初创期的企业和项目来说，其蕴藏的风险更大。这是导致航空产业投资基金募集难的主要原因。

2. 出资主体的因素

目前境内产业投资基金融资过程中，一般是以资金承诺的方式进行。如果出资主体由于诸多因素不能如期缴纳资金，将会导致产业投资基金不能顺利融资。这种因素同样存在于航空产业投资基金的融资过程。

3. 法律因素

目前国内产业投资基金运作可参考的法律法规有《私募投资基金监督管理暂行办法》《中华人民共和国合伙企业法》《政府出资产业投资基金管理暂行办法》等。一方面，现有的法律法规缺乏关于产业投资基金的运作规范，很容易导致运作中的法务风险；另一方面，《私募投资基金监督管理暂行办法》规定产业投资基金只能以私募方式募集资金，《政府出资产业投资基金管理暂行办法》也规定该类型产业投资基金中的社会资本部分只能以私募方式募集，这限制了产业投资基金的融资渠道。航空产业投资基金的运作需要法律法规的支持，为其运作过程提供法律保障与相应的约束。

（二）项目筛选与投资决策阶段

项目对接是航空产业资金需求端和基金投资方初步沟通阶段。在这一阶段，航空产业投资基金要选择出好的投资企业或项目，为后续的基金运作实现收益奠定基础。选择投资对象是产业投资基金顺利运作非常关键的一步，寻找发展潜力大、势头好的企业或项目也是投资过程中最具有挑战性的环节。

与一般产业投资基金不同，航空产业投资基金有产业和区域的限制。梳理前面列出的航空产业投资基金的投资范围或目的，可以看出每一只航空产业投资基金在成立之初，都拟定了投资范围，包括行业范围和区域范围。其行业投资范围大致分为航空工业的研发设计制造、航空服务、航空生态圈建设等。而在区域范围方面，一些地方政府为鼓励地方航

空产业的发展，鼓励国有企业牵头成立航空产业基金时，地方政府会承诺出资一定比例，但一般限制航空产业投资基金主要投资本地区航空产业。在这种情况下，需要综合考察备选项目需要资金的周期、发展中面临的市场环境、政策因素、预期收益的大小等因素来确定投资对象，这对航空产业投资基金管理机构的能力提出了很高的要求。此阶段主要涉及的风险包括项目选择的风险和投资决策风险，导致风险的因素主要源于以下两个方面：

1. 资金需求端和产业投资基金投资方之间的信息不对称

这种不对称体现在三个方面：一是企业为了获得投资，故意隐瞒或编造企业的实际状况，营造假象，以获得产业投资基金的投资。二是天然存在于基金投资方与被投资对象间的信息不对称问题。被投资对象对自身情况非常清楚，而由于存在信息不对称，产业投资基金管理方缺少足够的时间、精力和经验去了解投资对象的具体情况，从而导致产业投资基金在后续的项目选择和管理中存在风险。三是地方政府可能干预项目的选择。虽然《政府出资产业投资基金管理暂行办法》中明确规定政府出资人不得参与基金日常管理事务，但在实际中，可能会出现地方政府为促进区域航空产业发展，干预产业基金选择投资对象。

2. 航空产业投资基金管理机构的能力与尽职行为

从项目的筛选、投资决策到投后管理均由基金管理人负责，因此，基金管理人的投资管理能力与尽职行为对产业投资基金运作成功至关重要。这要求基金管理人具有丰富的航空产业发展的经验，能及时捕捉市场信息，把握投资机会，对项目或备选企业做好尽职调查和评估，为决策提供可靠依据。航空产业的产业链长，技术含量高，投资额度大，对于外部投资方来说，要想详细了解被投资企业的实际情况，需要投入更多的时间和精力。如果基金管理人行业经验不足，不能做好尽职调查，或者出现疏漏，都会影响对备选企业的评估，从而影响投资决策，必然给基金后续的运作管理带来风险。

（三）投后管理阶段

航空产业投资基金投入资金后，基金管理公司接下来的主要工作是对被投资企业进行跟踪监督，并提供增值服务。在这个阶段，航空产业投资基金面临的风险主要有以下四种：

1. 被投资企业逆向选择导致的道德风险

在被投资企业和航空产业基金投资机构利益不一致时，被投资企业管理层可能会选择不利于投资者的行为，从而损害投资者的利益。而由于产业投资基金和被投资企业之间存在信息不对称现象，这种行为不能完整传达给基金投资机构，如果基金管理公司的监督、决策能力不强，不能准确判断面临的风险，则将使产业基金遭受损失。

2. 行业风险

航空产业投资基金收益与所投行业的景气度密切关联。以航空产业中的航空运输业为例，航空运输业是典型的周期性产业，航空运输业景气时，投向航空运输相关产业的基金收益就偏高，反之则会受到较大影响。

3. 市场风险

被投资企业经营发展过程中会面临一系列因素的变化，从而使得未来经营利润面临不确定性。如被投资企业在新产品销售策略以及定价上不合理，可能会导致企业市场份额不能提高，影响企业的正常运行；再如一项新技术从开发到最后被市场接受需要一段时间，在这一过程中如果出现其他替代性功能更完善的新技术，则意味着该项技术的未来市场受限，必然会影响企业的盈利，从而影响产业基金的收益。

4. 管理团队风险

管理团队风险包括来自产业投资基金管理人团队和被投资企业管理层的风险。前已述及，航空产业投资基金管理人要对行业非常熟悉，善于捕捉好的投资机会，负责监督跟踪被投资企业和项目，擅长企业管理，能为被投资企业提供增值服务，为产业投资基金良性运作保驾护航。从被投资企业管理层而言，要具备专业、系统、高效、负责的管理能力。如果这些方面出现问题，将会给被投资企业带来不利影响，严重时会影响到企业的正常运行，甚至导致企业破产，从而严重影响产业投资基金的收益。

（四）退出阶段

能否顺利退出是航空产业投资基金在退出阶段面临的风险。在退出阶段，要重点考虑的问题是退出方式和退出时机的问题。前已述及，航空产业投资基金有五种退出方式，每一种方式都有一定的条件，有利有弊，如破产清算是迫不得已的方式，其实质上意味着投资的失败。退出时机的选择也非常重要，如选择被投资企业公开上市卖出股份退出，由于二级市场股价波动较大，退出时间不同，产业投资基金的价值也会有较大差别，这又需要基金管理人对证券市场行情与行业走势有很好的把握。

二、防范航空产业投资基金风险的对策与建议

（一）发挥政府出资产业基金的作用

航空产业的投资风险大是客观存在的因素，不消除或降低这一风险，社会资本对航空产业投资基金的热情不会增加，航空产业投资基金的募集难问题就不能得到根本解决。在这种情况下，要发挥政府资金的引导作用和放大效应，吸引社会资本参与航空产业投资基金。以航空产业中的科技型企业为例，根据企业生命周期理论，科技型企业生命周期分为种子期、初创期、成长期、成熟期和衰退期，种子期和初创期的投资风险最大，航空产业投资基金往往不愿在这两个阶段参与，但这两个阶段又是企业资金需求最大的阶段。政府出资的航空产业基金可重点参与被投资企业的种子期和初创期（于平，徐莹莹，张玉洁，2019），待培育到企业经营相对稳定后选择以股权转让等方式退出，为下一步投资于其他企业奠定基础。而处于成长期的被投资企业可以再次向其他一般航空产业投资基金融资，此时企业的投资风险大大降低，航空产业投资基金的资金募集难度也就随之降低。

（二）建立航空产业投资基金管理人的约束与激励机制

在航空产业投资基金运作中，无论是自我管理型还是委托管理型的产业投资基金，都存在委托代理问题，即投资人追求产业投资基金净值最大化，而基金管理人追求的是高额

的管理费和业绩报酬。目标偏差的结果使得基金管理人在项目筛选、投资决策及投后管理中，容易出现不尽职行为，从而影响产业投资基金目标的实现。基于此，为基金管理人建立有效的约束和激励机制，对于促使基金管理人尽职尽责、提升资产管理能力具有重要作用。一方面，对基金管理人的投资行为制定约束性条款，比如避免资金过于集中投资某一企业或项目；建立投资决策管理委员会，审核监督基金管理人行为；建立强制性的信息披露制度，消除基金投资人、管理人与被投资企业间的信息不对称问题，要求基金管理人及时披露基金资产的投资状况和控制过程。另一方面，确定基金管理人业绩报酬获取时间与方法，使其业绩报酬与产业投资基金的净值紧密联系起来，促使基金管理人尽职尽责进行投资决策和管理。

（三）采用恰当的投资策略

不同企业经营过程中面临的市场风险是不同的，为减少航空产业投资基金投资过程中的市场风险，投资中应采用组合投资策略，对单一企业或项目的投资比例不能超过某一比例，分散被投资企业的地域分布，同时在投资条款中明确根据企业发展状况分阶段进行投资。这样，即使遭遇被投资企业由于市场风险导致经营状况变差的情况，也能够在一定程度上控制基金损失额度。

（四）构建全方位的投后管理制度

有效的投后管理是航空产业投资基金防控风险的积极方式，同时对提升被投资企业价值也具有重要作用。按照运作方式，航空产业投资基金管理机构一般可派驻一位董事会成员，参与企业的公司治理。一方面，航空产业基金管理机构要建立跟踪管理制度，为被投资企业和项目提供产业链协同、监管沟通等增值服务。另一方面，基金管理机构要制定系统的管理制度，包括目标制定、定期报告、抽查与考核制度等，监督投资资金在被投资企业的使用情况是否合规等，及时评估企业运营或项目进展情况，及时发现并解决其中存在的问题，消除风险隐患。

（五）选择恰当的退出时机和退出方式

航空产业投资基金在投资决策前都会考虑退出计划，而且在合作条款中也会列出可能的退出方式，以降低退出风险，为退出提供保障。随着我国资本市场不断完善，退出渠道趋于多样化，产业投资基金管理机构应综合考虑退出方式及退出时机，尤其是通过二级市场退出时机的选择非常重要，它对基金退出时的价值影响较大。

（六）完善航空产业投资基金运作相关法律法规

我国目前缺少专门的关于产业投资基金的法律法规，仅有的《政府出资产业投资基金暂行管理办法》主要适用于政府出资产业投资基金的运作，一般产业投资基金在运作中只是综合参照相关的法律法规摸索前进。应尽快推进产业投资基金相关法律法规体系的建设，为产业投资基金营造良好的法律环境，使其在运作中有法可依。这样既能促进产业投资基金与实体经济的对接，促进实体经济的发展，也能防范借产业基金之名非法集资问题的发生。就航空产业投资基金而言，航空产业中的航空工业设计制造等产业属于战略性新兴产业，是我国重点发展的产业，为促进该类产业的发展，可制定《战略性新兴产业

投资基金管理办法》，有针对性地支持航空产业投资基金的发展。从一般产业基金层面，出台《产业投资基金管理办法》，为一般性产业投资基金运作提供法律保障，在一定程度上扩大产业投资基金的融资渠道，建立对产业投资基金设立、募集、运营、考核、退出的全方位管理办法。

第五节　案例分析：国家航空产业基金运作

一、国家航空产业基金简介

（一）基本情况

国家航空产业基金（CAIF）全称为西安国家航空产业基金投资管理有限公司，成立于 2009 年 5 月 12 日，是一家关注航空航天，涉及交通运输、高端装备制造及军转民技术领域的私募股权投资基金，组织形式为有限责任公司。建立之初的股东包括西安阎良国家航空产业基金管委会、西安国家航空产业基地投资发展有限公司、西安国家信托有限公司、北京实地创业投资有限公司、陕西省产业投资发展中心。截至 2020 年 2 月，投资界和天眼查网站显示其股东包括西安国家航空产业基地投资发展有限公司和北京丹特股权投资中心（有限合伙），注册资本 5000 万元人民币。西安国家航空产业基金的设立，突破了中国航空业发展单纯依靠国家专项资金的境况，是中国航空业发展史上的破冰之举。作为国家对航空产业重点支持的中小企业融资平台，该基金总额的 60% 以上用于促进航空产业发展，致力于以股权方式对西安、哈尔滨、沈阳、成都、安顺五个国家级航空产业基地内具有发展潜力的各类企业和项目进行投资。

（二）一般经营项目

一般经营项目包括：在国家法律法规允许的范围内发起和管理产业基金；开展创业投资业务；航空领域、新材料领域、节能环保领域、高端装备制造领域、现代服务业领域、清洁技术领域的项目投资业务及投资咨询业务（以上经营范围不含国家规定的专控及前置许可项目）。现有涉及的项目包括境内外企业私募股权投资与并购、航空器金融产品投资管理、航空航天基础设施建设及产业园投资等领域。

（三）组织模式及运作

国家航空产业基金按照公司制模式运作，日常投资、管理实务均由西安国家航空产业基金投资管理有限公司负责。公司注册地为西安市阎良区国家航空高技术产业基地。

（四）成立以来的被投资企业

自 2009 年国家航空产业基金成立以来，根据国家航空产业基金网站、投资界和天眼查网站提供的信息进行不完全统计，该航空产业投资基金共投资过 16 家企业，根据查询到的信息，其中一家企业已吊销，具体如表 9 - 4 所示。

表9-4 国家航空产业基金投资企业一览表

序号	被投资企业名称	成立日期	投资占比（%）
1	山东高速航空产业投资管理（上海）有限公司	2017-07-06	—
2	中航富盈投资管理（北京）有限公司	2014-10-29	35
3	上海赛天投资管理有限公司	2011-02-10	100
4	上海航天卫星应用有限公司	1992-08-13	10
5	国永（上海）航空发展有限公司	2018-04-13	100
6	上海蜥竑投资管理中心（有限合伙）	2015-05-27	0.01
7	河南思可达光伏材料股份有限公司	2006-09-04	1.85
8	上海上汽福同投资管理中心（有限合伙）	2011-11-09	1
9	上海丰钰投资管理合伙企业（有限合伙）	2014-07-18	4.98
10	西安中威正天航空投资管理中心（有限合伙）	2012-03-23	—
11	上海安波投资管理中心（有限合伙）	2011-09-29	0.13
12	沈阳隆基电磁科技股份有限公司	2005-10-18	2.22
13	山西兰花汉斯瓦斯抑爆设备有限公司	2006-08-03	30
14	协鑫集成科技股份有限公司（协鑫集成）	2003-06-26	10
15	阜新德尔汽车部件股份有限公司（德尔股份）	2004-11-12	—
16	北京智眸科技股份有限公司（已吊销）	2015-05-12	

资料来源：根据网络资料不完全统计；"—"表示未查询到相关信息。

二、部分被投资企业案例简介

（一）河南思可达光伏材料股份有限公司

河南思可达光伏材料股份有限公司作为集光伏玻璃研发、制造、加工和销售于一体的国家级高新技术企业，是一家经 ISO 9001 质量管理体系认证的光伏玻璃专业制造商和光伏玻璃技术服务商。公司拥有从高品位的脉石英矿开采至专利工艺的光伏玻璃制造加工以及业内领先的超透玻璃（镀减反射膜玻璃）生产技术等国内最为完整的光伏玻璃产业链。经 CE、SPF、SGS、RoHS 等国际权威组织与机构认证的高性能光伏玻璃，正在为全球众多优秀的太阳能光伏组件制造商提供每年超过 1.5GW 的产品支持。公司同时也是光伏玻璃与 AR 玻璃（镀减反射膜玻璃）的国家标准与行业标准参编企业。

2010 年 9 月 20 日，苏州国发创业投资控股有限公司旗下苏州国嘉创业投资有限公司投资河南思可达光伏材料股份有限公司 2700 万元，占股 10%；河南旭盛投资管理有限公司出资 2500 万元，占股 9.26%；佛山优势集成创业投资合伙企业（有限合伙）出资 1200 万元，占股 4.44%；西安国家航空产业基金投资管理有限公司出资 500 万元，占股 1.85%。以上机构均以 3 元/股认购股份。西安国家航空产业基金等机构投资思可达股权结构如图 9-6 所示。

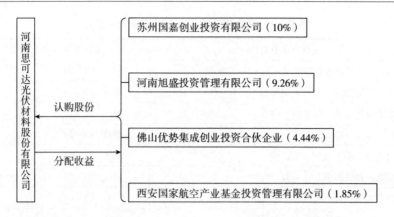

图 9 - 6　西安国际航空产业基金等机构投资思可达股权结构

(二) 上海航天卫星应用有限公司

上海航天卫星应用有限公司成立于 1992 年 8 月 13 日,最初是由上海航天测控通信研究所全资建立的子公司,主要从事卫星数据采集系统项目的研制和开发工作,其经营范围包括卫星应用系统工程 (除国家专项规定外) 的设计、安装、调试和与此有关产品的研制、生产、销售 (不含卫星电视广播地面接收设施),雷达、航空电子产品的研发,卫星应用技术的开发、咨询、服务、转让,计算机软件开发和信息系统集成,电子器件、通信设备销售,从事货物及技术进出口,自有设备租赁业务 (除金融租赁外),轨道交通等。

2014 年该公司引进外部资本投资,西安国家航空产业基金投资管理有限公司即是在当年成为上海航天卫星应用有限公司的股东。截至 2018 年 10 月 30 日,西安国家航空产业基金投资管理有限公司拥有上海航天卫星应用有限公司 10% 的股份,上海航天卫星应用有限公司的股东及持股比例如表 9 - 5 所示。

表 9 -5　上海航天卫星应用有限公司的股东及持股比例一览表

股东名称	出资比例 (%)	出资额 (万元)
上海航天测控通信研究所	35	700
深圳市向日葵朝阳投资合伙企业 (有限合伙)	30	600
上海久航电子有限公司	15	300
厦门博灏投资有限公司	10	200
西安国家航空产业基金投资管理有限公司	10	200

资料来源:上海航天卫星应用有限公司 [EB/OL]. http://www.11467.com/shanghai/co/530747.htm.

(三) 阜新德尔汽车部件股份有限公司

阜新德尔汽车部件股份有限公司,成立于 2004 年 11 月,注册地址是辽宁省阜新市,2015 年 6 月在深圳证券交易所创业板上市,简称"德尔股份",是目前中国少数集汽车部件研发、制造和销售于一体的汽车零部件系统综合提供商。经营范围包括机电产品、汽车零部件、环保设备的技术开发、技术咨询及生产、销售。公司目前主要产品有泵及电泵类产品，电机、电控及汽车电子类产品，降噪（NVH）隔热及轻量化类产品，可广泛应用于转向、传动、制动、汽车电子、车身辅助驾驶系统。

国家航空产业基金对德尔股份的投资主要是通过其作为普通合伙人的上汽福同投资管理中心（以下简称"上汽福同"）进行的。根据东方财富网上的德尔股份首次公开发行股票并在创业板上市的招股说明书，截至 2015 年 6 月，上汽福同持有德尔股份 357. 1425 万股股份，持股比例为 4. 7619%。

上汽福同成立于 2011 年，经营范围为投资管理、咨询，商务咨询，创业投资，实业投资，资产管理；组织形式为有限合伙制。出资人包括西安国家航空产业基金投资管理有限公司、北京实地创业投资有限公司和上海汽车集团股权投资有限公司。其中，西安国家航空产业基金投资管理有限公司为其普通合伙人。上汽福同的股权结构如表 9 – 6 所示。

表 9 – 6 上汽福同的股权结构

股东名称	出资比例（%）	合伙人类型
西安国家航空产业基金投资管理有限公司	1	普通合伙人
北京实地创业投资有限公司	50	有限合伙人
上海汽车集团股权投资有限公司	49	有限合伙人

资料来源：德尔股份首次公开发行股票并在创业板上市的招股说明书。

（1）普通合伙人：西安国家航空产业基金投资管理有限公司。其股东包括北京丹特股权投资中心（有限合伙）和西安国家航空产业基地投资发展有限公司，股权结构如表 9 – 7 所示。

表 9 – 7 西安国家航空产业基金投资管理有限公司股权结构

序号	股东名称	出资额（万元）	占比（%）
1	北京丹特股权投资中心（有限合伙）	4500	90
2	西安国家航空产业基地投资发展有限公司	500	10

资料来源：德尔股份首次公开发行股票并在创业板上市的招股说明书。

北京丹特股权投资中心（有限合伙）出资人为北京大德融信投资管理有限公司和自然人刘明启。

西安国家航空产业基地投资发展有限公司的股东包括西安阎良国家航空高技术产业基地管理委员会和西安航空科技创新服务中心，其股权结构如表 9 – 8 所示。西安阎良国家航空高技术产业基地管理委员会为西安市人民政府派出机构，持有西安航空科技创新服务中心 100% 的股权。

表 9-8 西安国家航空产业基地投资发展有限公司股权结构

序号	股东名称	出资额（万元）	占比（%）
1	西安阎良国家航空高技术产业基地管理委员会	119000	99.17
2	西安航空科技创新服务中心	1000	0.83
	合计	120000	100.00

资料来源：德尔股份首次公开发行股票并在创业板上市的招股说明书。

（2）第一大有限合伙人为北京实地创业投资有限公司，其股东是自然人邵东亚（80%）和权玲（20%）。

（3）有限合伙人上海汽车集团股权投资有限公司为国内上市公司上海汽车集团股份有限公司的全资子公司。

综上所述，上汽福同的普通合伙人为西安国家航空产业基金投资管理有限公司；上汽福同的第一大有限合伙人为北京实地创业投资有限公司；上汽福同亦不是上汽集团控制的企业。

德尔股份2015年和2016年年报显示，截至2015年12月31日，上汽福同持有德尔股份股票数量为3571425股，持股比例为3.57%。截至2016年12月31日，上汽福同持有德尔股份股票数量为821340股，持股比例为0.86%。2016年期间卖出德尔股份股票2750085股。观察2017年至2019年德尔股份年报，未找到上汽福同对德尔股份的股份增减情况。

梳理以上关系，国家航空产业基金投资德尔股份的治理结构如图9-7所示。

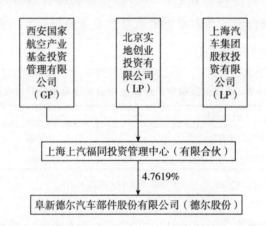

图 9-7 国家航空产业基金投资德尔股份治理结构

三、国家航空产业基金运作模式分析

（一）运作模式由自我管理逐步转向作为 GP 的有限合伙制模式

国家航空产业基金的投资案例表明基金以股权投资模式投资于被投资企业，在其投资过程中，西安国家航空产业基金的运作模式逐步发生改变：由最初的自我管理型逐步转向作为 GP 的有限合伙制模式。梳理西安国家航空产业基金投资管理有限公司自成立起所投资的企业类型，可以发现，其投向企业大致分为两类：一是实体产业类公司，如河南思可达、上海航天卫星、德尔股份等；二是投资管理类企业，如上汽福同、上海安波投资管理中心（以下简称"上海安波"）等。对思可达、上海航天卫星等企业的投资采取自我管理模式，即直接受让公司股份，成为公司的股东，直接参与被投资企业的经营管理。所参与设立的投资管理中心，如上汽福同、上海安波等，均采取有限合伙制，并且作为普通合伙人。而设立上汽福同、上海安波等投资管理中心的目的是为了进一步投资其他实体企业，如前面列举的案例中，对德尔股份的投资，其实质上是由国家航空产业基金作为普通合伙人成立上汽福同，然后由上汽福同以股权投资模式参与对德尔股份的投资。再如对协鑫集成的投资是通过发起设立上海安波，国家航空产业基金作为执行合伙人，然后由上海安波参与协鑫集成的股权投资。

（二）投资模式转向背景分析

1. 充分利用有限合伙制的有利因素

西安国家航空产业基金投资管理公司的组织形式是公司制，其作为投资方直接投资其他企业，所拥有的股份仅是公司所投资的资金所占股份；自身与其他投资方处于股权分散状态；可能会存在由于投资资金少，股权比例少，导致对企业的控制权较小，在参与经营管理方面处于被动地位。这种运作模式虽然属于自我管理型，避免了委托代理问题的产生，减少了信息不对称，但在投资资金量较少、持股比例小的情况下，参与企业经营管理决策的话语权其实很小。

而自身作为普通合伙人，和其他投资方组建有限合伙制企业后，再以有限合伙投资管理企业的名义投资被投资企业，这样做的结果是作为普通合伙人负责投资管理的具体事宜，一方面能充分利用自身在行业、投资方面的经验和管理优势，另一方面能发挥有限合伙企业的杠杆优势，利用少量的资金，发挥最大的优势，充分利用社会资本进行投资。这体现在上汽福同对德尔股份投资方面，上汽福同的出资人涉及西安国家航空产业基金、北京实地创业投资有限公司、上海汽车集团股权投资有限公司。西安国家航空产业基金出资比例仅为1%，但作为普通合伙人，撬动了北京实地创业投资有限公司和上海汽车集团股权投资有限公司等社会资本，充分发挥了产业基金的放大效应。对协鑫集成的投资同样采用这一运作模式。

2. 巧妙设计股权结构，规避关联交易监管

关联交易是指公司或是附属公司与在本公司直接或间接占有权益、存在利害关系的关联方之间所进行的交易。关联方包括自然人和法人，主要指上市公司的发起人、主要股东、董事、监事、高级行政管理人员，以及其家属和上述各方所控股的公司。从上汽福同投资德尔股份案例中，还可以看出，尽管上汽福同的股东之一上海汽车集团股权投资有限公司为国内上市公司上海汽车集团股份有限公司的全资子公司，但是，上汽福同的管理合伙人为西安国家航空产业基金投资管理有限公司，第一大有限合伙人为北京实地创业投资有限公司，这样淡化了上汽集团全资子公司 LP 的地位，因此，上汽福同不是上汽集团控

制的企业。而上汽集团是德尔股份的重要客户，这样做实际上撇清了上汽集团与德尔股份间的关联关系，避免了监管层对关联交易的关注。

思考题

1. 分析产业投资基金的三种组织模式的区别，你认为航空产业投资基金选择哪种模式较好？

2. 简述航空产业投资基金的三种运作模式，分析其利弊。

3. 航空产业投资基金退出的方式有哪些？你认为哪种方式较好？

4. 航空产业投资基金运作中存在的风险有哪些？如何防范？

5. 在促进航空产业投资基金更好地发挥作用方面有哪些建议？

参考文献

［1］邓菁. 我国产业投资基金改进模式研究——基于中鸿白银产业投资基金的分析［D］. 华侨大学，2015.

［2］郑伟鹤，陈耀先，盛立军. 私募股权基金与金融业资产管理［M］. 北京：机械工业出版社，2004.

［3］欧阳卫民. 产业投资基金［M］. 北京：经济科学出版社，1997.

［4］张力军，张陆洋. 中国产业投资基金论［M］. 北京：中国财政经济出版社，1999.

［5］季敏波. 中国产业投资基金研究［M］. 上海：上海财经大学出版社，2004.

［6］刘昕. 基金之翼：产业投资基金运作理论与实务［M］. 北京：经济科学出版社，2005.

［7］航空产业特点初探. https：//www. wenku365. com/p－16240787. html.

［8］波音预测未来20年中国民用航空市场总值达2.9万亿美元［DB/OL］. 民航资源网，2019－09－17. http：//news. carnoc. com/list/506/506593. html.

［9］陕西航空高技术创业投资基金［DB/OL］. 腾讯大秦网，2018－11－21. https：//xian. qq. com/a/20181121/013179. htm.

［10］吕炜. 风险投资发展的制度背景与价值分析［J］. 经济研究参考，2001（10）：4.

［11］邹青春，彭程，席代金. 商业银行投资产业基金的现状、问题及发展对策研究［J］. 西南金融，2018（9）：20－26.

［12］信托公司加快转型试水产业基金［DB/OL］. 经济参考报，2018－03－20. http：//finance. sina. com. cn/roll/2018－03－20/doc－ifysmiau7085407. shtml.

［13］实务解读：双GP模式在基金管理中的实操应用［DB/OL］. 搜狐网，2019－06－14. https：//www. sohu. com/a/320454741_ 120083017.

［14］泸州首支航空航天产业基金成立，规模达50亿元［DB/OL］. 民航资源网，

2019 – 01 – 23. http：//finance. sina. com. cn/roll/2019 – 01 – 23/doc – ihqfskcn9786031. shtml.

[15] 于平，徐莹莹，张玉洁. 我国海洋产业投资基金发展情况分析和政策建议 [J].海洋经济，2019（12）：18.

[16] 首家国家航空产业基金挂牌　规划总规模 30 亿元 [EB/OL].2009 – 06 – 28. http：//www. wabei. cn/p/200906/239661. htm.

[17] 河南思可达光伏材料股份有限公司网站信息. https：//sikeda. solarbe. com/.

[18] 国发创投、旭盛投资、优势资本和国家航空产业基金投资思可达 [EB/OL]. https：//zdb. pedaily. cn/inv/show2158/.

[19] 上海航天卫星应用有限公司 [DB/OL].顺企网. http：//www. 11467. com/ shanghai/co/530747. htm.

第十章 航空大都市建设投融资

21 世纪初，中国改革开放进入佳境，经济持续繁荣发展，经济结构稳步转型提升，许多城市和经济区掀起了建设航空大都市的热潮。包括上海浦东机场经济圈建设、珠江三角区航空港群建设、北京大兴航空大都市建设、湖北航空都市建设规划等在内，已有100多个机场在按照航空大都市的理念进行开发建设，中国是当今世界航空大都市模型应用最深入、最广泛的国家。其中，航空大都市规划早、建设领先的是郑州航空港经济综合实验区。本章尝试从投融资角度进行综合研究，探索航空大都市建设发展的一般规律。

第一节 航空大都市的出现与发展

美国北卡罗来纳大学教授约翰·卡萨达于 2011 年出版了《航空大都市——我们未来的生活方式》一书，提出了"航空大都市"（Aerotropolis）的概念，书中预言，机场将像 20 世纪的高速公路、19 世纪的铁路和 18 世纪的海港一样，在 21 世纪塑造商业位置和城市发展。区别于以往在城市外围建造或扩建机场，今后机场将成为整个城市的核心。

一、航空大都市的出现

随着科技的发展，人们的交通方式已经变得越来越快速和便捷。航空运输在运输体系中的重要性逐步提升。以航空运输为龙头，辅以铁路、公路等其他运输方式，形成便利、先进、高效的交通运输枢纽，发展起发达的航空经济、临空经济、科技创新创业经济、现代服务业经济和人文经济，以至于形成了现代化的航空大都市。

1959 年，爱尔兰设立世界上第一个空港自贸区，这是政府主导规划发展的现代航空大都市的发端。自此以后，许多国家相继把大型空港作为对外开放的核心区域，发展现代物流经济、高科技经济和建设现代大都市，在全球化过程中争夺高端产业聚集发展的竞争主动权。美国孟菲斯机场、荷兰史基浦机场、德国法兰克福机场、韩国仁川机场、印度班加罗尔机场、日本成田机场、新加坡樟宜机场、阿联酋迪拜机场均是典型代表。它们虽各有特点，但共同的发展模式是，以国际枢纽机场为中心，通过空中交通网络、现代信息网络，与世界重要经济区密切协同发展，以开放包容、简捷便利、时尚领先、集约循环、快速高效等优势，吸引人才、商品、资本和技术在周边聚集发展，并发展成为综合性新型开放门户——航空大都市。

航空大都市是现代社会经济发展的必然，是高端的社会经济发展模式。现代航空交通技术进步使得航空运输成本相对下降，同时现代全球村生产生活方式对快速运输的需求，推动了航空大都市的快速发展。

从历史上看，人类经济社会发展与交通技术和方式高度相关，先后经历了航海时代、铁路时代、公路时代、航空时代。航空运输技术密集、快速高效，但与航海运输、铁路运输相比较，航空运输成本较高，运力较小。在二战前，航空运输在民用领域使用极为有限；二战后，发达国家的航空客运得到快速发展；20世纪60年代以后，电子计算机产业、通信产业、生物制药等高科技产业和现代服务业得到快速发展，这些高科技产品有着共同的重要特点：产品换代快、市场时效性强、附加值高、体积小、重量轻等，这类产品形成了巨大的航空运输需求，于是大量的高科技企业和现代服务业企业向航空港集聚，人才、资本、信息同样也向机场周边集聚。

从全球范围看，主要经济体的传统第一、第二产业已经饱和，其边际规模收益趋于为零，高科技产业和现代服务业是经济社会发展的根本出路，建设航空大都市、发展高端科技产业和现代服务业、提升都市生活质量，是调整经济结构提升发展质量的重要努力方向。

航空大都市的建设发展经历了"四代演进"：第一代是航空客运服务时期，以客运为主；第二代是航空经济时期，在发展客运服务的同时，发展货运经济；第三代是临空经济时期，以航空运输为中心，发展航空偏好型高科技经济和现代服务业；第四代是航空大都市时期。国际上许多先进的空港城市已经发展到第三代向第四代过渡的阶段。比如，美国孟菲斯机场被认为是世界首屈一指的空港城市，其经济影响力占到孟菲斯整个经济和就业的94%；荷兰基浦机场坚持"都市有什么，机场就有什么"的理念，成为欧洲重要的商业中心和总部经济中心，被誉为"欧洲门户、世界跳板"。

二、航空大都市的特点

从形成与发展的角度看，航空大都市有以下三个特点：

第一，航空大都市同时具有经济属性和社会属性的特点。现代航空已不再是远离市区的机场、跑道的概念，也不是飞机客运、货运的航空枢纽运输概念，而是以航空机场为中心、以航空运输为龙头，集聚发展临空经济的经济发展新模式。为支撑航空关联产业的发展需求，航空大都市还应包含全套的物流、商业设施和都市生活设施，写字楼，酒店，会议和会展综合体，产业研发机构，学校，旅游休闲设施，以及舒适宜居、生活便利的住宅区。所以，航空大都市是经济发展与社会生活进步的有机结合，既强调经济发展新模式的经济属性，更加注重以人为本、和谐发展的社会属性。以高度繁荣的机场为核心，其经济表现为临空经济的高效运作，社会表现为航空大都市的社会和谐发展，有学者用"四度"衡量航空大都市的建设水平，即机场繁荣度、航空经济高效度、生态友好度和空港社会和

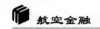

谐度。

第二，航空大都市意味着产业规划和协同发展。内核产业为航空产业，包括航空运输业、民航综合服务业、航空修造业、租赁业、综合交通建设、现代物流配送业等；衍生产业称为临空产业，包括电子制造、信息通信、生命科学、生化制药、工程设计、电子商务、科技研发、现代教育、会展商务、现代服务等高新技术产业和高端服务业；都市产业包括口岸建设、市政规划与建设、其他政府公共服务、房地产业、商业、商住、旅游、餐饮、娱乐、普教、医疗、健康、养老、环保等。

第三，航空大都市具有特定的地理属性。航空大都市既可以建设在与都市毗邻的区域，也可以建设在一个尚未开发的任何适合建设大型机场的地方，它弱化了传统都市建设要求的临水或临路等条件，而强调大型机场的建设条件。只要适合大型机场建设，就可以发展出一个航空大都市，迪拜就是一个建设在沙漠里的航空大都市。航空大都市的最主要价值在于利用其航空运输优势，使企业快速连接全国及全球范围内的供应商、客户和合作伙伴。落户在航空大都市区域内的企业多为现代高科技产业以及高附加值的服务业，这些企业比那些位于都市市区的企业更依赖远程的供应商和客户。以航空机场为中心就是航空大都市的特定地理属性。航空大都市就是建立在枢纽机场和新城规划的基础之上的现代化新型都市，是生活、学习、工作、休闲、娱乐、健康、人文的高端都市生活圈。

三、航空大都市形成的条件

（一）首要条件是政府规划推动和政策支持

根据临空经济学家约翰·卡萨达的观点："航空大都市不是本地的内生经济，而是开放的全球经济。"不同于传统的经济社会发展推动航空产业发展，现代航空大都市是首先建设现代化的航空港基地，以航空经济带动临空经济发展和大都市建设。这就要求政府部门首先规划推动航空港建设，赋予航空港充分航权和与国际接轨的经济社会政策。规划包括航空港规划、产业规划、都市规划等，政策包括开放政策、航权政策、口岸政策、物流政策、人才交流政策、资本积聚政策、都市管理服务政策等。航空大都市需要的是"有为政府"，而不是"无为政府"，需要"有为政府"的前瞻性顶层设计。这是建设航空大都市的最根本要件。

（二）配套交通系统具有枢纽聚散能力

以航空港为中心，配套发达的交通运输系统，包括铁路（高铁）、公路（高速）、地铁、城际快线、客运专线等，实现综合联运，发挥枢纽聚散功能，既服务周边经济腹地，又起到引领和提升周边经济的作用。

（三）基础设施条件达到国际水平和标准

商住、会展、交通、购物、娱乐、健康、教育、旅游等基础设施要完备，且达到国际水平，符合国际标准。

（四）人才资源充足

航空大都市必须是人才聚集地，要具备有吸引力的灵活人才政策和宽松优裕的宜居条件。既需要培养和历练人才，更要广泛地吸引海内外各类优秀人才。

四、国内兴起的航空大都市建设热潮

航空大都市已成为全球城市化的新模式，是城市的未来。从全球范围来看，航空大都市在中国得到了最深入、最广泛的应用，已有 100 多个机场的周边区域在按照航空大都市的基本理念进行开发和建设。航空大都市是区域经济融入全球经济的快速通道。机场是一个城市对外开放、走向世界的桥梁。一座城市只有构建以机场为核心的航空枢纽，才能推动区域经济与世界经济接轨，才能更多地利用全球性资源，支撑和推动地区经济社会的发展；只有构建以航空枢纽为重要标志的航空大都市，才最有条件成为带动区域经济发展的"龙头"，才能成为全球网络上的一个重要节点。

广州市于 2010 年后相继出台了《广州空港经济区总体规划》《广州空港经济区战略规划》等文件，以建设"空港都市"为目标，提出"国际航空产业城，世界枢纽港"的发展定位。这个定位有两个重要概念，一个是交通枢纽，一个是产业城，促进广州空港地区向"航空大都市"转变。规划并逐步建成航空总部商务区、航空高端制造区、航空维修制造区、航空物流区、综合保税区、公共服务区和生态保护区等七大功能区。

国内航空大都市建设的先行典范是郑州航空港经济综合实验区。郑州是一个以铁路交通为起点而发展起来的新兴城市，被称作"火车拉来的城市"。在中华大地上，郑州拥有最重要的交通枢纽中心天然条件，因交通而起，也因交通而兴。进入 21 世纪，河南开始筹划怎样发挥其地理优势，进一步发展交通经济。2007 年，提出民航优先战略，建设综合交通枢纽的战略规划，受到了多方的关注。2013 年，国务院批准成立郑州航空港经济综合实验区，作为国内首个以航空经济为引领的战略举措，助力中原崛起，推动中原区域经济转型和发展，通过国家层面的全面规划，致力于打造成为中国第一个航空大都市。郑州空港已经成为中国航空大都市建设的领先城市。

2014 年，中国民航总局复函支持设立西安航空城实验区，并将积极协助陕西省建设丝绸之路经济带航空枢纽和内陆空港城市示范区。陕西省从航空、口岸、金融、财税、土地、人才等多个方面进行政策支持，并且将以航空城为承载主体，申报丝绸之路经济带自贸区。在航空政策方面，鼓励通过加强与国外航空公司合作形成成熟的国际航线，支持在西安使用第五航权开通国际航线，对进驻航空城的航空公司在航线经营权、航班时刻等方面给予支持。在口岸政策方面，加强航空口岸与海关特殊监管区域联动机制，支持在航空城设立空港保税物流中心，加快实施电子口岸"一站式"通关，支持中西亚国家等在陕西设立领事机构。目前空港新城正在申报国家空港保税物流中心，将来也要成为综合保税区。在金融政策方面，允许符合条件的外资银行在航空城设立分支机构，设立商品贸易结算中心，支持航空城建设跨境电子商务试点。

2016 年，湖北省选址鄂州市，推进建设国际航空大都市，计划 2020 年大飞机起飞。其规划坚持全球领先、世界一流、打造标杆之城的目标，鄂州市设立了 200 亿元航空产业发展基金，开展临空产业的引进和导入，并从多个渠道筹集机场核心区建设拆迁安置资金

46.6亿元。鄂州规划了"一体两翼"的产业格局：以现代生产性服务业为主体，大物流、大数据双引擎驱动；医疗健康、智慧制造两翼发展。其中，生产性服务业就是瞄准航空物流、快递物流、仓储物流、医药冷链物流仓储、电子商务、跨境电商、保税商贸、金融保险、离岸结算、应急救援、临空医疗、检验检疫、飞机改装维修、大数据等产业。以医疗健康和智慧制造为两翼，即是发展互联网医疗健康、医疗设备、生物医药、光电信息、智能设备、智慧制造、3D打印等产业。根据相关报道，鄂州方面提出，建设国际航空大都市，鄂州需要向孟菲斯学习，不仅仅是复制和模仿，从跟跑，到并跑，还要实现领跑，走出一条立足鄂州、接轨世界的路子。

2019年，刚刚投入使用的北京大兴国际机场临空经济区有了新定位，规划建设4.0模式的临空经济区（即"航空大都市"），作为京津冀融合创新动力源，目标是汇聚临空创新科技驱动产业，吸引多文化融合的全球一流人才，建设以人为本的数字化生态宜居城市，发展高精尖产业带动京津冀产业升级，作为京津冀进一步改革开放和机制创新的升级示范区。重点发展航空培训、航空维修、公务机、航空金融服务、智慧物流、跨境电商等航空服务产业。同时发展国际会展产业，承接京交会等有国际影响力的首都会展资源，培育航空、科技创新等重点产业展会，培育首都会展品牌。

第二节　航空大都市建设投融资渠道与方式

航空大都市建设需要在短期内集聚巨大的开发建设资金，各产业链协调发展也需要巨大规模的运营资金，同时航空大都市建设发展过程中，也自然形成巨大的金融资源，金融产业在航空大都市建设中的作用极为重要。航空大都市建设包含了大量基础性基建项目，这需要以政府为主体的或政府引导的融资支持。本节着重分析航空大都市建设中的政府性项目投融资渠道与方式。不同的投融资方式最大的不同在于融资主体：城投债融资主体是地方平台公司；政府和社会资本合作即PPP模式，本质是政府购买服务，融资行为依托的是政府购买服务的商业合同；地方债券则是政府直接作为举债主体。

一、地方政府专项债券

地方政府债券按资金用途和偿还资金来源分类，通常可以分为一般债券（普通债券）和专项债券（收益债券）。前者是指地方政府为了缓解资金紧张或解决临时经费不足而发行的债券，后者是指为了筹集资金建设某专项具体工程而发行的债券。对于一般债券的偿还，地方政府通常以本地区的财政收入作为担保，而对于专项债券，地方政府往往以项目建成后取得的收入作为保证。前者不在本节的探讨范围之内，本节主要研究地方政府专项债券用于航空大都市建设的问题。

（一）地方政府专项债券融资特点

1. 用市场化原则形成地方政府融资责任的硬约束

专项债券融资渠道与方式是在中央坚决遏制地方政府无序举债搞建设、严防地方政府性债务失控的背景下得以出台和推广的，肩负着"开大前门"和"严堵后门"的历史任务，是解决发展中的矛盾和问题的市场化改革出路，是平衡好政府与市场关系、发挥市场在配置资源中的决定性作用的新机制。专项债券融资强化了政府规划项目的责任，倒逼相关部门和机构强化预算约束、科学论证项目、精心组织实施、把握市场规律。要求融资者转变观念，将过去"跑资金"的观念转变为"抓项目"的观念，将"套资金"的侥幸心理转变为"借资金"的责任担当。

2. 落实积极财政政策建设公共基础设施的重要措施

专项债券发行的规模和节奏要受中央财政政策和货币政策整体趋势的调控。在中央政府实施积极财政政策的情况下，地方政府应当充分发挥专项债券作用，支持有一定收益但难以商业化合规融资的重大项目，加快航空大都市和地方经济建设。

3. 专项债券风险控制的关键在于选准选好项目

根据相关规定，专项债券融资要用于有一定收益且收益属于政府性基金收入的重大项目，允许将专项债券作为符合条件的重大项目资本金。要求地方政府，必须将专项债券严格落实到具体投资项目，不得将专项债券作为政府投资基金、产业投资基金等各类股权基金的资金来源，不得通过设立壳公司、多级子公司等中间环节注资。专项债券要同项目的偿债能力相匹配，只能支持有一定收益的重大项目，融资规模要保持与项目收益相平衡。

（二）地方政府专项债券要素分析

根据财政部印发的《地方政府专项债券发行管理暂行办法》（财库〔2015〕83号），地方政府专项债券的基本要素如下：

1. 发行主体

专项债券发行主体是省、自治区、直辖市政府，包括经省级政府批准自办债券发行的计划单列市政府。

2. 发行原则

按照市场化原则自发自还，遵循公开、公平、公正的原则。

3. 融资用途

发行的专项债券所得资金用于有一定收益的公益性项目。

4. 偿还办法

还本付息的资金来源为公益性项目对应地的政府性基金或专项收入。

5. 债券形式

专项债券采用记账式固定利率附息形式。单只专项债券应当以单项政府性基金或专项收入为偿债来源。单只专项债券可以对应单一项目发行，也可以对应多个项目集合发行。

6. 债券期限

专项债券期限为1年、2年、3年、5年、7年和10年，发行者综合考虑项目建设、运营、回收周期和债券市场状况等合理确定，但 7 年和 10 年期债券的合计发行规模不得超过专项债券全年发行规模的 50%。

7. 信用评级

发行者按照有关规定开展专项债券信用评级，择优选择信用评级机构，与信用评级机构签署信用评级协议，明确双方权利和义务。信用评级机构按照独立、客观、公正的原则开展信用评级工作，遵守信用评级规定与业务规范，及时发布信用评级报告。

8. 发行方式

各地可以在专项债券承销商中择优选择主承销商，主承销商为专项债券提供发行定价、登记托管、上市交易等咨询服务。专项债券发行利率采用承销、招标等方式确定。采用承销或招标方式的，发行利率在承销或招标日前 1 至 5 个工作日相同待偿期记账式国债的平均收益率之上确定。

9. 发行范围

投资者包括社会保险基金、住房公积金、企业年金、职业年金、保险公司等机构投资者和个人投资者在内的合法投资人。企业和个人取得的专项债券利息收入，按照《财政部 国家税务总局关于地方政府债券利息免征所得税问题的通知》（财税〔2013〕5 号）规定，免征企业所得税和个人所得税。

10. 流通转让

专项债券应当在中央国债登记结算有限责任公司办理总登记托管，在国家规定的证券登记结算机构办理分登记托管。专项债券发行结束后，符合条件的应按有关规定及时在全国银行间债券市场、证券交易所债券市场等上市交易。

11. 信息披露

发行者按照有关规定及时披露专项债券基本信息、财政经济运行及相关债务情况、募投项目及对应的政府性基金或专项收入情况、风险揭示以及对投资者做出购买决策有重大影响的其他信息。

12. 监督管理

发行人应当将专项债券发行安排、信用评级、信息披露、承销团组建、发行兑付等有关规定及时报财政部备案。专项债券发行兑付过程中出现重大事项应当及时向财政部报告。财政部驻各地财政监察专员办事处负责专项债券的监督检查，规范专项债券的发行、资金使用和偿还等行为。

总之，专项债券的本质内容为：第一，政府是发行主体；第二，债券和项目是一一对应关系；第三，监督管理部门建立项目风险责任追溯机制，责任细化到使用资金的部门和业主，完善相关的法律法规、制度，强化责任约束。

（三）地方政府专项债券存在的问题

1. 运作效率较为低下

在地方政府专项债券发行使用上，地方政府要提前做好项目规划，形成项目库，让项目去等钱，而不是拎着钱袋子去找项目。专项债券的资金流为"市场投资人→地方政府→项目单位",传统融资平台的资金流为"银行→投资平台公司→项目单位",PPP模式的资金流为"银行→项目单位"。就资金流对比来说,专项债券的金融效率并不具有优势。在PPP模式中,资金由银行等金融机构直接流向特定项目,效率最高;传统融资平台模式中,资金由银行等金融机构通过平台公司流向项目单位,平台公司与项目单位自然形成管理监督关系,政府作用是幕后的;专项债券模式下,资金由市场投资人通过地方政府流向项目单位,政府地位是前台的,与传统模式相比,政府的偿债责任增强了,但对项目单位的管理监督没有本质变化,甚至效率会低于投资平台公司对项目单位的管理监督,难免出现各部门各单位竞争政府资金局面,导致资金分散,监管效率不高的问题,甚至会出现将发展性的专项债券资金变相用于弥补日常性支出。

2. 政府的金融角色不对称

在专项债券模式中,政府首先是负债方,债权人为市场投资者,所以,政府的偿债责任是刚性的。政府资金运用往往是股权性质的,项目单位的偿付责任要根据项目收益情况而定,不是刚性的。所以,构建政府性债务管理"借、用、管、还"制度体系非常重要。专项债券发行和使用,应当严格落实地方政府债务限额管理和预算管理。

3. 债务规模过度膨胀

一段时期以来,地方政府性债务过度膨胀成为我国经济稳定发展的重大不安全因素,各类显性的、隐性的地方政府性债务呈现出数量大、种类多、股权债权关系复杂、政府角色定位不规范等问题。治理和规范地方政府性负债成为稳定宏观经济和金融形势的头等大事。2014年国务院出台了《关于加强地方政府性债务管理的意见》(国发〔2014〕43号)文件,2015年财政部印发了《地方政府专项债券发行管理暂行办法》(财库〔2015〕83号)文件,2019年中国人民银行、银保监会出台了《关于做好地方政府专项债券发行及项目配套融资工作的通知》。这些政策一方面严控地方政府性债务的规模和融资渠道方式,以化解金融风险,同时鼓励并规范地方政府运用公开金融市场发行专项债券,把"开大前门"和"严堵后门"协调起来,在严格控制地方政府隐性债务的同时,鼓励依法依规通过市场化融资解决项目资金来源。专项债券要求发债项目与债务一一对应,做到本身收益与融资自求平衡,有利于控制地方债务风险。

2019年6月,中共中央办公厅、国务院办公厅印发《关于做好地方政府专项债券发行及项目配套融资工作的通知》,根据通知要求,政府规划主导的重大项目资本金筹集渠道包括:地方政府统筹预算收入、上级转移支付、结转结余资金,以及按规定动用预算稳定调节基金等,同时,允许地方政府使用财政建设补助资金、中央预算内投资作为重大项目资本金,鼓励将发行地方政府债券后腾出的财力用于重大项目资本金。对于实行企业化经营管理且有经营性收益的基础设施项目,应走市场化的融资渠道,金融机构按照商业化原则保障项目合理资金需求,不再新增隐性或显性的政府债务。今后,地方政府专项债券越来越成为地方政府性重大项目融资的主渠道。

二、特许经营模式

特许经营模式就是通常所说的PPP模式。2015年6月,国务院批准施行了《基础设施和公用事业特许经营管理办法》（以下简称《办法》），该《办法》规定，在能源、交通运输、水利、环境保护、市政工程等基础设施和公用事业领域开展特许经营活动；境内外法人或其他组织均可通过公开竞争，在一定期限和范围内参与投资、建设和运营基础设施和公用事业并获得收益；《办法》指出，要完善特许经营价格和收费机制，政府可根据协议给予必要的财政补贴，并简化规划选址、用地、项目核准等手续；《办法》还提出，允许对特许经营项目开展预期收益质押贷款，鼓励以设立产业基金等形式入股提供项目资本金，支持项目公司成立私募基金，发行项目收益票据、资产支持票据、企业债、公司债等拓宽融资渠道。政策性、开发性金融机构可给予差异化信贷支持，贷款期限最长可达30 年。该《办法》是社会资本参与特许经营的制度性创新，是引导规范基础设施和公用事业特许经营、推进政府和社会资本合作的重要举措，有利于保障民间资本投资权益，促进政府职能转变，对提高公共服务质量效率具有重要意义。业界称其为"PPP 基本法"。

从 1984 年深圳沙角 B 电厂项目实行特许经营至 2014 年，是我国开展特许经营的初级阶段，各地推出了一系列特许经营项目，对开展特许经营进行了有益的探索和改革。2015年《办法》实施后，国家发改委推出了一些示范项目，鼓励社会资本特别是民间投资参与建设营运。各地特许经营项目出现"井喷式"增长，截至 2017 年 12 月末，财政部全国 PPP 综合信息平台管理库共有项目 7137 个，投资额达 10.8 万亿元，中国市场成为全球最大的特许经营市场。

（一）特许经营的基本模式

特许经营模式在业界被称作 PPP（Public‐Private‐Partnership）模式，是在基础设施和公用事业等领域进行的特许经营的实践应用，政府采用竞争方式依法授权相应的企业组织，通过协议明确权利义务和风险分担，约定其在一定期限和范围内投资建设运营基础设施和公用事业并获得收益，向社会提供公共产品或者公共服务。广义的 PPP 泛指公共部门与私人部门为提供公共产品或服务而建立的各种合作关系，可以理解为项目融资模式的总称，包含 BOT 等多种具体方式。

1. 具体方式

BOT（Build‐Operate‐Transfer）：建设—运营—移交。政府授予项目公司建设相应项目，项目公司负责建设，建成后负责管理运营，获取相应的收益，运营期满后将项目移交政府。

BOOT（Build‐Own‐Operate‐Transfer）：建设—拥有—运营—移交。这种方式明确了 BOT 方式的所有权，项目公司在特许期内既有经营权又有所有权。

BOO（Build‐Own‐Operate）：建设—拥有—运营。这种方式是项目公司按照政府授予的特许权，建设并经营某项基础设施，但并不将此基础设施移交给政府。

BOOST（Build‐Own‐Operate‐Subsidy‐Transfer）：建设—拥有—运营—补贴—移交。

BLT（Build‐Lease‐Transfer）：建设—租赁—移交。即政府委托投资人建设项目，在项目运营期内，政府租赁使用项目设施，租赁期结束后，资产转移给政府。

BT（Build‐Transfer）：建设—移交。即项目建成后立即移交，可按项目的收购价格分期付款。

BTO（Build – Transfer – Operate）：建设—移交—运营。

IOT（Investment – Operate – Transfer）：投资—运营—移交。即收购现有的基础设施，然后再根据特许权协议运营，最后移交给公共部门。

LBO（Lease – Build – Operate）：租赁—建设—经营。

BBO（Buy – Build – Operate）：购买—建设—经营。

2. 特许经营模式的参与方

项目公司：是项目发起人筹划开发特定特许经营项目而设立的公司。在项目方案中确定债务和股本的比例，项目发起人应作出一定的股本承诺。项目发起人拥有股东大会的投票权，当政府有意转让资产时，股东拥有除债权人之外的第二优先权。

项目产品购买商或服务接受者：在项目规划阶段，项目公司应与产品购买商（或服务接受者）签订长期的产品（或服务）购买合同。产品或服务的价格保证使项目公司足以回收股本、支付贷款本息和股息，并有合理利润。

债权人：向项目公司提供项目建设所需的资金。当政府计划转让资产或进行资产抵押时，债权人拥有获取资产和抵押权的第一优先权；发起人举新债必须征得债权人的同意。

工程施工方：按照协议，开展项目工程的施工建设。

保险公司：其责任是对项目中各个角色不愿承担的风险进行保险，包括建筑商风险、业务中断风险、整体责任风险等。

供应商：负责供应项目公司所需的设备、燃料、原材料等，保证在特许期限内燃料（原料）的供给长期稳定。

运营商：负责项目建成后的运营管理。

政府：政府是 BOT 项目成功与否的最关键角色之一，政府对于 BOT 的态度以及在 BOT 项目实施过程中给予的支持将直接影响项目的成败。

核心的参与方是政府和项目公司。

（二）特许经营的社会意义

特许经营是政府建设大型基础设施和公益设施的一种融资方式。政府通过与项目公司签订特许权合同，将公共建设项目的经营权交给项目公司，项目公司进行投资或市场融资建设运营，运营一定的时期后将其转交给政府。这样，节省了政府的财政投资，在财政投资规模既定的情况下，放大了财政政策效能，起到了财政杠杆效应，加快了基础性、公益性设施的建设，推动了经济发展，提升了社会福利。

特许经营模式提高了公共项目的建设与运营效率。政府转变了职能，将设计、融资、建设、经营、维护公共设施的责任转移给项目公司。项目公司既要满足政府要求的社会效益目标，还要加强管理，提升效率，实现合理经济效益。

（三）特许经营模式的特征

1. 项目主体多元

特许经营涉及政府与政府部门、项目公司、项目公司投资人、融资机构、项目受益主体、承建主体、运营主体等。主体多元、利益多元，既有共同利益，又有对立利益。合作各方之间不可避免地会产生不同层次、类型的利益和责任的分歧。只有形成相互合作协调的长期机制，才能在求同存异的前提下完成项目的目标。

2. 项目内容复杂

既有项目建设的内容，又有项目运营问题。政府部门和项目公司需要经过项目规划、设计、论证、招标、谈判等环节和漫长过程，以致项目初期期限长，费用高；投资方和贷款人风险大；项目规划设计复杂多变，成本控制难度大；建设周期长，各类价格风险因素多；参与项目投资各方利益复杂，融资障碍多；等等。

3. 项目周期过长

多数 PPP 项目周期在 10 年以上，部分项目周期在 20 年以上，甚至更长。

4. 项目风险因素多

材料价格、工资水平、利率水平、地租水平、工期因素、管理因素、项目目标变更、政策调整、法制环境变迁、社会风尚变化等因素对项目的持续运营都将产生极大的影响。这些风险因素有的短期存在，有的长期存在。

一般来说，运作周期很长的项目，其模式一定要简单；模式复杂的项目，其运作周期一定要短。主体多元、内容复杂、风险因素多的 PPP 项目，要长期运作下去，是对投资体制机制和企业项目管理能力的挑战。特许经营模式是长期复杂项目的复杂运营模式，成功运作特许经营项目需要具备的条件有三个：一是项目投资的体制机制要科学而积极；二是项目的立项要科学而专业；三是参与方利益的长期协调机制要科学而有效。

（四）制约我国特许经营发展的根本问题

由于特许经营模式存在着上述特征，加之我国前几年特许经营快速无序发展，我国特许经营已经暴露出不少问题。国内不少运作失败的 PPP 项目都印证了这些判断。杭州湾跨海大桥项目是大型项目中比较有代表性的一个。杭州湾跨海大桥长度相当于 21 座武汉长江大桥，这座大桥投资预算 118 亿元，实际上由于方案变更、原材料成本上涨等原因最后的造价达到了 200 亿元。方案的变更给投资人带来了巨大的成本压力。杭州湾跨海大桥 2003 年 11 月 14 日开工，2007 年 6 月 26 日贯通，2008 年 5 月 1 日通车，仅就工程项目本身来说是成功的，但其中的 PPP 模式存在很多问题。立项后，包括外资在内的众多投资方都表达了强烈的参与愿望，并出现"民资争着参股、银行抢着贷款"的热闹景象。民间资本一度占到了整个项目的 55%。但从规划到建成这 10 年间，项目多次追加投资。从规划阶段 64 亿元，到项目立项后的 87 亿元，再到 2003 年可行性报告给出的总投资 107 亿元，到 2011 年的 136 亿元。杭州湾跨海大桥的通行费是杭州湾跨海大桥的唯一收入来源。《杭州湾跨海大桥工程可行性研究》预计 2010 年大桥的车流量有望达到 1867 万辆，但实际车流量仅有 1112 万辆，比预期少了 30% 以上。2012 年，大桥的实际车流量增加到 1252 万辆，仍然不及报告预计。由于投资预算的变更、收入预期的不理想等原因，这次的 PPP 项目并没有让各方实现预计的利益。参股的民企已先期投入，只能被动继续追加，或者撤资。在可行性报告获批的 2003 年，某投资人便将杭州湾大桥公司 40.5% 的股份转让给了地方国企和其他民营企业，拉开了资本撤退的序幕。截至2012年上半年，杭州湾大桥项目的三大国有股东所占股份已经占到了总股本的85%。

总结特许经营模式中的问题与教训会有助于特许经营的良性发展，其根本问题有两个：

1. 被片面地当作地方政府的融资工具

特许经营的本质是快速建设公共基础工程项目，项目是根本和目标，融资为项目服务。部分地方政府却将特许经营模式当作一种融资途径，融资是目标，找项目包装特许经营是手段。于是许多不符合特许经营条件的项目也以特许经营的方式出现了，这些不符合条件的项目包括：不属于公共服务的项目；只有建设环节而没有公共服务运营环节的项目；市场化招商引资项目；等等。有的地方违背特许经营的一般规律，将特许经营变成了地方政府新的融资平台。

2. 项目的可信度与科学性不高

特许经营项目投资金额大，建设运营周期长，必须由专业机构团队，依据专业标准，遵循特定的机制和程序，对特许经营项目进行论证，进入项目库，开展路演推介工作。但这方面却是我国特许经营模式的短板，导致可信项目少，项目的可信度低。于是民营资本参与度不高，项目落地率不高。一些地方为了争取把本地区、本部门更多项目列入项目库，对尚未具备条件的项目，如没有编制项目可行性研究报告或项目核准报告，甚至有些项目只是概念性提出，具体的规划选址、投资规模、建设内容、资金筹措等都没有经过研究和论证，通过"美化包装"列入特许经营项目。财政部PPP研究中心的数据显示，截至2018年6月末，866个落地示范项目中包括448个独家社会资本项目和418个联合体项目，签约社会资本共1516家，包括民营企业598家、港澳台企业40家、外商企业17家、国有企业821家，另有类型不易辨别的其他企业40家，民营企业占比仅为39.4%。截至2018年二季度，全国PPP综合信息平台项目库信息显示，管理库累计落地项目总数3668个，投资额6万亿元，落地率47.3%。虽然较2017年有了很大的提升，但仍然不到一半。

（五）航空大都市建设中的特许经营模式

特许经营仍是航空大都市的理想建设模式之一。航空大都市核心建设任务是航空港建设，航空港建设项目非常适合特许经营模式，主要表现在：第一，航空港建设方兴未艾，是前景光明的投资对象。第二，航空港建设是地方政府发展经济、推动社会进步的重大项目，地方政府有足够的动力推进航空港建设的体制机制改革与创新。第三，航空港建设项目功能确定，目标要求与技术标准成熟稳定，项目建设有大量成功经验和教训可供借鉴，也就是说，航空港建设项目较为成熟，适合特许经营模式。第四，航空港项目收益较易测算、稳定可期、风险较小。第五，航空港项目长期实行市场化运作，不存在免费受益主体。第六，存在着大量的建设和运营航空港的优秀企业。第七，政府及相关部门主要发挥其战略规划和政策支持的特长，几乎不需政府投入资金，政府也不参与收益分配。

总之，航空港项目具有内容标准、收益可期、建设与运营模式成熟等特点，非常适合采用特许经营模式。政府的发展、规划、技术设计等部门应当科学地分解航空港建设项目,采用科学的项目管理体制机制,对项目进行科学、技术、经济、社会、环境、文化等方面的充分论证,为采取特许经营模式打下基础。除航空港外,航空大都市的都市建设部分也适合采用特许经营模式,比如供水、供电、供热等各类市政公用事业及道路、医院、学校、园林绿化等方面的建设项目。

第三节 航空大都市建设与投融资平台

航空大都市有大量的基础设施和公共设施的建设任务,需要庞大的资金投入。这样的资金需求特点是期限长、回收周期长、影响收益的不确定性因素多,所以,航空大都市建设的投融资问题非常重要。航空大都市就是一个超级平台经济,随着经济与社会生活日益网络化、信息化、集约化,平台经济已是大势所趋。最近十多年来,在经济发展中发挥了重要作用的地方政府投融资平台是经济平台的一种,但地方政府投融资平台也出现了一些问题,值得总结经验,探索新的方向。现代航空大都市建设发展既需要一个有效的投融资平台,也应以投融资平台为切入点发展新兴的平台经济。本节首先对传统投融资平台进行总结和分析,然后剖析劳合社模式、上海双创投资中心和河南省投资项目在线审批监管平台三个平台,提出建设新型投融资平台与利用平台建设航空大都市的政策建议。

一、我国地方政府投融资平台的发展与存在的问题

(一)投融资平台的历史贡献

长期以来,我国地方政府普遍存在着很强的建设投资热情,资金缺口巨大,地方财力增长远跟不上投资建设的资金需求增长,同时《预算法》明确规定,地方各级预算除特殊情况外不列赤字。于是,地方政府采取各类方式进行隐性融资,投融资平台公司应运而生。

地方政府投融资平台,是指地方政府及其部门和机构等,通过财政拨款或注入土地、股权等资产设立,承担政府投资项目融资功能,拥有独立法人资格的经济实体。地方政府投融资平台包括各类综合性和行业性的投融资平台,实体名称也纷繁多样,如建设投资公司、建设开发公司、投资开发公司、投资控股公司、投资发展公司、投资集团公司、国有资产运营公司、国有资本经营管理中心、交通投资公司等。

相关研究把投融资平台发展历程归纳为四个阶段:一是启动阶段。20 世纪 80 年代,上海市政建设资金缺口很大,国家批准上海采取"自借自还"方式扩大利用外资,1987年上海专门设立负责融资的"久事公司",成为我国最早的综合性政府融资平台公司。二是推广阶段。1994 年分税制改革后,地方政府为缓解财政压力,纷纷创建投融资平台公司,承借银行贷款。三是膨胀阶段。2008 年国家出台 4 万亿投资计划,支持地方政府组建投融资平台,拓宽中央政府投资项目的配套资金融资渠道;各地平台公司数量激增,银

行贷款、城投债规模均大幅增长。四是规范与转型阶段。2017 年起，国家出台一系列政策，加强对平台公司的规范监管，要求厘清平台公司与政府债权债务关系，平台公司向市场化方向转型。

实际运行中，各种平台承担的基本职能有所不同，分为四类：一是建筑工程类平台，主要履行基础设施建设职能；二是公益类、土地等资产运作平台，主要发挥融资职能；三是控股管理类平台，主要履行国有资产管理职能；四是产业投资类平台，主要履行投资职能。

地方政府投融资平台的融资资金来源主要有三个：一是银行贷款，这是最主要的来源；二是银行销售理财产品形成的资金，这类资金的一个重要用途就是投资地方政府项目；三是发行债券。地方政府投融资平台的举债方式主要有三个：一是投融资平台公司向金融机构借贷，投资建设公益性项目，主要依靠财政性资金偿还债务；二是投融资平台公司向金融机构借贷，投资建设公益性项目，主要依靠项目经营性收益偿还债务；三是投融资平台公司向金融机构借贷，投资于营利性商业项目建设，自主投资、自我约束、自负盈亏。

地方政府投融资平台运行有几个共同特点：一是融资基础是政府信用，政府及其相关部门机构或直接或间接、或明或隐地作为债务的担保人；二是平台通常不从事实际经济运营，而是将资金转移至子公司、孙公司的项目上，此谓"平台"；三是平台公司普遍行使政府管理国有资产和国有企业的职能，事实上是国资委的二级机构甚至是政府直属机构。

地方政府投融资平台是我国特殊的财政金融体制的产物，平台通过举债融资，为地方经济和社会发展筹集资金，对促进地方经济发展尤其是基础设施建设发挥了重要作用。地方政府投融资平台在应对国际金融危机冲击中也发挥了积极作用，2009 年在应对国际金融危机的进程中，平台公司带动的基础设施投资为扩大内需提供了强大动力，扭转了外需下滑、消费需求乏力的局面，为经济增长做出了重要贡献。平台公司不仅撬动了银行贷款，同时还吸引了大量社会资本，推进基础设施建设体制机制模式创新。投融资平台还发展壮大了国有经济，巩固了国有资本的主导地位。

（二）投融资平台的主要问题

一是透支了地方政府信用，加重了政府债务风险，造成很大的系统性风险压力。2015年，地方政府债务水平成为宏观经济的热点问题，尤其是所谓的"隐性债务"有多大规模，众口不一。但暴露出来的地方政府债务风险是令人不安的，引发金融领域系统性风险的可能性是存在的。中央通过多种方式试图厘清地方政府债务，规范地方政府融资行为，控制地方政府负债水平，维护融资秩序和金融稳定。2017 年，财政部等六部委联合发布了《关于进一步规范地方政府举债融资行为的通知》（财预〔2017〕50 号），坚决停止平台公司以政府信用融资，加快政府职能转变，处理好政府和市场的关系，进一步规范融资平台公司融资行为管理。禁止地方新设立具有政府融资功能的融资平台公司，禁止以学校、医院等事业单位为中介，变相为政府举借债务。

二是不利于发挥市场在配置金融资源方面的决定作用。地方政府投融资平台存在着严重的政企不分问题，地方政府行为边界不清，地方政府对平台公司的人权、事权进行集中管理，参与平台公司的人员任命、决策制定、资金调度等工作。平台公司不可能建立真正的现代企业制度。平台公司最主要的职能是融入资金解决地方政府建设投资缺口，一方面成为地方政府的"借款工具"，另一方面平台公司的偿债能力严重依赖地方政府财政支持、政策优惠或特权经营，自偿债能力与动力不足，形成相应财政金融风险，最终是资金"借用还"主体不清。

二、国内外先进投融资平台的经验

(一) 劳合社模式

劳合社是世界著名的保险业务平台机构。1688 年，一个名叫爱华德·劳埃德（Edward Lloyd）的英国商人在泰晤士河畔开设了劳埃德咖啡馆，咖啡馆临近海关、海军部和港务局，经营航运的船东、商人、经纪人、船长及银行高利贷者经常在此交换信息，保险商也常聚集于此与投保人接洽保险业务。17 世纪，英国的航运业得到了迅速发展，英国伦敦的商人经常聚集在咖啡馆里，边喝咖啡边交换有关航运和贸易的消息，劳埃德咖啡馆逐步演变为开展保险业务的固定场所。1774 年，劳合社在劳埃德咖啡馆的基础上成立了，1871 年，英国议会通过法案，批准劳合社成为一个保险社团组织，劳合社通过向政府注册取得了法人资格。发展到今天，劳合社成为世界上最大的保险人组织，是最大的保险平台。最重要的是，古老的劳合社模式还是现代平台经济的典范。

1. 劳合社模式的显著特点

（1）专心做保险业的专业平台。劳合社本身不是保险公司，也不从事保险业务，专门为其成员提供场所、信息和专业服务，其成员包括保险人、经纪人等，早期保险人均为自然人，1994 年后才允许法人保险公司成为会员。会员选举产生的理事会管理劳合社，劳合社下设理赔、出版、签单、会计、法律等部门，出版有关海上运输、商船动态、保险海事等方面的期刊和杂志，向会员提供全面的专业技术服务，同时对会员进行行业监督和管理。其会员则专心承接保险业务，会员根据承保险种组成各种保险组合，称作承保辛迪加（Underwriting Syndicate），每一组合人数不限，少则几十人，多则上千人。每个组合中都设有积极承保人（Active Underwriter），又称承保代理人（Underwriting Agent），承保代理人代表一个组合来接受业务，确定费率。其他成员自行确定承保的比例，一份保单往往由众多保险人承保，每个承保人各自承担的风险责任互不影响，没有连带关系。

（2）科学设计标准化的保险产品。劳合社设计制订保险产品的标准格式，以供保险人、投保人和保险经纪人、代理人等使用。劳合社设计的条款和保单格式在世界保险业中有广泛的影响，其制定的费率也是世界保险业的风向标。在历史上，劳合社设计了第一张盗窃保险单，为第一辆汽车和第一架飞机出立保单，近年又是计算机、石油能源保险和卫星保险的先驱。劳合社对保险业的发展，特别是对海上保险和再保险作出的杰出贡献是世界公认的。劳合社通过设计科学标准的保险产品，较好地平衡了保险市场各参与方的责任与利益，提高了保险市场效率。

（3）充分发挥专业经纪中介作用。在劳合社，投保人和承保人不直接开展业务，双方只接受保险经纪人提供的业务。保险经纪是技术性业务，经纪人是受过训练的专家，他们精通保险法和业务，有能力向当事人建议何种保险单最能符合其需要。保险客户不能进入劳合社的业务大厅，只能通过保险经纪人安排投保。经纪人在接受客户的保险要求以后，准备好一些投保单，上面写明被保险人的姓名、保险标的、保险金额、保险险别和保险期限等内容，保险经纪人持投保单寻找到一个合适的辛迪加，并由该辛迪加的承保代理人确定费率，认定自己承保的份额，然后签字，之后经纪人再拿着投保单找同一辛迪加内的其他会员承保剩下的份额。如果投保单上的风险未分完，他还可以与其他辛迪加联系，直到全部保险金额被完全承保。最后，经纪人把投保单送到劳合社的保单签印处，经查验核对，投保单换成正式保险单，劳合社盖章签字，保险手续完成。

2. 劳合社模式的启示

劳合社是平台经济，劳合社本身承接任何保险业务，但它是保险业的经济平台，为保险市场各参与主体提供场所、机制、规则、信息、专业服务等，是具有公共性、服务性的自组织，收入为服务会员的服务性收入。劳合社是公共服务平台，融行业性管理服务、专业技术性服务、信息服务于一体，并使这些服务标准化、规范化。所以，在劳合社这个平台上，保险人只关心保险标的和费率，做出承保与否的决策，投保人只关心以适当保费达到保险目的，经纪人专心提供经纪服务。大家共享劳合社提供的平台机制、专业技术服务、信息服务以及行业监管。

从我国经济体制视角看，作为保险业的经济平台，劳合社相当于"保险一条街 + 保险业协会 + 保监会"；作为产业自组织，劳合社相当于"产业协会 + 场所 + 产业企业 + 技术标准"。劳合社还有"产业聚集区""孵化器""产业园区"等经济平台的功能。劳合社是在无网络、无先进通信和信息技术的情况下产生的平台经济，在当前网络化的信息时代，劳合社不但不过时，还是当代人们借助信息技术发展平台经济的典范。当代平台经济已有长足的发展，而且方兴未艾。

（二）上海双创投资中心

1. 基本情况

上海于 2015 年底成立了上海双创投资中心（以下简称"上海双创"）。该中心由上海市人民政府发起设立，由上海创业投资有限公司（上海市创业投资引导基金）、上海科技创业投资（集团）有限公司和宝山城乡建设投资经营有限公司作为出资人，肩负了引领上海创新转型的历史使命，作为专注战略新兴领域的基金及项目的投融资平台，目标是贯彻落实"大众创业、万众创新"的国家战略，建设具有全球影响力科技创新中心。上海双创以"市场化、专业化、国际化"为政策导向和运作原则，发挥对上海科技创新金融支持作用，撬动更多的社会资本进入创业投资领域，引导资本合理流动，加大对早中期企业、产业链和产业集群的支持力度，弥补市场短缺，促进科技金融投资工具的繁荣发展和建设。上海双创投资方向涵盖软件大数据、半导体、高端装备制造、新消费、大健康等诸多领域，主要投资于新能源汽车及其配件、光伏科技、智能感应科技、智能机器人等项目

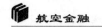

的研发以及销售，项目收益令人满意。

2. 主要特点

上海双创是典型的中国模式的投融资平台：政府直接或间接筹集资金或为筹资提供直接或间接的信用支持，引领和撬动社会资本的投资；广泛支持科技创新企业和产业；重视早中期创业阶段企业的支持；创新科技金融投资工具，推动科技企业走向资本市场。

上海双创投资模式是可以快速推动科技创业企业成长的投融资机制和平台，有借鉴和推广的价值，但它不是"劳合社模式"的经济平台，因为上海双创直接参与科技企业的投融资活动。从长远看，劳合社模式才是市场经济条件下投融资平台的最终模式，这种模式下，平台不参与投融资活动，而是为各类投融资主体和中介机构提供公共服务、专业服务、标准服务和行业监管。当前，各个省份成立的"投资项目在线审批监管平台"有了许多投融资平台的影子。

（三）河南省投资项目在线审批监管平台

1. 平台简介

2017 年 10 月，河南省投资项目在线审批监管平台（二期）上线运行，这是对 2015 年建设的在线平台的升级。平台依托互联网、电子政务外网和大数据技术，由河南省采用大集中方式进行建设，涵盖省、市、县三级，联动贯通发展改革、城乡规划、国土资源、环境保护、水利等部门的在线审批系统，优化了在线平台功能，梳理简化了投资项目审批事项，实现了在线平台与各部门业务审批系统的互联互通，其目标是"一网受理、并联办理、限时办结、全程监管、信息公开"，实现"一次办妥"。"一网受理、并联办理"体现了平台的特点，"限时办结、全程监管、信息公开"体现了公共服务、专业服务和监管服务的平台要求。

在线审批监管平台构建了企业空间。项目单位可以对已申报的项目、已上传材料和已获取的证照批文进行管理，可通过平台开展告知性备案、变更、注销、打印备案确认书；各级审批部门在并联审批中均使用统一名称，前一项审批办理中提交的申报材料通过在线平台共享，不再要求申报单位在后续办事中重复提交，实现清单之外无审批、平台之外无事项、申请材料不重复，推动投资审批事项全程在线、高效便捷办理。各审批监管部门间办理的进度信息、批复文件、监管信息互抄互告。实现了对审批部门全流程进行监管，对逾期事项进行提醒并记录，项目单位可以实时查看办理进度，有效实现社会监管。平台建立了企业黑名单，实时记录违规行为，加大对失信企业的惩戒。

2019 年，河南省发展改革委印发《河南省投资项目审批管理事项统一名称和申请材料清单（2019 年版）》（以下简称《清单》），深入推进投资审批事项一清单、在线办理一平台、审批时间一百天"三个一"改革，这被人们称作"河南省投资项目审批制度改革 3.0 版"。多年来，河南省致力于投资项目审批制度改革。2004 年改革的核心是对企业投资项目一律不再实行审批制，区别不同情况实行核准制和备案制（被称作 1.0 版改革）。2017 年的核心是制定实施《河南省简化和规范投资项目审批流程改革实施方案》（被称作 2.0 版改革），分类推进取消下放、缩小或明确实施范围，将审批事项由 113 项压减到 59

项。2019 年改革 3.0 版核心是深化"放管服"改革和优化营商环境。在下放审批事项、优化再造审批流程、创新审批服务模式、建立协同监管机制等方面积极探索创新，推动建立新型投资审批制度，提高投资项目审批效率，"一般性企业投资项目全流程审批时限压减至 100 个工作日以内"。河南省发展改革委牵头会同省有关部门，选择省科技馆新馆、省直青年人才公寓、机西高速二期工程、郑西高速尧栾段、盛润锦绣城房地产开发、民安公司高性能医疗器械制造等不同审批类型的项目，对每个项目涉及的所有审批事项及办理时间、堵点难点等进行梳理分析，研究进一步精简审批事项、优化审批流程、压缩办理时限的具体措施。

审批环节及办理流程方面，建立联合评价、踏勘、审查、测绘、验收等工作机制，依托河南省投资项目在线审批监管平台，实行统一平台、统一赋码、统一受理、统一办理、统一监管、统一服务"六个统一"，实现"一家牵头、一网受理、一张表单、并联审批、一次发证、限时办结"。同时，充分发挥河南省中介服务网上交易平台作用，进一步提升审批服务效率。

2. 平台特点

项目在线审批监管平台不仅仅是一个在线的技术平台，也不仅仅是线下分散管理变为在线统一管理的平台，更是一次深刻的项目投融资体制机制的市场化改革，意义重大。该平台既是投融资体制机制的改革与创新，也是微观经济主体技术创新、发展创业的经济平台。与传统型的上海双创投融资模式比较，在线审批监管平台更接近于劳合社模式。

项目在线审批监管平台，首先，是一个项目服务平台，平台本身不参与、不规划任何项目，是为项目主体企业提供项目服务的超然平台；其次，平台为企业提供项目运作的规范标准和行动指南，有利于业务标准化；再次，平台为项目主体企业提供了相应的信息和咨询等专业服务；最后，平台具有完整系统的管理、监管功能和权威。所以，该平台是非常接近劳合社模式的经济平台。

三、新型项目投融资平台的构建

（一）平台建设设想

上述"项目在线审批监管平台"的建设目标是为政府机构的审批监管投资项目服务的，是为提高审批监管效率、便利项目投资而建设的，虽然也有辅助投融资功能，但本身不是投融资平台（正像劳合社的前身是一个咖啡馆一样）。由此可以设想，在线平台稳定运行以后，应逐步融合建设"项目规划""金融资源"和"产权交易"功能，将项目规划、项目审批、项目监管、金融资源、产权交易融合为一体，形成一个服务于项目主体的完整投融资平台。可考虑以现行体制机制为基础，辅以会员制结构，吸收项目孵化机构、投资咨询机构、招投标机构、金融机构、风险投资机构等为会员，最终实现项目筹划、审批、监管、投融资、产权交易、专业服务、信息服务、标准化运作的投融资平台目标。

项目投融资平台是中国特色社会主义市场经济条件下的项目投融资统一平台，是"项目投融资版"的劳合社。平台的最终功能是为融资者规整项目、为投资人提供项目。

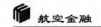

（二）平台建设原则

一是政府搭建平台。英国劳合社是由保险人和经纪人搭建的平台，在中国，项目投融资平台应由政府牵头搭建，场所、规则、机制、机构、人员由政府及相关部门一次规划建成（按上述设想，在"项目在线审批监管平台"的基础上延伸相关功能即可建成项目投融资平台）。平台是为项目融资人、项目策划人和金融投资人而建，吸收项目孵化机构、投资咨询机构、招投标机构、金融机构、风险投资机构等为会员，会员是平台的服务对象，也是平台的主人，参与平台的管理。平台自身不参与项目融资、策划和投资活动，不以营利为目的，通过向会员收取服务费用，维持平台运行。平台为项目投融资活动提供场所、规则、机制、信息、专业咨询等服务，平台本身与政府不参与任何投融资活动。

二是市场化运作。政府的公共项目、公益项目要市场化运作，明确收益回报机制，策划为市场化运作的项目后，方能进入平台融资，政府和平台不对进入平台的任何项目提供信用支持。投资人自主确定投资对象、份额和方式，自担投资风险，项目策划人也是项目经纪人，自主选项、科学策划，向投资人经纪推荐。

三是以项目培育、规划、策划为中心。在投融资活动中，市场往往不缺乏资金，项目质量是投融资活动的关键因素。包括航空大都市在内的布局规划及经济战略也要分解为若干项目才能得以落实。所以，项目是衔接资金资源与经济发展、航空大都市建设的纽带。科学规划项目意义重大。项目投融资平台建设能否成功，主要看是否能建设起一套项目培育、策划、推介的科学高效机制。

四是建立金融资产流动机制。项目融资多为长期资金或资本金，这就要为平台中的投资人会员提供一个金融资产的流动机制。这是平台的又一重要机制。

总之，项目投融资平台不再是政府职能的延伸，而是政府服务的延伸；项目融资不再依赖政府信用，而是依靠项目质量和融资人信用；投资行为不再以政府导向为方向，而是依据市场原则选择投资项目；政府性项目、公共公益性项目必须在建立市场化的投资回报与偿债机制情况下，才能进入平台融资；投融资方式也将向市场化、多渠道、多工具等方面转化。"项目投融资平台"是第三方的专业服务、信息服务、政务法律服务平台，平台是交易所。

四、航空大都市建设与项目投融资平台转型

航空大都市的建设发展中，传统的投融资平台公司仍然可以发挥巨大作用。虽然投融资公司的政府背景性质的融资行为受到抑制，但其基础设施建设能力、管理能力、运营能力是建设发展航空大都市所必不可少的。通过航空大都市建设发展，加快平台公司转型，促使其走市场化融资渠道，并利用其在金融市场上的融资能力，为航空大都市建设发展提供市场化的投资资源。

根据 2017 年以来的一系列中央文件要求，原地方政府投融资平台必须清理和转型。原承担政府融资功能的各类平台公司，不得再以政府信用融资筹资，必须全部转型为"自主经营、自负盈亏、自担风险、自我发展"的市场化运营主体，通过完善现代企业制

度，健全公司法人治理结构，依法合规开展市场化融资。所以，在航空大都市建设与发展中，不宜过度依赖传统的地方政府投融资平台解决融资问题，必须进行体制机制的改革创新，建设新型的"项目投融资平台"。古老的英国劳合社模式可为"项目投融资平台"建设提供有益的借鉴。

航空大都市是地方经济的组成部分，按当前国家规定，航空大都市的建设项目应进入所在省区市的投资项目在线审批监管平台开展审批监管工作，不宜再建设一级平台。项目在线审批监管平台转化为项目投融资平台之前，航空大都市应建立项目规整机构或平台，将航空大都市建设分解成若干建设项目，对项目进行认真规划、设计和论证，并对项目的商业运行模式、风险和收益进行分析，形成权威可信的规划项目。在航空大都市建设中，与其将主要精力放在招商引资上，不如集中精力规划好融资项目。从平台经济和金融市场角度看，市场上不缺乏资金，缺乏的是优质的融资项目。优质的融资项目既要求项目本身的技术属性和经济属性优良，也要求项目的商业模式和运作路线设计优良。项目平台一旦形成品牌，各种形态的资金会自动云集而来，最终让项目成为稀缺资源，成为航空大都市与市场和资金对接的转化器。

第四节　航空大都市建设的投融资体制机制创新

在当前建设发展航空大都市的热潮中，从中央到地方，各地区、各部门采取了许多措施，改革投融资体制，培育市场化的投融资机制，初步形成了一套中国特色的建设发展投融资体制机制。在推动这些投融资体制机制改革基础上，航空大都市建设方面还需要进一步注重政府和市场的双重引领作用，发挥航空产业的聚集机制和金融科技的创新效应。

一、近年来我国投融资体制机制改革的内容

（一）加强对投融资活动的管理

2016 年 7 月，中共中央、国务院发布《关于深化投融资体制改革的意见》（以下简称《意见》）（中发〔2016〕18 号），这是改革开放以来，以中央文件名义发布的第一个投融资体制改革方面的文件，是继 2004 年国务院发布投资体制改革文件之后，事隔十几年的又一重要文件。这次投融资体制改革，既包含了投资活动的内容，又包含了融资方面的内容，是投融资领域改革的纲领性文件。《意见》确立企业投资主体地位，最大限度缩减核准事项，由企业自主决策投资行为，试点企业投资项目承诺制。对极少数关系国家安全和生态安全，涉及全国重大生产力布局、战略性资源开发和重大公共利益等项目，政府从维护社会公共利益角度确需依法进行审查把关的，应将相关事项以清单方式列明。

《意见》建立投资项目"三个清单"管理制度。修订并公布政府核准的投资项目目录，实行企业投资项目管理负面清单制度，除目录范围内的项目外，一律实行备案制，由

企业按照有关规定向备案机关备案；建立企业投资项目管理权力清单制度，将各级政府部门行使的企业投资项目管理职权以清单形式明确下来，严格遵循职权法定原则，规范职权行使，优化管理流程；建立企业投资项目管理责任清单制度，厘清各级政府部门企业投资项目管理职权所对应的责任事项，明确责任主体，健全问责机制。

《意见》明确限定了政府投资范围和方式。政府投资资金只投向市场不能有效配置资源的社会公益服务、公共基础设施、农业农村、生态环境保护和修复、重大科技进步、社会管理、国家安全等公共领域的项目，以非经营性项目为主，原则上不支持经营性项目。政府投资资金按项目安排，以直接投资方式为主。对确需支持的经营性项目，主要采取资本金注入方式投入，也可适当采取投资补助、贷款贴息等方式进行引导。依据国民经济和社会发展规划及国家宏观调控总体要求，编制三年滚动政府投资计划，明确计划期内的重大项目，并与中期财政规划相衔接，统筹安排、规范使用各类政府投资资金。依据三年滚动政府投资计划及国家宏观调控政策，编制政府投资年度计划，合理安排政府投资。建立覆盖各地区各部门的政府投资项目库，未入库项目原则上不予安排政府投资。

《意见》鼓励政府和社会资本合作。各地区各部门可以根据需要和财力状况，通过特许经营、政府购买服务等方式，在交通、环保、医疗、养老等领域采取单个项目、组合项目、连片开发等多种形式，扩大公共产品和服务供给。要合理把握价格、土地、金融等方面的政策支持力度，稳定项目预期收益。结合国有企业改革和混合所有制机制创新，优化能源、交通等领域投资项目的直接融资。通过多种方式加大对种子期、初创期企业投资项目的金融支持力度，有针对性地为"双创"项目提供股权、债权以及信用贷款等融资综合服务。加大创新力度，丰富债券品种，进一步发展企业债券、公司债券、非金融企业债务融资工具、项目收益债等，支持重点领域投资项目通过债券市场筹措资金。开展金融机构以适当方式依法持有企业股权的试点。鼓励通过债权、股权、资产支持等多种方式，支持重大基础设施、重大民生工程、新型城镇化等领域的项目建设。

（二）运行全国投资项目在线审批监管平台

近几年，借助于快速发展的信息技术平台，我国投融资体制机制实现了网络化、信息化的突破，改革借力技术，技术推动改革，为提升我国投融资营商环境做出巨大贡献。

2014年，国务院办公厅发布《国务院办公厅关于印发精简审批事项规范中介服务实行企业投资项目网上并联核准制度工作方案的通知》（国办发〔2014〕59号），对企业投资项目核准提出了"精简审批事项、网上并联办理、强化协同监管"的改革目标，把构建统一的建设投资项目在线审批监管平台提上议事日程。

经过数年的筹备和试运行，由国家发展改革委主导的全国投资项目在线审批监管平台（http：//www.tzxm.gov.cn），于2017年2月1日正式运行。在线平台各类项目实行统一代码制度，各类投资项目必须在在线平台被赋予统一代码并归集审批和管理信息，除涉及国家秘密的项目外，项目核准、备案通过国家建立的投资项目在线审批监管平台办理，形成全国意向投资项目和拟建投资项目的大数据。平台适用各类项目全过程的审批、监管和服务，通过在线平台可以实现项目网上申报、并联审批、信息公开、协同监管，优化了办事流程，提高了服务水平，并加强了监管，便于接受社会监督。

投资项目在线审批监管平台由中央平台和地方平台组成。全国在线平台投入运行后，各省（自治区、直辖市）陆续建立本地区投资项目在线审批监管平台。例如，2019 年 3 月 19 日天津市人民政府发布《关于印发天津市加快推进一体化在线政务服务平台建设实施方案的通知》（津政发〔2019〕8 号），提出"根据全国一体化在线政务服务平台相关建设标准和要求，坚持整体设计、分步实施，有计划、有步骤地加快推进全市一体化在线政务服务平台建设，全面落实各项改革任务，全面实现政务服务'一网通办'，为企业和群众提供个性化、有特色的政务服务"。

建设运行投资项目在线审批监管平台有着重大意义。首先，它是政务服务大厅的延伸和深化，依托在线平台推进投资项目"一门式一网式"办理，实现企业"一站咨询"、审批"一门受理"、流程"一图导引"、项目"一码贯通"，形成了便捷、高效、阳光的政府服务新机制。其次，投资项目在线审批监管平台的建设应用，是利用信息技术实现政府治理能力提升的一次重大变革，是政府主动转变投资管理职能的一项重大举措。平台建立了透明、规范、高效的投资项目纵横联动协同监管机制，实现了"制度＋技术"的有效监管，确保既放权到位、接住管好，又服务到位、监管有效，促进市场秩序更加规范，市场活力充分释放，实现了一口受理、网上办理、规范透明、限时办结。

近三年来，国家出台了多部行政法规，充分确认了投资项目在线审批监管平台的法律地位，明确要求发挥在线平台的"放管服"统领作用。国家发展改革委明确提出，依法依规将所有 PPP 项目纳入全国投资项目在线审批监管平台统一管理，所有 PPP 项目须使用全国投资项目在线审批监管平台生成的项目代码，用于办理各项审批手续。不得以其他任何形式规避、替代 PPP 项目纳入在线平台统一管理。

（三）实施企业投资项目核准和备案制度

《企业投资项目核准和备案管理条例》于 2017 年 2 月 1 日开始施行。根据该条例，政府仅对涉及国家安全、全国重大生产力布局、战略性资源开发和重大公共利益等项目实行核准管理，其他项目一律实行备案管理。而在备案项目上，政府仅了解和掌握投资项目意向信息和项目建设动态信息。企业投资项目依法依规由企业自主决策，坚持企业投资项目核准范围最小化。

该条例的出台，落实了企业投资自主权，确立了企业的投资主体地位，加强了投资领域法治建设。有助于正确处理政府和市场的关系，使市场在资源配置中起决定性作用，并更好地发挥政府作用。为防止企业在固定资产投资项目方面不理性行为，条例也要求核准机关、备案机关以及其他相关部门加强事中事后监管，采取在线监测、现场核查等方式，加强对项目实施的监督检查，并规定了明确的法律责任。

该条例的出台，还有助于推动政府转变投资管理职能，推进投融资体制改革。条例以行政法规形式确立了在线平台的法律地位，有利于在线平台的进一步推广和运用。

（四）规范政府投资行为

《政府投资条例》（以下简称《条例》）于 2019 年 7 月 1 日正式施行，这是继 2004 年

《关于投资体制改革的决定》之后，我国投资项目管理领域的又一重大立法成果。对于依法规范政府投资行为、充分发挥政府投资作用具有十分重要的意义。

《条例》明确界定了政府投资范围。政府投资资金应当投向市场不能有效配置资源的社会公益服务、公共基础设施、农业农村、生态环境保护、重大科技进步、社会管理、国家安全等公共领域的项目，以非经营性项目为主。国家建立政府投资范围定期评估调整机制，不断优化政府投资方向和机构。《条例》鼓励社会资金投向公共领域的项目，发挥政府投资对社会投资的引导和带动作用，激发社会投资活力。

《条例》规范了政府投资决策程序。为确保政府投资科学决策，《条例》作了三方面规定：一是规定县级以上人民政府应当依据国民经济和社会发展规划、中期财政规划和国家宏观调控政策，结合财政收支情况，统筹安排使用政府投资资金的项目，规范使用各类政府投资资金。二是进一步规范政府投资项目审批制度，明确了项目单位应当编制和报批的文件、投资主管部门或者其他有关部门审批项目的依据和审查事项，并规定审批重大政府投资项目应当履行中介服务机构评估、公众参与、专家评议、风险评估等程序。三是强化投资概算的约束力，明确经核定的投资概算是控制政府投资项目总投资的依据，初步设计提出的投资概算超过可行性研究报告提出的投资估算10%的，审批部门可以要求项目单位重新报送可行性研究报告。

《条例》优化了政府投资报批流程。落实"放管服"改革目标，规定审批部门应当通过投资项目在线审批监管平台办理政府投资项目审批手续，列明与政府投资有关的规划、产业政策等，并为项目单位提供相关咨询服务。对相关规划中已经明确的项目，部分改建、扩建项目，建设内容单一、投资规模较小、技术方案简单的项目以及为应对自然灾害、事故灾难、公共卫生事件和社会安全事件等突发事件需要紧急建设的项目，可以简化需要报批的文件和审批程序。采用投资补助、贷款贴息等方式安排政府投资资金的，项目单位应当按照国家有关规定办理。

《条例》严格项目实施和事中事后监管。一是政府投资项目开工建设应当符合规定的建设条件，并按照批准的建设地点、建设规模和建设内容实施，需要变更的应当报原审批部门审批。二是政府投资项目所需资金应当按规定确保落实到位，不得由施工单位垫资建设；项目建设投资原则上不得超过经核定的投资概算，确需增加投资概算的，项目单位应当提出调整方案及资金来源，报原初步设计审批部门或者投资概算核定部门核定。三是政府投资项目应当合理确定并严格执行建设工期，项目建成后应当按规定进行竣工验收并及时办理竣工财务决算。同时，政府投资项目直接关系公共利益，必须加强事中事后监管。为此，《条例》规定投资主管部门和依法对政府投资项目负有监督管理职责的其他部门应当采取在线监测、现场核查等方式，加强对政府投资项目实施情况的监督检查，并建立政府投资项目信息共享机制；项目单位应当通过在线平台如实报送政府投资项目开工建设、建设进度、竣工的基本信息，并加强项目档案管理；政府投资年度计划、政府投资项目审批和实施以及监督检查的信息应当依法公开。

《条例》的颁布意味着我国政府投资领域法治化管理水平将进一步提升，是对于政府投资行为成功经验的总结，对实践行为提供了具有操作性的指导。

（五）鼓励民间资本投资

近年来投资建设领域的重要政策导向，就是鼓励民间资本规范有序参与基础设施项目建设。吸引民间资本参与投资，可以很好地弥补基础设施建设的短板。2019年2月，国家发展改革委印发《补短板领域政府支持引导民间投资专项管理暂行办法》（发改投资规〔2018〕231号），聚焦中西部地区地方政府吸引民间资本参与基础设施补短板领域建设。一些地方政府，依托投资项目在线审批监管平台，建立了向民间资本推介重点领域项目长效机制。例如，河南省发展改革委为谋划实施补短板重大项目，于2019年4月发布《关于保持基础设施等领域补短板力度的若干意见》（豫发改投资〔2019〕203号），提出："完善投资项目在线审批监管平台功能，加大在线平台应用力度，加强信息共享互认，提升数据交换质量，实现各类投资审批事项'一口进、一码通、一网办'，推动投资管理向服务引导转型，不断优化投资环境。"

二、注重政府与市场的双重引领作用

区别于传统的海港、陆港城市，航空大都市建设中，政府规划引领作用尤其重要和突出。规划是航空大都市发展的龙头、指南针、方向盘，是大都市建设的纲领与战略，决定着大都市建设战略目标的成效。建设发展航空大都市的重要条件就是政府战略规划强有力的支持。充分发挥规划在航空大都市建设发展中的引领作用，才能做到高起点、高水准和高效率建设发展。坚持市场主导与政府引导相结合，但在具体项目建设与运营阶段，又必须尊重市场的决定性作用，让市场运作机制起主导作用，尊重企业主体的决策和经营自主权，发挥各类经济主体的积极能动性。

（一）政府规划引领的主要职责与范围

第一是建设发展航空大都市的战略规划和整体布局。这是任何其他非政府组织和企业所不能完成的任务。第二是航空港建设规划与布局，吸引专业建设运营投资机构按市场化原则进行建设运营。第三是产业规划与布局，规划好以航空运输产业为核心的产业聚集发展规划，规划好以航空科技研发与航空工业制造为龙头的高科技融合研发与产业聚集发展规划。引资龙头企业，吸引和培育产业链上企业。第四是建设维护好营商环境。

（二）发挥市场运作机制功能

要发挥市场运作机制功能，首先是维护企业经营自主权，无论是国有企业还是民营企业，都要充分尊重其独立经营、自主决策、自我发展的权利。政府努力营造良好的营商环境，严格根除政府服务变相寻租。

三、推进航空产业的引领与聚集机制

我国正处于国际产业梯次转移和国内产业结构转型的新型工业化时期，改革开放四十年的经验表明，主导产业对区域产业结构的优化和升级起着十分关键的作用。发达的航空产业可以拉动许多产业的聚集发展，包括电子制造、信息通信、生命科学、生化制药、工程设计、电子商务、科技研发、现代教育、会展商务、现代服务等高新技术产业和高端服务业。在航空大都市规划下，发达的航空运输业还能推动包括口岸建设、市政规划与建设、其他政府公共服务、房地产业、商业、商住、旅游、餐饮、娱乐、普教、医疗、健康、养老、环保等产业的聚集发展和优化提升。

（一）以航空工业带动高科技产业聚集发展

现代航空工业产品是尖端技术的集成，航空制造业属高技术、高附加值的装备制造业，同时，航空工业是一个庞大的产业链系统，航空技术对多种技术起到孵化器的作用，航空工业产品的研制生产将有力地带动材料、动力、机械、化工、冶金、电子、自动化工程等领域的技术进步，航空技术特别是关键性高新技术的研发和扩散，能使制造业产业链得到极大的拓展和延伸，能够推动一大批传统产业的结构调整和技术升级。

20世纪航空方面的重大发明创造，如雷达、航空材料、喷气发动机等，都在材料、电子、机械、车辆、能源、建筑等几乎所有关联工业部门得到了广泛应用。例如，气动技术已经被用于汽车和高速列车的设计；基于航空发动机技术的燃气轮机技术已经广泛运用于车辆、舰船、发电等许多重工领域；飞机刹车的防抱死技术（ABS）已经用于汽车和火车的刹车系统；碳纤维、钛合金和复合材料更是从航空领域向许多民用领域扩散发展，对经济发展起到了巨大的推动作用。有关研究资料显示，日本航空工业的技术带动效应是汽车工业的3倍。

航空工业的特点是基础投资资金多、航空科技人才是关键、见效周期较长；航空产品的特点是品种多、批量小、技术尖、价值高。所以，航空大都市建设过程中，应坚定规划发展航空工业的研发与制造这个大方向，根据航空科技人才引进培育情况，选好切入点，以点带面，以面带链，形成航空工业的产业聚集效应，发挥航空工业对相关产业的拉动作用，形成多种高技术产业的聚集效应，发挥航空技术对其他产业技术的孵化作用，形成航空大都市的高技术研发聚集效应，最终形成有航空大都市特色的高技术产业集群。

（二）以航空货运带动物流产业和高端服务业聚集发展

航空大都市的本源主导产业就是航空运输业。航空运输业在航空大都市建设发展中起着至关重要的直接带动作用。航空线路巨大的空间辐射能力，为企业在全球范围内配置资源、开拓市场提供了高效平台，有利于促进区域传统产业的提升和高新技术、总部经济、旅游休闲等产业发展。

航空运输和其他运输方式相比，具有辐射全球、安全快捷的特点，可以很好地满足高科技企业实施全球低成本战略和柔性生产方式的需要，更能为企业创造价值和降低成本，促进物流、高新技术、会展、客户服务中心的发展；航空运输带来巨大人流、物流、信息流、商流，在区域范围内形成了流量经济，通过经济要素的重组融合，使各要素的能量增大、能级提高，从而促进相关产业的发展和相关服务功能的增强，促进服务业、会展业、物流业的发展。

四、发挥金融科技创新的引擎作用

在国务院颁布的《关于促进民航业发展的若干意见》（国发〔2012〕24号）中，就明确提出要采取措施改善金融服务，"研究设立主体多元化的民航股权投资（基金）企业。制定完善相关政策，支持国内航空租赁业发展。鼓励银行业金融机构对飞机购租、机场及配套设施建设提供优惠的信贷支持，支持民航企业上市融资、发行债券和中期票据。完善民航企业融资担保等信用增强体系，鼓励各类融资性担保机构为民航基础设施建设项目提供担保。稳步推进国内航空公司飞机第三者战争责任险商业化进程"。伴随着近些年来蓬勃发展的金融科技，航空大都市建设中要充分利用自身发展高新技术的特殊优势，积极发展金融科技，吸引一批金融科技企业，推动传统金融机构利用新型金融科技提升金融服务能力，建设一系列的新型金融服务企业和风险投资机构，使航空大都市成为金融创新的最佳平台和场景。可以预见的是，随着金融科技的迅猛发展和大批新型金融科技人才出现，金融科技必然走向金融科创，将出现大量的、颠覆传统金融业态的金融科技创业企业，这些新兴企业将带动航空产业的投融资创新，成为航空大都市建设的引擎。

第五节　案例分析：河南航投与郑州航空大都市建设

一、河南民航发展投资有限公司的设立背景

经河南省委、省政府批准，2011 年 8 月，河南民航发展投资有限公司（以下简称"河南航投"）注册成立，为省管国有企业，注册资本金 60 亿元。主要承担着加快河南民航产业发展、参与国内外航空公司重组合作、引领带动郑州航空港经济综合实验区和郑州航空大都市建设发展的责任使命。

河南航投立足促进民航产业发展，加快郑州航空港经济综合实验区建设，推动中原经济区产业转型升级，大力推进航空公司重组工作的同时，积极参与民航基础设施建设和相关产业发展。河南航投根据《国务院关于促进民航业发展的若干意见》及《郑州航空港经济综合实验区发展规划》精神，按照河南省委、省政府建设郑州航空港经济综合实验区的战略部署，重点发展与民航产业紧密关联的航空运输、航空物流、通用航空、金融、航空制造、航空置业、文化旅游等产业板块，围绕航空经济，努力构建重点突出、多元发展、特色鲜明、综合竞争力强的航空产业集团。公司确立"以贸促物，以物兴航，以融助产"的发展战略，积极开展国际贸易、电子商务、航空物流综合园区建设运营、货运代理等业务，努力发展成为核心竞争力突出、持续盈利能力强的多枢纽式航空物流企业。

二、河南民航发展投资有限公司的主要业务

金融业务是公司的重要业务板块之一。河南航投围绕郑州航空港经济综合实验区总体布局，致力于打造完善的融资体系，搭建担保、金融租赁、基金等金融服务平台，为中原经济区建设提供综合金融服务。

航空运输是公司突出发展的主业之一。河南航投通过重组和投资国内国际航空公司，增强客货运输能力，促进郑州大型航空枢纽建设，持续发展公司品牌资源，协同带动公司规划的其他产业发展。

航空物流也是公司突出发展的主业之一。河南航投以贸易带动物流，规划建设航空物流综合园区，打造卡车转运中心、快递监管中心、进出口贸易示范区、物流加工保税区、航空信息平台，努力发展成为多枢纽式航空物流企业。

通用航空是公司的主要业务板块之一。河南航投围绕郑州航空港经济综合实验区建设总体布局，在飞行员培训、航空器托管、公务机飞行等领域充分发挥自身优势，利用各种资源要素，打造通航全产业链条，努力成为具有一定竞争力的知名通航企业。

三、郑州航空大都市的建设

1. 建设历程简述

郑州航空大都市依托郑州航空港经济综合实验区，以新郑国际机场、郑州米字型高铁网、中原高速公路网为核心，以航空经济为引领发展现代临空产业基地为目标，已成为中原经济区核心增长极和内陆地区对外开放的重要门户。郑州航空港经济综合实验区的发展得到了河南省政府、郑州市政府以及中国民航局的大力支持，以航空大都市发展模型为理论指导，致力于建设中国首个全面规划、发展目标明确的航空大都市。郑州航空大都市战略定位是建成国际航空物流中心、以航空经济为引领的现代产业基地、内陆地区对外开放重要门户、现代航空都市、中原经济区核心增长极。

郑州航空大都市建设经历了理念提升、建设升级、迅速发展的过程，基本情况如表10－1所示。

表 10－1　郑州航空港建设历程

时间	建设愿景	大都市效果
2007 年	提出民航优先战略，建设综合交通枢纽	国家民航局重视
2011 年 4 月	郑州被推介建设内陆、中部航空中转和门户机场	—
2011 年 9 月	国务院出台意见支持河南省建设中原经济区	中原经济区建设上升为国家战略
2011 年 11 月	郑州新郑综合保税区封关运行	围绕机场建设的特色综合保税区
2012 年 4 月	河南省决定向国务院申请设立航空经济综合实验区	—
2012 年 7 月	国务院出台《关于促进民航业发展的若干意见》	为申报工作提供了强劲的动力
2012 年 7 月	河南省向国务院正式上报建设实验区的请示	—
2012 年 9 月	郑州市跨境贸易电子商务服务试点项目启动	综合保税监管场所试点城市
2012 年 10 月	国务院批复同意规划建设航空经济综合实验区	—
2012 年 11 月	国务院批复《中原经济区规划（2012—2020）》	—
2012 年 11 月	中国民航局把郑州新郑国际机场确定为"十二五"期间中国综合交通枢纽建设试点	建设郑州大型航空枢纽

续表

时间	建设愿景	大都市效果
2012 年底	郑州航空港区实现地区生产总值 190.7 亿元，同比增长 77.6%，龙头企业富士康生产苹果手机 1.05 亿部，占全球苹果手机的 70%，并带动 100 多个产业、400 多个配套企业入园	中原经济区最具活力的区域
2013 年 3 月	国务院正式批复了《郑州航空港经济综合实验区发展规划（2013—2025 年）》	首个上升为国家战略的航空港经济发展先行区
2013 年 10 月	海关总署批准郑州新郑综合保税区分别与淮安综合保税区、郑州出口加工区开展保税货物结转试点	大大提高了申报和通关的效率
2013 年 10 月	卢森堡货运航空公司把新郑国际机场作为其全球第二个枢纽机场	—
2013 年 11 月	苹果、微软等将新郑国际机场作为其国际产品集散地	—
2013 年 11 月	郑州航空港获得海关国内地区代码	—
2013 年 11 月	阿里巴巴菜鸟集团协议建设中国智能物流骨干网郑州核心节点项目	
2013 年 12 月	京东集团投资 30 亿元在郑州航空港建设中原运营中心	—
2014 年 3 月	成为微软云计算（Windows Azure）在中国首个合作伙伴	—
2014 年 12 月	总投资约 270 亿元的绿地会展城奠基	
2016 年 3 月	郑州航空港列入国家"十三五"规划纲要	指出：加快郑州航空港建设，支持发展内陆开放型经济
2016 年 5 月	郑州航空港被国务院列为全国首批"双创"示范基地	—
2016 年 8 月	国务院批准设立中国（河南）自由贸易试验区	
2016 年 9 月	划定郑州航空港国家"双创"示范基地范围 573 平方公里，包括航空港区和郑州经开区全域	—
2016 年 10 月	国家批复河南省建设国家大数据综合试验区。四大定位：国家交通物流大数据创新应用示范区、国家农业粮食大数据创新应用先行区、国家中部数据汇聚交互基地、全国重要的大数据创新创业基地	航空、铁路、公路、港口信息在郑州航空港加速汇聚
2016 年 10 月	郑州高铁南站站场规划方案敲定	—
2016 年 11 月	郑州航空港成为中国进口鲜活产品的重要集散地	—
2016 年 12 月	《国务院关于促进中部地区崛起"十三五"规划的批复》，国家发改委《促进中部地区崛起"十三五"规划》	支持郑州航空港加快发展，支持郑州建设国家中心城市
2016 年 12 月	国务院批复《中原城市群发展规划》	支持郑州建设国家中心城市，将郑州打造成国际性枢纽城市
2018 年	郑州 GDP 过万亿元	航空港区 GDP 突破 800 亿元

时间	建设愿景	大都市效果
2019 年 5 月	河南航投收购广东龙浩航空有限公司，更名为中原龙浩航空有限公司	
2019 年 9 月	国家发改委和交通运输部《关于做好 2019 年国家物流枢纽建设工作的通知》	郑州入选唯一空港型国家物流枢纽

2. 主要成就

郑州航空大都市建设主要成就可概括为郑州格局、郑州速度和郑州模式，为国内其他航空大都市建设提供了示范和样板。

首先是郑州格局。郑州航空港经济综合实验区位于郑州市中心东南方向 30 公里处，地处中国中部地区，规划面积 415 平方公里，以郑州新郑国际机场为依托，建设了占地约 100 平方公里的综合交通枢纽，投资超 1000 亿元，是我国首个以航空运输为主，集高铁、城铁、地铁、高速公路、长途巴士、公交、出租等多种交通方式为一体的机公铁客货联运的综合交通枢纽，基本形成了横跨欧美亚三大经济区、覆盖全球主要经济体的航线网络。河南省以郑州航空港经济综合实验区为龙头，引领郑州市国家中心城市建设，发挥其河南对外开放"龙头"作用，融入"一带一路"建设。已建成"1＋1＋7"口岸体系：第一个"1"是郑州新郑国际机场，国家一类航空口岸；第二个"1"是郑州新郑综合保税区，中部地区第一个综合保税区；"7"是进口肉类、活牛、水果、食用水生动物、冰鲜水产品、国际邮件经转、郑州药品进口 7 个特种商品指定口岸。初步建成一个以电子信息先进制造业集群为代表的现代产业体系，形成从芯片、面板到整机，从硬件到软件的全产业链布局。以冷链、快递、电商物流为突破口，航空物流业提速升级，供应链金融异军突起，飞机租赁快速发展，生物医药集聚扩大，新能源汽车等产业正积蓄发展新动能。以建设航空大都市为目标，初步建成生态宜居、科技智慧的航空新城，至 2018 年，全区基础设施覆盖超过 200 平方公里，集聚人口超 80 万，全区绿化面积累计达 2100 万平方米。园博园、双鹤湖、苑陵故城三大主题公园建成投用。郑州航空港经济综合实验区初步建成畅通高效的交通网络、绿色宜居的生活环境、集约有序的城市空间和支撑有力的城市功能布局。

其次是郑州速度。郑州速度就是高效率决策、快速启动、迅速提升、短期见效。2010 年 9 月 16 日，富士康郑州厂区动工奠基，从奠基到投产共用 120 天；2010 年 10 月 24 日，国务院批复成立新郑综合保税区，保税区从提案到封关仅 100 天，等等，不胜枚举。

最后是郑州模式。航空港发展具有五大典型模式，即航空港自由贸易区模式、航空港物流园区模式、航空港高端产业园区模式、航空港商务区模式和航空大都市模式。郑州模式体现在：建设以郑州新郑国际机场为核心、多式联运为特色的现代综合交通枢纽，形成内陆开放高地，带动产业融入全球产业链、价值链和创新链，迈向全球价值链的中高端。

思考题

1. 谈谈你对建设航空大都市基本条件的认识。

2. 如何正确认识地方政府传统融资平台的历史贡献与存在的问题？

3. 近几年我国新一轮投融资体制改革的主要目标任务有哪些？

4. 如何正确处理航空大都市建设中政府规划引领与市场机制运作的关系？

参考文献

［1］［美］约翰·卡萨达（John D. Kasarda），格雷格·林赛（Greg Lindsay）．航空大都市：我们未来的生活方式［M］．郑州：河南科学技术出版社，2013.

［2］郑州航空港经济综合实验区网站，http：//www.zzhkgq.gov.cn.

［3］冯登艳，等．航空经济发展的金融支持与创新研究［M］．北京：社会科学文献出版社，2018.

［4］中共中央办公厅，国务院办公厅．关于做好地方政府专项债券发行及项目配套融资工作的通知［J］．国务院公报，2019（18）.

［5］财政部．地方政府专项债券发行管理暂行办法（财库〔2015〕83号）［Z］．2015 – 04 – 02.

［6］基础设施和公用事业特许经营管理办法（国家发展改革委等6部委第25号令）［Z］．2015 – 06 – 01.

［7］中央政府门户网站，http：//www.gov.cn.

［8］劳合社［DB/OL］．https：//baike.baidu.com/item/.

［9］上海双创中心网站，http：//www.shivc.com.cn/.

［10］河南省发展改革委．河南省投资项目审批管理事项统一名称和申请材料清单（2019年版）［Z］．2019.

［11］河南省简化和规范投资项目审批流程改革实施方案（豫政办〔2017〕127号）［Z］．2017.

［12］许敏慧．发挥好投资项目在线审批监管平台的统领作用［N］．中国经济导报，2019 – 08 – 14.

［13］中共中央 国务院关于深化投融资体制改革的意见（中发〔2016〕18号）［Z］．2016 – 07 – 05.

［14］中共中央 国务院关于建立更加有效的区域协调发展新机制的意见（2018年11月18日），新华社北京11月29日电。

［15］潘热新．河南投资项目审批制度改革3.0版很务实很精彩［N］．中国经济导报，2019 – 06 – 13.

［16］徐丽华，冯宗宪．西部航空产业发展对西部区域经济的带动作用分析［J］．科技与经济，2006（2）.

［17］河南民航发展投资有限公司网站，http：//hnht.aircraftnurse.com/.

第十一章　跨境航空金融

随着全球化的发展，国际航空旅行和货物运输的数量日益增加，这也凸显了航空产业的全球属性。全球航空价值链各环节上的经济主体在国际市场开展业务，会涉及海外并购、跨境融资、货款与租金的收取和支付等离岸结算。本章的主要内容是跨境航空金融，第一节是航空离岸结算，第二节重点介绍国际航空融资，第三节介绍航空跨国并购，第四节通过案例分析了解跨境飞机租赁 JOLCO 的融资结构。

第一节　航空离岸结算

离岸结算是离岸金融业务的一部分，是离岸贸易中货款与租金的收取和支付的手段。随着经济全球化的发展和我国对外开放程度的扩大，大型跨国公司或集团会在我国自由贸易区等经济特区设立离岸结算中心，通过离岸账户进行离岸结算。本节先阐释离岸结算的相关基础知识，然后举例说明航空器进出口和跨境租赁中涉及的离岸结算。

一、离岸结算

（一）离岸金融市场

离岸金融市场（Offshore Financial Markets），是指非本地居民之间，以银行为中介，在某种货币发行国国境之外，从事该种货币交易的市场，也有人将它称为欧洲货币市场。

离岸金融市场是在传统国际金融市场的基础上发展起来的，但又突破了交易主体、交易范围、交易对象、所在国政策法规等众多限制。第一，离岸金融市场借贷货币是境外货币，借款人可以自由挑选货币种类。该市场上的借贷关系是外国放款人与外国借款人的关系，这种借贷关系几乎涉及世界上所有国家。离岸金融市场是一个高度国际化的金融市场，吸纳了全球范围的剩余资本和资金。第二，离岸金融市场有其独特的利率体系，以伦敦同业拆借利率（LIBOR）① 为基准利率。一般来说，其存款利率略高于国内金融市场，而放款利率又略低于国内金融市场，利差很小，富有吸引力和竞争性。第三，离岸金融市场的经营环境和市场业务高度自由化，是一种超国家、无国籍的资金融通市场，货币借贷

---

① LIBOR 是各种货币在国际借贷过程中的唯一参照标准。

和外汇买卖既不受制于交易货币发行国的金融法规，又不受制于市场所在国的银行法以及外汇管制，手续简便，低税或免税，效率较高。第四，离岸金融市场由经营境外货币业务的全球性国际银行网络构成，这些银行被称为"境外银行"。

世界主要的离岸金融市场有英国伦敦、美国纽约、日本东京、瑞士、中国香港、新加坡、卢森堡以及某些岛屿国家或地区，如开曼群岛、维尔京群岛、百慕大群岛等。就业务范围来看，离岸金融市场有混合型、分离型、避税或避税港型及分离渗透型等离岸金融市场。

（1）混合型。该类型的金融市场需要金融业具有高度的经营自由，境内市场几乎完全开放，对所在地的经济、金融发展基础和管理水平有较高的要求。该类型的市场以伦敦和香港的离岸经济为代表。混合型离岸金融市场模式代表着国际离岸金融市场的发展方向。

（2）分离型。该类型的市场是由政策诱导、推动，专门为非居民交易所创设，将境内金融业务和离岸金融业务分账处理。一方面便于金融管理当局对在岸业务、离岸业务分别加以监管，另一方面可以较为有效地阻挡国际金融市场对国内金融市场的冲击。该类型的市场以纽约、新加坡和东京的离岸经济为代表。

（3）避税港型。该类型的金融市场位于自身经济规模极小的小型国家或地区，起一个"记账中心"的作用；产生的投资效应、就业效应和国民收入效应很低，但在硬件方面的投入成本却不低，对软件的要求也很高；既可以产生资金渗透，又可成为"洗钱中心"。该类型的市场以加勒比海地区开曼群岛和巴哈马群岛的离岸经济为代表。

（4）分离渗透型。该类型的离岸金融市场是以内外分离为基础的、适度渗透的金融市场，即从事离岸金融业务的金融机构要专门开设离岸业务账户，将离岸业务与在岸业务严格分离，同时在将境内业务和离岸金融业务分账处理的前提下，根据经济发展中的引资需要，允许一定比例的离岸账户资金流入。

任何国家、地区及城市，凡主要以外币为交易（或存贷）标准币的，以非本国居民为交易对象，其本地银行与外国银行所形成的银行体系，都可称为离岸金融中心。

根据上述离岸金融市场按业务范围的分类，主要离岸金融中心可分为三类：①以伦敦为代表的伦敦型离岸金融中心，经营的货币是境外货币，市场的参与者既可以经营离岸金融业务，又可以经营自由市场业务。在管理上没有什么限制，经营离岸业务不必向金融当局申请批准。②以纽约为代表的纽约型离岸金融中心，经营离岸业务的本国银行和外国银行必须向金融当局申请。经营离岸金融业务可以免交存款准备金，享有存款保险金的优惠，享有利息预扣税和地方税的豁免权。离岸业务所经营的货币可以是境外货币，也可以是本国货币，但离岸业务和传统业务必须分别设立账户。③避税型离岸金融中心，一般设在风景优美的海岛和港口，政局稳定，税收优惠，没有金融管制。这是我们通常意义上所说的离岸金融中心。

目前比较著名的离岸金融中心有英属维尔京群岛、开曼群岛、马恩岛、巴哈马群岛、百慕大群岛、西萨摩亚、安圭拉群岛等。

（二）离岸金融结算

从严格意义上讲，离岸金融也就是不受当局国内银行法管制的资金融通，无论这些活动发生在境内还是在境外。如美国的国际银行业设施（IBF）和东京离岸金融市场的业务活动等，均属离岸金融。所以，离岸金融业务是指为企业和非居民提供境外货币借贷或投资、贸易结算、外汇黄金买卖、保险服务及证券交易等金融业务和服务。比如，重庆进行美元、欧元、英镑、澳大利亚元等货币的存放、借贷及其相关业务等，就可以认为是离岸金融业务。

离岸结算是离岸金融业务的一部分。简单地说，结算就是（因商品或劳务等引起的）货币的收付，包括现金结算和转账结算等。离岸金融结算是指境内的企业在内地开设外币账户，直接用外币进行境外贸易的收付结算业务。

以前，由于中国外汇管制的要求，境内企业是不能直接用外币结算的，所有外币都必须折算成人民币再完成结算。我国大约最早在深圳的蛇口工业区，以招商银行为特批单位进行离岸结算。现在深圳、上海、天津、重庆，有部分银行或特批的结算中心可以做这类业务。例如，惠普公司就将亚太区的结算中心从新加坡搬到了重庆。下面通过沃尔沃（中国）的案例来解释离岸金融结算。

2019 年，沃尔沃建筑设备投资（中国）有限公司正式迈入了在中国发展的第十六个年头。2003 年，公司刚落户浦东金桥的时候，还只是个功能单一的初级装配厂。沃尔沃建筑设备投资（中国）有限公司隶属于沃尔沃集团，坐落于上海自贸区金桥片区的金京路上，总部位于瑞典哥德堡。随着浦东金桥的产业升级，公司现已拥有全球最先进柔性流水线的厂房，智能化机械臂上下翻舞，每 20 分钟就能下线一台挖掘机。沃尔沃在全球拥有四个总部，在上海金桥的总部业务量占据其中的四分之一。2015 年 5 月，沃尔沃融资租赁（中国）有限公司在上海金桥注册成立，成为上海自贸区扩区后首家融资租赁和商业保理机构。从 2003 年投产开始，沃尔沃在中国逐步发展，逐步构建了生产基地、金融服务、跨国对外投资中心和销售结算中心的格局。

按照我国以往离岸贸易结算的惯例，如果货物不经过国内口岸，直接由企业的境外生产厂商销售给境外客户，将会受到海关监管模式和外汇监管模式的限制。即因为看不到货物，无法出具相关证明，而没有有关证明，银行无法收付汇，这样就会导致企业的离岸贸易无法在国内开展资金结算。沃尔沃（中国）公司因无法在国内开展资金结算，遂向金桥管委会提出，能否在企业、银行和监管机构之间建立联动机制，在确保离岸贸易的真实性和资金往来的合法性的基础上，推动在上海自贸区有效开展离岸贸易。金桥管委会借助自贸区制度创新优势，在上海市商务委、浦东商务委、中国人民银行上海分行、国家外汇管理局上海市分局以及兴业银行上海分行交易银行部、自贸区支行等多个项目参与方的努力协调下，终于打通了跨境业务结算的壁垒，实现了订单流、货物流和资金流"三流分离"。

首个试点项目是中国水利水电第八工程局有限公司尼日利亚宗格鲁水电站项目，该项目向沃尔沃订购两台韩国生产的工程设备，从韩国工厂直接发运到尼日利亚拉各斯港，服务"一带一路"建设。交易和运输均在海外发生，而资金结算则通过兴业银行上海自贸区支行专用账户进行。整个流程便捷顺畅，不再需要借助海外公司支持国内业务运营，节省了另设结算公司的高昂成本，效率大幅提高。试点充分发挥了企业地区总部的跨境结算和贸易职能。

沃尔沃（中国）的这个案例既是一个离岸结算的例子，也是一个离岸贸易的例子。

（三）离岸贸易

离岸贸易是近二三十年出现的、随跨国公司业务发展演化而来的一种新贸易模式，其最关键的特征是订单流、货物流和资金流"三流"分离。

离岸贸易一般通过离岸公司操作，离岸公司泛指在离岸法区（如自贸区、自贸港）内成立的公司。离岸公司开展离岸业务通常没有任何税收负担，离岸法区政府一般只向离岸公司征收年度管理费，不再征收其他任何税款。

离岸贸易的运作方式是：A 国的买方和 B 国的卖方根据设在 C 国离岸公司的要求，直接完成货物的买卖，其间所有物流不经过 C 国，但贸易结算由 C 国的离岸公司负责。以海南为例，一家跨国公司从越南采购原材料，送到马来西亚去加工，最后把产品卖到新加坡，这期间所有物流不经过海南，但是合同订单、资金收付、航运物流、保险、贸易融资等都通过设在海南的离岸公司进行。

对上述 C 国的国际贸易统计而言，离岸贸易涉及的货物，主要发挥了金融市场的国际结算功能，与涉及的进出口业务无关，因而被称为离岸贸易。

离岸贸易的操作方式就是一种综合的、全面的、降低企业进出口运营成本的国际贸易操作方式。离岸贸易实质是货物运输在海外，资金结算在国内，这种贸易模式使资金流和信息流向离岸法区汇聚。随着国际订单量增加，在离岸法区的贸易结算规模增加，贸易决策中心集聚，同时还会吸引资金运营商、新型贸易商和高端商贸人才集聚，从而进一步强化离岸法区所属国或地区的国际贸易中心的功能。离岸贸易是目前国际上自由贸易港的重要业态，离岸业务成熟与否代表了区域的国际市场竞争力和配置全球市场资源的能力。

（四）离岸结算中心

世界上一些国家和地区（多数为岛国）近些年纷纷以法律手段制定并培育出一些特别宽松的经济区域，这些区域一般称为离岸法区。在离岸法区内依据离岸法区专门的离岸公司法规注册成立的有限责任公司或股份有限公司就是离岸公司，其注册资本来源于离岸法域之外的投资者的投资，且不得在离岸法域内经营。离岸公司与一般有限公司相比，主要区别在三个方面：第一，税收。与通常使用的按营业额或利润征收税款的做法不同，离岸法区的政府只向离岸公司征收少量的年度管理费，不再征收任何税款。第二，几乎所有的离岸法区均明文规定：公司的股东资料、股权比例、收益状况等，享有保密权利，如股东不愿意，可以不对外披露。第三，几乎所有的国际大银行都承认这类公司，为其设立银行账号及财务运作提供方便，如美国的大通银行、中国香港的汇丰银行、新加坡发展银行、法国的东方汇理银行等。另外，通常离岸地区和国家与世界发达国家都有着良好的贸易关系。因此，海外离岸公司是许多大型跨国公司和拥有高额资产的个人经常使用的金融

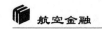

工具。

从严格意义上来说，离岸公司（Offshore Company）并不是一个非常准确的法律用语。根据注册地的法律，离岸公司有不同的称呼。比如，在英属维尔京群岛称之为商务公司（Business Company），而在开曼群岛称之为豁免公司（Exempted Company）。在中国语境下，其也被称为境外特殊目的公司（SPV）。

随着我国自贸区的发展，越来越多跨国公司在我国自贸区设立跨国对外投资中心、离岸结算中心和国际资产管理中心，方便跨国公司总部外汇资金集中运营管理，简化经常项目外汇收支手续。本质上，这些离岸结算中心属于离岸公司的范畴。离岸结算中心，实现了跨国企业集团全球结算和资金归集调拨，使"走出去"的企业境内外投融资、离岸贸易结算更加便利化。

（五）离岸账户

以离岸公司的名义开立的离岸账户在性质上等同于境外银行账户，许多中资及外资银行为离岸账户提供以下服务：

（1）在岸、离岸联动。为了方便企业跨境资金账户管理，提高企业境内外资金的综合运营效率，许多银行利用其自身雄厚的在岸业务优势和独特的离岸业务优势，开发出了结合在岸、离岸联动服务的业务新品种——综合账户管理服务，即离岸、在岸两个账户同时开立于一家银行，在一家银行管理跨境资金往来。只需企业的境内公司在银行的网点开立在岸账户，同时企业的境外关联公司和合作伙伴在同一银行离岸部开立离岸账户，即可通过这两个账户之间的资金划转和信用支付，全面满足公司境内外相关公司的资金管理和跨境业务的需要。

（2）离岸外汇存款质押在岸授信业务。如果企业不愿意将离岸外币资金转入境内结汇为人民币资金使用，银行可为企业提供离岸外汇存款质押在岸人民币授信业务，即企业将在离岸账户上的外汇存款做质押，开立定期存单或备用信用证或保函，为国内关联公司在同一银行申请在岸人民币贷款的业务提供担保。在这项业务中，境外公司为出资人，境内公司为借款人，发放人民币贷款的银行分支机构为贷款人和质押权人，银行离岸业务部为存款行并负责质押资金的监管。

（3）离岸国际结算。客户可以身居中国内地办理境外公司对境内外的所有结算业务和资金汇划业务，从而降低营运成本，提高资金使用效率。银行为客户提供的离岸国际结算服务，包括电汇、汇票解付、光票托收、跟单托收、进口开证（含转让信用证）、出口信用证、保函及备用信用证等业务。

（4）离岸贴现和福费廷业务（Forfeiting）。银行为了帮助离岸客户提前回笼资金，加快企业的资金周转，推出了离岸贴现和福费廷业务。离岸贴现业务就是银行买入客户手中的未到期银行承兑汇票或承兑电报，扣除未到期利息后将票面余额支付给客户的业务。办理贴现业务，可以使客户提前收回货款，减少资金占压。离岸福费廷业务是银行对客户无追索权地贴现其出口信用证项下已经证实的承兑电报的业务。办理福费廷业务还可使客户减少对银行的负债，改善财务报表，避免汇率风险，免除被追索。

到银行办理离岸贴现和福费廷业务，通常能享受方便快捷的贴现手续和灵活优惠的贴现利率。客户只需向银行提出申请，提交相关资料，包括承兑汇票/电报正本、董事会决议、债权转让书（福费廷）、信用证及修改原件、相关贸易合同、发票和提单复印件等；然后签署合同，并出具相关业务凭证，银行即可为其办理审核出账手续，使客户提前收回资金，加速资金周转。

（5）离岸授信业务。银行为离岸客户提供灵活周详的离岸信贷服务。银行提供的授信服务主要包括离岸综合授信额度、离岸贸易授信融资业务、离岸贷款业务、银团贷款、债务融资/股权融资/杠杆融资等授信服务。客户如果想要获得某些银行的离岸授信业务，需要提供一定的信用支持。

二、航空离岸金融结算

近年来，国家外汇管理局在扩大金融对外对内开放、拓展金融服务功能、推动跨境投融资创新、建立健全金融风险防范体系等方面加强政策研究，平衡防范风险和投资贸易便利化的关系，为跨境租赁业务营造良好的金融服务环境，为航空租赁产业的可持续发展提供便利。航空器离岸租赁是指境内的租赁公司购买境外制造商的航空器，并租赁给境外航空公司的业务模式。航空器离岸租赁，分为离岸经营性租赁和离岸融资租赁。下面通过实例来说明航空器离岸金融结算。

（一）航空离岸经营性租赁结算实例

2015 年 8 月，国家外汇管理局同意经营性租赁收取外币租金政策正式落地天津东疆保税港区，这是全国首家。早在 2015 年 7 月，工银金融租赁有限公司（以下简称"工银租赁"）在天津东疆采用离岸租赁的创新结构，向尼泊尔喜马拉雅航空交付一架 A320，完成了我国首单离岸飞机租赁业务。图 11 - 1 是该次离岸经营性租赁的结构图。图中右上方的单向箭头表示的是飞机在境外交付；左上方的单向箭头表示购机款支付，下方单向箭头表示租金的结算，说明资金在境内结算；图中左上方和下方的双向箭头表示由商务合同代表的订单流或信息流。这个典型的离岸经营性租赁"三流"分离结构图，说明了飞机离岸经营租赁中租金的离岸结算。

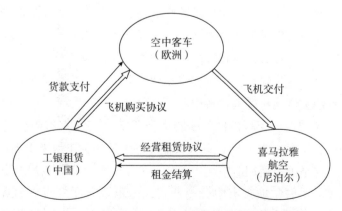

图 11 - 1 工银租赁公司飞机离岸经营性租赁结构图

2017 年 12 月 11 日下午 6 时，一架从爱尔兰起飞的空客 A321 飞机顺利抵达柬埔寨波成顿国际机场，标志着广东自贸区首单飞机离岸租赁业务在南沙顺利完成。这架飞机是由广东自贸区南沙片区的广州华胜一号飞机租赁有限公司（以下简称"广州华胜"）从爱尔兰购买，出租给柬埔寨的澜湄航空，飞机直接在承租方所在地柬埔寨交付。图 11-2 是本次广州华胜离岸经营性租赁的结构图，说明了飞机离岸经营性租赁中租金的离岸结算。

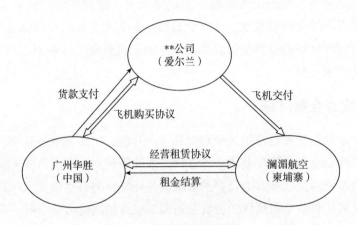

图 11-2　广州华胜离岸经营性租赁结构图

截至 2017 年 8 月底，中国在册的 3141 架民航运输飞机中，通过天津东疆以租赁模式引进的民航客机有 776 架；通用航空 2230 架在册飞行器中，通过东疆以租赁方式引进的通航飞机为 214 架，约占通航飞机总数的 10%；东疆还完成了 93 台飞机发动机的租赁业务。经营性租赁业务收取外币租金试点在东疆开展以来，截至 2017 年 9 月 20 日，有 195 家租赁企业开展了离岸经营性租赁业务，累计收取外币租金突破 24 亿美元，累计为企业节约成本约 2.2 亿元人民币。飞机租赁租金离岸结算，有效解决了企业币种错配的问题，规避了汇率风险，降低了企业财务成本和经营管理成本，提高了公司运营效率。

（二）航空离岸融资租赁结算实例

2019 年 1 月，国家外汇管理局批复同意在天津自由贸易试验区内开展飞机离岸融资租赁对外债权登记业务。天津自由贸易试验区成为目前首个经国家外汇管理局批复可办理飞机离岸融资租赁对外债权登记业务的区域。相关手续办理后，飞机在不入境的情况下，直接租赁给境外客户，而资金仍然在境内进行结算。作为我国融资租赁聚集地的东疆保税港区，该政策的批复进一步促进了飞机离岸租赁业务开展，提升了东疆飞机租赁业务的国际影响力，全力打造全球飞机融资租赁中心。

2019 年 2 月，天津东疆保税港区的安鹏融资租赁（天津）有限公司与新西兰太平洋航空航天有限公司、印度尼西亚 Skycab Aviation 公司开展关于两架 P750 固定翼飞机的离岸融资租赁业务，这是国内通用航空离岸租赁业务第一单。本次离岸融资租赁是由安鹏租赁公司从新西兰太平洋航空航天有限公司购买，出租给印度尼西亚 Skycab Aviation 公司的，飞机于 2019 年 9 月在新西兰出厂验收并交付。此笔交易中，制造厂商与承租方在境外，飞机在新西兰交付；采用人民币结算，印度尼西亚方面将自行购置人民币支付租金；飞机离岸融资租赁对外债权登记在境内。此笔业务中，从飞机的交付、债权的设立到租金的结算等方面均有别于传统的飞机租赁。在之前的政策下，境内的融资租赁企业，只有把飞机运到国内之后，才能租赁给国外的企业，大量的时间成本和物流成本，让很多企业不得不放弃。

天津东疆是世界第二大飞机租赁聚集地。根据东疆保税港区相关数据统计，截至2019 年 11 月 18 日，东疆共注册租赁公司超过 3394 家，累计注册资本金达 5499.32 亿元人民币，累计完成 1524 架飞机、114 台发动机的租赁业务。东疆着力推动飞机租赁发展与国际接轨，积极推动与海关等监管部门的合作。在外管政策方面，经营性租赁收取外币租金、飞机离岸融资租赁对外债权登记业务先后在东疆落地，为企业开展业务提供了政策支持。

第二节 国际航空融资

在国际航空融资领域，除了国际商业信贷、国际债券、国际股票、基金和金融衍生工具等这些通常的国际融资工具外，各国（或地区）政府为促进本国航空业发展会通过出口信贷的方式参与其中。本节首先介绍国际融资工具和出口信贷，然后通过国际航空融资的一些实例来进一步阐释国际航空融资中的基础知识。

一、国际融资工具

金融中介体系由银行业金融机构与非银行金融机构构成。银行业金融机构，是指吸收公众存款的金融机构以及政策性银行。现行的银行金融体系包括中央银行、商业银行和专业银行。各国的中央银行在一定意义上属于政府部门，如中国人民银行是中华人民共和国的中央银行，是中华人民共和国国务院组成部门之一。专业银行包括储蓄银行、开发银行、进出口银行、抵押银行、农业银行和住房信贷银行。非银行金融机构（Non – bank Financial Intermediaries），指除银行业以外的所有金融机构。非银行金融机构是以发行股票和债券、接受信用委托、提供保险等形式筹集资金，并将所筹资金运用于长期性投资的金融机构。

（一）国际商业贷款

国际商业贷款亦称国际商业银行贷款，是国际金融市场上由各种商业银行或银团发放的贷款，借贷双方是不同国家（或地区）的法人或自然人。国际商业银行贷款的利率较高，一般以国际金融市场的利率水平为基准（如伦敦银行同业拆放利率），加上一定的加息率计算。国际商业贷款的附加条件较少，借款人可以自由使用贷款。贷款多为短中期贷款，期限在一年或五年以内。中期贷款多是国际银行间贷款，通常称为"双边（或多边）

贷款"。

目前，几乎每一个国家都发行自己的货币，在本国充当法定的流通手段。所以，大多数国家的货币不能自由兑换，因此无法充当国际信贷使用的货币。现今世界上可以自由兑换的国家货币有 40 多种，其中在国际经济往来中经常使用的有美元、欧元、英镑、日元、人民币等十几种。国际银行就是通过这些货币资本的交换来完成信贷过程的。

国际商业贷款是在国际金融市场上进行的，一些国家的商业银行及其他金融机构参加市场的金融活动，充当了最初存款者和最终借款者的中介机构角色。国际商业贷款有债权和债务的双重性。对提供资金的外国银行或银团来说，其吸收存款，是债务人；对世界各国的借款者来说，国际银行又成为债权人。因此，形成了最初存款者与国际银行之间和国际银行与最终借款者之间的双重债权债务关系。

（二）国际债券

债券作为投资工具，其本质是一种债权债务关系的凭证。债券投资者有权在债券发行后的特定日期向债券发行人收回本金，并在债券有效期内按规定收取一定数额的利息。所谓国际债券，是指各种国际机构、各国政府及企业法人遵照一定的程序在国际金融市场上以外国货币为面值发行的债务融资凭证。国际清算银行（BIS）按照国际债务证券的大概念界定国际债券，其中既包括一般的中长期债务融资工具（即狭义的国际债券），也包括短期的（3 个月以内的）国际货币市场债务融资工具。

按照债券发行国、发行地国、面值货币发行国之间的关系，国际债券（狭义的）可以分为外国债券、欧洲债券和全球债券。外国债券（Foreign Bonds），是发行人在外国发行的，以发行地所在国的货币为面值的债券。欧洲债券（Euro Bonds），是指筹资人在债券面值货币的发行国以外的第三国或离岸金融市场上发行的国际债券，债券发行国、发行地国、债券面值货币发行国属于三个不同的国家。目前，欧洲债券在国际债券中占据主导地位。全球债券（Global Bonds），是指在世界各地的金融中心同步发行，具有高度流动性的国际债券。

还有一类比较特殊的债券——与股权相联系的债券①，是一种新型金融产品，它向投资者许诺可按约定条件向发行者换取某些股份或其他证券，或有权购买某些资产。目前，与股权相联系的债券一般仅占（狭义的）国际债券的 5% 左右。

（三）国际股票

股票作为一种投资工具，是由股份公司发给投资者用以证明投资者对公司的净资产拥有所有权的凭证。投资者凭此有权获得公司的股息和红利，并承担公司的责任和风险。国际股票是指世界各国大企业公司按照有关规定在国际证券市场上发行和参加市场交易的股

---

① 与股权相联系的债券中比较典型的是可转换债券。可转换债券是债券持有人可按照发行时约定的价格将债券转换成发债公司的普通股股票的债券。如果债券持有人不想转换，则可以继续持有债券，直到债券期满时收取本金和利息，或者在流通市场出售变现。如果持债人看好发债公司股票增值潜力，在转换期限内可以行使转换权，按照预定转换价格将债券转换成股票，发债公司不得拒绝。持债人行使转换权后，身份就由债权人变为普通股股东，不能再要求还本付息，可以行使普通股股东的权利。

票。这些公司往往是信誉卓著、实力雄厚的跨国公司，如美国的通用汽车公司、国际商用机器公司等。国际股票包括直接海外上市的股票、存托凭证和欧洲股权三类。

企业发行国际股票的动机主要有四个：第一，在更具深度和广度的国际资本市场上筹集资金，降低筹资成本；第二，发行国际股票能够扩大投资者的分布范围，分散股权，这不仅可以提高公司股票的流动性，有利于股价的稳定和提高，而且可以减弱国内机构投资者的控制；第三，发行国际股票可在世界范围内提高公司的知名度，从而有利于企业的业务发展；第四，满足以股票并购形式进行跨国并购的需要。

（四）基金

从广义上说，基金（Fund）是指为了某种目的而设立的具有一定数量的资金。例如，信托投资基金、公积金、保险基金、退休基金以及各种基金会的基金等。根据基金单位是否可增加或赎回，可分为开放式基金和封闭式基金。开放式基金不上市交易，通过银行、券商、基金公司申购和赎回，基金规模不固定；封闭式基金有固定的存续期，一般在证券交易场所上市交易，投资者通过二级市场买卖基金单位。基金既是投资对象，也是投资主体。下面通过两个例子介绍基金在国际航空融资中的应用。

（1）2019年，全球领先的飞机租赁公司日本住友（SMBC）航空资本推出全球航空设备租赁基金（GAEL）。这是一家封闭式基金，已从17家日本机构投资者筹集股权资本，并从国际认可的银行获得担保债务融资。GAEL是SMBC航空资本推出的第一家日本机构投资者的航空股票基金。GAEL将从SMBC航空资本收购飞机组合，租赁给各种国际航空公司，SMBC航空资本将继续担任飞机服务商。飞机租赁基金是投资者非常理想和稳定的资产选择，GAEL为许多日本机构投资者提供了进入飞机租赁市场的特定机会。

（2）2019年5月底，欧洲领先的中小企业投资私募股权投资机构翼迪投资宣布ISIA基金（翼迪投资中小企业工业资产基金）完成最终交割，融资金额达3.4亿欧元，超过既定目标3亿欧元金额的13%，主要投资者包括欧洲投资银行（EIB）和欧洲投资基金（EIF）。ISIA基金共得到了15家机构投资者的投资，其中1/3是主权财富基金，投资机构中有近35%的国外（法国之外）投资机构。ISIA基金于2017年底推出，该基金通过两种方法帮助公司为添置设备进行融资：一是直接从供货商购买新的或者二手设备，二是购买公司对现有设备进行售后回租。这样，企业不仅可以实现生产设备和生产线的现代化，而且可以将现有资金优先投资于新的项目。该基金涵盖的设备融资领域包括航空航天、医疗、汽车和建筑，以及包括出版和印刷在内的消费品，目标企业覆盖比利时、法国、德国、卢森堡、荷兰和西班牙等国。该基金单笔投资规模在100万—1500万欧元之间（平均投资金额为500万欧元），平均投资期限为5—7年。ISIA还在2018年末推出专为工业中小企业家们设计的数字平台，使客户企业在4—6周内完成融资，比银行通常6—8周的融资周期少两周。同时，企业还可以根据自身需求调整每期的还款金额。

（五）金融衍生工具

按性质的不同进行划分，金融衍生工具可以划分为金融远期、金融期货、金融期权、金融互换和再衍生金融工具五种。

（1）金融远期，是指合约双方同意在未来日期按照固定价格交易金融资产的合约。金融远期合约规定了将来交易的资产、日期、价格和数量，合约条款因合约双方的需要不同而不同。金融远期合约主要有远期外汇交易合约和远期利率协议。

（2）金融期货，是指买卖双方在有组织的交易所内以公开竞价的形式达成的，在将来某一特定时间交收标准数特定金融工具的协议。金融期货主要包括货币期货、利率期货和股票指数期货三种。

（3）金融期权，又称为金融选择权，是指持有期权合约的买卖双方享有的契约期满日或在此之前按合同的约定价格购买或出售约定数的某一种金融工具的权利。金融期权包括现货期权和期货期权两大类。

（4）金融互换，是指两个或两个以上的当事人按共同商定的条件，在约定的时间内，交换一系列支付款项的金融交易。金融互换主要有货币互换和利率互换两种。

（5）再衍生金融工具，是指在金融远期、金融期货、金融期权、金融互换之间组合形成的新型金融工具。

二、出口信贷

（一）出口信贷的内涵

1. 出口信贷的定义

出口信贷（Export Credit），又称对外贸易中长期贷款，是出口国政府为了鼓励本国商品出口，加强本国商品的国际竞争力所采取的对本国出口给予利息补贴并提供信贷担保的中长期贷款方式。这种融资方式着重于本国商品的出口，利率收取与信贷条件和本国金融市场上类似贷款方式相比有明显区别，并在不同程度上受国际惯例约束。出口信贷是集国际贸易、国际投资及间接融资为一体的中长期信贷，官方主体不仅在国际市场上为本国商品开辟出捷径，也为官方资金提供了良好的投资渠道。

2. 出口信贷的特点

出口信贷的特点有四个：

（1）出口信贷不同于一般与贸易有关的融资。出口信贷是官方支持的中长期信贷，而其他各种融资是带有抵押性质、期限较短的贷款。

（2）出口信贷的利率一般低于相同条件资金贷放的市场利率，利差由国家补贴。因为大型机械制造业在国民经济中占有重要地位，其产品价值高、金额大，加强这些货物的出口对国内生产和就业影响甚大。所以为了扩大销路，官方资金支持竞相以低于市场的利率对外国进口商或本国出口商提供贷款。

（3）作为官方资助的政策性贷款，许多国家设有专门的信贷部门或机构负责。美国的官方资助的主要机构是进出口银行（Export – Import Bank of United States，US EXIM），其次是海外私人投资公司、商品信贷公司。法国则为法兰西银行和半政府机构法兰西外贸银行（BFCE），BFCE 提供 7 年以上期限的出口信贷。德国则是通过出口信贷有限公司（AKA）和复兴信贷银行（KFW）两家机构执行。日本政府通过日本输出入银行，提供 6

个月以上的直接出口信贷，并与私人商业银行合作贷款。

（4）出口信贷与信贷保险相结合，并由国家担保。出口信贷由于偿还期长、金额大而存在较大的信贷风险，各国均有专门的信贷保险公司。在国际政治经济和货币信用动荡的形势下，政府直接出面成立国家保险机构或指定原私人保险公司代理国家经营，其一切亏损均由国家负担。1919 年英国官方首先成立了出口信贷担保局（Export Credit Guarantee Department，ECGD），直属于英国商务部。此后，主要西方国家先后建立了国家信贷保险机构，如 1934 年瑞典政府的"出口风险保险部"，1949 年联邦德国重建海尔梅斯出口信贷保险公司，1946 年法国成立法国外贸保险公司，等等，中国的出口信用保险机构（ECA）是成立于 2001 年的中国出口信用保险公司。

（二）出口信贷的分类

出口信贷可以分为以下四种：

1. 买方信贷

买方信贷（Buyer's Credit）是由出口方所在国的银行在出口信贷担保机构担保下，直接向进口商或进口商银行提供贷款，用于支付进口所需贷款的一种出口信贷方式。买方信贷的形式有两种：一种是贷给进口方银行，再由进口方银行转贷给出口商；另一种是直接贷给进口商，通常需要进口商银行担保。

买方信贷的关系较为复杂，涉及各方当事人，他们之间的关系以合同形式确定：第一，买卖双方签订商业合同，商业合同中除一般价格、期限等内容外，还要明确买方向出口信贷机构缴纳保费的义务，一般是由出口商把保费计入价格作为报价的一种；第二，贷款银行或银团、出口信贷机构和进口商银行签订贷款协议；第三，贷款银行和出口信贷机构签署担保合同，由出口信贷机构在借款人无法偿还时向贷款银行赔偿损失，赔偿率可达 100%；第四，贷款银行和出口信贷机构签署利息补贴合同；第五，出口信贷机构与出口商之间签订保费支付合同。根据"君子协定"的规定，无论是卖方信贷还是买方信贷形式，进口商在签订买卖合同到装船前这段时间内必须付相当于合同金额 15% 的现汇定金。

2. 卖方信贷

卖方信贷（Supplier's Credit）是银行对本国的出口商提供信贷，再由出口商向进口商提供延期付款信贷的一种方式。卖方信贷合同在出口厂商与银行之间签订，通常用于成套设备、船舶等出口，以便于出口厂商加速资金周转。按照卖方信贷的安排，出口商把货物装船后，凭出口单证去其约束银行取得装船后信贷，从而补偿他的周转资金，而银行则可以代替出口商按期向国外买主收取货款（一次或数次付清）。这样，出口商得到由银行垫付的出口货款，进口商则可以延期支付。若发生意外，未能从国外收到款项，银行对出口商保留追索权，即仍由出口商承担银行所垫付的全部金额或国外买主未付清金额。出口商向银行获得卖方信贷时，要承担信贷期间的利息、保险费、手续费等有关费用。这些费用均要附加于商品货价中，因此商品报价要高于现汇支付货价。

3. 混合贷款

混合贷款（Co-financing）是由政府和民间商业银行联合提供的一揽子贷款，是既包括出口信贷又包括政府贷款混合贷放的融资方式,这是国家官方间进行出口信贷竞争的产物。在 20 世纪 70 年代混合贷款只占全部援助预算和出口信贷的一小部分,80 年代中期后得到较大发展。这种贷款一方面可以降低贷款利率,增加本国商品出口,另一方面因含有赠与成分,贷款项目具有援助性质,可以深化两国的友好合作关系。近年来,这种贷款已成为中国利用外资的一个新渠道。

4. 出口信贷"君子协定"

为了约束和防止各国官方竞相降低贷款利率,1976 年 7 月西方七国政府代表在巴黎就长期出口信贷条件达成"一致同意"(Consensus),包括进口商应支付的最低现金额(货价的 15%)、最低利率、最长的偿还期等。1978 年 2 月又达成了《官方支持的出口信贷指导原则协议》(*Arrangement on Guidelines for Officially Supported Export Credit*,简称 OECD 国家的"君子协定"),于 1978 年 4 月 1 日起生效。现几经修改,最后一次修订为 1994 年 8 月通过的"一揽子"方案,主要对国家类型划分和出口信贷主要条款的约束性规定进行了修订。

随着国际资本市场利率水平下降、贷款条件的放宽,以及出口信贷机构建立起的一套较完善的评估风险和分散风险的办法,出口信贷更灵活地适应了国际资本市场的需要,对航空企业的投融资更具吸引力。

三、国际航空融资实例

从全球市场来看,航空业属于寡头垄断的市场结构,产业链上的企业基本上都是企业规模较大、资本密集型、技术密集型、高端人才密集型的企业,这些企业或集团在融资方面一般会充分利用国内和国际金融市场,充分运用国际银行贷款、国际债券、国际股票、基金和金融衍生工具等国际融资工具。本部分先从企业层面以中国飞机租赁集团为例分析航空业的国际融资,然后从飞机资产层面分析航空器国际融资模式。

(一)中国飞机租赁集团控股有限公司国际融资分析

中国飞机租赁集团控股有限公司(以下简称"中飞租集团")是 2012 年 12 月根据开曼群岛法律注册成立的有限公司。2014 年 7 月,在香港成功上市。中飞租集团三大股东是中国光大航空金融控股有限公司、富泰资产管理有限公司、中国光大财务投资有限公司,截至 2017 年底,持股比例分别为 30.81%、26.85% 和 1.21%。该集团有三大子公司:①中国飞机租赁有限公司,是中飞租集团的全资子公司,成立于 2006 年,总部设于香港,以飞机租赁业务为主,采用国际惯用的离岸模式营运;②中国飞机融资租赁有限公司是中飞租集团的全资子公司,成立于 2010 年,注册地为天津东疆保税港区;③国际飞机再循环有限公司,是中飞租集团的非全资子公司,成立于 2014 年,总部位于香港,是一家专业为二手租约及中、老龄飞机提供资产管理和综合解决方案的多元策略航空企业。中飞租集团融资渠道多元化,通过美元债券、国际银团贷款、衍生金融工具和飞机资产证券化等国际融资工具进行融资,不断扩大集团的业务。

2017 年,中飞租集团通过多元化融资渠道筹集总计 32.42 亿美元的资金,融资详情如下：

（1）国际债券。2017 年 3 月，中飞租集团把握美国加息前的低利率时机，发行 5 亿美元高级无抵押美元债券，包括一笔 3 亿美元的五年期债券和一笔 2 亿美元的七年期债券，利率分别为 4.7% 和 5.5%。

（2）国际银团贷款。2017 年 10 月，中飞租集团完成其首笔无抵押银团贷款，该笔贷款期限为 4.5 年，将用作飞机采购交付前付款的融资及再融资。该笔贷款原定金额 1.75 亿美元，由于市场反响热烈，最终增加至 4.25 亿美元，反映出市场对飞机租赁行业日趋增长的认知和信心。

（3）中期票据。2017 年，中飞租集团启动了 30 亿美元的高级无抵押中期票据计划，这进一步简化了集团未来的融资安排，并降低了其融资成本。

（4）资产证券化。中飞租集团自 2013 年首次将出售融资租赁应收款项产品引入中国后，一直不断探索该产品的多维度发展，以满足投资者不断变化的需求。自 2013 年成功实现 40 笔飞机租赁应收账款私募配售后，中飞租集团于 2017 年 12 月取得了历史性突破，推出了中国首单以外币计价、外币结算的资产证券化产品，即首单公募市场飞机租赁资产支持专项计划。该产品作为内地投资者重要的投资和对冲工具，使中飞租集团得以发掘投资者对以美元计价且具长期稳定收益的飞机融资类产品的浓厚兴趣。该资产支持专项于 2018 年 1 月在上海证券交易所正式挂牌交易，为中国的资产证券化发展开了先河。通过私募配售和上市两种方式，中飞租集团于 2017 年内共出售 21 架飞机的融资租赁应收款项。

（5）融资租赁结构融资。2017 年，中飞租集团还安排了多种认购股权日税融资租赁（JOLCO）① 结构融资项目。

（6）衍生金融负债。截至 2017 年底，中飞租集团共有 22 份未到期利率掉期合约，将于 2018 年 9 月 21 日至 2024 年 12 月 21 日之间不同日期到期，由伦敦银行同业拆息浮动利率转换为介于 1.3%—2.0% 的固定利率。2017 年 12 月 31 日，利率掉期合约由已抵押存款 1479 万港元作担保。已抵押存款可在符合若干条件的情况下用作结付衍生金融负债。

除了以上这些，中飞租集团的国际融资还包括国际股票。2014 年 6 月 30 日，中飞租集团发布首发 H 股发行公告，发行方式为发售以供认购、发售以供配售及发售现有证券。实际发行总数为 1.32 亿股，募资净额为 5.91 亿港元，发行价格为 5.53 港元/股。

此外，2018 年 3 月，中飞租集团宣布其全资子公司中国飞机融资租赁有限公司与中国国家开发银行天津分行签订战略合作协议，预计合作额度达人民币 100 亿元。此次战略合作主要涉及飞机整机融资、流动资金贷款（支付飞机预付款）、国际飞机再循环融资、资产证券化等业务领域。中国国家开发银行是全球最大的开发性金融机构、中国最大的对外投融资合作银行、中长期信贷银行和债券银行，为国家基础设施、基础产业、支柱产业

---

① JOLCO，即附带购买选择权的日本税务经营性租赁，详见本章第四节相关内容。

以及国民经济重大中长期发展战略服务。中飞租集团的商业模式独特，提供涵盖飞机全生命周期解决方案，服务覆盖新飞机、二手飞机和即将退役的飞机，以满足全球各地航空公司机队管理的需求。双方将发挥各自优势，合作发展航空金融产业，助推空中丝绸之路建设。

（二）飞机资产国际融资模式分析

在飞机资产融资领域，投资人基本上可以分成两种——股权投资人（Equity Investor）和债权投资人（Creditor Investor）。债权投资人的典型参与者有商业银行、非银行金融机构（如保险公司、各种基金和养老金等）、制造商、官方出口信用保险机构（Export Credit Agency，ECA[①]）、租赁公司（融资租赁业务）等。股权投资人的典型参与者有航空公司、租赁公司（经营租赁业务）和机构投资者等。所有飞机经营租赁公司，其业务大同小异，但是其背后的股东却大相径庭，比如有 500 强跨国公司通用电气资本航空服务公司［（GECAS）、Boeing Capital Corporation（BCC），所谓的厂商系］、有银行（中国工商银行、国家开发银行、中国银行、三井住友银行等）、有对冲和私募基金（比如 Avolon 原来的投资人）、有航空公司（东航租赁、南航租赁等），等等。很显然，两类投资人的立场不一样。对债权投资人来说，他们更看重利息、贷款相关费用和本金安全；而股权投资人更看重净资产收益率（ROE）、现金流和税收优惠政策等。

上述两类投资人会通过各种业务模式或组合共同参与到飞机融资的业务中，但有一个共同点：股权投资人先投入股权资本，然后再找债权投资人融资，通过财务杠杆扩大长期资本，也就是扩大整个企业产能，最终扩大净资产收益率。

航空公司引进飞机有购买和租赁两种方式，租赁又分为经营租赁和融资租赁。通过购买和融资租赁[②]方式引进的飞机，所有权实质上归航空公司，因而飞机的最终残值处置权也归航空公司。通过经营租赁方式引进的飞机，其所有权归租赁公司，因而飞机的最终残值处置权也归租赁公司。上述两类投资人的合作，根据最终飞机残值处置权的不同，可以分成两个融资业务基本款。

第一，飞机残值处置权归航空公司。在通过直接购买方式引进飞机的融资结构中，航空公司作为股权投资人将飞机抵押给债权投资人，获取贷款，这就是最常见的抵押融资；在通过融资租赁方式引进飞机的融资结构中，航空公司和租赁公司作为股权投资人，租赁公司将飞机抵押给债权投资人，获取贷款。这两种融资结构虽然在本质上相同，最终借款人都是航空公司，但是仍然存在一些细微的差别，主要有：在法律上，飞机所有权是比飞机抵押权效力更强的一种保护措施（假设中间的租赁公司是贷款人自己设立的 SPV 公司）；租赁公司参与到交易中，对于债权人而言是一种风险降低和分摊；租赁公司可能参与一部分股权投资，比如，租赁公司给航空公司的融资比例是飞机价值的 85%，而债权人给租赁公司的融资比例是 80%，那么 5% 的差额就是租赁公司以自有资金对飞机租赁业

[①] 官方出口信用保险机构（ECA）通常是国有及公有的机构，支持本国企业在国际市场上的利益。ECA 向本国从事跨境交易的企业提供政府贷款、担保及保险（信用保险，帮助企业承担政治风险和商业风险）。

[②] 在飞机融资租赁中，飞机名义所有权归租赁公司，实际所有权归航空公司。

务进行的投资，尽管这部分投资可能很快就会收回。

第二，飞机残值处置权归租赁公司。这种情况仅在飞机经营租赁中存在。飞机所有权为租赁公司所有，股权投资人投资租赁公司，租赁公司将飞机抵押给债权投资人，获得贷款。航空公司作为承租方，只拥有飞机的运营权。债权投资人和股权投资人将根据共同协商出来的融资比例（Loan to Value，LTV）来分摊出资金额。比如，债权投资人的融资比例是80%，那么股权投资人的出资比例就是20%。

虽然飞机融资业务的基本款只有上面两种，但是如果考虑税收、法律风险、飞机资产等因素，由此衍生出来的融资模式和结构却层出不穷。本小节介绍两种资本市场上最具代表性的融资模式：第一，航空公司为主体对外发行债券进行债权融资——增强型资产信托证券（Equipment Enhancement Trust Certificate，EETC）；第二，租赁公司向投资者出售部分飞机资产进行股权融资——无追索权飞机资产证券化（Asset Backed Security，ABS）。

1. 增强型资产信托证券（EETC）

简单讲，EETC 是航空公司以自身飞机资产为抵押物，通过在资本市场发行债券（Equipment Note）进行融资的一种方式。EETC 的基本情况和特点如下：

（1）债券发行人（Issuer）。一家信用等级较高的航空公司，比如某些挂旗航空公司[1]（Flag Carrier）。

（2）债权投资人（Creditor Investor）。资本市场上的参与者，比如养老基金、保险资金、商业银行和其他投资者等。

（3）抵押物（Collateral）。充当抵押物的飞机资产包具有两个特点：第一，是众多具有不同特点飞机资产的组合，可以是数量很多的窄体机，也可以是价值很高的宽体机；可以是机龄比较年轻的新飞机，也可以是机龄偏大的老飞机；可以是流通性较强的主流飞机，也可以是流通性不强的飞机；还可以是上述所有情况的结合，这样做的好处在于那些流动性不强的飞机资产可以被那些投资价值较强的飞机资产所支持，两者混合在一起共同得到融资。第二，资产包的整体价值通常在 10 亿美元以上，如果价值太小，不利于分摊融资成本。

（4）发行（Issue）。航空公司会以上述抵押物的价值和自身运营收入为基础，在资本市场上公开发行不同级别的债券（Different Tranches），大体上分为高级（Senior 级别，Rating AA 或者 A）、中级（Mezzanine 级别，Rating BB 或者 B）和次级（Junior 级别，Rating C）。级别是评级机构根据航空公司资质、飞机资产质量、偿还优先级等因素综合评定的结果。不同级别的债券代表着不同偿还优先级，这意味着当航空公司违约或者破产情况下，处置飞机所得收益会按照债权投资人所持债券等级由高到低进行赔付，其中

---

[1] 广义上，一家航空公司如果能配合注册国或注册地政府的外交政策，在必要时不以商业利益为优先考量，代表国家来执行特定国际航线的飞行经营时，即可视为该国或该地的挂旗航空公司。世界上大部分国家都有自己的"挂旗航空公司"。挂旗，不仅仅代表这是属于该国的航空公司，更特指由国家或政治实体指定、代表其飞行国际航线的航空公司。一般挂旗航空公司的飞机机身明显的位置都会喷上代表该国或政治实体的旗帜或标志，但并非绝对。中国国际航空公司是中国唯一的挂旗航空公司，不仅提供国际、国内的客货运输服务，而且还承担国家领导人的专机任务。

Senior 级别最高，会最先得到赔付，Mezzanine 级别次之，Junior 级别最低。因此，不同等级的债券会有不同的票面利率，很显然 Senior 级别最低，Junior 级别最高。

所有等级债券金额之和占抵押飞机资产价值的比例就是融资比例（LTV），其中 Senior 级别和 Mezzanine 级别两者之和的 LTV 约 50%～60%，而整体 LTV 比例是多少，要看有多少投资人愿意购买多少 Junior 级别的债券，这点与很多因素有关，比如投资人的风险偏好、投资人对行业趋势判断、航空公司信用等级、飞机资产价值稳定程度等因素，因此最终整体 LTV 可能介于 70%～90% 之间。

如果飞机处置收益小于所有债权人持有债权金额的总和，Junior 级别的债权投资人很可能血本无归。在这种情况下，Junior 级别的债权投资人和那些无抵押债权人甚至股东的赔偿优先级别基本相同。需要说明的是，同一个债权投资人可以同时持有不同等级的债券，也就是说，一个债权投资人既可以是 Senior 级别，同时也可以是 Junior 级别。

（5）流动性便利（Liquidity Facility）。这种金融工具也是 EETC 融资结构中的特别之处，它的作用是使债权投资人在航空公司发生违约的情况下获得一定的流动性支持。具体如下：当航空公司发生违约或者破产时，虽然债权投资人，尤其是 Senior 债权投资人，有权处置飞机，但是执行起来仍然需要很长时间，短则 60 天，长则 18 个月到 24 个月，也就是说在这段时间内债权投资人不仅无法收回任何贷款和利息，可能还需要承担因回收和处置飞机而带来的各种费用。而流动性便利提供者（可能是某些商业银行），可以在这段时间内（通常为 18 个月），继续向债权投资人支付相应利息，这相当于给了债权投资人 18 个月的缓冲时间。此外，对于某些国家和地区，由于相关法规和政策的原因，这一时间可能延长到 24 个月。当然流动性便利提供者并非无偿这么做，一旦债权投资人从飞机处置或者转租中获得了收益，此项收益应该优先用于偿还流动性便利提供者在这段时间内向他们支付的资金和利息。流动性便利提供者的优先级别在 Senior 债权投资人之前。

（6）次级债权投资者收购权（Buyout）。相比于 Senior 债权投资人，EETC 对于 Junior 债权投资人的保护措施最弱。当航空公司违约或者破产时，处置飞机的收益也许只能覆盖 Senior 债权投资人所持有的债权金额，这对 Junior 债权投资人十分不利。因此，当这种情况发生时，Junior 债权投资人有权购买 Senior 债权投资人手中的所有债券，以保留处置飞机的权利，购买价格通常为所有剩余本金和利息之和。Junior 债权投资人选择行使这个权利的原因有很多，他们对于航空公司未来的偿债能力持有不同的预期，他们判断现在处置飞机并非正确时间。

（7）债权投资人可以享受美国 Section 1110 或者开普敦公约（Cape Town Convention）的保护措施。

EETC 比 ETC 多了一个 Enhancement，基本上，EETC 中的各项措施都是为了保护 Senior 债权投资人而设立的，主要包括三点：第一，分级别发行债券；第二，流动性便利；第三，Section 1110 或者开普敦公约对于债权投资人的保护措施。

2. 飞机资产证券化（Asset Backed Securities，ABS）

在国际上只有经营租赁飞机资产才可以操作资产证券化，融资租赁资产或者其他信贷资产不能进入 ABS 的资产包，理由是这些资产的实际所有权并不属于租赁公司。因此，国际上的飞机资产证券化是飞机租赁公司以自身飞机资产为抵押物，以从航空公司收取租金为支撑，通过在资本市场发行债券（Securities）进行融资的一种方式。飞机资产证券化与增强型资产信托证券（EETC）的操作模式和结构都十分相近，下面主要就 ABS 与 EE-TC 的不同点进行分析。

（1）债券发行人（Issuer）。ABS 的发行人一般是信用评级较好的租赁公司所设立的SPV 公司。

（2）抵押物（Collateral）。在这一点上 ABS 与 EETC 最主要的不同是飞机会来自不同的航空公司、不同的国家和地区，其目的是保证飞机资产包的分散性和多样性（Diversity）。从统计学的角度看，这是一种风险的降低。资产包的整体价值通常在 10 亿美元以上。

（3）流动性便利（Liquidity Facility）。对于那些信用等级较高的租赁公司，可能无须提供这种流动性保证，而对于某些信用等级较低的租赁公司，为降低融资成本，则可能不得不提供此类保证。

（4）有无追索权（Recourse or Non - recourse）。这可能是 ABS 和 EETC 最大的不同，几乎所有 EETC 都是有追索权的，而很多 ABS 是没有追索权的，尤其是那些信用等级比较高的租赁公司所发行的 ABS。也就是说，一旦航空公司不能按时向 SPV 支付租金，也就意味着 SPV 不能向债权投资人按时还款，此时债权投资人是不能直接向 SPV 背后的租赁公司追索赔偿的，只能等待承租人情况好转或者进行破产清算处置飞机时才能收回本金。但是也有其他一些情况会触发债权投资人对租赁公司的追索权，主要如下：租赁公司未将航空公司的租金支付给债权投资人；SPV 的操作违反了融资协议的某些协定；租赁公司对债权投资人在某些重大问题上存在不实陈述；某些故意不当行为或者欺骗行为。所以说，无追索权的 ABS 的债权投资人更像是股权投资人。租赁公司将自己的飞机资产打包后，将其中一大部分股权出售给投资人，而自己也会保留 15% ~ 20% 的股权，从而将风险分摊出去，并将融资资金用于其他项目的投资，提高整体资金周转效率，进而提高公司整体净资产收益率。

与此同时，ABS 的投资人可能并不擅长管理飞机资产，因此他们往往会再与租赁公司签署相关的服务协议，由租赁公司继续管理这批飞机资产，比如租金收取、飞机检查、退租、再营销和资产处置等事宜，并收取相关的服务费用，这是租赁公司的另一个利润来源。

第三节　航空跨国并购

跨国并购是飞行器制造商、航空公司、机场和租赁公司进行国际扩张的主要手段。本节首先介绍跨国并购的基础知识和航空业跨国并购的实际情况和动机，然后重点介绍航空公司和机场的跨国并购。

一、跨国并购

（一）跨国并购的概念

跨国并购是跨国兼并和跨国收购的总称，是指一国企业（又称并购企业）为了达到某种目标，通过一定的渠道和支付手段，将另一国企业（又称被并购企业）的所有资产或足以行使运营活动控制权的股份收买下来，从而对另一国企业的经营管理实施实际的或完全的决策与控制行为。

跨国并购是跨国公司常用的一种资本输出方式。跨国公司的国际并购涉及两个或两个以上国家的企业、两个或两个以上国家的市场以及两个以上政府控制下的法律制度，其中"一国跨国性企业"是并购发起企业或并购企业，"另一国企业"是他国被并购企业，也称目标企业。这里所说的渠道，包括并购的跨国性企业直接向目标企业投资，或通过目标国所在地的子公司进行并购两种形式；这里所指的支付手段，包括支付现金、从金融机构贷款、以股换股和发行债券等形式。收购包括收购人以自身主体名义去直接收购，和为了规避与隔离投资风险而通过在第三国尤其是在离岸法域设立离岸公司（特殊目的公司）进行的间接收购。而跨国公司的国内并购则是指某一跨国性企业在其国内以某种形式并购本国企业。

兼并（Merge）指公司的吸收合并，即一公司将其他一个或数个公司并入本公司，使其失去法人资格的行为。兼并是企业变更、终止的方式之一，也是企业竞争优胜劣汰的正常现象。企业兼并可分为两类，即吸收兼并和创立兼并。

收购（Acquisition）意为获取，即一个企业通过购买其他企业的资产或股权，从而实现对该企业实际控制的行为。收购有接管（或接收）企业管理权或所有权之意。按照其内容的不同，收购可分为资产收购和股份收购两类。

从经济学角度而言，企业兼并和收购的经济意义是一致的，即都使市场力量、市场份额和市场竞争结构发生变化，对经济发展也产生相同的效益，因为企业产权的经营管理权最终都控制在一个法人手中。正是在这个意义上，西方国家通常把 Mergers 和 Acquisition 连在一起，统称 M&A。因此，通常把企业兼并和企业收购统称为企业并购。

（二）跨国并购的动因

跨国并购是一个很复杂的过程。一般来说跨国并购的动机有以下几方面：

（1）获取既有的品牌、专利等无形资产，以形成或者打破海外市场的技术壁垒。

（2）利用国内市场与国外市场的差异性获利。国内市场和国外市场往往会提供不同的劳动力和原材料成本、未被挖掘的市场和消费能力、放松的管制和自由贸易的机会，或者不同市场和资本整合的机会，企业可以找到这些可能性，通过跨国并购从中获利。

（3）通过多元化降低风险。企业多元化是大型企业通过跨国并购分散风险的战略决策。多元化不仅反映在产品上，还反映在市场多元化、地域多元化等方面，如不同层次的消费者、不同的经济发展速度、不同的国家策略和不同行业的影响，等等。多元化在经济危机或者某个国家政治经济发生变化时，使企业的营业收入不受大的波动的影响。

（4）通过跨国并购提高公司治理水平。国家之间的企业治理差异性为跨国并购提供了很好的契机，如治理差的公司如果被运营好的其他国家的公司并购后能产生高协同效应，从而提高整体的运营利润。

（5）利用资本和外汇市场的差异获利。有研究表明，在2008年美国次贷危机期间，国外资本在美国上市公司中的并购整合活动非常活跃，这就是由于股市低迷带来的公司估值降低，从而降低了并购的成本，成为外国公司进入美国市场的一个很好的时机。同理外汇市场的变化也会导致并购成本的变化。汇率的较大变动往往也会引起一些行业并购的高潮。

（6）合理避税。由于很多国家的税率是不同的，企业可以通过并购境外低税区的公司，把利润从高税区转到低税区，从而享受税收的减免，提高整体利润。

除以上主要的动机之外，跨国并购的动机还有规避监管、提高融资能力、减少国内竞争压力和响应同行业全球发展趋势等。

（三）航空业跨国并购

根据瑞士信贷2017年的研究报告，在全球航空公司业内整合的推动下，在全球航空价值链的各环节（航空航天制造、飞机租赁、机场、免税店和航空餐饮等）均出现了跨国并购（见图11-3），通过结构性整合，提高盈利能力。

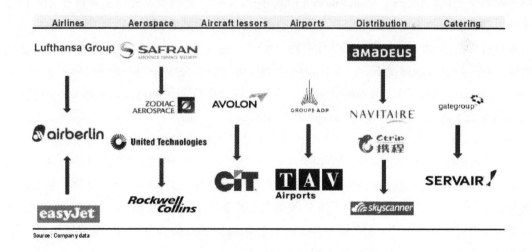

图11-3　全球航空价值链上的重大并购活动

资料来源：Global Aviation Value Chain，Credit Suisse，2017-10-24.

1. 欧洲航空市场近年来出现了明显的跨国并购，美国则在国内发生并购

在2003—2004年法国航空公司和荷兰皇家航空公司合并之后，汉莎航空公司在2007年收购了瑞士国际航空公司（Swiss International Air Lines），接着汉莎航空公司2009年收购了英伦航空公司（British Midland International，以下简称BMI航空），而布鲁塞尔航空

公司则在2017年被汉莎航空公司完全收购。国际航空集团（IAG）由英国航空和伊比利亚航空于2011年合并而成，随后IAG将BMI航空、西班牙低成本航空公司伏林航空（Vueling）和爱尔兰航空公司（Aer Lingus）合并。瑞安航空和易捷航空继续积极抢占市场份额，其结果是，欧洲短途航运市场的55%由前五家航空公司控制，而2007年这一比例是38%。

在美国，达美航空于2008年与西北航空合并，联合航空和大陆航空于2010年合并，而American航空公司于2013年破产后和US Airways航空公司合并。阿拉斯加航空公司在2016年收购了维珍美国。这些发展已经表明，四大航空运营商在2016年控制了美国国内市场的80%，而在2007年全球金融危机之前，这一比例为42%。

由于缺乏开放天空协议，亚太航空公司更加分散。

航空公司持续的全球并购、整合活动，旨在通过最大限度地扩大客户范围和成本协同效应，实现行业的高回报。全球主要航空市场的整合一直是结构性盈利能力改善的关键驱动力。

2. 航空租赁业的跨国并购

在航空公司跨国并购的推动下，租赁公司为满足航空公司的广泛需求，也在21世纪发生了大规模跨国并购，以期扩大航空业务范围。下面通过两个实例来说明。

（1）2013年，住友公司与德国航空发动机公司（MTU Aero Engines）合资建立住友商事航空发动机租赁公司（Sumisho Aero Engine Lease），开展航空发动机租赁业务。德国航空发动机公司的主要业务是生产飞机发动机，同时作为航空发动机维修和零件供应商在行业享有盛誉。2019年1月，三井住友融资租赁公司（SMFL）和住友商事株式会社达成协议，在当局批准的情况下，三井住友融资租赁公司将从住友公司收购Sumisho Aero Engine Lease 65%的股份[①]。股权转让后，三井住友融资租赁公司和住友商事株式会社合作，通过与其股东集团（包括SMBC Aviation Capital Limited）的其他公司合作，以期扩大其航空业务的范围，扩大Sumisho Aero Engine Lease业务的规模并提升其在航空业的形象。

（2）海航集团有限公司旗下爱尔兰飞机租赁公司Avolon[②]在2017年4月5日宣布，完成对美国CIT飞机租赁业务的收购，该笔交易的规模为103.8亿美元。由此，Avolon成为了世界第三大飞机租赁公司，飞机总数达到868架，总价值超430亿美元，覆盖62个国家的149个客户。早在2015年9月，海航集团旗下渤海租赁公司就斥资25.55亿美元收购了爱尔兰Avolon飞机租赁公司100%的股权。

3. 航空航天制造业的跨国并购

航空航天制造供应链的跨国并购与整合，是对全球航空运输业和飞机租赁市场集中度的反映。进入21世纪，飞机制造商不断对学习曲线的重要性降低做出反应，他们正在转向流程创新，通过供应链来削减成本，提高飞机的可负担性（也叫经济性或可支付性）。

---

① 资料来源：三井住友将收购航空发动机租赁公司的联合股权，国际租赁联盟，2019 - 01 - 14。
② Avolon是一家在美国纽约证券交易所挂牌上市的爱尔兰飞机租赁公司。

经过重大的兼并收购、拆分、重组等整合过程，前十大供应商占供应链收入的 60% 以上，而 20 世纪 80 年代这一比例为 10% ~ 20% 。

（1）UTC 收购罗克韦尔柯林斯（Rockwell Collins）。2018 年 11 月 27 日，美国联合技术公司（United Technologies Corporation，UTC，NYSE：UTX）宣布完成对罗克韦尔柯林斯（Rockwell Collins，NYSE：COL）的收购。此次收购交易总额达 300 亿美元，是航空史上最大的收购案。收购完成后，罗克韦尔柯林斯与 UTC 的航空系统（UTC Aerospace Systems）业务合并，组成柯林斯航空系统（Collins Aerospace Systems），提供航空产业的电气、机械和零部件解决方案。完成收购的同时，UTC 宣布拆分为三家独立公司——联合技术公司（UTC）、奥的斯（Otis）和开利（Carrier）。拆分后的 UTC 由原 UTC 的柯林斯航空系统业务及普惠（Pratt & Whitney）发动机业务组成，成为一家聚焦商业航空和国防业务的航空零部件供应商。

（2）法国赛峰（Safran）收购卓达宇航（Zodiac Aerospace）。法国政府控股的法国跨国航空设备集团赛峰，于 2018 年 2 月 13 日完成对飞机座椅供应商卓达宇航的收购，赛峰成为世界第三大航空航天集团公司（不包含飞机制造商）。收购完成后，赛峰集团包括 12 个部门：赛峰航空助推器、赛峰航空系统、赛峰飞机发动机、赛峰客舱、赛峰电力（飞机电气系统）、赛峰电子与防务、赛峰直升机发动机、赛峰着陆系统、赛峰短舱（飞机发动机短舱）、赛峰座椅、赛峰传输系统和赛峰客运解决方案。收购完成后，赛峰座椅公司（即之前的卓达宇航座椅部分）成为飞机座椅市场的领导者，产品广泛覆盖航空座椅的全系列，无论是旅客座椅、飞行员座椅，抑或是直升机座椅。

（3）空中客车（Airbus）收购庞巴迪（Bombardier）。2018 年 7 月 1 日，空中客车宣布收购加拿大飞机制造商庞巴迪旗下 C 系列飞机项目多数股权的协议正式生效。根据协议，空中客车将获得 C 系列飞机有限合作公司（CSALP）50.01% 的股权，剩余股份由庞巴迪持有 34% 和魁北克投资公司（IQ）持有 16% 。

单通道飞机市场是推动全球市场增长的关键点，占全球未来飞机需求的 70% 。对于目前专注于更高端的 150—240 座级单通道飞机市场的空中客车现有单通道机队，100—150 座级的 C 系列飞机能与之高度互补。空中客车所带来的世界级的销售、市场和支持网络将会增强和加速 C 系列飞机的商业发展。此外，空中客车在供应链方面的专业支持将有望大幅度降低 C 系列飞机的生产成本。C 系列飞机的合作将会在未来几年为加拿大提供许多就业机会。

二、航空公司跨国并购

总的来说，航空公司的跨国并购一方面优化了市场结构，拓展了航线网络，使机票定价更趋合理；另一方面增加了航空公司与供应商的议价能力，能够提高航空公司的利润。

在 2008 年欧盟—美国开放天空（EU – US Open Skies）协议推出之后，跨大西洋航空市场通过全球航空公司持续的并购、合资等整合活动，导致在过去 10 年中全球集中度急剧上升。目前由三家合资企业控制着 80% 的市场份额。集中度提高，竞争强度降低，这将有助于航空业定价，从而不易受到周期性的影响。下面从几个跨国并购的案例中了解航空公司跨国并购背后的动因。

（1）在海南航空的跨境收购中，一部分是以航空业为主，并向产业链上下游延伸，以形成全球航空产业链。2013年10月海南航空收购法国蓝鹰航空48%的股权；2016年5月收购葡萄牙航空20%股权和维珍澳洲航空13%的股权；2016年8月海南航空以4.5亿美元收购了巴西蓝色航空（Azul Brazilian Airlines）23.7%的股权，成为其单一最大股东，蓝色航空是巴西第三大航空公司。这一系列的跨国并购使海南航空得以突破航空联盟的垄断，在国际上利用代码共享、联运等方式拓展国际航线。

（2）2018年5月15日，法航—荷航集团、达美航空（Delta）与维珍航空签订最终协议，对现有的跨大西洋联营进行合并。该交易涉及法航—荷航集团从维珍集团（Virgin Group）手中收购维珍大西洋31%的股份，使其与达美航空和维珍集团共同控制维珍大西洋。达美航空持有维珍航空49%的股份和法航—荷航9%的股份。交易完成后，这一规模更为庞大的航空联营将成为跨大西洋旅客的优选。它将为旅客带来广泛全面的航线网络、便捷的航班时刻表、富有竞争力的票价，以及互惠的常旅客礼遇及特权，包括让会员随意累积和兑换各家航空公司的里程等。此外，三家航空公司位于各大机场枢纽的设施将会迁至统一区域，以缩短旅客的转机时间，并允许三家航空公司的贵宾使用彼此的机场休息室，为旅客带来更便捷优越的乘机体验。

（3）2019年2月，维珍航空与斯托巴特集团（Stobart Group）及赛勒斯资本合伙人（Cyrus Capital Partners）联手收购了弗莱比航空（Flybe）与斯托巴特航空（Stobart Air）。弗莱比航空是欧洲最大的区域性航空公司，每年搭载850万乘客飞往170个目的地，将英国各地的旅客送往位于曼彻斯特、伦敦希思罗及其他地区的维珍航空枢纽机场。斯托巴特航空是一家营利性特许经营公司，总部位于爱尔兰都柏林，旗下还拥有飞机租赁业务"Propius"。维珍航空跨国并购弗莱比航空与斯托巴特航空，使其在扩大航线网络的同时充分利用维珍航空枢纽机场的资源，降低运营成本，提高集团整体利润。

（4）2019年11月，英国航空和伊比利亚航空共同的母公司IAG（国际航空集团）宣布将以10亿欧元（约合11.2亿美元）收购西班牙欧罗巴航空（Air Europa），并预计交易将在2020年下半年完成。这一跨国并购，将有助于增强IAG通过马德里这个枢纽飞往更多拉丁美洲和加勒比地区的欧洲航线的能力。在全球航空公司面临挑战的背景下，这是欧洲大型航空公司为增加客流量和提高平均票价而向西方航线网络寻求扩张的新举措。

（5）2019年10月，维珍航空、中国东方航空、法航—荷航集团计划组建航空联营，进一步丰富中欧航线网络。随着法航、东航、达美和维珍的高级管理层深化合作，超越全球并购的障碍，合作伙伴最终将寻求在飞机采购、融资、维修、分销和地面处理等领域与供应商进行联合谈判。这是一种自然的演变，也是全球航空业发展的趋势。

由于航空公司跨国并购，使主导航空公司能够更大程度地控制垄断势力，使定价更趋于理性，有望提高航空公司的利润率。同时，跨国并购使全球航空业部门逐步提高与供应商的讨价还价能力，如在飞机采购领域实现规模经济、与机场谈判实现飞机高利用率，这在一定程度上推动了整个航空价值链的经济利润分配发生变化。从长期来看，航空业的跨国并购使航空市场结构更趋稳定，从而不易受到周期性的影响。

三、机场跨国并购

尽管全球多数国家的机场是国家所有，但是在机场的开发和运营管理中许多国家的机场都引入外资参与。下面举例说明机场跨国并购。

海南航空在拓展国际航线的同时，由于航线网络的延伸必须要有完善的外站服务作为保障，例如 2015 年 7 月收购 Swissport[①] 这样成熟的机场服务提供商，快速直接地给海南航空带来成熟的服务网络，这对于航线网络的延展是一个优良基础。此后海南航空又并购了机场运营商，例如 2017 年 3 月，海南航空收购了德国第五大货运机场法兰克福哈恩机场公司（Frankfurt – Hahn Airport）控股权。

2017 年 7 月，海航集团旗下海航基础[②]出资 1.08 亿人民币元收购巴西里约热内卢机场股份有限公司（RJA）51% 的股权。同时海航基础向 RJA 增资 21.55 亿元人民币以支付机场专营费。RJA 持有里约热内卢机场特许经营股份有限公司（CARJ）51% 的股权，CARJ 为里约热内卢加利昂国际机场（GIG）的管理公司，拥有巴西里约 GIG 机场的特许经营权。这笔交易具体为，海航基础先收购兴建运输机场股份有限公司（OTPA）持有的里约热内卢机场股份有限公司 60% 的股权，转让价为 1.27 亿元人民币，再向新加坡樟宜机场控股子公司（Excelente）出售其中 9% 的股权，转让价为 0.19 亿元人民币，交易结束后海航基础持有 RJA 51% 的股权。

为支付巴西里约热内卢加利昂国际机场的专营费，海航基础与 Excelente 按照持股比例同比例对 RJA 进行增资。海航基础对 RJA 增资 10.2 亿巴西雷亚尔（约 21.55 亿元人民币），Excelente 对 RJA 增资 9.8 亿巴西雷亚尔（约 20.7 亿元人民币）。

本次交易后，海航基础通过控股 RJA 公司，控股了 CARJ 公司，拥有巴西里约 GIG 机场的经营权，股权架构如图 11 – 4 所示。

本次资产交割的主要前提条件中，除了获得巴西反垄断局（CADE）和巴西民航局（ANAC）、巴西国家开发银行（BNDES）、BTG PACTUAL SEGURDORA S. A.（BTG 是CARJ 作为巴西里约 GIG 机场特许经营权协议特许经营方的担保人）、中华人民共和国国家发展和改革委员会、中华人民共和国商务部和国家外汇管理局对本次交易的审批外，还需由巴西国家开发银行（BNDES）批准 CARJ 的长期贷款。计划中，BNDES 向 CARJ 提供11 亿巴西雷亚尔（约 23 亿元人民币）贷款，该贷款将用于巴西里约 GIG 机场扩建、维护和发展。同时，根据信托分配股份协议，OTPA 和 Excelente 各自以其全部股权向 Banco do Brasil S. A.、Banco Santander（Brasil）S. A.、Banco Bradesco S. A.、HSBC Bank Brasil

---

① Swissport 是全球最大的航空地面服务及货运服务供应商。

② 海航基础是海航集团旗下的一家上市公司，归属于七大业务板块中的海航实业，另六个为海航科技、海航旅业、海航资本、现代物流、创新金融和新传媒。海航基础负责运营管理三亚凤凰国际机场、宜昌三峡机场等七家机场，拥有海口美兰机场免税店资产，同时还负责包括海南国际旅游岛 CBD 在内的房地产开发业务。

S. A. 等5家银行作出反担保，由银团向BNDES提供银行保函，担保CARJ的11亿巴西雷亚尔贷款债务履行义务。

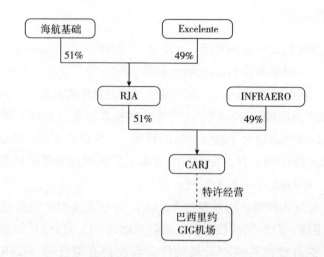

图11－4　海航基础并购里约热内卢加利昂国际机场后的股权架构图

　　通过海南航空对哈恩机场、巴西里约热内卢机场的跨国并购案例可以发现，机场跨国并购的动机主要是拓展航线网络和获取完善的机场服务，形成全球航空产业链，实现规模经济，提高飞机利用率，降低宏观经济周期带来的冲击。

　　除了跨国并购，在机场的运营与管理中存在许多非股权式跨国投融资活动。下面通过两个案例向大家介绍机场的非股权式跨国投融资。

　　2017年3月，巴西政府宣布转让4座机场运营权，以吸引投资、改善基础设施、创造就业。其中，福塔莱萨和阿雷格里港机场的运营权转让给法兰克福机场集团，萨尔瓦多和弗洛里亚诺波利斯机场则分别转让给万喜集团和苏黎世机场公司。巴西民航局表示，除阿雷格里港机场运营权的经营期限为25年外，其余机场均为30年，并可续延5年。这4座机场的转让预计将为巴西政府带来约37.2亿雷亚尔（约合12亿美元）收入，比预期数值高出23%。转让机场运营权属于巴西政府投资伙伴计划的一部分。为促进经济发展，巴西政府宣布将在2017年与2018年两年内逐步转让包括机场、公路、港口等部分国有公共设施的运营权。

　　2017年4月希腊正式向德国法兰克福机场集团旗下公司移交14座机场管理权，这14座机场包括一些旅游胜地的机场，如米克诺斯、圣托里尼、罗德岛等。根据法兰克福机场集团2015年与希腊共和国发展基金签署的协议，该集团以12.3亿欧元的价格获得希腊14个地方机场为期40年的管理、运营及开发权，法兰克福机场集团承诺改善这些机场的服务质量并增加客流量。法兰克福机场集团将在接管后的头4年里投资3亿欧元，在其中5座机场建设新的航站楼，并修缮所有14座机场的设施。

第四节　案例分析：日税融资租赁 JOLCO 的融资结构

2016 年 7 月，中国飞机租赁集团控股有限公司完成首个日税融资租赁 JOLCO 结构融资项目，为出租并交付给土耳其飞马航空的两架全新空客 A320 提供融资。Asset Brok's Air 是本次交易及日本税务融资租赁结构融资的安排人，法国东方汇理银行是债务安排人。2019 年 1 月，卢森堡国际货运航空公司首次在日本完成日税融资租赁 JOLCO 交易，成功引进一架波音 B747 - 400 货机。法国东方汇理银行负责此次交易的全局统筹，担任代理行以及贷款行，德国交通信贷银行（DVB Bank）则辅助担任此次交易的联席贷款行。2019 年 5 月底，中航国际租赁以日税融资租赁 JOLCO 的形式向越南航空出租了一架空客 A350 - 900。2019 年 6 月，中航国际租赁又以日税融资租赁 JOLCO 模式向北欧航空出租了一架空客 A330 飞机，租期 12 年。担任这笔交易的安排方是 Asset Brok's Air 和日方安排商 JP Lease Product & Services，中银东京分行担任贷款行，中银伦敦分行担任贷款代理行和担保代理行。

为什么作为国际飞机租赁市场上主流融资工具之一的日税融资租赁 JOLCO 如此吸引全球航空公司和飞机租赁公司呢？下面对日税融资租赁 JOLCO 的概念、基本交易结构、交易文件和关注点，以及商业价值进行阐释。

一、日税融资租赁 JOLCO 的概念

JOLCO，是 Japanese Operating Lease with Call Option 的缩写，字面意思是附带购买选择权的日本经营性租赁。[①] JOLCO 多用于新飞机的融资。从出租方的角度来看，JOLCO 指的是资金来自日本投资者的股权投资款和簿记在日本境内的国际商业银行贷款的一种经营性租赁结构；从承租方的角度来看，JOLCO 实质上更偏向于融资租赁。出租方在购买租赁标的飞机时不需要承租方出资提供货款，出租方百分之百地融资购买；在租赁开始的前几年，承租方只需交纳租金。JOLCO 租赁结构下的飞机租赁期限一般为 10—12 年（最短10 年），承租人有提前购买选择权，购买价格是在租赁协议签署时就已经确定，承租人选择购买飞机通常会在租期中的第七年、第九年或在期末；尽管只是一个选择权，但通常承租人都会行使。之所以被称为日"税"租赁，因为日本的股权投资者可以根据日本税法就其投资享受飞机加速折旧的税务抵扣[②]。

---

① 本节中"日税融资租赁"均指"附带购买选择权的日本经营性租赁"，二者相互替代。
② 通常，一架客机的经济寿命是 20—25 年。在日税融资租赁 JOLCO 结构中，租赁期限是 10—12 年，飞机在租赁期内采用的是加速折旧。

二、典型的日税融资租赁 JOLCO 交易结构

（一）日税融资租赁 JOLCO 的参与方

（1）出租方。出租方是为飞机跨境租赁交易特别新设的特殊目的公司（Special Purpose Vehicle，SPV），由专业的日税租赁安排机构（如前述的法国东方汇理银行、Asset Brok's Air）安排设立，其将作为标的飞机的所有权人和出租人。出租人必须是在日本境内设立，并且是日本的纳税居民。

（2）承租方。承租方通常是市场声誉良好、具有一定规模的航空公司。承租人将根据租赁协议在租期内按期支付租金，并有权在租期到期前的特定时间内选择按照一个事先约定的价格购买飞机。

（3）日本股权投资者。日本股权投资者通常是追求税务优惠的私营企业或机构投资者，他们的投资比例占购机成本的20%～30%，合格的投资者需要熟悉所投资的飞机资产、自身拥有资金或有融资渠道获得足量资金购买飞机。作为出租人的母公司，股权投资者一般会被要求向航空公司提供保函支持出租人在整个交易项下的履约义务。

（4）提供贷款的银行。提供贷款的银行通常是日资银行或其他国际大型银行，债权融资银行必须通过其在日本境内的分行放款以避免出租人在偿还贷款利息时被日本税务机关征收预提所得税。银行提供的贷款额，占购机成本的70%～80%。

（5）飞机制造商。飞机制造商提供符合交付条件的飞机。

（6）残值担保提供方。残值担保提供方为出租方提供飞机残值担保，进而保护日本股权投资者的利益。

（二）日税融资租赁 JOLCO 交易结构图

图 11－5 是日税融资租赁 JOLCO 的交易结构图。

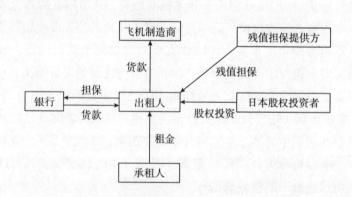

图 11－5　日税融资租赁 JOLCO 的交易结构图

（三）日税融资租赁 JOLCO 涉及的主要文件

日税融资租赁 JOLCO 结构项下的主要交易文件拆分来看，主要分为股权投资、债权融资和租赁这三个部分的交易文件。其中，银行债权融资和租赁这两部分的交易文件与其

他的飞机跨境融资结构项下的交易文件没有实质性的区别，由英国法管辖。比较特别的是日本投资者的股权投资这部分的交易文件，因为日本的税务机关会根据股权投资性质来判定投资者是否有资格享受税务抵扣优惠，日本股权投资者的股权投资协议适用日本法管辖。

三、日税融资租赁 JOLCO 交易的关注点

日本税务机关将日税融资租赁 JOLCO 定性为经营性租赁，这样日本股权投资者才能享受将飞机资产折旧抵扣的税收优惠。

为享受飞机折旧抵扣，日本股权投资人要承担飞机资产和残值风险，其要受限于"90% 比例上限"。所谓的"90% 比例上限"，即承租人整个租期内支付的租金总额不得超过飞机所有权人购机成本的 90%。日税融资租赁结构下飞机租赁期限一般为 10—12 年，租期内因日本税法变动可能导致损失税收抵扣优惠，这种风险主要由日本股权投资人承担。参与日税融资租赁的融资银行一般都知晓日本股权投资者具备管理和营销飞机资产的能力，日本股权投资者承担飞机的残值风险。

承租人有提前购买租赁飞机的选择权，其将附带购买选择权的日本经营性租赁 JOLCO 视为融资租赁。根据租赁协议承租人有义务支付相关贷款协议项下的到期本息，即所谓的过手支付（Pass – through Payments）。如果承租人选择支付浮动利率，应与银行签署利率互换协议。在 JOLCO 租赁结构下，承租人不再是与单一的出租人或其背后的租赁公司打交道，承租人要面对日本股权投资者，所以在租期内任何需要获得出租人同意的事项都需要经日本股权投资者按议事程序做出，流程上和时间上相对会更久一点。

提供贷款的融资银行将 JOLCO 视为向承租人提供的一种融资，其对出租人没有追索权。在承租人发生违约后，银行对整个交易有绝对的控制权。日税融资租赁结构下的飞机租赁期限一般为 10—12 年（最短 10 年），而配套的银行贷款期限一般比飞机租赁期限短一年。

四、日税融资租赁 JOLCO 的商业价值

对于日本股权投资者而言，在日税融资租赁 JOLCO 结构下，其可以就股权投资在整个租期内享受飞机资产折旧的税收抵扣，并且在租期终止时通过出售或再租赁飞机获得飞机的残值收益。

在日税融资租赁 JOLCO 结构下，飞机所有权人（出租人，即 SPV）支付的购机成本由日本股权投资者提供的股本投资（占 20%—30%）和银行提供的贷款（占 70%—80%）完全覆盖，可以实现飞机购机成本 100% 的融资，航空公司和租赁公司不需要另行筹资支付购机款。对于航空公司和飞机租赁公司而言，这是它们选择日税融资租赁 JOLCO 最重要的经济诱因。

与航空公司传统的银行抵押贷款融资相比，JOLCO 结构的融资利率虽然没有明显劣势，但是，日本股权投资者通常会把其就飞机折旧所获得的税收抵扣优惠通过降低租金的

方式部分分享给承租人,这进一步降低了承租人的租赁成本。这无疑又增强了日税融资租赁结构对航空公司和租赁公司的吸引力。

航空产业是一个资金密集型产业,世界上没有任何一家航空公司可以仅凭自有资金购买飞机和运营机队,它们都需要不同程度地寻求外部融资支持,或者通过传统的银行抵押贷款、资本市场、出口信贷实现,或者通过融资租赁结构实现。日税融资租赁结构作为跨境飞机融资租赁市场上的常青树,即便是在日本税务机关不断收紧飞机资产折旧抵扣税收优惠和合格投资者认定的趋势下,JOLCO 仍然具有不俗的商业价值,这不仅丰富了航空公司的融资渠道,还能有效降低融资成本,进而增强航空公司在国际航空市场上的竞争力。

思考题

1. 我国航空离岸结算的主要政策措施有哪些?
2. 中国飞机租赁集团控股有限公司在国际融资中运用的融资工具有哪些?
3. 航空公司跨国并购的动因是什么?
4. 附带购买选择权的日式经营租赁的融资结构和商业价值是什么?

参考文献

[1] 杨晔,杨大楷. 国际投资学 [M]. 上海:上海财经大学出版社,2015.

[2] 融资租赁 30 人论坛_ wtg1. 国内典型租赁公司概况——中国飞机租赁集团 [EB/OL]. 2018 – 04 – 27[2020 – 03 – 25]. https://www.sohu.com/a/229730785_618581.

[3] 飞机维修砖家. 航空产业并购与重组背后的"大棋局" [EB/OL]. 2018 – 11 – 16 [2020 – 03 – 25]. https://m.sohu.com/a/276043130_651535.

[4] 汪泓,周慧艳,石丽娜. 机场运营管理 [M]. 北京:清华大学出版社,2014.

[5] 王宁,金杜研究院. 跨境飞机融资交易结构——日税租赁结构简析 [EB/OL]. 2018 – 04 – 25 [2020 – 03 – 25]. https://mp.weixin.qq.com/s/RXT8zw5d9x4WNa6z1Lnxfg.

[6] 朱昊. 为什么说飞机融资是个技术活 [EB/OL]. 2017 – 02 – 11 [2020 – 03 – 25]. https://mp.weixin.qq.com/s/ln0hXIpQaR5AMmTmuwTtSQ.

[7] Global Aviation Value Chain [R]. Credit Suisse, 2017 – 10 – 24.

[8] 李珮,东疆租赁服务. 全球视野 资产未来——中国航空金融十年再启航 [EB/OL]. 2019 – 08 – 27 [2020 – 03 – 25]. https://mp.weixin.qq.com/s/tj6fh9VKEHt Dsmd-UjZd-g.